U0117582

文史哲學集成

吳椿榮著

吳椿榮文史論述集

——泥爪集　上冊

文史哲出版社印行

國家圖書館出版品預行編目資料

吳椿榮文史論述集：泥爪集 / 吳椿榮著. -- 初版. -- 臺北市：文史哲，民 102.01
頁； 公分（文史哲學集成 ；633）
ISBN 978-986-314-079-5（全套：平裝）

1. 論叢與雜著

078　　　　102000916

文史哲學集成 633

吳椿榮文史論述集

— 泥爪集(上下冊)

著者：吳椿榮
出版者：文史哲出版社
http:// www.lapen.com.tw
e-mail：lapen@ms74.hinet.net
登記證字號：行政院新聞局版臺業字五三三七號
發行人：彭正雄
發行所：文史哲出版社
印刷者：文史哲出版社
臺北市羅斯福路一段七十二巷四號
郵政劃撥帳號：一六一八〇一七五
電話886-2-23511028・傳真886-2-23965656

實價新臺幣一四〇〇元

二〇一三年（民一〇二）元月初版

ISBN 978-986-314-079-5　　00633

自序

乞退至今，忽忽已逾十一寒暑。此期間，余恆以讀寫養疴、文酒自娛，忻度餘年，無所求似亦有所求也。蓋人生有涯，知也無涯，豈容渾渾噩噩、思想落伍？除依計畫整理舊篋、去蕪存菁外，復就個人向所關心之史事、時事、漢語字辭等擇定主題、蒐集文獻、研讀史料、參酌專書，著手撰述。自壬午迄庚寅，陸續纂成若川吟草校注、臺海擊鉢吟集校注、詞語掇拾、石頭紅樓典、公文通志等書稿，一一付諸剞劂。連同癸巳間已刊公文掇拾、應用文、大學文選等十八種、廿一冊、都二千餘萬言。去冬，復將部分短篇舊文、新作，依史傳、年表、史述、典故、成語源、書序、壽序、賀辭、贊銘、哀挽、詩草拾零等歸為十四卷、集結成帙。僕天資愚魯、學養膚淺，唯讀書、筆耕尚勤耳；敝帚自珍、乏善可陳。昔，東坡居士和子由澠池懷舊詩云：「人生到處知何似，應似飛鴻踏雪泥。泥上偶然留指爪，鴻飛那復計東西？」茲以泥爪為斯編之名，藉寄古賢啟導之光。授梓之際，略綴蕪辭，聊充弁言焉。

壬辰驚蟄前 吳椿榮 撰於中和寄寓

吳椿榮文史論述集——泥爪集 目次

上冊

下冊

卷一　史傳

壹、聖哲像傳

91.12.脫稿

一、緒　言

前清咸豐九年（西曆一八五九年）正月，湘鄉曾滌生命冢子劼剛倩人摹繪渠平生最崇敬之聖哲—文、周、孔、孟等卅二人遺像，並躬親撰文，記其旨趣，示人以治學砥行之途徑，此聖哲畫像記一文之所由來也。

中華五千年，歷史悠久、文化璀璨，聖哲輩出，千古流芳，豈止於三十二、三？曾公所擇卅二人，確各有其不可及之處。文、周、孔、孟之聖，百代所宗，固無論矣。而班、馬、左、莊之才華，葛、陸、范、馬之德業，周、程、朱、張之道學，韓、柳、歐、曾之古文，李、杜、蘇、黃之詩詞，鄭、許之於制作，杜、馬之於因革，在在皆造詣獨到、夐乎不可幾已。有清二百年，曾公僅擇顧、秦、姚、王四人。此乃其個人之所崇尚；吾人固不必以該卅二、三人為限也。

睿智天成，生而知之，德、功、言皆足為不朽者曰聖。愛智成性，問學有方，思慮縝密，學識宏富，德行堪誇，著述裕後者曰哲。茲將曾公所擇卅三聖哲，其名諱、生卒年、壽齡與事蹟等製表如次：

表一、聖哲事略簡表

姓名	年齡			在世時代	不朽事蹟	史傳出處	備注
	生	卒	歲數				
姬昌	？	殷紂二十年、公元前一一三五年。		殷商	積善累德，愛民如子，四方歸服。演易之八卦為六十四卦。	史記卷四	武王滅紂後，追尊為文王。
姬旦	？	周成王十一年、公元前一一〇四年。		殷末周初	佐武王定天下，輔成王、平武庚、管、蔡之叛。制禮作樂，主張明德慎罰，建立國家典章制度。	史記卷三三	恒稱周公。
孔丘	周靈王廿一年、公元前五五一年。	周敬王四一年、公元前四七九年。	七三	春秋	祖述堯舜、憲章文武，闡揚「仁」說，刪詩書訂禮樂贊周易、作春秋，集儒學之大成。	史記卷四七	恒稱孔子而不名。一作公元前五五〇—前四七九年。

左丘明	？	？	七三	春秋魯人	撰春秋左氏傳，為我國第一部編年體史籍，宋人評以：「左氏每述一事，必究其事之所由，深於情偽，熟於世故。往往論其成敗，而不論其是非；習於時世之所趨，而不明乎大義之所至。」	史記卷十四	
孟軻	約周烈王四年、公元前三七二年	周赧王廿六年、公元前二八九年	約八四	戰國	私淑子思，倡仁義，闡王政，發揚儒家學說。	史記卷七四	恆稱孟子而不名。
莊周	約周烈王七年、前三六九年	周赧王廿九年、前二八六年	約八四	戰國	紹繼老子，其思想對我國傳統文化之形成，影響殊深。莊子一書，文筆變化多端、汪洋恣肆，縱橫跌宕，極富浪漫色彩，具幽默與諷刺。	史記卷六三	恆稱莊子而不名。
司馬遷	景帝中五年、前一四五年？	昭帝始元元年、前八六年	五九？	西漢	歷時十七年，撰成史記，為我國第一部紀傳體通史。起自黃帝，止於武帝天漢間，前後約三千年。文字生動、敘事賅要，描寫具體、形象鮮明，充滿感情，為古散文之典範。	前漢書卷六二	

班固	光武帝建武八年、公元三二年	和帝永元四年、公元九二年	六一	東漢	所撰漢書，起自高帝元年，止於新莽地皇四年（公元前二〇六—公元二三年）前後二三〇年，為我國第一部紀傳體斷代史。載人記事不激詭、不抑亢，贍而不穢，詳而有體。結構嚴謹、言簡意賅，描寫形象生動，為西漢時代敘事文學之典範作品。孟堅亦為辭賦大家，所撰兩都賦、幽通賦……至今仍為名作。	後漢書卷四〇上、下	
許慎	約明帝永平元年、公元五八年	桓帝建和元年、公元一四七年	約九〇	東漢	作說文，以六書推究文字本義，兼聲音訓詁，集古文經學訓詁之大成，為我國最早的文字學專著。	後漢書卷七九下	一作公元三〇—一二四年。
鄭玄	順帝永建二年、公元一二七年	獻帝建安五年、公元二〇〇年	七四	東漢	遍注五經，以古文經說為主，兼採今文經說，網羅眾家，刪裁繁蕪，為兩漢經學之集大成者。	後漢書卷六五	

諸葛亮	靈帝光和四年、公元一八一年	蜀建興十二年、公元二三四年	五四	東漢末、三國間人	竭智盡忠，佐玄德東聯孫吳合力拒曹，成三國鼎立之勢。西取巴蜀，奠立根基，立典章、清吏治、獎農桑、撫邊蠻；輔後主，整軍經武，率師北伐，期中興漢室、一統天下。惜天不假年，鞠躬盡瘁，裹屍五丈原。	三國志蜀志（書）卷五	
李白	武后長安元年、公元七〇一年	寶應元年、公元七六二年	六二	唐	盛唐詩文兼擅之大家。於詩兼長眾體，題材多樣，風格豪放，用詞靈活、清新自然，擬古尤別創新意，盡掩前篇；五古特殊成就，為歷史所公認。凡所著述，言多諷興，自三代以來，風騷之後，馳驅屈、宋，鞭撻揚、馬，千載獨步，有詩仙之譽。	舊唐書卷一九〇下、新唐書卷二〇二	
杜甫	太極元年、公元七一二年	大曆五年、公元七七〇年	五九	唐	工詩、詩作意境深厚、字詞錘鍊細緻，音節鏗鏘多變，有詩史之稱，為唐詩之集大成者，被譽為詩聖。	舊唐書卷一九〇下、新唐書卷二〇一	
杜佑	開元廿三年、公元七三五年	元和七年、公元八一二年	七八	唐	精吏事，勤學問，撰成通典二〇〇卷，為我國第一部典章制度專史，亦為現存最早論述典章制度之專書。	舊唐書卷一四七、新唐書卷一六六	

陸　贄	天寶十三載、公元七五四年	永貞元年、公元八〇五年	五一	唐	長於政論，文章條理精密，流暢自如，所遺翰苑集十卷，篇篇均為典範之作。	舊唐書卷一三九、新唐書卷一五七	
韓　愈	大曆三年、公元七六八年	長慶四年、公元八二四年	五七	唐	學貫六經百家，反對六朝以來文風，力倡散體，追復先秦。強調文以載道，主張文章務去陳言，不容模擬抄襲，期文章洽言，與事相侔。愈文筆雄健奔放，氣勢磅礡、汪洋恣肆，蘇軾贊以「文起八代之衰，道濟天下之溺」；亦工詩，尤長古風，雄渾奇特。門人輯其撰作為昌黎先生集四〇卷存世。	舊唐書卷一六〇、新唐書卷一七六	
柳宗元	大曆八年、公元七七三年	元和十四年、公元八一九年	四七	唐	主張文以明道，提倡先秦質樸流暢之散文傳統，反對流為形式之駢儷文風。強調為文以神志為主。所作散文峭拔矯健、說理透徹，結構謹嚴；柳詩風格清峭。遺有柳河東集四五卷。	舊唐書卷一六〇、新唐書卷一六八	

范仲淹	端拱二年、公元九八九年	皇祐四年、公元一〇五二年	六四	北宋	文武雙全，與韓琦（一〇〇八—一〇七五）同任陝西經略副使，改革軍制，鞏固邊防，著有勳績。工詩、詞、文，詩重立意，感情真實，內容豐富、風格剛健。詞開豪放派之先驅。主張文章「應於風化」，肯定力為古文，遺有范文正公文集二〇卷，別集四卷，補編五卷等作。	宋史卷三一四。	
歐陽脩	大中祥符二年、公元一〇〇九年	熙寧五年、公元一〇七二年	六四	北宋	北宋詩文革新、反對西崑體之領袖。強調「道」為「文」之核心，澄清宋初古文家重道輕文、道即文等偏頗。歐文簡括流暢、委婉含蓄、充滿感情；亦工詩。後人輯有歐陽文忠集一五三卷、附錄五卷。	宋史卷三一九。	
周敦頤	元禧元年、公元一〇一七年	熙寧六年、公元一〇七三年	五七	北宋	建構系統性宇宙構成論，揭示人極即誠之理念，致誠為道德修養至高至善之境界。主靜方能寡慾，期人性清淨不染。為兩宋理學建構理論基礎。遺有太極圖說、易通、宋元公先生集九卷傳世。	宋史卷四二七。	

曾鞏	天禧三年、公元一〇一九年	元豐六年、公元一〇八三年	六五	北宋	主張先道德而後文章。散文自立於歐、王間，紆徐不煩、簡奧不悔，卓然自成一家。文字簡潔、凝煉，章法嚴謹有度，用詞樸實有力，因事而發為其風格。詩古樸典雅，格局超逸，詩意與哲理兼顧。後人輯有元豐類稿五〇卷、續稿四〇卷、外集一〇卷存世。	宋史卷三一九	
司馬光	天禧三年、公元一〇一九年	元祐元年、公元一〇八六年	六八	北宋	領銜撰成資治通鑑，上起戰國、下終五代，前後一三六二年，凡二九四卷。昔史家僉謂「簡潔得宜，很有分寸，文技與史遷伯仲間。」	宋史卷六三六	
張載	天禧四年、公元一〇二〇年	熙寧十年、公元一〇七七年	五八	北宋	主張太虛即氣；「有物則有感」，「固物為心」，進而提出天地之性與氣質之性對立。教育上強調學以變化氣質，揭示「為天地立心，為生民立命，為往聖繼絕學，為天下開太平」。對宋明理學之發展、影響既大且深。遺有張子全書。	宋史卷四二七	一作卒於公元一〇七八年。

程顥	程頤	蘇軾
明道元年、公元一〇三二年	明道二年、公元一〇三三年	景祐三年、公元一〇三六年
元豐八年、公元一〇八五年	大觀元年、公元一一〇七年	建中靖國元年公元一一〇一年
五四	七五	六六
北宋	北宋	北宋
提出「天者理也」、「只心便是天，盡之便知性」。為學以識「仁」為主。屬一元論思想，主悟脫。	強調二元論，明辨性、氣，主窮理。「氣有清濁，性則無不善；養孟子所養之氣，達於至極之點，則清明純全，而去所塞之惡。」明道、伊川遺有二程全書，其兄弟學說為朱熹所繼承與發展，世稱程朱學派。	詩、詞、文、書法俱優，為北宋文壇領袖。文學主張與歐陽修一脈相傳，且有新創。渠強調文章以體用為本、華采為末，謀篇重技道兩進，求文理自然、姿態橫生、風格多樣。蘇詞多樣、充實，新天下耳目，對南宋詞家辛棄疾等影響至深。其詩意趣絕妙、氣象宏闊。書法行楷，獨具風格與黃庭堅、米芾、蔡襄並稱宋四家。有東坡七集一二〇卷傳世。
宋史卷四二七	宋史卷四二七	宋史卷三三八

黃庭堅	慶曆五年、公元一〇四五年	崇寧四年、公元一一〇五年	六一	北宋	遍涉經史諸子，詩作句法、置字、律令，新新不窮、愈出愈奇，清新奇巧，乃其所長，為宋詩家宗祖，江西詩派皆師承之。亦能詞、能文。兼擅行、草，與蘇軾並稱蘇黃。有山谷集傳世。	宋史卷四四四	
朱　熹	建炎四年、公元一一三〇年	慶元六年、公元一二〇〇年	七一	南宋	闡揚儒家中心思想─仁與學庸哲學，師承且發展二程理氣說，建立完整、客觀之唯心主義體系，集理學之大成。遺有四書章句集注、周易本義、詩集傳、楚辭集注等書，後人編有晦庵先生朱文公集、朱子語類……	宋史卷四二九	
馬端臨	約南（宋）寶祐二年、公元一二五四年	（元）至正十四年、公元一三二三年	約七〇	宋、元間人	以通典為藍本。兼採經史、會要、傳記、奏疏……撰作貫通古今，統記歷史典章制度之專著─文獻通考。紀事自上古迄南宋寧宗嘉定季年，全書分二十四門，較通典細膩、縝密、系統，凡三四八卷。	新元史卷二三四	

顧炎武	萬曆四十一年、公元一六一三年	康熙廿一年、公元一六八二年	七〇	明末清初人	砥礪氣節，志挽狂瀾；揭櫫民本、主張眾治；明道崇實、經世致用，為有清樸學之宗祖、先驅。通經史、精音韻、工詩文、詩作有詩史之稱。遺有亭林詩集五卷、文集六卷、餘集一卷、蔣山傭殘稿一卷、日知錄卅二卷、音學五書、韻補正、天下郡國利病書、杜詩補正、廿一史年表、……等。	清史稿卷四八一
秦蕙田	康熙四一年、公元一七〇二年	乾隆廿九年、公元一七六四年	六三	清	通經能文，尤精三禮，好治易、音韻、律呂、算數等學，皆有著述。採徐乾學讀禮通考之體例，網羅眾說，分七十五類，尋端竟委、條理分明，撰成我國古代禮制之專書—五禮通考三六二卷。	清史稿卷三〇四
姚鼐	雍正九年、公元一七三一年	嘉慶二〇年、公元一八一五年	八五	清	論學主張集義理、考據、詞章三者之長，不偏執一端，而排斥一端，不拘漢宋之門。為文師承南山、望溪之義理說與劉海峰之神氣音節說。揭示作文須調劑陽剛與陰柔。獨闢一家之境，淨潔、精微，繼方、劉後為桐城派三祖之一，亦為集	清史稿卷四八五

	王念孫
	乾隆九年、公元一七四四年
	道光十二年、公元一八三二年
	八九
	清
大成者。亦能詩，清真、樸老、精深博大。生前著作等身，遺有惜抱軒詩文集卅八卷、法帖識跋三卷、九經說十七卷、三傳補注三卷、……後人輯為惜抱軒全集，所輯古文辭類纂七四卷，有王文濡評注本傳世。	八歲讀畢十三經，旁涉史鑒，有神童之目；文字、訓詁、聲韻文學，盡得其師戴東原（一七二三—一七七七）之所傳。亦能詩，正聲高格。遺有廣雅疏證、讀書雜志八二卷……等書。體大思精、博證群擇，為樸學一代大師。祖、父、子三世傳經，父子二代進士，傳為美談。
	清史稿卷四八一

喪亂百年，生靈塗炭，大地瘡痍，惠敏公倩人所摹聖哲畫像，固夙已不知失散何處，即民初王君紫翁、民廿五蔡君冠翁二人先後所輯聖哲圖傳，亦已久佚不存。俎豆馨香，臨上質旁，豈可得乎？因此，遂萌新編重輯之意。

聖哲遺像幾全取自三才圖會人物卷與歷代名人圖鑑，杜、馬二哲，其影難覓，特囑小女怡瑱詳酌二人事略與唐、宋冠服等悉心鉤勒而成。新傳以曾公喬梓圖傳殿後，用示不忘先賢之苦心。

如今，我臺疆民瘁尚熾，邪說時起，橫議並作，濫用民主，法紀蕩然，誤解自由，道德隳滅。人心安得不浮動，治安焉能不惡化？風俗厚薄，自乎眾人心之所向。取法乎上，猶僅能得乎其中。至盼斯編重新面世，有助於端正視聽、改善風氣，期世道回歸醇厚、社會奮揚振作，進而為我子子孫孫營造永續淨土。

二、文周孔孟

㈠、文王

姓姬名昌（？—前一一三五年）。殷帝乙七年（公元前一一八五年、丙子）季歷薨，昌嗣為西伯，受諸侯擁戴，居於岐山之下。商紂十一年（公元前一一四四年、丁巳），受辛囚西伯於羑里（今河南湯陰縣北）。十三年（公元前一一四二年、己未）獲釋，並得專征伐。渠先後解決虞、芮兩國爭端，兩國因而歸附。商紂十五年，西伯得呂尚於渭陽（渭水北岸），旋滅黎（今山西長治縣西南）、邘（今河南沁陽縣西北）、崇（今河南嵩縣北），並建立豐邑（今陝西長安縣灃河以西）為都，時商紂十九年（公元前一一三六年、乙丑）。翌年，薨，在位五十年。世子發嗣位。商紂卅三年（公元前一一二二年），西伯發興師伐紂，克之。紂自焚，殷商亡，發即王位，建立周朝，並追尊其父昌為文王。姬昌與太姒共育子十人：長子伯邑考、次子

三才圖會 人物一卷 二十一

周文王

發（武王）、三子鮮（管叔）、四子旦（周公）、五子度（蔡叔）、六子振鐸（曹叔）、七子叔武（成叔）、八子處（霍叔）、九子封（康叔）、十子冉季載。

(二)、周公

姓姬名旦（？—前一一〇四年）①。亦稱叔旦。周文王之四子，史記管蔡世家：「同母昆弟十人，唯發、旦賢，左右輔文王。」因采邑在周（今陝西岐山北），稱為周公。曾助武王滅商，武王崩（公元前一一一六年）②，世子誦嗣位，年幼。時天下初定，周公恐諸侯不服，乃攝行政事。管叔、蔡叔、霍叔不服，聯合武庚（商紂之子）與東夷作亂。成王三年（公元前一一一三年、戊子），周公敉平管蔡武庚之叛。封微子啟（紂王庶兄）於宋（殷舊都，在今河南商丘縣），以續殷祀。五年（公元前一一一一年、庚寅）遷殷民於洛邑（雒邑）。六年，制禮作樂，建立典章制度，主張「明德慎罰」。七年，營建東都洛邑（在今洛陽洛水北岸及瀍水兩岸）。十一年（公元前一一〇四年、丙申）卒。周公言論散見於書經大誥、康誥、多士、無逸、立政等篇。長子伯禽封於魯（奄國舊地），行前誡其子曰：「子之魯，慎勿以國驕

周公像

三才圖會　人物四卷　十

人。」期待伯禽禮賢下士，以治其國。

①歷代帝王年表（以簡稱年表）成王十一年，合公元前一一〇四年；中國歷史大事編年（以下簡稱編年，成王十一年，合公元前一〇五三年。

②武王十九年，年表作公元前一一一六年，編年作武王六年（公元前一〇六四年）。時間記載，差距頗大，茲列表如次—

表二、歷代帝王年表與中國歷史大事編年對照表

歷代帝王年表			中國歷史大事編年（卷一）			大事記
中國		西曆	中國		西曆	
紀元	歲次		紀元	歲次		
帝乙七年	丙子	前一一八五	帝乙七年	辛丑	約前一一〇〇	季歷薨，世子昌嗣位西伯
商紂十一年	丁巳	前一一四四	商紂十一年	壬子	約前一〇八九	囚西伯於羑里。
十三年	己未	前一一四二	十三年	甲寅	約前一〇八七	釋西伯，賜弓矢等使專征伐。
商紂十五年	辛酉	前一一四〇	商紂十五年	丙辰	約前一〇八五	西伯得呂尚於渭陽。
十九年	乙丑	前一一三六	十九年	庚申	約前一〇八一	西伯伐崇，自岐遷都豐。
商紂廿年	丙寅	前一一三五	商紂廿年	辛酉	約前一〇八〇	西伯昌薨，世子發嗣位。
武王元年	丁卯	前一一三四	商紂廿一年	壬戌	約前一〇七九	是年，周武王發元年，商紂廿一年。

武王十三年	己卯	前一一二二	武王四年	乙亥	約前一〇六六	是年商紂卅三年。伐紂克之，紂自焚，商亡。發即位，建立周朝。
十四年	庚辰	前一一二一	武王四年	乙亥	約前一〇六六	周遷都鎬京
武王十九年	乙酉	前一一一六	武王六年	丁寅	約前一〇六四	周武王崩。
成王元年	丙戌	前一一一五	成王元年	丙卯	約前一〇六三	成王誦嗣位，周公輔政。
元年	丙戌	前一一一五	成王三年	戊午	約前一〇六一	封伯禽於魯。
三年	戊子	前一一一三	成王三年	戊午	約前一〇六一	周公平管蔡之亂，封微子啟於宋。遷殷民於洛邑。
成王六年	辛卯	前一一一〇	成王六年	辛酉	約前一〇五八	周公制禮作樂
七年	壬辰	前一一〇九	成王七年	壬戌	約前一〇五七	營東都洛邑。
十一年	丙申	前一一〇四	成王十一年	丙寅	約前一〇五三	周公旦卒於豐。
成王十四年	己亥	前一一〇二	成王十四年	己巳	約前一〇五〇	洛邑告成。

附注：歷代帝王年表清齊召南撰、阮福補明年表、陸費墀增列帝王廟諡年諱譜，道光四年冬刊，世界書局民四九影印二版。中華書局辭海（民五四、壹八版）所附中外歷代大事年表從之。中國歷史大事編年計五卷，今人張習孔、田珏主編，其先秦部分由朱學西、張紹勛主筆。該書於民七五梓行，北京出版社發行。

㈢、孔子

孔子（公元前五五一—前四七九年）。名丘，字仲尼。春秋魯國陬邑（今山東曲阜縣東南）人，其先為宋人，微子啟的後裔。曾祖父防叔畏華氏之逼而奔魯，遂為魯人。自述少也賤，故多能鄙事（論語子罕）。及長，曾任委吏（會計員）、乘田（畜牧員）等微職。孔子好學且無常師，傳說問禮於老子，學樂於萇弘，習琴於師襄；夙以好禮聞。年五十，魯定公任為中都宰，累升司空、大司寇等職。公元前四九六年攝行相事，魯政大治。齊獻女樂，孔子去國，周游宋、衛、陳、蔡、齊、楚。前後十三年，自稱「如有用我者，吾其為東周乎！」（論語陽貨）終未見用。六十八歲返魯，致力刪詩、書、訂禮、樂，並將魯史官所記春秋加以整理，成為我國第一部編年體歷史著作。相傳孔子前後有弟子三千人，其中身通六藝者七十餘人。

孔子是春秋晚期的思想家、政治家、教育家，是儒家的創始者。其學說以「仁」為核心，認為仁即是愛人。提出「己所不欲，勿施於人」、「己欲立而立人，己欲達而達人。」（論語顏淵、衛靈公、雍也）等主張。此亦即忠恕之道。又以孝悌為仁之本，認為「仁」的實踐須以「禮」來規範。他說：「克己復禮為仁。」（顏淵）在世界觀方面，孔子相信具有人格意義的「天」：「獲罪於天，無所禱也。」（八佾）但，他又將「天」視為自然之物。孔子重視祭祀，唯質疑鬼神的存在：「祭如在，祭神如神在。」（八佾）。相信天命，強調知命，「不知命，無以為君子。」（堯曰）。但在生活與學習上採人為積極的態度。在認識論與教育思想方面，承認「生而知之」（季氏）、「唯上智與下愚不移」（陽貨），但強調「學而時習」（學而），提倡「不知為不知」（為政）的誠實態度。注重「學」、「思」兼顧，提出「學而不思則罔，思而不學則殆」與「溫故知新」（為政）等要領。主張「有教無類」（衛靈公）「因材施教」（為政），且躬親篤行「學不厭教不倦」（述而）的精神，強調「君子學道則愛人」（陽貨）。在美學上，主張「依於仁，游於藝」（述而），「興於詩，立於禮，成於樂」（泰伯），強調美、善一體。提出詩有興、觀、群、怨諸功能（陽貨）。此外，他在政治上主張「正名」，認為「君君、臣臣、父父、子子」均應實副其名（子路、顏淵），進而提倡德治與教化，極力反對苛政與濫刑、殘殺，並揭示「不患寡而患不均，不患貧而患不安」（季氏）的民生理念。

自西漢武帝採董仲舒之議，「獨尊儒術、罷黜百家」後，孔子學說成為二千餘年來中華文化的正統與主流，影響不可謂不深遠。帝制時代歷代統治者均將孔子尊奉為聖人。論語一書，記有孔子的談話與孔子門弟子相互間問答，是研究孔子學說非常重要的典籍。

表三、孔子年譜簡編

中國紀元 周	中國紀元 魯	西曆	年齡	事略
靈王廿一年	襄公廿二年	前五五一	一歲	孔子生於魯昌平鄉陬邑闕里（今山東曲阜縣東南）。名丘、字仲尼。父叔梁紇、母顏徵在。孔子有姊九人（施氏出），兄、孟皮（妾出），皮病足。公羊傳襄公二十二年：「十有一月庚子，孔子生。」穀梁傳襄公二十二年：「庚子，孔子生。」史記孔子世家：「魯襄公二十二年而孔子生。」此處，兼採眾說。
廿三年	廿四年	前五四九	三歲	父卒，葬於防山。史記孔子世家。一謂殯於五父衢。（孔子家語本姓解）。防山、五父衢應係同地異名。
廿六年	廿七年	前五四六	六歲	嬉戲常陳俎豆、設禮容。（史記孔子世家）
卅年	卅一年	前五四二	一〇歲	子產不毀鄉校，仲尼聞是語，曰：「以是觀之，人謂子產不仁，吾不信也。」（左傳襄公卅一年）
景王八年	昭公五年	前五三七	一五歲	志學。（論語學而）
十二年	九年	前五三三	一九歲	取宋并官氏之女為妻。（孔子家語本姓解）
十三年	十年	前五三二	二〇歲	任魯委吏（孟子萬章下、史記孔子世家，孔子履歷考通鑑前編，孔子通紀）生子鯉。（孔子家語本姓解）。
十四年	十一年	前五三一	二一歲	任魯司職吏，畜蕃息。（孟子萬章下，史記孔子世家）
十七年	十四年	前五二八	二四歲	母顏氏卒，與父合葬於防山。（禮記檀弓上，孔子家語、曲禮公西赤問）
十九年	十六年	前五二六	二六歲	母大祥。（禮記檀弓上，孔子家語、曲禮公西赤問）

廿年	十七年	前五二五	二七歲	郯子朝魯，仲尼聞之，見於郯子而學焉。（左傳昭公十七年）
廿三年	廿年	前五二二	三〇歲	弟子琴張問宗魯死，將往弔之。仲尼止之曰：「齊豹之盜，而孟縶之賊，女何弔焉？君子不食姦，……不犯非禮。」「十二月，齊侯田于沛，招虞人以弓，不進。……仲尼曰：『守道不如守官。』」（以上詳左傳昭公廿年）
敬王二年	廿四年	前五一八	三四歲	魯孟懿子、南宮敬叔師事仲尼。本年適周，問禮於老子。（史記孔子世家、老子列傳，孔子家語觀周，鄉黨圖考）習樂於萇弘（周大夫）。弘盛讚仲尼聖貌。（禮記樂記，孔叢子嘉言，孔子家語觀周）經郊社之所，見宗周明堂廟堂之美。（孔子家語觀周）至周，觀於太廟右階之前有金人焉，三緘其口銘其背曰：「古之慎言人也，戒之哉！戒之哉！無多言、多言多敗；無多事、多事多患『安樂必戒，無行所悔。勿謂何傷，其禍將長。勿謂何害，其禍將大。……天道無親，常與善人。戒之哉！戒之哉！』仲尼顧謂弟子曰：「記之。此言雖鄙；而中事情。……行身如此，豈以口遇禍哉？」（說苑卷十）自周返魯，弟子達三千。（孔子家語觀周）按：問禮、習樂各書說法不一，分詳史記孔子世家司馬貞索隱，莊子，水經注。
敬王三年	昭公廿五年	前五一七年	三五歲	魯亂，仲尼適齊。（史記孔子世家）。途次，聞丘吾子三失之歎。（孔子家語、致思）過泰山側，有人哭於墓者而哀，夫子式而聽之，使子貢問之。……曰：「昔者吾舅死於虎。吾夫又死焉。今吾子又死焉。」夫子曰：「何為不去也？」曰：「無苛政。」夫子曰：「小子識之。苛政猛於虎也。」（禮記檀弓下，孔子家語正論解）

				齊景公問政。仲尼對曰：「君君，臣臣，父父，子子。」（論語顏淵） 晏子招宴，言齊君失政久矣。（孔叢子嘉言）
四年	廿六年	前五一六年	三六歲	景公復問政，仲尼對曰：「政在節財。」（史記孔子世家） 景公欲以尼谿之田封孔子，仲尼婉拒。（史記孔子世家，孔子家語六本作「稟邱之邑」） 本年，孔子自齊返魯。
五年	廿七年	前五一五年	三七歲	季札適齊，長子死，葬嬴博之間。仲尼往觀其葬，曰：「延陵季子之於禮也，其合矣乎！」（禮記檀弓下）
敬王六年	昭公廿八年	前五一四年	三八歲	聞晉魏獻子舉賢為政，贊之。（孔子家語正論解）
七年	廿九年	前五一三年	三九歲	冬，晉趙鞅（趙武之孫）、荀寅（中行荀吳之子）帥師城汝濱，遂賦晉國一鼓鐵以鑄刑鼎，著范宣子（范匄）所為刑書焉。仲尼曰：「晉其亡乎！失其度矣。……」（左傳昭公二十九年）
十三年	定公三年	前五〇七年	四五歲	邾隱公問禮於仲尼。（孔子家語冠頌）
十五年	五年	前五〇五年	四七歲	夏季平子卒，桓子嗣立，穿井得土缶。（史記孔子世家）
十八年	八年	前五〇二年	五〇歲	公山弗擾（左傳、史記作「不狃」）以費畔，召，子欲往。子路不說，曰：「末之也已！何必公山氏之文也！」子曰：「夫召我者，而豈徒哉？如有用我者，吾其為東周乎！」（論語陽貨，左傳定公八年，史記孔子世家）此則另有二說，一說定公五年、一說定公九年，附誌之。 本年，孔子任魯中都宰（孔子家語、相魯）
十九年	九年	前五〇一年	五一歲	六月，陽虎（即陽貨）出奔齊，……。又以葱靈逃，奔晉，適趙氏。仲尼曰：「趙氏其世有亂乎？」（左傳定公九年）

廿年	十年	前五〇〇年	五二歲	定公、齊景公會於祝其，實夾谷（即祝其），孔子相。（左傳定公十年）
廿一年	十一年	前四九九年	五三歲	仲尼為魯司空。（史記孔子世家）
廿二年	十二年	前四九八年	五四歲	仲尼為魯司寇。（同前揭書）攝相事，誅少正卯。（孔子家語始誅）斷獄明快、公正。（上揭書好生）
廿三年	十三年	前四九七年	五五歲	桓子卒受齊女樂，三日不聽政，又不致膰俎於大夫，孔子遂去國適衛，主於子路妻兄顏濁鄒（亦作顏讎由）家。（孟子萬章上，史記孔子世家）衛靈公致粟六萬（約二千石）（史記孔子世家）
廿四年	十四年	前四九六年	五六歲	去衛適陳過匡，匡人簡子以甲士圍仲尼，仲尼使從者為寧武子臣於衛，然後得去，即過蒲。月餘返衛，主蘧伯玉家月餘過曹。孔子去曹適宋、鄭返陳。經蒲入衛，應趙簡子之聘渡河適晉。歸魯，習琴於師襄子。（論語雍也，史記孔子世家）
廿五年	十五年	前四九五年	五七歲	在魯。
廿六年	哀公元年	前四九四年	五八歲	吳伐越，墮會稽，得骨節專車，使使問於仲尼。（國語魯語下，史記孔子世家）
廿七年	二年	前四九三年	五九歲	去魯適衛。靈公問陳於孔子。仲尼對曰：「俎豆之事，則嘗聞之矣！軍旅之事未之學也。」明日遂行。（論語衛靈公，史記孔子世家）
廿八年	三年	前四九二年	六〇歲	本年，孔子過宋。宋司馬桓魋惡之，欲殺孔子，仲尼微服去。（史記宋世家）「天生德於予，桓魋其如予何？」（論語述而）遂至陳，主於司城貞子家。（史記孔子世家）聞火，曰：「其桓、僖乎！」（左傳哀公三年，孔子家語辨物）

廿九年	四年	前四九一年	六一歲	孔子自陳遷於蔡，至楚，葉公問政。仲尼曰：「近者說，遠者來。」（史記孔子世家，論語子路）季桓子喪，康子練而無衰，子游問於孔子曰：「既服練服可以除衰乎？」孔子曰：「無衰衣者，不以見賓，何以除焉？」（孔子家語曲禮子貢問）
三〇年	五年	前四九〇年	六二歲	孔子自葉返蔡。（史記孔子世家）長沮桀溺耦而耕。孔子過之，使子路問津。（論語微子，史記孔子世家）
卅一年	六年	前四八九年	六三歲	吳伐陳，楚救陳，聞孔子在陳蔡之間，楚使人聘仲尼。在陳絕糧七日，從者病，莫能興。子路慍見曰：「君子亦有窮乎？」子曰：「君子固窮，小人窮斯濫矣！」（史記孔子世家，論語衛靈公）楚昭王將以書社地七百里封孔子，令尹子西力諫以為不可，遂止。楚狂接輿歌而過孔子曰：「鳳兮！鳳兮！何德之衰？往者不可諫，來者猶可追。已而！已而！今之從政者殆而！」孔子自楚返衛。（史記孔子世家，論語微子）
敬王卅二年	哀公七年	前四八八年	六四歲	在魯。
卅三年	八年	前四八七年	六五歲	在魯。
卅四年	九年	前四八六年	六六歲	在魯。
卅五年	十年	前四八五年	六七歲	適衛。本年，妻幷官氏卒。（素王事紀）
卅六年	十一年	前四八四年	六八歲	（衛）孔文子將攻大叔，訪於仲尼。仲尼曰：「胡簋之事，則嘗學之矣；甲兵之事，未之聞也。」退，命駕而行，曰：「鳥則擇木，木豈能擇鳥？」文子遽止之，曰：「圉豈敢度其私，訪衛國之難也。」將止。魯人以幣召之。本年，孔子歸魯。（左傳哀公

周紀年	魯紀年	西元	年齡	事蹟
				十一年） 季康子問政於孔子。對曰：「政者，正也。子帥以正，孰敢不正。」（論語顏淵） 魯哀公、季康子同時肯定孔子之聖德，以國老待之，其地位高於大夫。（論語集說） 哀公問：「何為則民服？」孔子對曰：「舉直錯諸枉，則民服。舉枉錯諸直，則民不服。」（論語為政） 季孫欲以田賦，使冉有訪諸仲尼。仲尼曰：「丘不識也。」……而私於冉有曰：「君子之行也，度於禮，施取其厚，事舉其中，斂從其薄。……若不度於禮，而貪冒無厭，則雖以田賦，將又不足。且子季孫若欲行而法，則周公之典在；若欲苟而行，又何訪焉。」弗聽。（左傳哀公十一年，國語魯語下）
卅七年	十二年	前四八三年	六九歲	季氏富於周公，而求也為之聚斂而附益之。子曰：「非吾徒也！小子鳴鼓而攻之，可也。」（論言先進）「求也為季氏宰，無能改於其德，而賦粟倍他日。孔子曰：『求非我徒也，小子鳴鼓而攻之，可也。』」（孟子離婁上） 夏五月，昭（公）夫人孟子卒。昭公娶于吳，故不書姓。死不赴，故不稱夫人。……孔子與弔，適季氏。季氏不絻，故經而拜。（左傳哀公十二年） 冬十二月，螽。季孫問諸仲尼。仲尼曰：「丘聞之，火伏而後蟄者畢。今火猶西流，司麻過也。」（同前揭書）
敬王卅八年	哀公十三年	前四八二年	七〇歲	子鯉卒。（史記孔子世家）

卌九年	十四年	前四八一年	七一歲	十有四年春，西狩獲麟。（左傳哀公十四年）世衰道微，邪說暴行有作；臣弒其君有之，子弒其父有之，孔子懼，作春秋。春秋者，天子之事也。（孟子滕文公下，史記孔子世家）
四〇年	十五年	前四八〇年	七二歲	夏四月，齊陳恆執其君，寘于舒州。齊人弒其君壬于舒州。（左傳哀公十四年）孔子哭子路於中庭。有人弔者，而夫子拜之。既哭，進使者而問故。使者曰：「醢矣。」遂命覆醢。（禮記檀弓上）
四一年	十六年	前四七九	七三歲	夏四月己丑卒。（杜預左傳注）

表四：歷代尊孔紀事

中國			西曆	尊孔記實
	紀元	歲次		
西漢	高祖十二年	丙午	前一九四年	高祖經魯，以太牢祀孔子。
	武帝建元元年	辛丑	前一四〇年	董仲舒（前一七九—前一〇四）獻天人三策，帝採其議獨尊儒術。
	五年	乙巳	前一三六年	置五經博士。
	元帝初元五年	丁丑	前四四年	詔褒成君以所邑八百戶祀孔子。
	成帝綏和二年	甲寅	前七年	元年，封孔吉為殷紹嘉侯，本年進爵為公。
	平帝元始元年	辛酉	公元元年	六月，封孔子後裔孔均為褒成侯，追謚孔子曰褒成宣尼公。

東漢	光武帝建武五年	己丑	廿九年	二月壬申，封孔安為殷紹嘉公；帝如魯使大司空祀孔子。
	章帝元和二年	乙酉	八五年	帝幸魯，祀孔子及七十二弟子。
	和帝永元四年	壬辰	九二年	封孔子為褒尊侯。
	安帝武光三年	甲子	一二四年	三月，帝幸魯，祀孔子及七十二弟子於闕里。
	桓帝元嘉二年	壬辰	一五二年	詔孔廟置百戶卒史一人掌領禮器。
	靈帝光和六年	癸亥	一八三年	置鴻都門學畫先聖友七十二弟子像。
三國（魏）	文帝黃初二年	辛丑	二二一年	正月，封孔子後裔孔羨為宗聖侯奉祀孔子。
	五年	甲辰	二二四年	四月，復立太學，帝講論語、祀孔子於辟雍。
	高貴鄉公正元三年（甘露元年）	丙子	二五六年	四月，帝與諸儒論經籍於太學。
晉	武帝泰始三年	丁亥	二六七年	十二月，改封宗聖侯孔震為奉聖亭侯。
	元帝建武元年	丁丑	三一七年	十一月，立太學。
北魏	孝文帝太和十六年	壬申	四九二年	二月，改諡孔子為文聖尼父。
隋	文帝開皇廿年	庚申	六〇〇年	三月，尊孔子為先師尼父。
	煬帝大業四年	戊辰	六〇八年	十月，封孔子後裔為紹聖侯，命有司求其苗裔。
唐	高祖武德九年	丙戌	六二六年	正月，封孔子卅三代孫德倫為褒聖侯。本年六月，玄武門之變。八月，傳位次子世民。
	太宗貞觀二年	戊子	六二八年	尊孔子為先聖，詔州縣皆立孔廟。
	高宗永徽六年	乙卯	六五五年	本年封先聖孔子為先師。

朝代	年號	干支	西元	事蹟
唐	乾封元年	丙寅	六六六年	正月，帝登泰山封玉牒，途經曲阜，祀孔子尊為太師。
	睿宗太極元年	壬子	七一二年	詔立孔廟。七月，傳位太子隆基。改元先天。
	玄宗開元十三年	乙丑	七二五年	十一月，帝詣孔府奠祭。
	廿七年	己卯	七三九年	八月，追謚孔子為文宣王，封其後為文宣公。
兩	太宗太平興國三年	戊寅	九七八年	十月，詔免孔氏後租稅，並以孔子四十四代孫宜襲封文宣公。
	端拱二年	己丑	九八九年	二月，帝幸國子學謁文宣王。
	真宗咸平三年	庚子	一〇〇〇年	本年，詔增孔林守戶。
	大中祥符元年	戊申	一〇〇八年	十一月，帝幸兗州謁孔廟。詔加謚曰玄聖文宣王。
	五年	壬子	一〇一二年	本年，改封孔子為至聖宣王。
	仁宗景祐元年	甲戌	一〇三四年	詔釋奠用登歌。
	皇祐二年	庚辰	一〇五〇年	封尼山為毓聖侯。
	至和二年	乙未	一〇五五年	三月，封孔宗愿為衍聖公。（按孔子第四十六代孫聖祐無嗣，以從弟宗愿襲爵。）
	哲宗元祐元年	丙寅	一〇八六年	十月，改封孔子後裔為奉聖公。
	徽宗崇寧元年	壬午	一一〇二年	二月，追封孔鯉為泗水侯，孔伋為沂水侯。
	四年	乙酉	一一〇五年	本年，復封孔端友為衍聖公。
	大觀四年	庚寅	一一一〇年	二月，大觀禮書二三一卷刊刻，詔文宣王執鎮圭如王制。
	高宗紹興二年	壬子	一一三二年	封孔子第四九代孫玠為衍聖公。

宋	十年	庚申	一一四〇年	金封孔璠為衍聖公（熙宗天眷三年）本年，詔文宣祭為大祀。
	理宗紹定六年	癸巳	一二三三年	十一月，蒙古修孔廟（曲阜），以孔元措襲封衍聖公。（窩闊臺汗五年）
元	世祖至元卅一年	甲午	一二九四年	七月，詔中外崇奉孔子。
	成宗大德十一年	丁未	一三〇七年	七月，詔加封至聖文宣王為大成至聖文宣王，並遣使闕里，祀以太牢。
	武宗至大元年	戊申	一三〇八年	七月，遣使孔林祭祀。
明	太祖洪武元年	戊申	一三六八年	二月，詔以太牢祀孔子於國學，仍遣使詣曲阜祭。
	成祖永樂四年	丙戌	一四〇六年	三月，帝詣太學釋奠於先師孔子。
	英宗正統三年	戊午	一四三八年	禁天下祀孔子於釋老宮。
	憲宗成化十二年	丙申	一四七六年	從祭酒周洪謨言，增樂舞為八佾、籩豆各十二。
	孝宗弘治十二年	己未	一四九九年	闕里孔廟燬，勅有司重建。
	十七年	甲子	一五〇四年	孔廟竣工，遣大學士李東陽詣闕里祭告並立御製碑文。
	世宗嘉靖九年	庚寅	一五三〇年	帝言：孔子宜稱先聖先師不稱王……。禮部會諸臣議，略以：「人以聖人為至，聖人以孔子為至。宋真宗稱孔子為至聖，其意已備。今宜於孔子神位題『至聖先師孔子』，去其王號及大成文宣之稱。改大成殿為先師廟。」

清			
世祖順治二年	乙酉	一六四五年	正月，更國子監孔子神位為大成至聖文宣先師孔子。
十四年	丁酉	一六五七年	三月丙辰，復孔子位號曰至聖先師。並勅頒「玉振金聲」匾一方。
聖祖康熙廿三年	甲子	一六八四年	十一月戊寅，帝詣曲阜先師廟行九叩禮。書「萬世師表」額。
卅二年	癸酉	一六九三年	闕里聖廟成，命皇三子、皇四子詣廟祭祀。
世宗雍正元年	癸卯	一七二三年	六月己未，加封孔子五世王爵。
二年	甲辰	一七二四年	勅頒「生民未有」匾一方。
五年	丁未	一七二七年	定八月二十七日先師誕辰，官民軍致齋一日。
十年	壬子	一七三二年	孔林工竣。
高宗乾隆二年	丁巳	一七三七年	上丁，帝親視學釋奠，在位期間七詣闕里。
三年	戊午	一七九八年	勅頒「與天地參」匾一方。
仁宗嘉慶三年	戊午	一七九八年	勅頒「聖集大成」匾一方。
宣宗道光元年	辛巳	一八二一年	勅頒「聖協時中」匾一方。
二年	壬午	一八二二年	命琦善修孔林。
文宗咸豐元年	辛亥	一八五一年	勅頒「德齊幬載」匾一方。
穆宗同治元年	壬戌	一八六二年	勅頒「聖神天縱」匾一方。
德宗光緒元年	乙亥	一八七五年	勅頒「斯文在茲」匾一方。
卅二年	丙午	一九〇六年	四月，公布「忠君、尊孔、尚公、尚武、尚實」為教育宗旨。
宣統元年	己酉	一九〇九年	勅頒「中和位育」匾一方。

中華民國 元年	壬子	一九一二年	任孔令貽襲封衍聖公。
四年	乙卯	一九一五年	二月袁政府公布「愛國、尚武、崇實，法孔孟，重自治，戒貪爭，戒躁進」為教育宗旨。
十八年	己巳	一九二九年	國民政府頒定國曆八月二十七日為孔子聖誕日。
廿四年	乙亥	一九三五年	任命孔子第七十七代孫孔德成為大成至聖先師奉祀官。
卅九年	庚寅	一九五〇年	總統蔣公手書「有教無類」頒予臺南孔廟。
四十一年	壬辰	一九五二年	教育部、內政部會銜陳行政院核定，以國曆九月二十八日為孔子誕辰紀念日並定是日為教師節。
六十五年	丙辰	一九七六年	嚴靜波總統題頒「萬古綱常」匾一方。（原蹟存高雄孔廟）
六十九年	庚申	一九八〇年	蔣故總統經國先生題頒「道貫古今」匾一方。（原蹟存高雄孔廟）

表五：孔子世系

〔殷〕微子啟弟仲衍—宋公稽—丁公申—閔公恭—弗父何—宋父周—世子勝—正考父—孔父嘉

—木金父—睪夷—防叔（奔魯，遂為魯人）—伯夏　叔梁紇

—(1)孔子—(2)孔鯉〔以上周〕—(3)伋（子思）—(4)白（子上）—(5)求（子家）

—(6)箕（子高）—(7)穿（子高）—(8)謙（子順）〔以上戰國時代〕—鮒

　　　　　　　　　　　　　　　　　　　　　　　—(9)遷（子襄）—(10)忠（子貞）

—(11)武（子威）—(12)延年—(13)霸（次孺）—(14)福—(15)房

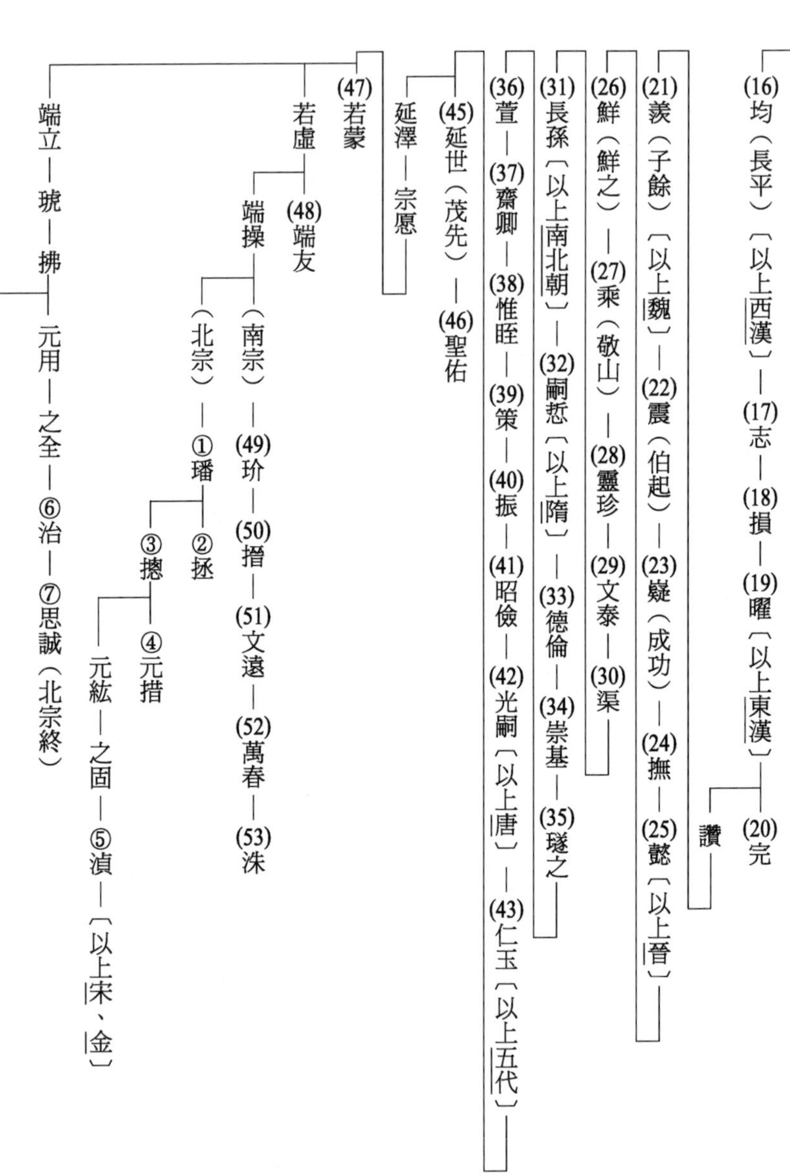
(16)均（長平）（以上西漢）—(17)志—(18)損—(19)曜（以上東漢）—(20)完
讚
(21)羨（子餘）（以上魏）—(22)震（伯起）—(23)嶷（成功）—(24)撫—(25)懿（以上晉）
(26)鮮（鮮之）—(27)乘（敬山）—(28)靈珍—(29)文泰—(30)渠
(31)長孫（以上南北朝）—(32)嗣悊（以上隋）—(33)德倫—(34)崇基—(35)璲之
(36)萱—(37)齋卿—(38)惟晊—(39)策—(40)振—(41)昭儉—(42)光嗣（以上唐）—(43)仁玉（以上五代）
(45)延世（茂先）—(46)聖佑
延澤—宗愿
(47)若蒙
若虛—(48)端友
端操（南宗）—(49)玠—(50)揩—(51)文遠—(52)萬春—(53)洙
（北宗）—①璠—②拯
③摠—④元措
元紘—之固—⑤湞—（以上宋、金）
端立—琥—拂—元用—之全—⑥治—⑦思誠（北宗終）

元孝—之厚—涗—(54)思晦—(55)克堅〔以上元〕—(56)希學（士行）

(57)訥（言伯）—(58)公鑑（昭文）—(59)彥縉（朝縉）—(60)承慶（永祚）—(61)宏緒（以敬）

(62)聞韶（知德）—(63)貞幹（用濟）—(64)尚賢（象之）〔以上明〕

貞寧—尚坦—(65)衍植（懋甲）—(66)興燮（起呂）—(67)毓（鍾起）

(68)傳鐸（振路）—(69)繼濩（體和）—(70)廣棨（京玄）—(71)昭煥（曝明）—(72)憲培（養元）

憲增—(73)慶鎔（冶山）

(74)繁灝（文淵）—(75)祥珂（觀堂）〔以上清〕—(76)令貽（燕庭）—(77)德成（達生）—(78)垂長

四、孟子

孟子（約公元前三七二—前二八九年）。戰國時代鄒（今山東省鄒縣東南）人。名軻，字子輿。春秋魯公族孟氏之後，受業於子思門人①。游說於齊，梁（魏）之間，足跡遍齊、宋、滕、魏等國②，未見用。晚年與弟子萬章等著書立說。將孔子「仁」的理念發展為仁政說（梁惠王上、滕文公上），提出民貴君輕的主張（盡心下）。期待統治者時刻重視人民、闡述儒家民本思想，目的在驅而之善（梁惠王上）。認定暴君就是獨夫（書泰誓下、孟子梁惠王下）人民可以推翻他。堅決反對武力兼併，認為只有不嗜殺人者才能一統天下（梁惠王上）。極力主張法先王、行仁政（離婁上、滕文公上），恢復井田制度，省刑薄歛，使黎民不饑不寒（梁惠王上），且指出「勞心者治人，勞力者治於人；治人者食於人，治於人者食人」的事實（滕文公上）。他肯定人性本善，都具有仁、義、禮、智等天賦道德意識（告子上），進而揭示良知良能——不慮而知、不慮而能的觀點（盡心上）。同時，他非常重視環境、教育與對於個體的生長與發展（滕文公上、告子上下），反對逸居無教（滕文公上）。主張盡心、知心、知天（盡心上），並將「知天」視為充分擴充本心與揚善行善的過程，進而提出養心寡欲之說（盡心下），要求反求諸己（離婁上），排除感官的累障、善養浩然之氣，使充塞於天地間，以臻萬物皆備於我的境界（公孫丑上、盡心上），歸結於學問之道無他，求其放心而已（告子上）。顯然，孟子篤定地將治學與認識二者，整合為尋覓散失本心的心性修養命題，強調認識論與論理學不容任意分割。孟子是儒家繼孔子之後的主要傳承者，其哲學思想乃兩宋理學心性說之本。宋元以後，地位日尊。熙寧七年（一〇七四）宋廷勅封孟子為鄒國公配享孔廟，元至順間（一三三〇——一三三三）追尊為鄒國亞聖公，明世宗嘉靖九年（一五三〇）禮部集議至聖先師四配：復聖顏子、宗聖曾子、述聖子思子與亞聖孟子。清因之。民國十

八年，國民政府特任孟子後裔為亞聖奉祀官。

孟子一書，昔多謂孟子及其弟子萬章、公孫丑所著；一說係孟子弟子與再傳弟子纂輯者。漢書藝文志著錄十一篇，現存七篇。傳，另有孟子外書四篇，已佚。今本外書，經考證乃明人偽作。宋以前，孟子原列於子部，玉海始改列為九經之一。朱熹又以與論語、中庸、大學③並稱為四書④。

①史記孟荀列傳：「孟軻，鄒人也。受業子思之門人。」索隱：「王邵以『人』為衍字，則以軻親受業孔伋之門也。今言門人者，乃受業於子思之弟子也。」趙岐題辭亦云：「長師孔子之孫子思。」按：子思卒於周敬王四十一年（公元前四七九年）；子思之父伯魚先孔子三年卒（公元前四八二年），子思至遲生於伯魚卒之次年。而孟子一書明載子思當魯繆公時（公孫丑下），而自繆公元年上溯至孔子卒年，計已九十八年，則子思存年當不止六十二，明矣。但孟子曾及見魯平公，自平公元年上溯至繆公元年，凡九十三年；子思、孟子即均高壽，子思卒時，孟子亦僅為孩提之童，如何親炙於子思也。東漢趙岐清焦循考之甚詳，略述如上。

②詳孟子游歷異說表。

③中庸、大學原各為禮記的一篇。

④又稱四子書。

表六：孟子事略簡編

中國紀元	西曆	年齡	事略
周烈王四年	前三七二年	一	生於鄒（今山東鄒縣東南），魯公族孟孫氏之後。名軻、字子輿，又作子居、子車。時魯共公五年。
顯王四二年	前三二七年	四六	「滕文公為世子，將之楚，過宋而見孟子。」（滕文公上）在宋。
四五年	前三二四年	四九	滕定公薨，世子文公嗣位。（同上揭篇）在鄒。
四六年	前三二三年	五〇	在滕。齊人築薛。（梁惠王下）
四七年	前五二二年	五一	在梁，與惠王談「仁、義」（梁惠王上）。時，魏惠王後元十三年。
慎靚王二年	前三一九年	五四	惠王薨，子嗣位，是為襄王。見梁襄王。去魏適齊。
三年	前三一八年	五五	見齊宣王。宣王問政。
六年	前三一五年	五八	欲會魯平公、未果。（梁惠王下） 為齊卿，出而吊滕。
赧王元年	前三一四年	五九	齊人伐燕，（梁惠王下）。時齊宣王七年。
三年	前三一二年	六一	燕昭王求賢，士爭趨燕。時齊宣王九年。 於宋餽七十鎰而受。 於薛餽五十鎰而受。 歸鄒。
赧王廿六年	前二八九年	八四	卒於鄒。

群書拾唾（清張九韶編、汪道昆增訂）：「孟子十七弟子，曰：『公孫丑、孟仲子、公都子、陳臻、高子、徐辟、樂正子、咸丘蒙、孟季子、陳代、彭更、萬章、屋盧子、告子、

桃應、充虞、周霄。』」

表七：孟子游歷列國異說一覽

研究者姓名	孟子游歷列國序
閻若璩（一六三六—一七〇四）	梁（魏）、齊、鄒、宋、魯、滕、鄒。
潘耒（一六四六—一七〇八）	梁（魏）、鄒、任、平陸、齊、魯、齊、宋、薛、鄒、滕、鄒。
惠士奇（一六七一—一七四一）	鄒（穆）、任、平陸、齊、宋、鄒、滕、鄒、梁（魏）、齊、魯、齊、宋、薛、魯、鄒。
周廣業（一七三〇—一七九八）	鄒、任、齊、鄒、宋、薛、滕、梁（魏）、魯。
崔述（一七四〇—一八一六）	梁（魏）、齊、宋、鄒、滕、魯。
張宗泰（一七五〇—一八三二）	宋、鄒、齊、滕、梁（魏）、齊、魯、齊、宋、薛。
臧庸（一七六七—一八一一）	梁（魏）、齊、鄒、滕、魯。
林春溥（一七七五—一八六二）	梁（魏）、鄒、任、平陸、齊、魯、齊、休、宋、薛、鄒。
曹之升（？—？）	齊、宋、薛、鄒、滕、梁（魏）、魯、齊、宋、魯。
新城新藏（日人，一八七三—一九三八）	鄒、宋、鄒、滕、梁（魏）、任、齊、魯、齊、宋、薛、鄒。

三、班馬左莊

㈠、班固

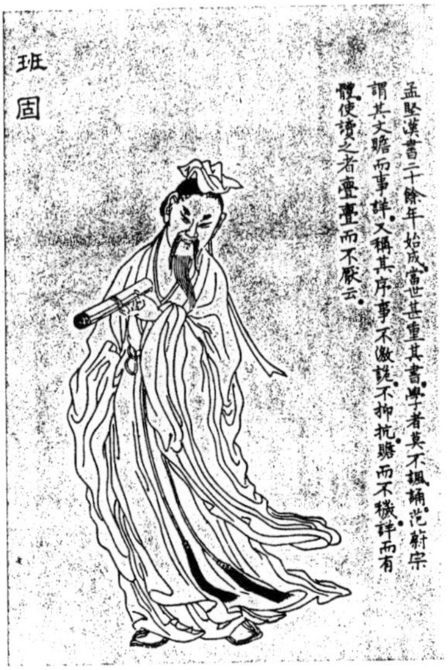

班固（公元三二—九二年），字孟堅。東漢扶風安陵（今陝西咸陽東）人。父彪①（三—五四年）撰漢書未成，卒。固歸里，謀繼父業，遭告發私改國史，繫京兆獄。弟班超（三三—一〇三年）為上書辨白，獲釋。明帝詔為蘭臺令史，後累遷為郎，典校秘書，使終成漢書。自永平中受詔，至章帝建初中，前後歷二十餘年，其中八表與天文志未竟。建初四年（七九），章帝召儒生博士論五經同異，固受詔撰成白虎通義（簡稱白虎通②）。和帝永元元年（八九）竇憲出征匈奴，以固為中護軍。四年（九二）帝與宦官鄭眾合謀，殺憲③（公元？—九二年），固為洛陽令种兢所拘，繫死獄中。

固父班彪，以史記自武帝太初（公元前一〇四年起）以後，闕而未錄，於是作後傳六十五篇。固以其父所續仍未詳，又綴集所聞，整理補

班固

孟堅漢書二十餘年始成。當世甚重其書。學者莫不諷誦。范蔚宗謂其文贍而事詳。又稱其序事不激詭。不抑抗。贍而不穢。詳而有體。使讀之者亹亹而不厭云。

充，以撰之；後因竇憲事遇捕，卒於獄，全書未竟。和帝詔固妹昭[4]就東觀[5]藏書續成。全書分十二紀、八表、十志、七十列傳共百篇，後人分為一二〇卷。載自高帝（劉邦）元年（公元前二〇六年）至王莽地皇四年（公元二三年）前後二三〇年間主要事蹟，為我國第一部紀傳體斷代史。漢書注者達數十家，通行者為唐顏師古（五八一—六四五年）注本，共一二〇卷。清王先謙（一八四二—一九一七年）補注一〇〇卷，採輯至詳。另，近人楊樹達（一八八五—一九五六年）著有漢書窺管，對王氏補注，復多補正。

班固的儒家思想貫穿於其所撰史籍、論述與文學作品。漢書屬史籍，惟載人記事「不激詭，不抑抗，贍而不穢，詳而有體」[6]，具有甚高的文學價值。為文結構嚴謹，言簡意賅，描寫形象生動，如：李廣蘇建列傳、楊胡朱梅雲列傳……等篇，均堪稱兩漢時代敘事文學的典範之作。

孟堅早慧，九歲能屬文、誦詩賦。成年，窮究九流百家之言，博貫載籍。渠為東漢前期大辭賦家，所撰兩都賦、幽通賦、答賓賦、竹扇賦、終南山賦……均為名作。其中，兩都賦寫作技巧頗受子虛、上林、甘泉、蜀都等賦之影響[7]，惟作者另有其創意與發展，體制宏大，鋪張揚厲，詞采紛呈，富典雅和麗之風格。南朝梁昭明太子（蕭統，五〇一—五三一年）所輯文選，將該作刊於卷首，自有其道理。固亦能詩，詠史一首，尤負盛名。所作詩文，曾集結成書稱班蘭臺集。隋書經籍志著錄十七卷，新唐書藝文志作十卷，後散佚。今本係後人所輯，明張溥（一六〇二—一六四一年）將此集刊入漢魏六朝三百家名集，計收班固佚文廿八篇（今存六賦、一表）。清嚴可均（一七六二——一八四三）全上古三代秦漢三國六朝文錄其佚文卅七篇，近人逯欽立（一九一一——一九七三年）先秦漢魏晉南北朝詩收其詩作八首。此外，今人張鵬一（？——）另輯有蘭臺集得詩文卅一篇，列入關隴叢書——扶風班氏遺書。

①有姑班倢伃（？—？，名不詳），少有才學。西漢成帝時，選入宮，後為趙飛燕所譖，退處東宮，作賦自傷。成帝崩（公元前七年），自願充奉園陵。生前辭輦之故實，流芳千古。渠作今僅存自悼賦、搗素賦、怨歌行三篇。怨歌行亦稱團扇歌，疑為偽托之作。漢書有傳。

②凡四卷、四十四篇。記錄漢章帝建初四年於白虎觀議五經同異的結論。當時成篇者有白虎議奏、白虎通德論，又命班固撰集成書，名白虎通義。奏議久佚，通義行而通德論亦廢。晉以來恆省稱白虎通。其論多引古義，兼收讖緯家之說。今尚留有清盧文弨（一七一七——一七九五年）校刻本。

③（？——九二年。）東漢平陵（今陝西興平縣東北）人。字伯度。竇融曾孫，和帝母竇太后之胞兄。章帝崩，和帝沖齡嗣位，竇太后臨朝，憲官居侍中，後獲罪懼誅，自請擊匈奴贖死，領軍出塞三千餘里，大破匈奴，登燕然山，勒石紀功而還，拜大將軍，總攬大權。和帝既長，憤其驕縱，與中常侍鄭眾等合謀，迫令自殺。後漢書有傳。

④約公元四九——一二〇年？。字惠班，一名姬。班彪之女，固、超之妹。嫁曹世叔，早寡。續成漢書。又屢受召入宮，為皇后、諸貴人課讀，號曰大家。生前撰有女誡一書。後漢書

有傳。

⑤位洛陽南宮。東漢章、和等三帝時，為聚藏圖書之所。

⑥詳後漢書卷四〇下、論。

⑦子虛、上林二賦，作者司馬相如。揚雄作甘泉、蜀都二賦。渠等二人均為西漢人。

㈡、司馬遷

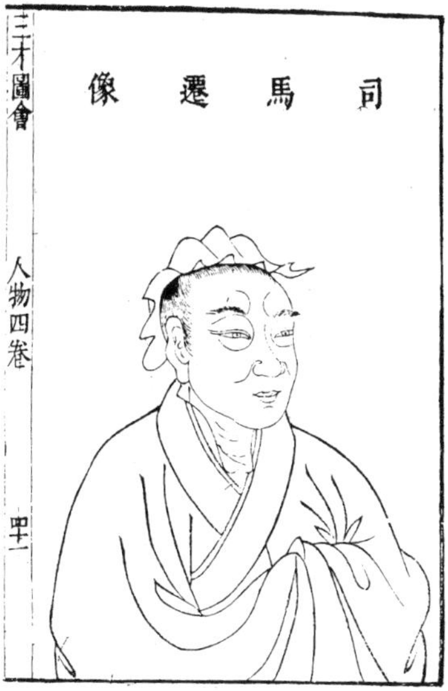

司馬遷（公元前一四五?—前八六年）字子長。西漢夏陽（今陝西韓城）人。父談（公元前?—前一一〇年）為太史令。遷十歲，開始誦讀古文。年二十，南游江、淮，上會稽、探禹穴①、窺九疑，浮於沅、湘，北涉汶、泗，講業齊、魯，觀孔子遺風；厄困鄱、薛、彭城，過梁、楚西歸。旋任郎中，奉使西至巴蜀以南邛、筰、昆明等地。元封三年（公元前一〇八年）繼父職為太史令。太初元年（前一〇四）參預曆法改革。後因替李陵②（公元前?—前七四年）敗降匈奴辯解而下獄，遭武帝處以宮刑③。出獄後，任中書令，隱忍不死，發憤著述。他說：「昔西伯拘羑里，演周易；孔子厄陳、蔡，作春秋；屈原放逐，著離騷；左丘失明，厥有國語；孫子臏腳，而論兵法；不韋遷蜀，世傳呂覽；韓非囚秦，說難、孤憤；詩三百篇，大抵聖賢發憤之所為作也。此人皆意有所鬱結，不得通其道也，故述往事，思來者。」④歷時十七年，成史記一書，是我國第一部紀傳體通史。另，漢書藝文志著錄有司馬遷賦八篇；隋書經籍志著錄漢中書令司馬遷集一卷，舊唐書經籍志、新唐書藝文志均作二卷。今僅存悲士不遇賦一篇，載藝文類聚卷三〇。

史記原稱太史公書，亦（簡）稱太史公、太史記、太史公記。記事起自黃帝，止於漢武天漢間，前後約三千年。全書一三〇篇，其中本紀十二、表十、書八、世家卅、列傳七〇。本紀以序帝王。年表以通史事之脈絡。書以記制度沿革。世家以敘公侯。列傳用誌士庶。成書後，並未及時公諸於世。宣帝間（公元前七三—前四九年），遷外甥楊惲始將該書公開。其中景帝本紀、武帝本紀、禮書、樂書、兵書、漢興以來將相年表、日者列傳、三王世家、龜策列傳、傳靳列傳等十篇缺，有錄無書。元、成間（公元前四八—前七年）褚少孫（字號、生卒年均不詳，約卒於元延、綏和之際。）為之補足。

司馬遷善述事理，史記一書首創以「人」為中心而寫傳記的形式；系統記載歷史發展、社會變遷並重視社會經濟之分析。十表八書扼要敘述前後三千年時代背景、地理環境、自然現象與社經、政治制度。而文字生動、敘事賅要、描寫具體、形象鮮明，充滿感情，始終被視為古代散文典範。史記的體例，對其後史書之撰作固具有深遠影響，其中人物傳記尚具有甚高之文學價值。今人李少雍指出：「司馬遷是歷史編纂新體制紀傳體的創立者，又是中國傳記文學的奠基人。……史記最早而且最大量地提供了近乎小說內容的材料，司馬遷最多樣而且最成功地提供了近乎小說技巧的筆法，包括歷史傳記體裁、人物形象與故事情節、人物描寫等方面的手段。」（司馬遷傳記文學論稿，民七六、重慶）

兩漢時期，史記被定位為「逆書」。唐劉知幾（六六一—七二一年）史通探賾：「必謂遭彼腐刑，怨刺孝武，故書違凡例，志存激切。」直至南北朝，學者始為之作注。南朝宋裴駰（？—？；父松之三七二—四五一年）集解、唐司馬貞（？—？，景龍、天寶間人）索隱、張守節（？—？，延和、乾元間人）正義，合稱三家注本。此外，清梁玉繩（約一七五三—一八二九？）史記志疑、近人張森楷（一八五八—一九二八）史記新校注、日人瀧川資言（一八六五—一九四六）史記會注考證均足堪研讀。昔日，史記通行本有武英殿版本與百衲本。民國五十年代上海中華書局、臺北世界書局先後刊行二種校點本。

①有二處。一位於今浙江紹興縣會稽山。傳說係夏禹葬地。集解採之。另一在今陝西洵陽縣東。高八尺、深九尺，旁鐫「禹穴」二字。穴右有泉，味清冽。相傳禹決漢水時居此。（嘉慶一統志卷二四二興安府）

②字少卿。西漢隴西成紀（今甘肅秦安縣北人）。名將李廣之孫。武帝時，為騎都尉。天漢二年（公元前九九年）率步卒五千擊匈奴，戰敗投降。史記、漢書均有傳。

③又稱腐刑，是一種破壞生殖機能的酷刑。書呂刑：「宮辟疑赦。」傳：「宮，淫刑也。男

子割勢，婦人幽閉。」墨、劓、剕、宮、大辟合稱五刑（書舜典）司馬遷報任安書：「太上不辱先，其次不辱身，……最下腐刑，極矣。」

④史記卷一三〇。太史公自序。

㈢、左丘明

左丘明（？—？）。春秋魯國人。姓左，名丘明。一說左丘乃複姓。相傳渠曾為魯太史，為春秋作傳，成春秋左氏傳，亦稱左氏春秋，省稱左傳。渠又作國語①。因目盲，後人亦稱為盲左。或謂史官有左、右之分，左丘明世為左史，故以「左」為姓。以其世傳史職，故能搜羅列國史料以傳春秋，非如公羊、穀梁之以經生敘述傳聞②。

左傳作者說法不一：㈠、司馬遷史記十二諸侯年表云：「魯君子左丘明懼弟子人人異端，各安其意，失其真，故因孔子史記（按指：春秋），具論其語，成左氏春秋。」㈡、近人康有為（一八五八—一九二七年）新學偽經考提出左傳係西漢劉歆（？—二三年）採國語依春秋編成。㈢、今人錢穆（一八九五—一九九〇年）據章太炎（一八六九—一九三六年）春秋左傳讀考證於所撰先秦諸子繫年考辨出左氏傳出吳起（公元前？——三七八年）之說。一般較傾向史遷之說，今從眾。

左傳出自孔壁，以蝌蚪文寫成，是我國第一部編年體史書。左傳以春秋為綱，起自魯隱公元年（公元前七二二年），止於魯哀公二十七年（公元前四六八年），後附魯哀公四年（公元前四九一年）事一則，並敘及悼公十四年（公元前四五四年）韓、趙、魏三家合滅知伯。全書按隱、桓、莊、閔、僖、文、宣、成、襄、昭、定、哀、悼等十三公之序，記載前後二百五十五年間，春秋各國政治、軍事、文化、社會等大大小小事件。就地域上言，晉、楚、魯、鄭等諸國之事記之尤詳。於時間上而言，採詳後略前處理。襄、昭六十三年間史事，幾占大半。

現行本左傳分六十卷、十八萬餘字。其史學與文學之價值均不容忽視，就全書言，特色有四——

一、描述戰爭，恆採凸顯典型事例與重視細節描寫為方法，過程詳細、周延，人物栩栩如生。如：晉、楚城濮之戰（僖公廿八年、公元前六三二年），秦晉殽之戰（僖公卅三年，公元前六二七年），晉楚邲之戰（宣公十二年、公元前五九七年），晉齊鞍之戰（成公二年、公元前五八九年）……等是。唐劉知幾史通評以：「論其細也，則纖芥無遺；語其粗也，則丘山是異。」

二、擅於掌握人物個性與特徵，亦即重視人物性格之真實性與豐富性，且充分描述有特徵性之細節。如：公子重耳以戈逐子犯（僖公二十三年、公元前六三七年），楚靈王乾谿之難（昭公十二年、公元前五三〇年）。

三、兼顧文章結構與語文藝術，全書大小百餘場戰役無一雷同之處，或凸顯戰前、戰後，或強調正面交戰，或突出某一方內部矛盾與鬥爭，或特別著墨描寫某人一身繫全局之勝負……，構思、章法皆極盡其變化。其記述行人辭令，反映出甚高之說理藝術；而文字簡練、豐潤，尤堪玩味。「欲加之罪，其無辭乎」（僖公十年）、「居安思危」（襄公十一年）、「玩歲愒日」（昭公元年）、「多行不義，必自斃」（隱公元年），「室如懸罄，野無青草」（僖公廿六年）……或為成語，或為後世熟語。

四、開啟「詩本事」批評方法的先河。如：隱公三年：「衛莊公娶于齊東宮得臣之妹。……美而無子，衛人所為賦碩人也。」記載著碩人這一首詩撰作的背景，對理解該詩提供後人客觀性的依據。此一依本事解詩，對我國文學批評產生深遠的影響，亦促成後世本事詩、唐詩紀事等作品的問世。

總之，左傳是先秦時代最早且又詳盡完備、內容生動的編年史；也是文學成就很高的歷史散文之作。

①相傳亦為左丘明所撰。又稱春秋外傳，全書二十一篇，為分國敘述的記言史書。載周、魯、齊、晉、鄭、楚、吳、越等八國事，其中以晉語為最詳。起自周穆王十二年（公元前九九〇

年），止於周貞定王十六年（公元前四五三年）。

②清淩揚藻（一七六〇—一八四五年）蠡勺編卷三五左傳之左別解、劉寶楠（一七九一—一八五五年）論語正義卷六。

四、莊周

莊周（約公元前三六九—前二八六年）。戰國宋蒙（今山東蒙陰縣境）人。曾為漆園吏。傳楚威王（公元前三三九—前三二九年在位）聞其名，厚幣以迎，並許以為相，皆辭就。遺有莊子一書十餘萬言，往往出以寓言，主張清靜無為，獨尊老子，摒斥儒墨。唐崇奉道教，天寶元年（七四二）號莊周為南華真人，稱其書為南華真經。

莊子像

三才圖會 人物四卷 二十七

莊子，莊周與其後學者所著。漢書藝文志著錄五十二篇，今存者卅三篇。計內篇七（卷一—三）、外篇十五（卷四—七）、雜篇十一（卷八—十）。內篇均有題，恆認定為莊周自著，外、雜二篇大多取文之首二字為題，結構、意脈亦較散亂，文體、思想，雜而不一，多被認為係莊周後學者所撰或取其雜著編成。

道家諸多重要思想，可自莊子一書覓見之。

如：虛無無為的道論，黜是非一萬物的齊物論。又如：「乘夫莽眇之鳥，以出六極之外，而游無何有之鄉」（應帝王），其絕對自由之人生境界。「托不得已以養中」（人間世）之處世哲學與摒絕一切知識、歸真返樸的社會理想。作者對「處昏上亂相之間」（山木）、「福輕乎羽，禍重乎地」（人間世）、「竊國者為諸侯」（胠篋）等現象一一予以揭發，對掩蓋上述種種當時社會真象的仁義禮智、是非美醜等觀念給予激烈批判。

莊子紹繼老子，在道家思想的發展過程中，居於十分重要的地位。其哲學思想對我國傳統文化的形成，亦有相當的影響。他主張「道」是非物質的，所謂「萬物出乎無有」（庚桑楚），亦即產生萬物的「道」是「無有」。「有先天地生者，物邪？物物者非物。」（知水遊）。明白地闡釋產生物質的東西不是「物」，而是「精神」。所謂「道」是「自本自根，未有天地，自古以固存；神鬼神帝，生天生地」（大宗師）。換言之，道在天地未出現之前就有了，天地尚且是由「道」而生。他認定一切事物經常在變化，人對於這種變化無可奈何，只有正視且服從之一途。因此，主張「無為」。又一切事物都是相對的，包括個體的認識亦然。所謂大小、貴賤、壽夭、生死、是非、善惡、得失、榮辱都是一樣的，要求人們在無是非、無得失、無榮辱的虛無飄渺的境界中，與天地並生、與萬物為一，逍遙漫遊、返樸歸真。莊子一書充滿想像，文筆變化多端，汪洋恣肆，縱橫跌宕，極富浪漫色彩，多採用寓言故事的形式，且洋溢誇張、幽默與諷刺的意味。

莊子開朗豁達的人生觀、獨力不拘的人格表現以及豐富的想像力與變化多端的文學語言，影響我國古今許多作家，如：阮籍（二一〇—二六三年）、陶潛（三六五—四二七年）、李白（七〇一—七六二年）、蘇軾（一〇三六—一一〇一年）、曹霑（一七二三—一七六三年；一說一七二四—一七六四或一七一五—一七六三）、周樹人（一八八一—一九三六）……，無不在某一定的程度上受到他的影響。

四、葛陸范馬

(一)、諸葛亮

諸葛亮（公元一八一—二三四年），字孔明，東漢琅琊陽都（今山東沂南縣南）人。建安年間，一度隱居鄧縣隆中（今湖北襄陽縣西），留心世事，人稱臥龍先生。建安十二年（二〇七）劉備三顧草廬，他提出據荊（今湘、鄂）、益（今四川）二州，取西南、聯孫吳、抗曹魏，期一統天下的建議，即所謂「隆中對」。從此，成為劉備的主要謀士。旋，劉備依其策略，聯孫攻曹，贏得赤壁之戰（二〇八），取得荊州（二〇九），入成都，自領益州牧（二一四），奪漢中，自立為漢中王（二一九）。兩年後，即帝位於蜀，建元章武[1]（二二一）。二年（二二二）二月，猇亭之戰，蜀軍潰敗，連夜奔白帝城（今四川奉節縣東）。翌年，三月，劉先主永安養疴病重，命丞相諸葛亮輔太子劉禪處理朝政，謂亮曰：「君才十倍曹丕，必能安國，

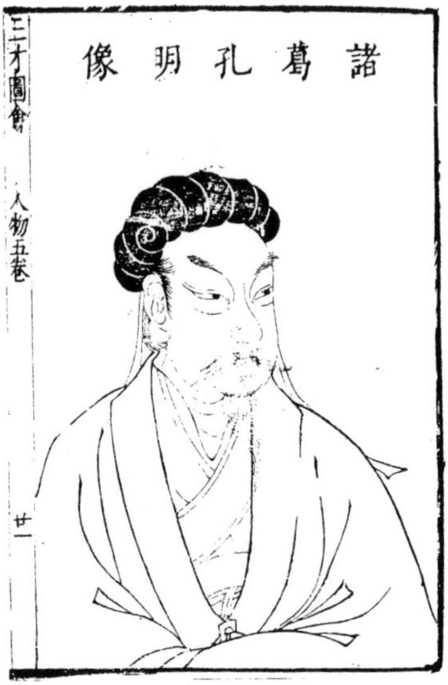

諸葛孔明像

三才圖會 人物五卷 廿一

終定大事。若嗣子可輔，輔之；如其不才，君可自取。」諸葛亮泣答：「臣敢不竭股肱之力，效忠貞之節，繼之以死！」②四月，先主崩，孔明奉喪還成都。五月，劉禪繼位，改元建興，封丞相諸葛亮為武鄉侯，領益州牧。蜀漢政事，咸出於亮。渠約官職、修法制，與群僚曰：「夫參署者，集眾思，廣忠益也③。」當政期間，勵精圖治，賞罰分明，推行屯田，改善與西南各族之關係，促進該地區文化、經濟等發展。曾五度出兵攻魏，志在中原。建興十二年（二三四）二月，亮領兵十萬出斜谷，並遣使約吳共舉。四月，蜀軍抵郿（今陝西郿縣東北，進據渭水南岸與北岸二十萬魏軍對峙。魏軍堅壁不戰。亮乃分兵屯田，為久駐之基。「耕者雜於渭濱居民之間，而百姓安堵，軍無私焉。」八月，亮數挑戰，魏軍仍固守；遂積勞成疾，卒於五丈原，存年五十四。長史楊儀整軍還蜀，葬故相於定軍山（今陝西勉縣西南）。相傳：諸葛亮曾革新連弩，能同時發射十箭、又製造木牛流馬，以便山地運輸。他是三國時代傑出的政治家與軍事家。遺有諸葛亮集。

初，陳壽（二三三—二九七年）所進諸葛亮集，凡二十四篇，惟夙已佚。今傳本為明、清人先後重輯，有明刻二十一卷本（諸葛忠武侯集）、一卷本（諸葛丞相集），十一卷本（清刻諸葛忠武侯集，凡文集四卷、附錄二卷、諸葛故事五卷）。上世紀六十年代，大陸地區據清刻本整理校點，名諸葛亮集，並附入諸葛亮著作考。

①延康元年（二二〇）十月，曹丕篡漢；次年，劉備稱帝於成都，建元章武。

②三國志卷三五。

③成語「集思廣益」之詞源。

㈡、陸贄

陸贄（公元七五四—八〇五年），字敬輿。唐蘇州嘉興（今浙江嘉興縣）人。大曆六年（七七一）舉進士，德宗召為翰林學士。建中四年（七八三）十月，原涇原節度使朱泚反，自稱大秦皇帝，建元應天，將兵攻奉天（今陝西乾縣）；時，贄從帝奉天，詔書多出渠擬，號「內相」。貞元八年（七九二）為中書侍郎、門下同平章事，勇於指陳弊政，揭露兩稅法①施行以來諸積弊，主張廢除兩稅外之一切苛斂，直接以布帛為稽徵標準，並建議積穀邊境、改進防務……。因遭裴延齡所讒，十年冬，罷相。次年，貶為忠州別駕。避謗考校醫方，撰集驗方五十卷。順宗即位，詔還，詔未至而卒於別駕任所，時年五十二歲。進贈兵部尚書，謚宣。

陸贄長於政論，文章揮灑自如。所作奏議，多用排偶，條理精密、文筆流暢，遺有翰苑集（或稱陸宣公奏議）十卷②。其詩則多寫景抒情之作，全唐詩卷二八八存其詩三首、斷句一則。

陸敬輿像

①唐初，採租庸調法賦斂，有田則有租，有身則有庸，有戶則有調。玄宗末，版籍漸壞，至德兵起，賦斂無常，下戶旬輸月送，不勝困弊，率皆逃徙為浮戶，其土著者百無四五。建中元年正月，宰相楊炎建議作兩稅法：先計州縣每歲所應費用及上供數類而賦於民，量出以制入。戶無主客，以現居為簿，人無丁（成丁）中（中男），以貧富為差（據資產定戶等，以徵戶稅）。田畝之稅（地稅）以大曆十四年墾田之數為準（視田畝多寡）而均徵之。為行商者，所在州縣稅三十分之一。居人之稅，秋夏兩徵之，夏稅於六月徵畢，秋稅於十一月繳清。故名兩稅法。此制，直至明一條鞭法行後始變。

②新唐書藝文志尚著錄渠作遣使錄一卷、備舉文言二〇卷。全唐文卷四六〇至四七五存陸文十六卷。

㈢、范仲淹

范仲淹（公元九八九—一〇五二年）。北宋蘇州吳縣（今江蘇吳縣）人。父墉。仲淹二歲而孤，家貧無依，母改嫁朱氏，因取朱姓，名說。大中祥符八年（一〇一五）舉進士。母喪，始復本姓，更名仲淹，字希文。少，貧困力學。為秀才時，嘗言「士當先天下之憂而憂，後天下之樂而樂」，以天下為己任。出仕後，有敢言之名。天聖中（一〇二三—一〇三一）任西溪（今浙江杭州境）鹽官，修建捍海堰。景祐二年（一〇三五），以天章閣待制權知開封府。次年，上百官圖議朝政，被指為朋黨①，貶知饒州。寶元三年（一〇四〇）西夏掠延州（今陝西延安縣）、仲淹與韓琦（一〇〇八—一〇七五年）同任陝西經略副使，改革軍制、鞏固邊防，夏人相戒言「小范老子胸中有數萬甲兵」，西北邊境得相安無事。慶曆三年（一〇四三）任參知政事，主張裁汰閒冗、健全官制，重視農桑，整頓武備，推行法制，減輕徭役等十事，為言者所攻，皆不果行。五年（一〇四五）出知邠州兼陝西河東四路宣撫使，改知鄧、杭、青等州，病卒潁州，謚文正。

范仲淹工詩、詞、散文，名篇佳作，流播人口。渠詩重立意，感情真實、內容豐富、風格剛健，牡丹、野色、嚴陵詞……等首，向為歷代詩論家所推重，與當時盛行之西昆體迥異其趣。仲淹詞作今僅存五首，惟渠乃北宋豪放詞派之先驅，意境高闊，情感深厚。散文名篇如岳陽樓記、嚴先生祠堂記，家喻戶曉、傳誦不衰。

范仲淹主張文章「應於風化」，認為「虞夏之書，足以明帝王之道」；「南朝之文足以知衰靡之化」，肯定力為古文②。他一生著述甚勤，遺有范文正公文集（又稱丹陽集）二〇卷、別集四卷、補編五卷、范文正公尺牘三卷；南宋樓鑰（一一三七—一二一三）編有范文正公年譜一卷。

①政壇上排斥異己之派系集團，舊史稱朋黨。宋有蜀、洛、朔三黨。仁宗朝，歐陽修、尹洙、余靖……等遭人指為朋黨。時，修因撰朋黨論以自明。文見歐陽文忠集卷一七。

②奏上時務、尹師魯河南集序。

四、司馬光

司馬光（公元一〇一九—一〇八六年），字君實，號迂叟（又作迂夫）。北宋陝州夏縣（今山西夏縣）涑水鄉人，世稱涑水先生。寶元元年（一〇三八）舉進士，歷仕仁、英、神三朝，累官天章閣待制兼侍講知諫院、龍圖閣直學士、判吏部流內銓、尚書左僕射兼門下侍郎，為相八月。君實立志編撰通志，以為帝王借鑑。治平三年（一〇六六）撰成八卷（戰國—秦）上進，英宗命設局續修。神宗時，賜名資治通鑑，元豐七年（一〇八四）成書。上起戰國，下終五代，共一千三百六十二年，凡二九四卷。熙寧間（一〇六九—一〇七六）王安石（一〇二一—一〇八六年）行新政，他竭力反對，強調祖宗之法不可變；神宗命樞密副使，堅辭不就。熙寧三年（一〇七〇）出知永興軍（今陝西西安）。次年，退居洛陽，繼續編撰通鑑。元豐八年（一〇八五）哲宗嗣位，高太后聽政，召君實入主朝政。次年，數月間盡廢新法、罷黜新黨，病卒相職，進封溫國公，諡文正。

溫公年七歲聽講左傳，能敘明大意。從此·力學不倦，持之以恆。一生著作等身，遺有切韻指掌圖二卷、溫公易說六卷、家範十卷、續詩話一卷、傳家集八〇卷、通鑑考異卅卷、稽古錄二〇卷、涑水紀聞三〇卷①……等書。其中，資治通鑑一書，自發凡起例至刪削定稿，皆親自動筆。修書分領，漢屬劉攽（一〇二三—一〇八九年）、三國至隋屬劉恕（一〇三二—一〇七八年）、唐迄五代屬范祖禹（一〇四一—一〇九八年）各盡所長。體例編次，多出恕手，五代十國史料差誤最多，亦經恕整理，其功尤著。是書，屬編年史。前代史家謂：簡潔得宜，很有分寸，文技與史遷伯仲之間。近人梁啟超（一八七三—一九二九年）云：「為甚麼作文章？為的是作給人看。尤其是歷史的文章，……而文章生動，便字字活躍紙上，……司馬光作資治通鑑，……百讀不厭……。」②岑仲勉（一八八六—一九六一年）謂：「史料的充實，考證的詳細，文字的簡潔，綜合評論確算它首屈一指③。」進而詡之為「我國極負盛名之通史。」

①涑水紀聞一書，宋史藝文志作卅卷、陳振孫書錄解題卷五作十卷，清四庫館臣別編為十六卷。

②中國歷史研究法補編頁廿七（滬、中華、民廿五、四）

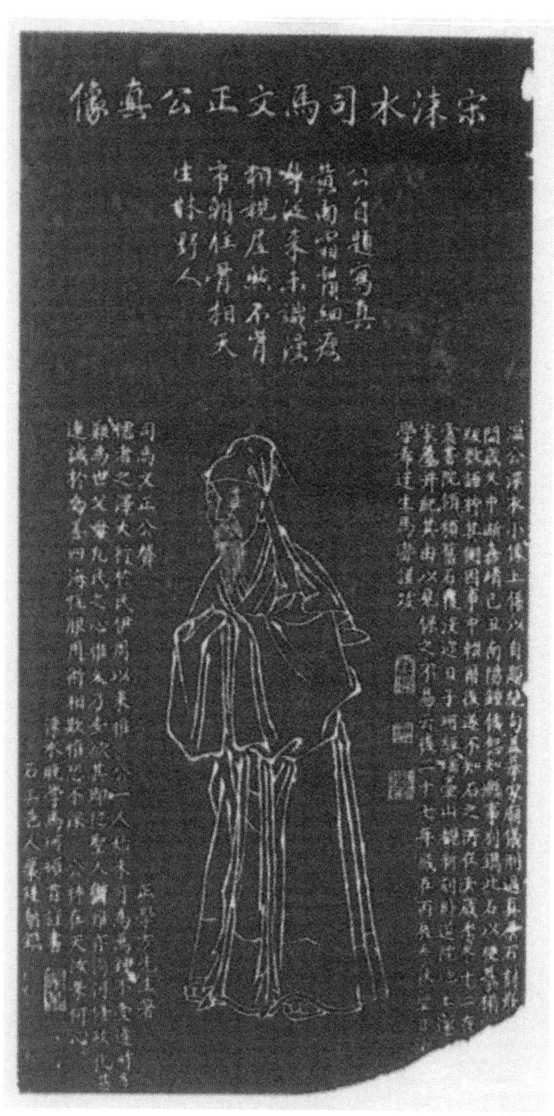

③通鑑隋唐紀比事質疑自序

五、周程朱張

(一)、周敦頤

周敦頤（公元一〇一七—一〇七三年），北宋道州營道（今湖南道縣）人。字茂叔。原名敦實，後避英宗舊諱（宗實）改名敦頤。父輔成，進士出身，官至諫議大夫。景祐三年（一〇三六）因其舅龍圖閣學士鄭向恩補官，充洪州分寧縣主簿，懸獄立決。其後，累遷南安軍司理參軍、虔州通判、知桂陽、南昌、郴州，調廣東轉運判官、知南康軍，卅餘年仕宦，雖迭著政績，卻始終未曾顯達。因病歸，築室廬山蓮花峰下小溪邊，取故居濂溪以名之，後人遂稱濂溪先生。渠一生潛心學問，研讀經籍，深究周易，從而創立其理學思想體系，為宋明理學思想體系之奠基者。洛人程珦，見渠氣貌異於常人，且道高學粹，相與友善，並令二子顥、頤就學於門。

周濂溪像

三才圖會　人物七卷　三十四

濂溪先生承繼易傳、中庸與道教等理念、思

想，依托陳摶（公元？—九八九年）無極圖①，提出其系統性宇宙構成論。他說：「無極而太極。太極動而生陽，動極而靜，靜而生陰，靜極復動，一動一靜，互為其根，分陰分陽，兩儀立焉，陽變陰合而生水、火、木、金、土，五氣順布，四時行也。五行一陰陽也，陰陽一太極也，太極本無極也，五行之生，各一其性。……乾道成男，坤道成女，二氣交感，化生萬物，……。惟人也得其秀而最靈，……」（太極圖說）。聖人又模仿「太極」建立「人極」。「人極」即「誠」。「誠者，聖人之本，『大哉乾元，萬物資始』，誠之源也。『乾道變化，各正性命，誠斯立焉。純粹至善者也』（通書誠上）。「誠」，源於宇宙之最初本原，體現太極之道德本質。因此，誠乃聖人立身之德，是「五常之本，百行之原」，既為道德源泉，其本身自必純然至善，故曰：「聖，誠而已矣」，致誠為道德修養至高至善之境界，心靈由是淨化，成為完美無瑕，崇高無比之聖人。故君子應「乾乾不息於誠。」人性有五品，「性者，剛、柔、善、惡、中而已矣」（易通）。人生目標在「自易其惡，自至其中而止矣」（同前揭書）。與儒家中和說互通。

道德修養方法上，濂溪先生揭示「主靜」，其關鍵於寡欲，寡欲之目標為無欲，只有無私無欲，才能成為聖人。「懲忿窒欲，遷善改過」乃其修養論；而禮樂可促進社會秩序井然，人際情感和諧。他說：「禮，理也；樂，和也。陰陽理而後和。君君、臣臣、父父、子子、兄兄、弟弟、夫夫、婦婦，萬物各得其理然後和，故禮先而樂後。」又說：「聖人制禮法，修教化，三綱正，九疇敘，百姓大和，萬物成若」（禮樂）。

蓮，佛花也②。「如世蓮華，在泥不染，譬如法界真如，在世不為世法所汙。」「如蓮花有四德：一香、二淨、三柔軟、四可愛，譬如真如四德，謂常樂我淨。」（華嚴經探玄記）。濂溪先生愛蓮，其名作愛蓮說指出：蓮花清香、潔淨、亭立、修整，神采飄逸、脫俗，稱頌蓮花「出汙泥而不染，濯清漣而不妖」，高雅而淡泊。以花喻人，期待人性清淨、不染，止於至善，實受釋教思想之影響殊深。

濂溪先生於寧宗嘉定間（一二〇八—一二二四年）追諡元公；遺有太極圖說、易通（即通書四十篇），另有宋濂溪周元公先生集（簡稱濂溪集、四庫本稱周元公集）九卷傳世。其卷一、二為詩文與雜著，卷三、四為圖譜，卷五至九為志傳等。

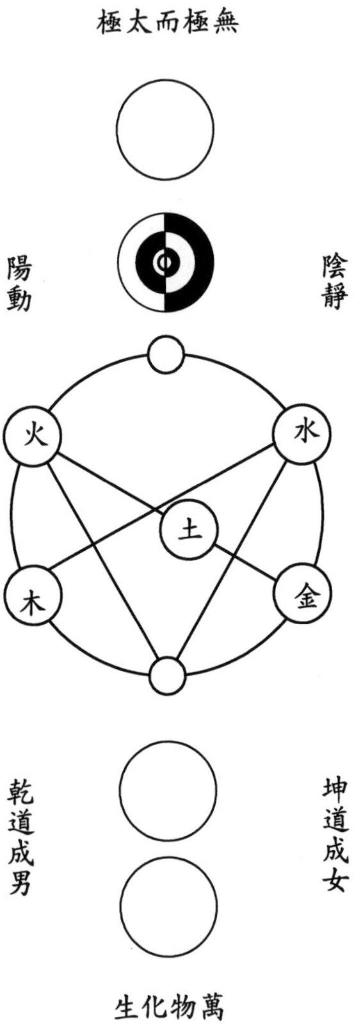

無極而太極
陰靜
陽動
水
火
土
木
金
坤道成女
乾道成男
萬物化生

太極圖

①清朱彝尊（一六二九—一七〇九年）經義考：「夫太極一圖，遠本道書，圖南陳氏（榮按：摶字圖南）演之為圖，為四位五行；……最上曰：鍊神還虛，復歸無極；故曰：無極圖乃方士修鍊之術。當時曾刊華山石壁，相傳圖南受之呂嵓，……在道家未嘗詡為千聖不傳之祕。周子（按：濂溪先生姓周）取而轉易之為圖，亦四位五行；最上曰：無極而太極；……最下曰：化生萬物，更名之曰太極圖，乃不沒無極之旨。」足徵太極圖出於道家，原於易經。

②蓮花世界，指佛地，即西方極樂世界。袈裟，謂蓮花服。清錢謙益為陳伯璣題浣花君小影詩之一：「薄裝自裝蓮花服，禮罷金經伴讀書。」佛座，稱蓮花座，亦稱蓮座。唐王勃歡佛迹寺詩：「蓮座神容儼，松崖聖趾餘。」西方佛國，謂蓮花國也。清金人瑞題文彥可畫陶淵明撫孤松圖詩：「先生已去蓮花國，遺墨今留大德房。」……故曰：蓮，佛花也。

㈡、二程子

程顥（公元一〇三二—一〇八五）。字伯淳，學者稱明道先生。北宋洛陽（今河南洛陽）人。嘉祐二年（一〇五七）舉進士。初任鄠（今陝西鄠縣。民五三，中共改稱戶縣）、上元（在今南京市）主簿，遷晉城（今山西晉城縣）令，告民以孝悌忠信，各鄉皆設學校，十餘年一改野陋，衣儒服者數百人。神宗熙寧初，為太子中允、監察御史裏行。與王安石議新政不合，改外任。哲宗立，召為宗正丞，未行而卒，享年六十四歲。與弟頤同受學於周敦頤，並稱二程。南宋嘉定十三年（一二二〇）追謚大程曰純公、小程曰正公。淳祐元年（一二四一）追封大程為河南伯，小程為伊陽伯，二程均從祀孔子廟庭。

顥泛涉諸家，出入老、釋，返求之於六經。「先生生千四百年之後，得不傳之學於遺經。」「先生為學，自十五六時，聞汝南周茂叔論道，遂厭科舉之業，慨然有求道之志，未知其要，泛濫於諸家，出入於老、釋者幾十歲，返求諸六經而後得之。」（明道先生行狀）渠在洛陽講學十餘年，弟子有「如坐春風」之喻。明道提出「天者理也」①、「只心便是天，盡之便知性」②的命題，認為知識、真理之源，只是內在於人心之中，「當處便認取，更不可外求」③。使心寂然無事，「廓然大公」，「內外兩忘」，即能「窮理」、「盡性」。為學當以「識仁」為主。「仁者渾然與物同體，義禮知信皆仁也」，識得此理，便須「以誠敬存之」（同前揭書卷次）。倡導「傳心」說，認為前聖、後聖所傳者不是聖人之道、聖人之心，而是自己的心，「己之心，無異聖人之心」，「欲傳聖人之道，擴充此心焉耳」。渠承認「天地萬物之理，無獨必有對」（河南程氏遺書卷十一）。與弟頤之學說，為朱熹所繼承與發展，世稱程朱學派。著有定性書、識仁篇，後人所編遺書二十五卷、文集十二卷、經說……明清時，

程明道像

三才圖會 人物七卷 三三

悉收入二程全書。

弟頤（公元一〇三三—一一〇七年）。字正叔，學者稱伊川先生。十八歲，上仁宗書，勸以王道為心。游太學，胡安定（公元九九三—一〇五九年）試諸生，聞伊川論大驚，延見授學職；治平、熙寧間（一〇六四—一〇七七）間，屢不應薦。元祐初，居經筵，擢崇政殿說書，後出為西京（榮按：北宋洛陽）國子監管勾監事。紹聖中，以黨論放歸，四年（一〇九七）送涪州（今四川涪陵縣），移峽州（亦作硤州，民元併於湖北宜昌縣）旋遇赦歸。一生講學三十餘年，門人甚眾。治學以論孟學庸為標指，而達於六經，以窮理為本。著有易傳、春秋傳等。

程伊川像

三才圖會 人物七卷

明道屬一元論，「生之謂性。性即氣，氣即性，生之謂也。人生氣稟，理有善惡，然不是性中元有此兩物相對而生也。有自幼而善，有自幼而惡，……是氣稟有然也。」（河南程遺書卷一）修為之目的，在排除道心之邪惡。伊川則屬二元論。明辨性與氣，前者形而上，後者形而下。「氣有清濁。性則無不善；養孟子所養之氣，達於至極之點，則清明純全，而去所昏塞之惡」（同上揭書及卷次）。故窮理功夫不可缺。明道主悟脫，伊川主窮理。

①河南程氏遺書卷十一。
②同前揭書卷二上。
③同②。

㈢、朱熹

朱熹（公元一一三〇—一二〇〇年）。字元晦，一字仲晦，號晦庵，晚號晦翁、遯翁、滄州病叟，別稱紫陽。南宋徽州婺源（安徽婺源縣，舊亦稱紫陽；中共改劃歸江西省）人。曾僑寓建陽（今福建建陽縣，位閩省西北，越武夷山即屬江西境）。父松（公元一〇九七—一一四三年）①，曾師事楊時（公元一〇五三—一一三五年）②弟子羅從彥（公元一〇七二—一一三五年），為程門三傳弟子。熹從李侗（公元一〇九三—一一六三年）③學，為二程四傳弟子。渠博極羣書，廣注典籍，於經學、史學、文學等各領域，皆有造詣。曾任秘閣校理等職。歷仕高、孝、光、寧四朝，惟在朝不滿四十日。淳熙初（一一七八—一一八〇）於知南康軍期間，重修白鹿洞書院聚徒講學。乾道初（公元一一六五—一一六七年）又與張栻（公元一一三三—一

一八〇年）論學於嶽麓書院。晚年，徙居建陽考亭，主講紫陽書院，故亦別稱考亭、紫陽。

熹闡揚儒家中心思想─仁與學庸哲學，繼承並發展二程理氣說，集理學之大成，建立其完整、客觀之唯心主義理學體系，後世並稱程朱。熹認為理氣相依而不能相離，「天下未有無理之氣，亦未有無氣之理」；但又斷言「理在先，氣在後」，有是理便有是氣，而理是本。將一理和萬理看成「理一分殊」之關係。（語類卷一）。所謂心之全體，湛然甚明，萬理俱足」（語類卷五），進一步提出凡事無不相反以相成」，事物，只是一分為二，節節如此，以至於無窮，皆是一生兩爾」，陰中有陰陽，陽中又有陰陽。強調知先行後，但又認為「知行相須」，注意到「行」於認識中之重要性。揭示「天理」與「人欲」之對立，期待人人「窮天理、滅人欲」。「人只有個天理人欲，此勝則彼退，彼勝則此退，無中立不進退之理，凡人不進便退也」（語類卷十三）。「天理存則人欲亡，人欲勝則天理滅」（同上）

慶元元年（一一九五），宋廷罷右丞相趙汝愚，韓侂胄弄權。五月，侂胄以偽學斥異己。二年（一一九六），葉翥上書，指斥道學為「偽學」，請除毀理學著述。監察御史沈繼祖控訴朱熹十大罪狀，甚至有人「乞斬朱熹以絕偽學」④。三年（一一九七）十二月，置偽學籍。嘉定二年（一二〇九），始恢復朱熹名譽，詔諡文。次年，追贈中大夫、寶謨閣學士。理宗寶慶三年（一二二七）特詔贈朱熹為太師，追封信國公（宋史紀事本末卷八〇）。從此，理學成為我國正統思想體系。元、明、清三朝科舉，均限採四書集注為命題主要依據。日本江戶時代（公元一六〇三─一八六七）「朱子學」亦頗為盛行。晦翁遺有四書章句集注（簡稱四書集注）、周易本義、詩集傳、楚辭集注等著作。後人編有晦庵先生朱文公文集、朱子語類……多種。

①字喬年，號韋齋。政和八年（一一一八）同上舍出身。累官秘書省正字、著作佐郎。宋室南渡，任司勛員外郎、吏部郎等職。因上章反對秦檜議和，出為饒州知州。松有詩名，以意勝，瘦硬中見清新，幽淡中見情味，呈現宋詩本色。如曉過吳縣（五古）、答林康民見和梅花詩（七古）……均見清幽疏宕、蒼勁峭拔。遺有韋齋集十二卷、外集十卷。傳自得稱其詩高遠而幽潔（韋齋集傳序）

②字中立。晚年隱居龜山，人稱龜山先生。師事二程，與呂大臨、謝良佐、游酢並稱程門四大弟子。東南學者奉為程學正宗。著有二程粹言、龜山集等書。

③字願中。從同郡羅從彥習理學。世號延平先生。朱熹輯渠平日講授語錄為延平答問。

④詳續資治通鑑卷一五四。

㈣、張載

張載（公元一〇二〇—一〇七七；一作—一〇七八年）。字子厚，仕宦子弟，其先大梁（今河南開封）人，父迪，明道、景祐間（一〇三二—一〇三八）官涪州（今四川涪陵縣）卒於任。諸孤幼，不克歸，遂僑寓為鳳翔郿縣（今陝西郿縣）橫渠鎮人，世稱橫渠先生。嘉祐二年（一〇五七）舉進士，初任雲嚴令，累遷著作佐郎、崇文院校書等職。弟戩上書指陳

張橫渠像

王安石亂法遭貶，渠深感不安，遂辭職乞歸。專心講學、著述以終。南宋嘉定十三年（一二二〇）追諡獻，淳祐元年（一二四一），追封郿伯，從祀孔廟。

橫渠先生少孤自立，志氣不羣，喜兵法。後求之於儒家大經①。嘉祐初，邂逅二程於京師，共語道學之要，因渙然自信，乃盡棄異學。「終日危坐一室，左右簡編，俯而讀，仰而思，有得則識之，或中夜起坐，取燭以書。」（呂大臨橫渠先生行狀）苦心探索，逐漸形成其思想體系。潛心學問、著書立說之餘，廣招門徒、講學關中，史稱關學。

渠主張太虛即氣②。「太虛無形，氣之本體，其聚其散，變化之客形爾」（正蒙太和）「太虛不能無氣，氣不能不聚而為萬物，萬物不能不散為太虛」（同上揭書）「太虛」為物之本體，氣則是太虛與萬物之合稱。肯定「氣」是充塞宇宙的實體，由於氣聚散變化，形成各種事物現象。「形聚為物，形潰反原」（正蒙太和），物質之氣不生不滅。批判釋、老「空」、「無」之觀點，指出：「一物兩體者，氣也」（易說說卦）「一物兩體者，其太極之謂歟！」（同上）「游氣紛擾，合而成質者，生人物之萬殊；其陰陽兩端，循環不已者，立天地之大義」。（正蒙太和）陰陽二氣「循環迭至，聚散相蕩，升降相求，絪縕相揉，蓋相間相制，欲

一之而不能」（正蒙參兩）「无无陰陽者，以是知天地變化，二端而已」（正蒙太和）。「神，天德；化，天道。德其體，道其用，一於氣而已」（正蒙神化）

在認識論上，渠提出「有物則有感」，「因物為心」，承認認識來自外界事物，但將認識分為「聞見之知」與「德性之知」，「聞見之知，乃物交物而知，非德性所知；德性所知，不萌於見聞」（正蒙大心）。從人與物同受天地之氣以生出發，強調無一物非我，「故天地之塞，吾其體也；天地之帥，吾其性。民吾同胞，物吾與也。」（西銘）。在人性說上，提出「天地之性」與「氣質之性」對立，在教育思想上強調「學以變化氣質」，「為學大益，在自能變化氣質。……故學者先須變化氣質；變化氣質與虛心相表裏。」（義理）

橫渠先生自任綦重，嘗言：「為天地立心，為生民立命，為往聖繼絕學，為萬世開太平」（性理拾遺）足徵之。其思想對宋明理學之發展與影響既大且深。著有正蒙（九卷）、西銘（一卷）、易說（三卷）、經學理窟（五卷）語錄……。後人編為張子全書。

①唐宋科舉，按諸經經文之長短，分大、中、小；宋以詩、禮、周禮、左傳為大經。詳宋史選舉志一。

②橫渠立一元世界觀，以太虛為根本，萬物皆太虛之客形，人亦是太虛所凝聚。太虛之性虛明，人性虛明本然也。「天地以虛為德。至善者，虛也。虛者，天地之祖，天地虛中來。」（張子全書卷一二、語錄抄）。

六、韓柳歐曾

(一)、韓愈

韓愈（公元七六八—八二四年），字退之。唐鄧州南陽（今河南南陽縣；一說河陽，今河南孟縣南）人。自謂郡望昌黎，世稱韓昌黎。早孤，由兄嫂撫養成人。刻苦自學，貞元八年（七九二）進士及第。十九年，任監察御史，因上疏極言宮市之弊，貶為陽山（今廣東陽山縣）令。赦還後，曾任國子博士。元和十二年（八一七）參預戡平淮西，升刑部侍郎。因上書諫遣使往鳳翔迎佛骨，貶潮州刺史。穆宗時，召為國子監祭酒，遷調兵部、吏部侍郎。卒謚文，世稱韓文公。

韓退之像

三才圖會 人物六卷

秦漢以前，並無韻文，皆辭句不整，隨意抒寫，後人謂之散文。秦漢之後，文章漸用對偶，至南北朝，對偶文益盛，延及初唐，此風猶熾。逮中唐，韓、柳等起，始排斥對偶雕鏤之習，一意追復先秦散文，自是駢文寖衰，學者乃稱韓柳等所倡之散文為古文。愈學通貫六經百家，反對六朝以來文風，提倡散體：

> 或問爲文宜何師？必謹對曰：「宜師古聖賢人。」曰：「古聖賢人所爲書具存，辭皆不同，宜何師？」必謹對曰：「師其意不師其辭。」（答劉正夫書）

散文在繼承先秦、兩漢古文的基礎上，創新、發展。渠強調「文以載道」，「學古道則欲兼通其辭；通其辭者，本志乎古道者也。」李漢集昌黎文序：「文者貫道之器也，不深於斯道，有至焉者，不也。」①反對模擬抄襲，主張務去陳言、文從字順、因事陳辭，使「文章語言，與事相侔」，達到「豐而不餘一言，約而不失一辭」（上襄陽於相公書）。愈文筆雄健奔放，氣勢磅礴，汪洋恣肆，「如長江大河，渾浩流傳」（蘇洵上歐陽內翰書）是唐代最傑出的散文家。蘇軾稱贊他「文起八代②之衰，而道濟天下之溺」（韓文公廟碑）愈亦工詩，尤長古風，採散文辭賦之章筆調賦長篇古風，想像奇特，氣勢雄渾，具奇崛險怪之獨特風格。門人李漢（生卒年不詳）輯其撰作為昌黎先生集四〇卷傳世。新唐書藝文志著錄愈注論語十卷，與沈師傳、宇文籍合撰順宗實錄五卷。全唐詩卷三三六—三四五，錄其詩十卷。全唐文卷五四七—五六八，收錄其文廿二卷。近人馬其昶（公元一八五五—一九三〇年）撰有韓昌黎文集校注。

①北宋周敦頤通書文辭：「文以載道也，輪轅飾而人弗庸，徒飾也，況虛車乎？」元史儒學傳：「六經者，道之所在，文則所以載夫道者也。」李漢，生卒年不詳，唐宗室。少師事

韓愈，愈以女妻之。

②東漢、魏、晉、宋、齊、梁、陳、隋合稱八代。

㈡、柳宗元

柳宗元（公元七七三—八一九年）。字子厚，唐河東解（今山西運城西）人，世稱柳河東。貞元九年（七九三）舉博學宏辭科進士。永貞元年（八〇五）任禮部員外郎，與韓泰（公元？—八三一？）、劉禹錫（公元七七二—八四二年）等參預王叔文（公元七五三—八〇六）謀改革時政，史稱永貞革新。失敗未幾，貶為邵州刺史，續貶永州司馬。元和十年（八一五）改任柳州刺史，寬刑愛民，政績卓著；卒於任，世亦稱柳柳州。

宗元主張「文以明道」提倡先秦、兩漢質樸流暢之散文傳統，反對已流於形式之駢儷文風：

故吾每爲文章，未嘗敢以輕心掉之，懼其剽而不留也。未嘗攻以怠心易之，懼其馳而不嚴也。未嘗敢以昏氣出之，懼其昧沒而雜也。未嘗敢以矜氣作之，懼其偃蹇而驕也。抑之欲其奧，揚之欲其明，疏之欲其通，廉之欲其潔，激而發之欲其清，固而存

之欲其重，此吾所以羽翼夫道也。（答韋中立書）

渠強調「為文以神志為主」（與楊京兆書）；所作散文峭拔矯健，說理透徹，結構謹嚴。時論尖銳有力。寓言精短犀利。山水游記，寫景狀物，多所寄託。與韓愈同為古文倡導者，並稱韓柳。亦工詩，風格清峭。在哲學領域上，有天說、天對等重要論著，認為「元氣」是物質的客觀存在，根本否完「元氣」之上尚有最高主宰。提出天地、元氣、陰陽不能賞功而罰禍，否定當時盛行之因果報應說。對於宗教，主張釋、道調和。

宗元卒後，摯友劉禹錫為編次其遺文，並撰柳君集紀。現存柳宗元集（或稱柳河東集）四五卷，新唐書藝文志著錄有柳宗元注揚子法言十三卷。全唐詩卷三五〇—三五三錄其詩作四卷，全唐文卷五六九—五九三存柳文廿五卷。近人章士釗（公元一八八一——一九七三年）所著柳文指要，乃有關柳宗元及其作品之研究專著，頗具可讀性。

㈢、歐陽修

歐陽修（公元一〇〇七—一〇七二年），字永叔，號醉翁，晚號六一居士。北宋廬陵吉水（今江西吉安縣）人。四歲喪父，家境清寒，母鄭氏守節自誓，畫荻教子。天聖八年（一〇三〇）舉進士甲科，授秘書省校書郎，充西京①留守推官。次年，於洛陽與尹洙（公元一〇〇一—一〇四六或一〇四七年）、梅堯臣（公元一〇〇二—一〇六〇年）等交游。景祐元年（一〇三四）三月，入為館閣校勘，編崇文館藏書總目。慶曆初，坐貶夷陵（今湖北宜昌縣）

令。三年（一〇四三）召還汴京，知諫院。修論事切直，人視之如仇。十月，擢修起居注，知制誥。為人所嫉，出知滁、揚、潁、宋等州十餘年。嘉祐初，加龍圖閣學士，知開封府。二年（一〇五六）正月，知貢舉，黜為陰怪奇澀之文者，一改場屋惡習。新唐書成，拜禮部侍郎兼翰林侍讀學士。五年，除樞密副使。次年，閏八月，遷參知政事。神宗即位，求退，罷為觀文殿學士、刑部尚書、知亳州。熙寧元年（一〇六八）八月，遷兵部尚書，知青州。其時，修議新法，與王安石不合，乞退。四年（一〇七一）以太子太師致仕。次年，卒，贈太子太師，諡文忠。

歐陽永叔像

三才圖會　人物七卷　三十九

永叔乃北宋詩文革新、反對西崑體②之領袖。強調「道」是「文」之核心，並闡明「道」、「文」之別。答吳充秀才書云：「道勝者文不難而自至，……古之學者非一家，其為道雖同，言語文章未嘗相似。」又云：「其見於言者，則又有能有不能也。」適時澄清、糾正宋初古文家重道輕文、道即文等偏頗。其散文，無論敘事、抒情皆簡括流暢、委婉含蓄、充滿感情；而政論散文則洋溢現實意義與其對國家興亡、社會隆汙等見解。修詩文均工，名列唐宋八大家之一，三蘇父子、曾鞏、王安石等人或出其門下，或得其獎掖。撰有毛詩本義、新五代史、集古錄等，並與宋祁合修新唐書。後人輯有歐陽文忠集一五三卷、附錄五卷，其中居士集為修晚年自編。

①北宋以大梁（即汴京）為東京，洛陽稱西京。

②北宋初，楊億、劉筠、錢惟演等諸人以所倡和之詩作，編為一卷，名西崑酬倡集。其詩大抵宗奉李商隱、溫庭筠，追求詞藻、好用典故，文字綺麗，而言意輕淺，一時慕之，號西崑體，簡稱崑體。

四、曾鞏

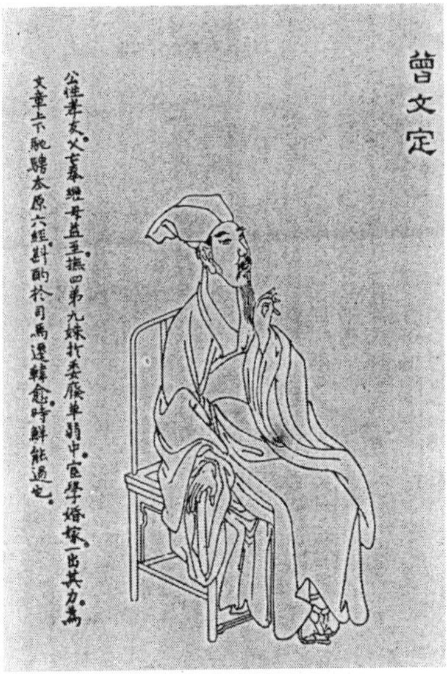

曾鞏（公元一〇一九—一〇八三年），字子固。北宋南豐建昌軍（今江西南豐縣）人。嘉祐二年（一〇五七）舉進士。擢太平州司法參軍，召編校史館書籍。迭遷館閣校勘、集賢院校理、英宗實錄院檢討，出為越州通判。歷知齊、襄、洪州，加直龍圖閣，知福、明、亳、滄諸州。元豐三年（一〇八〇）神宗召見，留判三班院，加史館修撰，專典五朝史事。五年（一〇八二）拜中書舍人，丁母艱，病逝江寧府，享年六十五歲。追諡文定。世稱南豐先生。

南豐主張先道德而後文章，認為世之大賢要「明聖人之心於百世之上，明聖人之心於百世之下。」以聖人之道「扶衰救缺」（上歐陽學士第一書），提出「文必足以發難顯之情」（南齊書目錄序）與「畜道德而能文章」（寄歐陽舍人書），自理論上支持歐陽修提倡古文的旨意。史稱鞏散文自立於歐、王（安石）間，紆徐不煩，簡奧不悔，卓然自成一家。立字簡潔凝煉，章法嚴謹有度，用詞樸實有力；而思慮明晰、論證周延、節奏舒緩，尤以夾敘夾議見長，「因事而發」洵為其風格。鞏亦工詩，今尚存四百餘首，文字古樸典雅，格局超逸，兼顧詩意與哲理。瀛奎律髓評曰：「平實清健，自成一家」（卷十六）。生前著有宋朝政要策一卷、雜識一卷，久佚。曾集古今篆刻為金石錄五卷。既歿，後人集其遺稿為元豐類稿五〇卷、續稿四〇卷、外集一〇卷，今存。上海中華書局民七三刊行點校本，改稱曾鞏集。近人王煥鑣著有曾南豐先生年譜一卷（滬、商務、民卅三）

七、李杜蘇黃

(一)、李白

李白（公元七〇一—七六二年），字太白，號青蓮居士。唐隴西成紀（今甘肅秦安縣附近）人。其先代，隋季流寓西域，白出生於安西都護府所屬碎葉城①。神龍初，徙居蜀中綿州彰明縣（一作昌明縣）青蓮鄉。常寓魯，亦稱山東人。天寶初，入長安，經賀知章（公元六五九—七四四年）、吳筠（公元？—七七八年）等推薦，任翰林院供奉。以蔑視權貴，遭讒出京。游歷江湖、縱情詩酒。因坐永王（李璘）之亂②，流放夜郎（今貴州桐梓、正安西），途中遇赦，依族人當塗令李陽冰（生卒年不詳）。未幾，病卒，有詩仙之譽。③與杜甫齊名，世稱李、杜。

李白存世作品可觀，詩歌近千首，文、賦、頌、贊等約六十餘篇，是盛唐詩文兼擅的大家。就詩歌言：

李太白像

三才圖會 人物六卷 四十

一、充分反映盛唐時期現實生活，予人昂揚奮發之氣慨。如：「……。牛羊散阡陌，夜寢不扃戶。……」「……。河堤繞綠水，桑柘連青雲。」「繅紗鳴機杼，百里聲相聞……。」（贈清漳明府姪聿）又如：「功名不早著，竹帛將何宣！」（長歌行）「天生我才必有用，千金散盡還復來，」（將進酒）……等。

二、大膽揭發天寶末年各項黑暗，以抒悲憤之情。如：「大車揚飛塵，亭午暗阡陌。中貴多黃金，連雲開甲宅。路逢鬥雞者，冠蓋何輝赫！鼻息干虹霓，行人皆怵惕。」（古風五九首之二四）「吳牛喘月時，拖船一何苦！水濁不可飲，壺漿半成土。一唱都護歌，心摧淚如雨。萬人鑿盤石，無由達江滸。」（丁都護歌）又如：「燭龍棲寒門，光燿由旦開，日月照之何不及此？唯有北風號怒天上來。燕山雪花大如席，片片吹落軒轅臺。幽州思婦十二月，停歌罷笑雙蛾摧。倚門望行人，念君長城苦寒良可哀。……」「……黃河捧土尚可塞，北風雨雪恨難裁！」（北風行）……等。

三、擅長想像，揮灑自在，音節鏗鏘。如：「噫吁嚱，危乎高哉！蜀道之難難於上青天！……黃鶴之飛尚不得過，猿猱欲度愁攀援。……磨牙吮血，殺人如麻。……蜀道之難，難於上青天！側身西望長咨嗟。」（蜀道難）……等。

四、題材多樣，風格豪放，用詞靈活，清新自然。如描塑婦女曲折柔情：「機中織錦秦川女，碧紗如煙隔窗語。停梭悵然憶遠人，獨宿孤房淚如雨。」（烏夜啼）「清水出芙蓉，天然去雕飾。」（經亂離後天恩流夜郎憶舊遊書懷贈江夏韋太守良宰）。又如：「床前明月光，疑是地上霜。舉頭望明月，低頭思故鄉。」（靜夜思）。「桃花潭水深千尺，不及汪倫送我情。」（贈汪倫）……等。

五、眾體兼長，其中樂府詩約占全部詩作百分之廿五，擬古題固多，唯別創新意，盡掩前篇。

另渠五古之特殊成就，尤為歷史所公認。

唐李陽冰草堂集序：「太白不讀非聖之書，恥為鄭衛之作，故其言多似天仙之辭，凡所著述，言多諷興，自三代以來，風騷之後，馳驅屈宋，鞭撻揚馬，千載獨步，惟公一人。」「李太白詩，非無法度，乃從容於法度之中，蓋聖於詩者也。」（語類卷一四〇）明胡震亨（？—？，萬曆間舉人）唐音癸籤引元陳繹曾語：「李白詩祖風騷，宗漢魏，下至徐、庾、楊、王，亦時用之。善掉弄，造語奇怪，驚動心目，忽然撇出，妙出無聲，其詩家之仙乎！」胡應麟（公元一五五一—一六〇二年）詩藪：「太白諸絕句，信口而成，所謂無意於工而無不工者……余嘗謂：古詩樂府後，惟太白諸絕近之。」清姚鼐（一七三二—一八一五年）今體詩鈔：「盛唐人禪也，太白則仙也。於律體中，以飛動飄搖之勢，運廣奇逸之思，此獨成一境者。」黃生（？—？）杜詩說：「李杜齊名，古今不敢軒輊。予謂太白才由天縱，故能以其高敵子美之大。至論其胎骨，則『清新庾開府，俊逸鮑參軍』，杜之目李，確不可易。」

遺有李太白詩卅卷傳世。

①故址在中亞哈薩克中部，今吉爾吉斯共和國托克馬克城附近，約東經76°、北緯42°處。唐

高宗咸亨元年（六七〇）至如意元年（六九二）間，於此設安西都護府。調露元年（六七九）安西都護王方翼築城，因城臨碎葉水西得名，為唐西部邊防重鎮。玄奘（公元六〇二—六六四年）赴印取經曾途經此地；近人考證，詩仙李白即出生於此。

②天寶十五載（至德元年，七五六）十二月，永王璘（玄宗第十子）領山南、江西、嶺南、黔中四節度使，鎮江陵（今湖北江陵），時江、淮租賦山集江陵，璘召募勇士數萬，有薛鏐等為之謀，欲割據金陵，如東晉故事。肅宗勅璘赴蜀朝上皇，璘不從，乃置淮南節度使，領廣陵（治今江蘇揚州）等十二郡；置淮南西道節度使，領汝南（治今河南汝南）等五郡。使與江東節度使共防璘。璘擅引舟師東巡，分兵襲吳郡、廣陵，江淮大震。淮南節度使高適、淮南西道節度使來鎮、江東節度使韋陟連兵討之。時，李白為永王幕賓。

③詩才飄逸如仙，謂之詩仙。南宋嚴羽（公元一一九二—一二四五年）滄浪詩話詩評：「人言太白仙才，長吉鬼才；不然，太白天仙之詞，長吉鬼仙之詞耳。」榮按：「天仙之詞」出自李陽冰草堂集序，羽易「辭」為「詞」耳。餘詳本文。明楊慎（公元一四八八—一五五九年）謂李白神於詩，（外庵詩話卷七評李杜）。清王士禛（公元一六三四—一七一一年）謂李白飛仙語（漁洋詩話），故有詩仙之稱也。

㈡、杜甫

杜甫（公元七一二—七七〇年），字子美。祖籍襄陽（今湖北襄樊），生於鞏縣（今河南鞏縣西）。杜審言之孫。因世居杜曲，在少陵原之東，自稱杜陵布衣、少陵野老。幼年喪母，賴姑母撫養成人。年七歲學詩、志學之齡已稍有詩名。開元廿三年（七三五）赴長安應進士科，不第。而後，多次應考不售。天寶十載（七五一）獻三大禮賦待制集賢院，又為宰相李林甫所抑。安祿山陷長安，玄宗奔蜀，甫逃至鳳翔肅宗行在，任左拾遺。官軍收復長安，因疏救房琯①遭貶為華州司功參軍。不久，棄官入蜀，依劍南節度使嚴武（公元七二六—七六五年），於成都西郭築草堂以居。武薦為檢校工部員外郎。武卒，甫出蜀入湖，病歿於衡陽、耒陽間旅舟。存年五十九。甫工詩，有詩聖之譽②；與李白齊名，世稱李杜。渠作品被稱為詩史。因有別於杜牧，亦稱老杜，又依其官銜，稱杜拾遺、杜工部。

杜子美像

三才圖會 人物六卷 三十九

子美終其一生，其憂國憂民之情，始終未衰，堅持仁政理念，懷「致君堯舜上」（奉贈韋左丞丈二十二韻），須斬萬竿「惡竹」之抱負。敘事之作多於抒情篇什，前者飽含激情，後者常發議論，興寄而賦。充分反映安史之亂前後時代色彩與政經實況，故有詩史之稱。意境深厚完整，語言錘鍊細緻，音節鏗鏘多變，後人謂為唐詩之集大成者。其新題樂府，即事名篇，無復依傍，對元、白新樂府影響尤深。唐元稹（公元七七九八—八三一年）唐檢校工部員外郎杜君墓志銘：「子美上薄風雅，下該沈宋。言奪蘇李，氣吞曹劉。掩顏謝之孤高，雜徐庾之流麗。盡得古今之體勢，而兼文人之所獨專矣。詩人以來未有如子美者。」北宋秦觀（公元一〇四九—一一〇〇年）草堂詩話引進論：「杜子美之於詩，實積眾流之長。昔蘇武、李陵之詩，長於高妙。曹植、劉公幹之詩，長於豪逸。陶潛、阮籍之詩，長於沖澹。謝靈運、鮑照之詩，長於峻潔。徐陵、庾信之詩，長於藻麗。於是，子美窮高妙之格，極豪逸之氣，包沖澹之趣，兼峻潔之姿，修藻麗之態，而諸家所不及焉。」黃庭堅（公元一〇四五—一一〇五年）詩人玉屑引大雅堂記：「子美詩妙處，乃在無意於文，夫無意而意已至，非廣之以國風、雅、頌，深之以離騷、九歌，安能咀嚼其意味，闖然入其門耶？」朱子語類：「作詩先用看李杜。如士人治本經，本既立，次第方可看蘇黃，以次諸家詩。」南宋嚴羽（一一九二—一二四五）滄浪詩話：「李杜二八，不當優劣，太白有一二妙處，子美不能道。子美有一二妙處，太白不能作。」清浦起龍（公元一六七九—一七六一？）讀杜心解：「少陵之詩，一人之性情，而三朝之事會寄焉者也。」

杜甫生前，其詩作並未受重視，中唐古文運動、新樂府運動相繼興起，杜詩始受推崇，「李杜文章在，光焰萬丈長」（韓愈調張籍詩）③。其詩集，史載六十卷，已佚。今存杜詩集係以北宋王洙（？—？，咸平、嘉祐間人）所編杜甫全集二〇卷、一四〇五首（寶元二年，一〇三九）為基礎，經王琪（？—？，天聖間曾服官，七十二歲卒）等人重編，於蘇州鏤版刊行，為杜集初定本。清以來，通行本甚多，主要有錢謙益（公元一五八二—一六六四年）

杜工部集箋注、仇兆鰲（公元一六三八—一七一七年）杜詩詳注（一名杜少陵集詳注）、浦起龍讀杜心解、楊倫（？—？；雍乾間人）杜詩鏡銓等。

①公元六九七—七六三年。字次律。玄宗奔蜀（七五六年六月），時渠官文部尚書，同中書門下平章事。肅宗立，參預朝中機密事務，有重名，惟疏闊好大言，至德元年（七五六）自請領兵討安祿山，戰於陳濤斜，全軍覆沒，僅以身免。

②詩中之聖，曰詩聖。北宋王安石（公元一〇二一—一〇八六年）選詩，列杜甫為諸家之首。明清人始以詩聖推杜；餘詳參升庵詩話（卷七）等書。

③另參前引元稹杜君墓志銘。

(二)、蘇軾

蘇軾（公元一〇三六—一一〇一年），字子瞻。北宋眉州眉山（今四川眉山縣）人。嘉祐二年（一〇五七）舉進士。主試歐陽修曰：「讀軾書，不覺汗出。快哉！快哉！老夫當避路，放他出一頭地也。」（與梅聖俞書）。五年，授福昌縣主簿，未赴任。翌年，登賢良方正直言極諫科，改授大理評事、簽書鳳翔府節度判官廳公事。治平二年（一〇六五）遷諫官，熙寧二年（一〇六九），以殿中丞判官告院，使職尚書省。王安石行新法，軾上書論其不便，自請就外，通判杭州，徙湖州。言官摘其詩語指陳訕謗朝政，貶謫黃州，築室東坡，自號東坡居士。哲宗嗣位後，召還，為翰林學士、端明殿侍讀學士，曾知登、杭、潁諸州，官至禮部尚書。紹聖間，又謫惠州、瓊州，赦還，卒於常州。南宋孝宗隆興六年（一一七〇）追謚文忠。

子瞻工詩、詞、文，並擅長書法，渠繼歐陽修之後，為北宋文壇領袖。文學主張與永叔一脈相傳，且有新發展。重視文學之社會功能，反對形式主義之文風：

一、強調文章以體用為本、華采為末；力求有為而作、反對內容膚淺，專用心於古奧文詞。

二、謀篇重技道兩進，以能道意所欲言為文章最高境界。

三、文章應求文理自然，姿態橫生，風格多樣，勇於創新，期「出新意於法度之中，寄妙理於豪放之外」（書吳道子畫後）辭達意盡，行雲流行、揮灑自如。

子瞻散文現存四千餘篇，無論質、量，均為唐宋八大家首屈一指者。蘇詞題材多樣，內容充實，富創造性。四庫全書總目謂：「晚唐、五代以後，詞『以清切婉麗為宗，至柳永而一變』，『至蘇軾而又一變』，遂開南宋辛棄疾等一派」。清劉熙載（一八一三—一八八一年）盛贊蘇詞似杜詩，「無意不可入，無事不可言。」（藝概）。南宋王灼（？—？，建炎、隆興間人）碧雞漫志謂蘇詞「指出向上一路，新天下耳目，弄筆者始知自振。」現存蘇詞三百四十餘首，豪放詞沉鬱蒼涼，寄慨萬端；婉約詞清新曠遠，飄飄欲仙。

蘇軾思想博大，多才多藝，其書法與黃庭堅、米芾、蔡襄並稱宋四家。渠擅長行楷，師法李邕、徐浩、顏真卿、楊凝式等，從而創造獨具風格之蘇體。又善畫竹、枯木、怪石，有其精闢之繪畫理論。

東坡天才既高，復博覽羣籍，故其詩氣象宏闊，意趣絕妙，千變萬態，翕張開闔；近體詩至晚唐已難以為繼，子瞻一出，宋詩風格始奠定焉。蘇轍（公元一〇三九—一一一二年）蘇東坡墓志銘：「公詩本似李杜，晚喜陶淵明。」陳師道（公元一〇五三—一一〇一年）後山詩話：「蘇詩始學劉禹錫，故多刺怨，學不可不謹也。晚學太白，至其得意，則似文矣。然失於粗，以其得意也。」南宋劉克莊（公元一一八七—一二六九年）後村詩話：「坡詩略如昌黎，有汗漫者，有典嚴者，有麗縟者，有簡淡者，翕張開闔，千變萬態，蓋自以氣魄力量為之。」清王士禎（公元一六三四—一七一一年）漁洋詩話：「蘇文忠七言長句之妙，自子美、退之後，一人而已。」沈德潛（公元一六七三—一七六九）說詩晬語：「胸有洪爐，金銀鉛錫，皆歸熔鑄，其筆之超曠，等於天馬脫羈，飛仙遊戲，窮極變幻，而適如意中所欲出。韓文公後又開闢一境界也。」袁枚（公元一七一六—一七九七年）隨園詩話：「東坡近體詩，少蘊烹煉之功，故言盡而意亦止，絕無弦外之音，味外之味。」趙翼（公元一七二七—一八一四年）甌北詩話：「以文為詩，始自昌黎。至東坡益大放厥辭，別開生面。天生一枝健筆，爽如哀梨①，快如并剪②，有必達之隱，無難顯之情，此以繼李、杜為一大家也。」施補華（公元一八三五—一八九〇年）峴傭說詩：「東坡最長於七古，沈雄不如杜，而奔放過之；透逸不如李，而超曠似之。」蘇詩現存二千七百餘首，四言、五言、六言、七言、雜言，古今體皆備。

蘇軾著有易傳、書傳、論語說及詩、文、詞集。蘇集合刻本有明代所刊東坡七集一一〇卷傳世。

①秣陵哀仲家產好梨，大如升，入口消釋。世說新語輕詆：「桓南郡（玄）每見人不快，輒嗔曰：『君得哀家梨，當復不烝食不？』」後恒用以喻說話或文章流暢爽利為如食哀梨。

②古并州所產剪刀，以鋒利著稱。并州剪省詞作并剪、并刀。唐杜甫戲題王宰魚山水圖歌：「焉得并州快剪刀，翦取吳松半江水。」南宋陸游對酒之一：「閑愁剪不斷，剩欲借并刀。」

四、黃庭堅

黃庭堅（公元一〇四五—一一〇五年）。字魯直，號山谷，又號涪翁。北宋洪州分寧（今江西修水縣人。治平四年（一〇六七）舉進士，初任葉縣尉。熙寧五年（一〇七二）除國子監教授，在任八年。此期間與蘇軾結文字交，情兼師友，終身不渝。元豐三年（一〇八〇）知吉州太和縣，當時新法之一鹽法厲行，庶民深以為苦，魯直深入僻野，行政寬簡，深得民心。六年（一〇八三）調監德州德平鎮。元祐初，召為秘書省校書郎，參與修神宗實錄，其詩於此時形成獨特風格，清雅絕俗、詼諧多趣，稱庭堅體。紹聖間，遭讒，貶為涪州別駕、黔州安置，復移置戎州。崇寧二年（一一〇三）黨禍正熾，除名編管宜州，三年夏，抵貶所，備受折磨。四年九月卒，享年六十一歲。

魯直飽讀羣書，遍涉諸經、百家，稗史雜說，亦精老莊與佛典。其詩多寫個人日常生活，謂詩歌不當有訕謗侵陵等內容，講究修辭造句，追求奇拗瘦硬之風格。論詩標榜杜甫，尤重其夔州詩，提倡「無一字無來處」與「奪胎換骨，點鐵成金①」。對兩宋詩風影響殊深，開創江西詩派②。南宋朱弁（公元一〇八五—一一四四年）風月堂詩話：「黃魯直獨用崑體功夫，而造老杜渾全之境，禪家所謂更高一著。」洪炎（？—？，元祐、紹興間人、魯直外甥）黃山谷詩序：「凡句法、置字、律令，新新不窮，愈出愈奇，所謂包曹劉之波瀾，兼陶謝之志量，可使子美分坐，太白卻行。」胡仔（？—？，建炎、紹興間人）苕溪漁隱叢話：「豫章自出機杼，別成一家。清新奇巧，是其所長。若言抑揚反覆，盡兼眾體，則未也。」劉克莊（公元一一八七—一二六九年）江西宗派小序：「豫章會萃百家之長，究極歷代體制之變，蒐獵奇書，穿穴異聞，作為古律，自成一家，雖隻字半句不輕出。」趙彥衛（？—？，乾道、紹

興間人）評黃庭堅詩云：「詩歌至於豫章始大，出而力振之。後學者同作並和。盡出豫章也。」嚴羽（公元一一九二——一二四五年）滄浪詩話：「宋詩至東坡、山谷，始出己意以為詩，唐人之風變矣。山谷用功尤為深刻，其後法席盛行海內，稱為江西宗派。」清吳之振（公元一六四〇——一七一七）宋詩鈔：「宋初詩承唐餘，至蘇梅歐陽，變以大雅，然多極其天才筆力，非必鍛鍊勤苦而成。山谷出而會萃百家句律之長，究極歷代體制之變，自成一家，雖隻字半句不輕出，為宋詩家宗祖，江西詩派皆師承之。有山谷內外集。」姚鼐（公元一七三一——一八一五年）今體詩鈔：「山谷刻意少陵，雖不能到，然其兀傲磊落之氣，足與今古作俗詩者，澡灌胸胃，導啟性靈。」方東樹（公元一七七二——一八五一年）昭昧詹言續錄：「涪翁以驚創為奇才，其神兀傲，其氣崛奇。玄思瑰句，排斥荃宰，自得意表，足以蕩熟滑。」

山谷亦能詞、能文，後者存世之作可觀，且類別齊全，唯自述：「作詩頗有悟處，若諸文亦無長處可過人」（論詩文帖）。

山谷兼擅行、草，初以周越為師，後取法顏真卿、懷素，受楊凝式影響，尤得力於瘞鶴銘[3]。以側險取勢，縱橫奇倔，自成風格。為宋四家之一。與蘇軾並稱蘇黃。有山谷集傳世。其自選詩文名山谷精華錄。詞集名山谷琴趣外篇。書蹟有華嚴疏、松風閣詩、王長者史詩老墓志銘、廉頗藺相如傳（草書）……等。

①冷齋夜話：「山谷云：『詩意無窮，不易其意而造其語，謂之換骨法。窺人之意而形容之，

謂之奪胎法。』」捫蝨新話：「文章雖不要蹈襲古人一言一句，然自有奪胎換骨法，所謂靈丹一粒，點鐵成金也。」

②北宋末，呂居仁作江西詩社宗派圖，推黃庭堅為宗派之祖，以次為陳師道等二十五人，居仁亦自居其列。以庭堅為江西人，影響最大，故有江西詩派之稱。餘詳文獻通考卷二四九。

③明陶宗儀（一三一六—？，元末明初人）書史會要卷六：「余學草書三十餘年，初以周越為師，故二十年抖擻俗氣不脫，晚得蘇才翁、子美書，觀之，乃得古人筆意。後又得……乃窺筆法之妙。」

八、許鄭杜馬

㈠、許慎

許慎（約公元五八—一四七年）①，字叔重。東漢汝南召陵（今河南郾城縣）人。師事賈逵②（公元三〇—一〇一年），博通經籍，有「五經無雙許叔重」之譽。曾任太尉南閣祭酒、洨長等職。作說文解字並敘目共十五篇，以六書推究文字本義兼聲音訓詁，集古文經學訓詁之大成，為我國最早的文字學專著，乃後代研究文字與編輯字書最重要之根據。渠另著有五經異義十卷，專主古文經學。後鄭玄撰駁五經異議一書加以辯難，兩書均久佚。清陳壽祺（公元一七七一—一八三四年）撰輯五經異義疏證，輯注較備。

說文辭字，略稱說文。成書於東漢永元十二年（一〇〇），計收九、三五三字，又重文一、一六三。自序云：依類象形謂之文，形聲相益謂之字。按文字形體與偏傍構造，分列五四〇部，以小篆為主，列古文、籀文等異體為重文。字義解釋，皆本六書，歷來為治小學者所宗。南唐二徐皆精研說文。鉉（公元九一六—九九一年）於雍熙間（九八四—九八七）重加刊定，益之以未收錄字為新附字，世稱大徐本。鍇（公元九二〇—九七四年）著說文繫傳，世稱小徐本。首通釋三〇卷，以次為部敘二卷、通論三卷，袪妄、類聚、錯綜、疑義、系述各一卷，凡四〇卷。音切為朱翱所作。

考訂、注釋說文解字之學，通稱許學，前清尤盛。最著者，如：段玉裁（公元一七三五—一八一五年）說文解字注（簡稱說文段注），王筠（公元一七八四—一八五四年）說文釋例、說文句讀，朱駿聲（公元一七八九—一八五八年）說文通訓定聲，桂馥（公元一七三六—一八〇五年）說文義證……，皆精核詳博。另，張炳翔編刻許學叢書、許頌鼎、許溎祥合編許學叢刊、雷浚（公元一八一四—一八九三年）撰說文外編十六卷，黎經誥撰許學考……，後者屬說文書目解題之作。

①一作公元三〇—一二四年。

②字景伯，賈誼九世孫。東漢扶風平陵（今陝西興平縣東北）人。弱冠能誦五經、左傳，以大夏侯尚書教授，兼通五家穀梁。諸儒稱之曰：「問事不休賈長頭。」永平中，獻左氏傳解詁卅篇，國語解詁廿一篇，明帝重其書，寫藏秘館。章帝時，令逵自選公羊嚴彭祖、顏安樂諸生高才者二十人，教以左氏，遷逵為衛士令。和帝時，官至侍中，以老病請歸。著

經傳義詁及論難百餘萬言。又作詩、頌、誄、書、遺珠、酒令凡九篇。永元十三年卒，七十二歲。後漢書有傳。

㈡、鄭玄

鄭玄（公元一二七—二〇〇年），字康成。東漢北海高密（今山東高密縣）人。世稱「後鄭」，以別於鄭興、鄭眾父子①。少為鄉嗇夫②，得暇即詣學官，不願為吏。遂造太學受業，師事第五元先③通京氏易、公羊春秋、三統曆與九章算術。又從東郡張恭祖④受周官、禮記、左氏春秋、韓詩、古文尚書。西入關，事馬融⑤（七九—一六六年）。游學十餘年，乃歸鄉里，客耕東萊（今山東黃縣），時年四十。及黨錮事起（延熹九年、公元一六六年）⑥，遭禁錮，杜門不出，作諸經注。靈帝中平年間（一八四—一八九），大將軍何進徵辟之，一宿逃去。後補博士，不就。獻帝時，董卓舉為趙相，不行，客於徐州，旋歸鄉里。公車徵為大司農，以病乞還家。建安五年（二〇〇）袁紹逼從軍，九月至元城（今河北大名縣東南），病卒。享年七十四歲。

康成游學歸里，聚徒講學，弟子自遠方至者數百千人；並著有天文、七政論等書，共百餘萬言。時孔融（公元一五三—二〇八年）為北海相，深敬之。告高宏令為特立一鄉，稱鄭公鄉。經學家稱鄭眾為先鄭，因稱玄為後鄭，亦曰鄭君。西漢儒生大多專治一經，至康成意主博通，遍注五經。渠以古文經說為主，兼採今文經說，「網羅眾家，刪裁繁蕪」，一掃數百年間今古文之樊籬，成為兩漢經學之集大成者，世稱鄭學。今通行本十三經注疏中毛詩，三禮各注，即採用鄭注。另注周易、論語、尚書與緯書；又作發墨守、箴膏肓、起廢疾，以反駁何休。並撰六藝論、駁五經異議，與許叔重辯難。清王鳴盛（公元一七二二—一七九七年）蛾術編卷五八載鄭康成著作六十四種、二八二卷。惜均佚。袁鈞（？—？，乾、道間人）鄭氏佚書、馬國翰（？—？，嘉咸間人）玉函山房輯佚書有輯本。孔廣林（公元一七四五—？年）通德遺書所見錄、黃奭（世次不詳，亦清人）高密遺書亦有輯載。

①鄭眾（？—八三年）字仲師。東漢開封人。少力學，年十二，父興（？—？）授以左傳；明三統曆，作春秋難記條例，兼通易、詩。永平初，以給事中出使匈奴。單于令拜，眾不屈。章帝時，為大司農。其後受詔作春秋刪十九篇，經學家稱其為鄭司農，以別於鄭玄，亦稱先鄭。後漢書有傳。

②秦制，鄉置嗇夫，掌聽訟、收取賦稅，漢晉及南朝宋因之。參漢書百官公卿表上。

③東漢經學家。第五，複姓。渠京兆（今陝西西安）人；惜生卒年仍待考。

④東漢名儒；惜世次不詳。東郡今屬河南濮陽縣；漢時轄今山東、河南部分地區。

⑤字季長。東漢扶風茂陵（今陝西興平縣）人。安帝時，為校書郎中，於東觀典校秘書。桓帝時，為南郡（今湖北江陵縣）太守。博洽才高，為世通儒，學生數千。常坐高堂，施絳帳，前授生徒，後列女樂，弟子以次相傳，鮮有入其室者。著三傳異同說，注孝經、論語、詩、易、三禮、尚書、列女傳、老子、淮南子、離騷等書。後漢書有傳。

⑥桓帝延熹九年，丙午（公元一六六年）十二月，河內（今河南武陟）術士張成教子殺人，為司隸校尉李膺（公元一一〇—一六九年）捕殺。宦官唆使成弟子牢修上書誣指膺「養太學游士，共為部黨，誹訕朝廷，疑亂風俗。」桓帝令繫膺入獄，並詔諭郡國大捕「黨人」，牽連太僕杜密及陳實、范滂等二百餘人。案經三府（太尉、司徒、司官三官署）太尉陳蕃拒連署，並上書極諫，遭免官。次年，六月，城門校尉竇武（桓帝竇后之父）上疏申救李膺等人；膺等又多引宦官子弟，宦官懼，請帝赦「黨人」。遂赦，改元元康；「黨人」二百餘人皆歸田里，書名三府，禁錮終身。

㈢、杜佑

杜佑（公元七三五—八一二年），字君卿。唐京兆萬年（今陝西西安）人。歷任嶺南、淮南等節度使。貞元十八年（八〇二）十月，上表求代，延諭以王鍔為節度副使兼行軍司馬。明年二月，佑自淮南入朝，授檢校司空、同中書門下平章事（即拜相）。貞元廿一年（永貞元年、八〇五）三月，加度支及諸道鹽鐵轉運使，謀整理財政。封岐國公。元和七年（八一二）卒，享年七十八歲。遺有巨著通典。

君卿精於吏事，勤於學問，前後以三十六年歲月，綜合羣經、諸史與歷代文集、奏疏中關於典章制度之各項資料，參以大唐開元禮，分類編纂，詳記歷代典章制度之沿革，上起唐虞，下止天寶末年，按：（肅宗、代宗二朝重要因革，亦附載於註中），凡二〇〇卷，貞元十七年（八〇一）書成，名曰通典。全書計分八門：

一、食貨典　詳述財經制度及其狀況。

二、選舉典　敘選士舉才、爵位制度與考核官吏治績諸政令。

三、職官典　載歷朝官制。

四、禮典　敘禮制沿革。

五、樂典　條述樂制概略。

六、兵刑典　前敘兵制，兼詳兵略、兵法，次敘法律。

七、州郡典　載歷代輿地沿革，以禹貢九州為綱，以當時州郡為目，較詳於州郡建置與疆域沿革。

八、邊防典　敘歷代境外族邦狀況。

各門又分若干子目，子目中以朝代為經，以

有關大事記、奏議、詔、制、敕……為緯，擇要著錄，極有條理。通典為我國第一部典章制度專史，亦為我國現存最早專門論述典章制度之通史。與南宋鄭樵（公元一一〇四—一一六〇年）通志、元馬端臨（約公元一二五四？—一三二三年）文獻通考合稱三通。前清官修續通典、皇朝通典均屬補續通典之作。

四、馬端臨

馬端臨（約公元一二五四—一三二三年），字貴與，號竹村。宋元間饒州樂平（今江西樂平縣）人。父廷鸞，淳祐七年（一二四七）登進士，度宗朝為相職四年①。貴與於咸淳九年（一二七三）舉漕試②第一。父忤賈似道乞歸，渠侍父家居。博極羣書，以蔭補承事郎。宋亡不仕，受聘慈湖柯山書院山長、台州教授等職③，以授徒、著作為事，積二十餘年心血，撰成文獻通考，貫串古今，折衷甚當，其中多為宋史各志所未修。另遺有多識錄、大學集注等書，惜已失傳。

該書貴與自序云：「引古經史謂之『文』，參以唐宋以來諸臣之奏疏、諸儒之議論謂之『獻』」，故名文獻通考。是以通典為藍本，兼採經史、會要、傳記、奏疏與相關文獻資料編成貫通古今，統記歷史典章制度之專著。紀事自上古迄寧宗嘉定末年，所記兩宋制度尤其詳備。按通典成例，別增經籍、帝系、封建、象緯、物異……共為廿四門，分類較通典細膩、縝密、系統，並依據時代發展變遷定其詳略、擴大內涵。各門著述成規、考訂新意，一一撰成小序扼要說明。所撰按語，甚為精闢，為他書所不及。材料豐富，篇幅三倍於通志，六倍於通典。賁與廣覽史料，用心考證，詳細甄別，又於各門後收錄前人與宋人議論，末附按語，以闡發其見解。惟昔日史家亦曾評以：「內容謹嚴不及通典，而材料詳贍過之。」似有以量取勝之譏，信乎？其實，後人一向對此書評價極高。全書凡三四八卷。明王圻（？—？，與高拱同時代之人）曾作續考，清乾隆十二年（一七四七）以王書體例雜亂，命四庫館臣別撰續文獻通考二五○卷。又將清朝初建迄乾隆二十六年止有關材料分出別行命名皇朝文獻通考，二六六卷，合稱「三通考」。近人劉錦藻（一八六二—一九三四，一作一八六三—一九三四；又卒年亦作一九二九）又撰清朝文獻通考四○○卷，事蹟增補至宣統三年，體例除皇朝文獻通考原有二十六門外，增列外交、郵傳、實業、憲政合為三十門。各門細目亦多所增損。採集資料詳細，有清一代典制，大體具備；而經籍考著錄各書，略加解題，尤具特色。

①廷鸞字翔仲。甘貧力學，事母至孝。咸淳八年，九疏乞罷政。詳參宋史卷四一四列傳一七三。

②原稱漕貢。謂漕運司（轉運使）舉薦。

③慈湖書院故址在今浙江慈谿縣境；柯山，在今浙江紹興西境。台州，因天台山得名，在今浙江臨海縣。

九、顧秦姚王

㈠、顧炎武

顧炎武（公元一六一三—一六八二年）。本名繼紳更名絳，字忠清。清兵南下，南明弘光建元後（一六四四）改名炎武，以示抗清之志，字寧人，號亭林①。又曾隨事署名：居神烈山下，署蔣山傭，或逕署傭，或曰鷹揚弟子；變姓名渡江至淮陰，曰圭年②。學者稱亭林先生。明末清初崑山（今江蘇崑山縣）人。少時即承祖誨③，重視實學，天文、地理、兵、農、水利、典章故實，無不深究。天啟六年（一六二六）即加入復社，反對宦官擅權干政。弘光朝，以諸生薦授兵部司務，積極抗清。清兵破崑山，死者枕藉，嗣母絕食而亡，遺命其毋事二姓。隆武繼位福州（一六四五），薦為兵部職方司主事。四、五年間或奔走海上，或北上徐淮，糾結豪傑，團練鄉勇，得勁卒數萬。事敗後，北上魯、冀、晉、秦，結納志士，觀察形勢，一圖恢復。康熙七年（一六六八）黃培詩案起，株運入獄，經友儕相救獲釋。十七年（一六七八）詔舉博學鴻儒科，又修明史，大臣爭荐之，以死自誓，皆不就。晚年卜居華陰，卒於曲沃。

亭林先生學博識宏，造詣不凡，試析其思想、成就如次：

一、砥礪氣節，志挽狂瀾　「治亂之關，必在人心風俗」（與人書九）「儻築太平基，請自厚俗始」（日知錄卷一七、宋世風俗）。「人之不廉而至於悖禮犯義，其原皆生於無恥也。故士大夫之無恥是謂國恥」（同上揭書卷一七、廉恥）。「有亡國有亡天下。亡國與亡天下奚辨？曰易姓改號謂之亡國。仁義充塞，而至於率獸食人，人將相食，謂之亡天下。……是故知保天下，然後知保其國，保國者，其君其臣肉食者謀之。保天下者，匹夫之賤，與有責焉耳矣」（同上揭書、卷十七正始）④。

二、揭櫫民本，主張眾治　「儀禮喪服篇，公士大夫之眾臣，為其君布帶繩屨。傳曰：『君謂有地者也。』鄭氏曰：『天子諸侯及卿大夫有地者，皆曰君。』……孔氏曰：『大夫之臣，稱大夫為君。』周禮調人注：『主，大夫君也。』此則上下之通稱，不始於後代矣」（日知錄卷二五、君）。「人君之於天下，不能以獨治也。獨治之而刑繁矣；眾治之而刑措矣」（日知錄卷八、愛百姓故刑罰中）。渠強調：「以天下之權，寄之天下之人」（張穆亭林年譜）。

三、明道崇實，經世致用　「不習六藝之文，不考百王之典，不綜當代之務，舉夫子論學論政之大端一切不問，而曰：『一貫』，曰：『無言』，以明心見性之空言，代修己治人之實學，股肱惰而萬事荒，爪牙亡而四國亂。神州蕩覆，宗社丘墟！」（日知錄卷九、夫子之言性與天道）。「今天下之患，莫大乎貧」，「必以厚生為本」（亭林文集卷一，日知錄卷三、民之質矣日用飲食）。「文之不可絕於天地間者，曰明道也，紀政事也，察民隱也，樂道人之善也。若此者有益於天下，有益於將來，多一篇多一篇之益矣。若夫怪力亂神之事，無稽之言，勦襲之語，諛佞之文，若此者有損於己，無益於人，多一篇多一篇之損矣」（日知錄卷二一、文須有益於天下）。

亭林先生終身好學不倦、追求甚解⑤。治學重調查、講證據、長歸納，不盲從輕信，恆經由資料之搜集、歸類、比對，以尋求普遍意義之結論始罷⑥。斂華就實、不自滿假，著作等身。渠通經史、精音韻，亦工詩。詞雅氣豪，兼有風霜之氣、松柏之質，學步子美，得其神髓，亦有詩史之稱。「其歌有思，其哭有懷，其撥亂反正之心，則猶春秋、騷、雅之遺意也」（近人金天羽，一八七三—一九四七，天放樓續文言）現存各體詩約四百餘首。遺有亭林詩集五卷、文集六卷、餘集一卷、蔣山傭殘稿一卷、日知錄、音學五書、韻補正、天下郡國利病書、杜解補正、廿一史年表、歷代帝王宅京記、昌平山水記、山東考古錄……等書。

①鄉有亭林湖，故稱。

②（字）寧人之音轉。

③幼過繼叔母王氏；嗣祖紹常公與嗣母王氏恆以民族節氣勉之。

④成語「天下興亡，匹夫有責」之源。

⑤潘耒（公元一六四六—一七〇八年）日知錄序：「先生精力絕人，無他嗜好，自少至老，未嘗一日廢書。出必載書數簏自隨，旅店少休，披尋搜討，曾無倦色。有一疑義，反復參考，必歸於至當；有一獨見，援古證今，必暢其說而後止。」耒，亭林先生之弟子也。

⑥亭林所撰郡縣論、錢糧論、生員論、軍制論、形勢論、田功論、錢法論……等專論，無不以廣泛調查研究為基楚。又凡天文儀象、河漕兵農之屬、典制、掌故，莫不窮究原委，考正得失，可一一徵諸文集、日知錄等書。

(二)、秦蕙田

秦蕙田（公元一七〇二—一七六四年），字樹峰、一字樹澧，號味經。清江蘇金匱（今江蘇無錫）人。少師事吳卜臣，長交蔡宸錫等，遂以經術篤行卓然自見於世。父道然為貝子允禟①總管，世宗即位（一七二三），下獄羈押。弱冠，往來定省奉菽水者十餘年，以孝聞。乾隆元年（一七三六）進士，授編修，累遷禮部侍郎、工部尚書、刑部尚書、署翰林院掌院學士等職，通經能文章，尤精於三禮②，以為儒者不能「捨經以談道，離經以求學。」又好治易及音韻、律呂、算數之學皆有著述。渠繼徐乾學（公元一六三一—一六九四年）讀禮通考③而作五禮通考。

五禮通考係採徐著讀禮通考之體例，網羅眾說，分編為七十五類，內容除吉、凶、賓、軍、嘉五禮外，尚涉及樂律、算法、天文、地理等方面，尋端竟委、條理分明，為研究我國古禮制之專著，全書二六二卷。

①清聖祖第九子。康熙四十八年（一七〇九）三月，封貝子。雍正四年（一七二六）正月，因僭妄非禮罪，革黃帶子、削宗籍，逮捕監禁。八月，以腹疾卒於幽所。（清史稿卷二二〇）

②周禮、儀禮、禮記之合稱。

③全書凡一二〇卷。專紀歷代喪禮，分喪期、喪服、喪儀節、葬考、喪具、變禮、喪制、廟制八類，大抵自古迄清初言喪禮者莫備於是。經考：該書係合眾力所成，閻若璩（公元一六三六—一七〇四年）亦有功焉。以其為徐居喪時撰，故以讀禮為名。

㈢、姚鼐

姚鼐（公元一七三一—一八一五年），字姬傳，一字夢穀，又字稽川，室名惜抱軒，人稱惜抱先生。清安慶府桐城縣（今安徽桐城縣）人。乾隆廿八年（一七六三）進士，卅六年（一七七一）擢刑部郎中，卅八年（一七七三）四庫開館，任纂修官。翌年秋，告病乞歸。主講梅花（揚州）、敬敷（安慶）、紫陽（歙縣）與鍾山（江寧）等書院，前後達四十年。士子咸得以及門為幸。吳德旋（仲倫，公元一七六七—一八四〇）、陳用光（碩士、公元一七六八—一八三五）、方東樹（植之、公元一七七二—一八五一）、管同（異之、公元一七八〇—一八三一）、劉開（孟同、公元一七八四—一八二四）、姚瑩（石甫、公元一七八五—一八五三）、梅曾亮（伯言、公元一七八六—一八五六）等為其高徒。姬傳早年慕效鄉先進戴名世（公元一六五三—一七一三）、方苞（公元一六六八—一七四九年），受業於伯父姚范（公元一七〇二—一七七〇年）與同鄉劉大櫆（公元一六九八—一七七九年），能光大師說。周永年（公元一七三〇—一七九一年）曰：「昔有方侍郎（苞），今有劉先生（大櫆），天下文章其出於桐城乎！」世遂有桐城派之名①。鼐繼方、劉後為桐城派三祖之一，亦為集大成者②。

姬傳論學主張集義理、考據、文章三者之長，不偏執一端，而排斥一端③。不拘漢宋之門。論文師承南山、望溪義理說與海峰神氣音節說。將所以為文者，分神、理、氣、味、格、律、聲、色等八項重點。認為作文須從「文之粗」—格、律、聲、色，著手，結合「文之精」—神、理、氣味，終則「御其精者而遺其粗者」④。又將文章風格歸類為陽剛、陰柔等二種領域，並揭示作文須調劑陽剛與陰柔。雖各有所偏；倘「一有一絕無，……皆不可以言文」⑤。渠推崇司馬遷、韓愈、歐陽修與歸有光等諸大家，對各大家與莊子等亦深有所得。所為文，門弟子陳用光謂：「淹有義理、考據、文章三者之長，獨闢一家之境⑥。」並有「淨潔」、「精微」等定評。

姬傳亦能詩。以鎔鑄唐宋為論詩宗旨。渠頗不滿當時袁枚之詩風⑦，力倡庭堅詩風。其詩後人評以「清真樸老」、「精深博大」⑧；對晚清曾國藩與宗宋詩風之興起，影響至大。遺有惜抱軒詩文集卅八卷、法帖題跋三卷、左傳、公羊傳、穀梁傳補注各一卷、國語補注一卷、九經說十七卷、筆記八卷，經後人輯為惜抱軒全集。此外，尚有惜抱先生尺牘八卷（另補編二卷）。惜抱軒書錄四卷、惜抱軒時文一卷、老子章義二卷、莊子章義五卷（另附錄一卷）、五嶽說一卷、江寧府志五六卷、前後藏考一卷，著作密富，含蓋義理、詞章、考據。⑨

①詳參姚鼐劉海峰先生八十壽序、曾國藩歐陽生文集序。

②桐城派開山祖應為戴名世；南山案起，眾懼株連，且畏文字賈禍，遂多所隱諱，洵致史實不彰也。名世（公元一六五三—一七一三年）。桐城人。字田有，一字褐夫，號南山，又號藥身、憂庵、意園，歿後，人稱宋潛虛先生。康熙四十八年（一七〇九）進士，授翰林院編修。所刊南山集盛行於世，御史趙申喬以該集與余生書一文，語涉永曆，上書彈劾，

下刑部，坐大逆，五十二年二月初十日，不幸伏法。渠志在「學以明道」，「道以持世」（困學集自序），揭示文貴自然、文貴創造，好古、疑古等主張，強調「精」、「氣」、「神」為行文之準則。南山與方望溪昆仲交誼深厚，亦師亦友（分詳方舟傳、南山集方序等茲從略）

③姚鼐復秦小峴書：「天下學問之事，有義理、文章、考證。三者之分，異趨而同為不可廢。一塗之中，岐分而為眾家……」又，曾文正日記辛丑七月條：「至鏡海先生處，問檢身之要，讀書之法。先生言……又言：『為學只有三門：曰義理，曰考核，曰文章。考核之事，多求出而遺精，管窺而蠡測。文章之事，非精於義理者不能，至經濟之學，即在義理內。』……」由是而有「姚姬傳氏言學問之途有三：曰義理，曰詞章，曰考據。」之說（聖哲畫像記）。榮按：辛丑，道光二十一年，公元一八四一年，時曾卅一歲。唐鑒（公元一七七八—一八六一年）。字鏡海。湖南善化（今長沙人）。少邁異、精勤嗜學。及長，潛研性道，宗洛、閩諸賢。曾文正、倭仁等皆從渠考問學業。遺有唐確慎公集等書。

④姚鼐古文辭類纂序目。

⑤姚鼐復魯絜非書。

⑥陳用光姚姬傳先生行狀。

⑦袁枚（公元一七一六—一七九七年）主張「詩在骨不在格」，「詩重性情」、「詩貴真切」屬性靈派浪漫詩人，自與桐城派諸公格格不入。參隨園詩話卷一、二、七。

⑧丁福保清詩話說詩晬語。

⑨桐城派陽湖派與湘鄉派關係圖

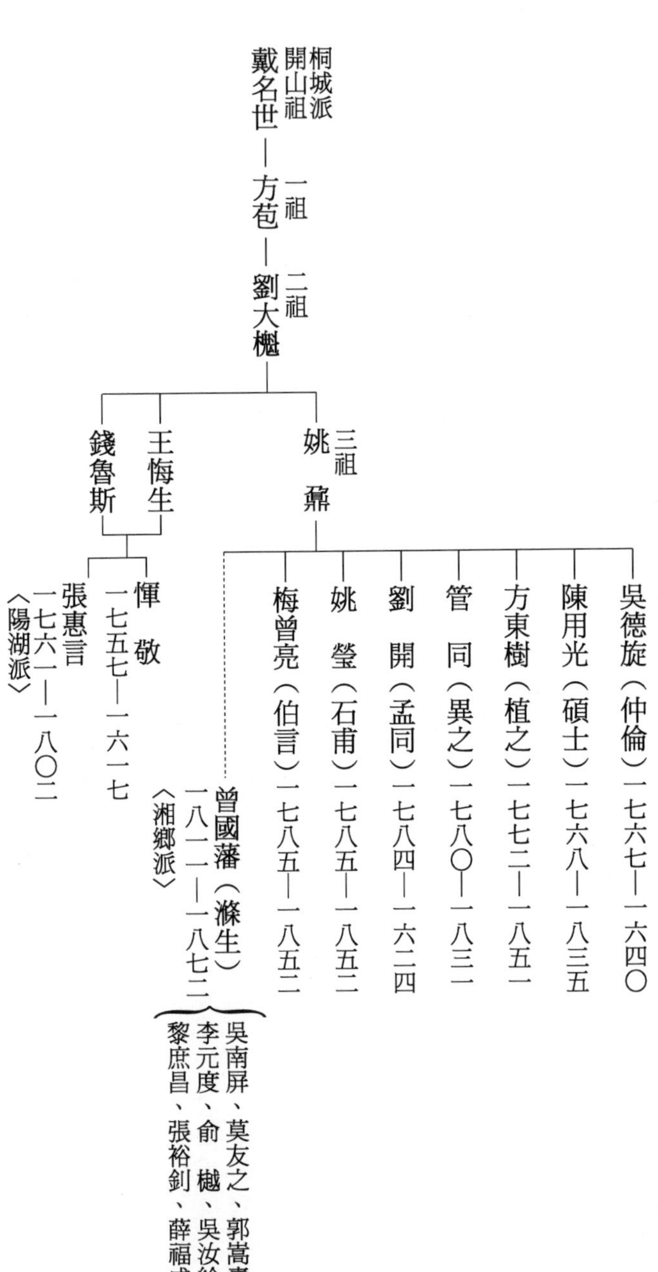

表八、桐城派傳人文論一覽

世次	姓名	作文觀	作文修養說
開山祖	戴名世	・貴創造　文章非苟然而作，要在於明其體，平其心，養其氣，捐其近名之心，去其欲速之見。 ・貴自然　率其自然，行其所無事，文如是止矣。	・高古 ・好古 ・疑古 ・精、氣、神兼顧 精　惟雅且清。 氣　傑然有以充乎兩間，而蓋冒乎萬有。 神　尋之無端、出之無跡。
一祖	方　苞	・文章以清真古雅為理想境界。 創意　清真即理明。 造言　古雅即辭當。 氣充　以義理灑濯其心，沈潛反覆於周秦唐宋大家之文。 ・義法論　兼顧理論正確、措辭妥當。	・篤守程朱之學。 ・力求文行合一。
二祖	劉大櫆	・作文以明義理、適世用為本。 行文之實　義理、書卷、經濟。 行文能事　神氣、音節。 神（主）渾—遠—偉—變—深 ↕　↕　↕　↕　↕ 氣（輔）灝—逸—高—奇—靜 ｝氣隨神聽	・有道而能文。 ・主神氣。 ・模仿古人，此外別無學文捷徑。

三祖	姚鼐	• 詩文皆技，技之精者，必近道。 • 詩文美者，命意必善。 • 文字猶言語，須氣以充之，否則積字而已。 • 文章因乎「意」、「氣」而時變，並無定法。 • 行文之術，氣為其生命，既須氣盛亦須辭當。 • 文章本乎六經。 • 因文見道，文以明道。 • 文章有陽剛、陰柔之理。 • 文章有八忌；在求「雅」、「潔」。	• 尊程朱。 • 兼漢宋。

徵引及參考書目

國朝先正事略、中國文學發展史（劉大傑臺北、中華民六五）、中國文學批評史（郭紹虞臺北文史哲民七七）、古文辭類纂、清史稿、大清畿輔先哲傳

㈣、王念孫

王念孫（公元一七四四—一八三二年），字懷祖，學者稱石臞先生。清江蘇高郵（今仍稱高郵縣）人。乾隆四十年（一七七五）進士，選翰林院庶吉士，散館授工部主事，升郎中，擢陝西道御史，轉吏科給事中。嘉慶四年（一七九九）命巡淮安、濟寧漕，授直隸永定河道，賞主事銜。旋授山東運河道，復調永定河道。永定河再度決堤，自引罪，得旨休致，以讀書著述自娛。道光五年，重宴鹿鳴，賞給四品銜①。

懷祖少師事戴東原（公元一七二三—一七七七年），八歲讀畢十三經，旁涉史鑒，有神童之目，因於文字、聲韻、訓詁之學，盡得其傳。乾隆南巡，以大臣子迎鑾，獻文冊，賜舉人。卅二年（一七六七）嘗輯此時詩為丁亥詩鈔。卅七年，暫居天長，曾依當塗朱筠②。四十六年（一七八一）入四庫全書館，充篆隸分校官。五十四年（一七八九）段玉裁（公元一七三五—一八一五年）至北京，初與相識，共商訂古音。渠於訓詁造詣尤深，自為家法。其時，邵晉涵（公元一七四三—一七九六年）為爾雅正義、段玉裁為說文解字注，因退而撰廣雅疏證，日以三字為程，觸類引申，擴充於爾雅、說文，無所不達。其學除精通訓詁外，校勘之業，最為專門，亦能詩，正聲高格、卓然大雅。遺有讀書雜志八二卷等書。父安國（公元一六九四—一七五七年）、子引之（公元一七六六—一八三四年），祖、父、子三世傳經，人稱高郵王氏之學，近人徐世昌（公元一八五五—一九三八年）評曰：「石臞覃研樸學，體大思精。校理經史羣書，博證審擇，會通貫穿。衷眾說而求一是，在國朝諸大師中自立一宗。文簡（榮按：王引之諡文簡。）繼之，其所撰述沾溉，百年不盡。曾文正聖哲畫像，以石臞父子殿焉，其推崇至矣。」（大清畿輔先哲傳師儒，民六）

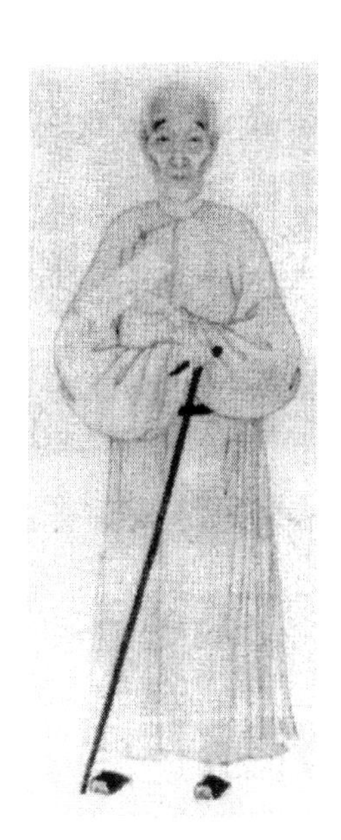

①科舉掄才，於考試放榜後舉行宴會，宴請考

官、學政及中試諸生；唐時宴用少牢，歌詩小雅鹿鳴之章，故名鹿鳴宴，歷代因之。

②公元一七二九—一七八一年。字竹居，又字美叔，號笥河，清順天大興（今河北大興縣）人。九歲至京，讀書通經，文成斐然。乾隆十九年（一七五四）進士，累官提督福建學政，年五十三卒。乾隆卅八年（一七七三）筠建議就永樂大典搜輯遺書，四庫全書得之典者五百餘部，皆世所不傳，次第刊布海內，實筠發之。渠博聞宏覽，好獎掖後進，承學之士望為依歸。如汪中、戴震、王念孫、章學誠、黃景仁……或出其門，或入其幕。遺有十三經文字同異未成稿、笥河集。

十、文正喬梓

㈠、曾國藩

曾國藩（公元一八一一—一八七二年）字伯涵，號滌生。清湖南湘鄉人。生於嘉慶十六年。道光十八年（一八三八）進士。咸豐初，累遷禮部侍郎。洪秀全金田村起事（一八五〇），國藩丁憂在籍，其時土匪伺機蠢動，施虐鄉民，乃編制鄉勇、督辦團練，俾資剿禦。後奉清廷之命擴編成湘軍，於湘、鄂、皖、贛等各省攻剿太平軍，同治三年（一八六四），克復天京（今南京），封毅勇侯，為中興第一功臣。歷任武英殿大學士、兩江總督、直隸總督，卒於官，年六十二歲，贈太傅，謚文正。滌生為學以義理、詞章、經濟、考據四者，亦即孔門德行、言語、政事、文學四科，缺一不可；而尤重經濟之學，渠云：「古無所謂經世之學也，學禮而已。」（曾文正公全集辛亥七月日記①）為文主剛柔相濟、奇偶互用，駿邁雄暢②。纂有經史百家雜鈔、十八家詩鈔；遺稿後人編為曾文正公全集行世。

①咸豐元年，歲次辛亥，合公元一八五一年。

②「吾嘗取姚姬傳先生之說，文章之道，分陽剛之美，陰柔之美。大抵陽剛者，氣勢浩瀚；陰柔者，韻味深美。浩瀚者，噴薄而出之；深美者，吞吐而出之。」（庚申三月日記）又云：「嘗慕古文境之美者，約有八言。陽剛之美，曰『雄直怪麗』；陰柔之美，曰『茹遠潔適』。」（乙丑正月日記）榮按：咸豐十年，歲次庚申，合公元一八六〇年；乙丑，值同治四年、公元一八六五年。

㈡、曾紀澤

曾紀澤（公元一八三九—一八九〇年）。字劼剛，清湖南湘鄉人。曾國藩之長子。初以蔭補①戶部員外郎。後襲侯爵。渠留心時事，博覽羣籍，通西文，好西學。光緒四年（一八七八）出任駐英、法公使。六年，兼充駐俄公使，與沙俄談判修改里瓦幾亞條約，經反復折衝，於次年簽訂伊犁條約，收回伊犁與特克斯河地區部分領土②。中法戰爭（一八八四）爆發③，力主抵抗。光緒十一年（一八八五）任海軍衙門幫辦，旋遷兵部左侍郎兼總理各國事務衙門大臣。十三年（一八八七）著中國先睡後醒論，主張強兵優先於富國。卒年五十二，謚惠敏。有曾惠敏公遺集存世。

①因父、祖等先代著有功勛而補官稱蔭補。

②同治十年（一八七一）九月一日（農曆七月十七）沙俄利用浩罕頭目阿古柏入侵新疆，以「安定邊境秩序」為藉口，出兵強占我伊犁，清廷命伊犁將軍榮全前往收復，同時迭與沙俄交涉，沙俄悍拒撤兵。光緒四年（一八七八）一月二日（農曆三年十一月廿九日）清軍克和闐；除伊犁地區外，新疆領土幾全部收復。本年，派崇厚赴俄交涉歸還伊犁問題。沙俄恃強要挾，五年十月二日（農曆八月十七日）於克里米亞半島里瓦幾亞強迫崇厚簽訂里瓦幾亞條約。按約僅收回伊犁河上游谷地，劃失伊犁西部、南部及南疆、北疆邊境土地甚多，此外尚須償付兵費五百萬盧布等。朝野紛紛反對，清廷未予批准。六年（一八八〇）一月初三，廷諭一等毅勇侯大理寺少卿曾紀澤充出使俄國欽差大臣，赴歐談判。次年（一八八一）二月廿四日（農曆一月廿六）曾紀澤與沙俄外務大臣格爾斯、前駐華公使布策於聖彼德堡簽訂中俄伊犁條約及中俄改訂陸路通商章程，重劃西北邊境，收回伊犁地區與特克斯河流域，俄占霍爾果斯河以西地，賠款九百萬盧布。

③法國政府自光緒八年（一八八二）起，即積極介入越事，迭加挑釁我粵、桂邊境守軍。十年（一八八四）為中法雙方戰事最嚴重之階段。

貳、桃園縣立青溪國民中學校史

65.06.脫稿
65.09.唐修剛審閱

第一章　回顧
第一節　創校之歷史背景
第二節　籌辦始末
一、校名
二、校歌、校旗
三、校地
(一)第一期
(二)第二期
(三)第三期
四、校舍營建及設備
五、附設補校
六、經費
第二章　環境
第一節　概要
第二節　人文
一、家庭
二、學區文化與社會環境
第三章　人事
第一節　作業準則與現況
第二節　學校行政人員
第三節　教職員
第四節　家長會
第四章　校務
第一節　概說
第二節　重要措施
一、教務

第一章　回顧

第一節　創校之歷史背景

我國研究國民教育年限之延長，早在喀拉蚩計畫以前。民國四十三年，張其昀先生接任教育部長，即研訂減輕中小學課業負擔方案、提高中等學校及國民學校師資素質方案、發展初級中等教育方案以及國民學校畢業生升學初級中等學校方案。（以下簡稱「升學初中方案」。按升學初中方案之目標有七：

㈠增辦初級中學，劃分初中學區，以容納志願升學之國民學校畢業生。

㈡統籌調整現有初級中學及新辦初級中學教職員之分配，以配合學區制度之實施。

㈢培養與選訓初級中等學校之師資，以適應發展初級中學之需要。

㈣改進職業教育，並鼓勵生產事業機構附辦職業學校。

㈤寬籌教育經費，充實教學設備，俾質與量同時並進。

㈥修訂初級中等學校課程標準，訂頒設備標準，並改進訓教措施。

㈦加強輔導考核，對應行興革事宜，作及時而有效之措施。

教育部於四十五年三月二日頒佈國民學校畢業生升學初級中等學校實施方案後，原擬全面實施，後依當時情勢，由臺灣省政府選定新竹縣先行試驗，未幾高雄市亦自願試辦。四十六年十二月，教育部中教司發表國校畢業生升學初中方案之實施，確定成效良好，並繼續推行。

五十三年，層峰為提高國民基本智識水準、培養社會及經濟建設所需人力資源以加速經濟建設，並緩和國校惡補、期實現國民教育正常化，研擬國民學校畢業生志願就學方案，同年復訂定發展中等教育六年計畫，其主要內容厥為增設初級中等學校，俾國校畢業生志願就學者均有就學機會。五十四年，臺灣省教育廳根據該方案擬訂本省實施國民學校畢業生志願就學方案六年計畫大綱草案，預定五十五年八月至五十七年七月為準備時期、五十七年八月至五十九年七月為開始時期、五十九年八月至六十三年七月為推行時期。

詳考志願就學方案，即為延長國民教育年限奠定基礎，甫於規劃實施之際，　總統蔣公指示：決定自五十七學年度起，延長國民教育年限為九年，是則該方案之重要目標，實已提前完成矣。謹節錄　蔣公五十六年六月廿七日於總統府　國父紀念月會中訓詞：

我們要繼續耕者有其田政策推行成功之後，加速推行九年義務教育計畫，以我們現階段整個社會經濟發展的成果，來解決九年義務教育問題，一定可以樂觀厥成。

層峰根據 總統指示，於最短期間內頒布九年國民教育實施綱要等法規，五十六年九月四日臺灣省教育廳令頒劃分學區辦理要點。桃園縣政府隨即於同年九月底將所屬行政區遵照學區劃分原則妥加規劃報省核備。縣治所在地—桃園鎮，原有完全中學二所—省立桃園中學、省立武陵中學；完全職校一所—省立桃園農工職業學校；初級中學一所—縣立文昌初級中學；私立中學一所—天主教振聲中學。經規劃後，文昌初中改制為縣立文昌國民中學，另擬增設二所新制國民中學，其一即本校也。三校學區劃分之概況如後：

㈠以桃園鎮景福宮為中心點，火車站前中正路為中線，劃分之。參照線右邊為縣立中正國民中學學區（正式開辦後易名曰桃園國民中學）；左邊屬本校學區。而文昌國民中學之學區則接壤二所新國中，並與縣立南崁國民中學學區相毗鄰。

㈡按前述，考慮三校校地面積、可能容納學生人數再詳訂所屬村、里鄰範圍。

第二節 籌辦始末

一、校名

本校原擬命名曰桃園縣立東昇國民中學，取：如旭日東昇、前途光明燦爛之意。後幾經研討，決議以所在行政區域—青溪里之里名為校名，取其通俗，易於記憶，遂定名曰桃園縣立青溪國民中學。創校之後，首任校長鄭禮需先生商請唐修剛先生作一聯，其上聯曰：青出於藍，英才輩出；下聯曰：溪流入海，源遠長流。蓋預期青勝於藍，英才輩出，有如校前之南嵌溪，清流急湍，源遠而流長也。

二、校歌、校旗

校歌、校旗，象徵創校之宗旨與理想，五十七年，乃商請前省立桃園農工職業學校教員兼總務主任唐修剛先生，依據國民中學教育之功能，與夫本校之長期目標，撰作歌詞，其詞曰：

巍巍學府，青溪國中，欣欣桃李，朝氣蓬蓬。禮義廉恥，是訓是從，德智體群，四育同功。延長九年國教，共沾化雨春風。為今日品學兼優士，作他年堂堂主

人翁。行健不息，慎始慎終，祝我青溪，聲譽日隆。

復商請張登照先生參考歌詞，以C大調譜成校歌歌譜。校歌全貌如所附書影。

同時，遵照法令有關規定，配合本校校名與理想，設計製作校旗。旗幅長七三公分、寬一三五公分；茉綠地正中環以白色鋸狀圖喻莘莘學子，均具蓬蓬朝氣。校旗如附圖：

三、校地

㈠第一期

本校奉准籌辦後，隨即由桃園鎮公所會同桃園縣實施九年國民教育推行委員會有關人員著手選擇校地。經多次勘察、研討，決定就桃園鎮中山東路現址為校地。本地段依據56、06、04府財教二字第七二四五三號令第四條規定係都市計畫公共設施保留地；惟必要時得變為學校用地。現址原編號為第一號公園預定地，與議會接壤，距桃園高級中學、桃園農工職校僅一路之隔，環境優美，絕少喧闐，

洵為求學之良好場所也。且公共設施保留地係按公定地價收購，得節省公帑，嗣經畫定校界，於民國五十六年十月十六日邀集業主召開第一次徵購土地協商會議；同年十一月四日舉行第二次會議，決議每坪按公定價新臺幣柒拾元、另加補償地上物每坪新臺幣伍拾元成交。計第一期校地面積：六、八二八・〇二三坪（約二・三甲），經費分別由桃園縣政府、桃園鎮公所二對等支付。

㈡第二期

本校為配合自然增班之需求，第一期校地已不敷使用，校舍逐年增建，原有學生活動空間益為縮減；經多方奔走，卒於民國六十年十二月廿八日召開第一次續購校地協調會議，因業主索價偏高作罷。翌年八月卅日復召開協商會，經雙方同意以每坪新臺幣貳佰貳拾肆元成交，同年十一月廿日徵購賴清忠先生四八七―六號土地〇・五五六八公頃、六十二年元月卅一日徵購賴代本先生五五三號土地〇・一九七八公頃、同年三月十日徵購簡錦標先生五五四―一號土地〇・〇七三一公頃、賴清國先生四八七―一〇號土地〇・〇〇四九公頃、六十五年三月三日續購楊六使公五五一―一、五五五、五五五―九三筆土地〇・一三七七公頃，以上合計續購〇・九七〇三公頃（合二九三五・一五八坪，約一甲餘）價款計新臺幣六六一、四七四元，分別由桃園縣政府、桃園市公所及本校以三對等方式支府。

㈢第三期

本校尚可收購之預定地極其有限，四八九―五號、四八九―六號、四九六號、五四五號等四筆土地合計約三〇〇坪，本（六五）年六月先行徵購四八九—五、六二筆土地計新臺幣五〇、二一八元，其餘俟校務發展需要與校地重劃，配合經費預算再作增置。附校地擴張、徵購統計表、校地平面圖於後，以明梗概。

四、校舍營建及設備

第一期校地徵購手續既經完成，本縣實施九年國民教育推行委員遂遴選前桃園縣立文昌初級中學校長黃廷訓先生為本校籌備委員會主任委員，於民國五十七年三月二十日開始鳩工庀材，營建第一期校舍，歷八月始告完工，計新建普通教室廿六間、辦公室二間、廁所四所、工藝教室一間、樓梯間三間，總工程費新臺幣二、七〇四、〇六〇元。明年春增建校門，第一期圍牆、自行車棚及附屬道路工程合計新臺幣二〇三、三〇〇元。五十九年秋增建司令臺一座，一、二進三樓增班教室十四間，附屬工程—廁所二所、樓梯間三間合計新臺幣一、四一七、七四〇・二九元。六十年春增建圖書室一間及籃球場一座合計新臺幣二五〇、七七一、二七元。六十一年秋營建增班普通教室四間、辦公室二間等合計新臺幣六八五、六〇四元。六十二年秋營建增班普通教室七間等合計新臺幣一、三六七、六〇三元。六十三年秋增建普通教室七間等合計新臺幣一、七七三、七四〇元。明年春營建特別教室等工程計新臺幣八四一、九三三元。創校迄六十四學年度止，校舍工程營建情況如校舍營建一覽表。詳第一二四—一二五頁。

「工欲善其事，必先利其器」，自創校以來，為提高教學校果，便利教師授課，安定教師工作，嘗於五十八學年度擬訂長期校務發展計畫，按先後緩急，配合各年度經費預算，逐年充實各科教具、理化儀器、掛圖、體育器材、事務機器等。民國六十五年春，復根據該計畫執行情況酌加修訂，並擬訂三年充實科學設備計畫一種，茲將本校主要設備列表於第一二六頁，以見一般。

本校校地擴張、徵購一覽表

期別	地號	業主	地積（單位：公頃）	徵購時間			金額	備註
一	桃園鎮第一號公園預定地		二・三	56	11	04	八一九、三六二・七六	
二	四八七—六	賴清忠	○・五五六八	61	11	20	六六一、四七四・○○	
	五五三	賴代本	○・一九七八	62	01	31		
	五五四—一	簡錦標	○・○七三一	65	03	10		
	四八七—一○	賴清國	○・○○四九	62	03	10		
	五五一—一 五五五—八 五五五—九	楊六使公	○・一三七七	65	03	03		
三	四八九—五	簡玉田等四人	○・○○○九一	65	06	04	五○、二一八・○○	
	四八九—六	簡玉田等四人	○・○○○○七	65	06	04		
	四九六	簡玉田等四人	○・○九三二					
	五四五	簡玉田等四人						
已購	合計	三、二八○一公頃	一、五三一、○五四・七六	元				

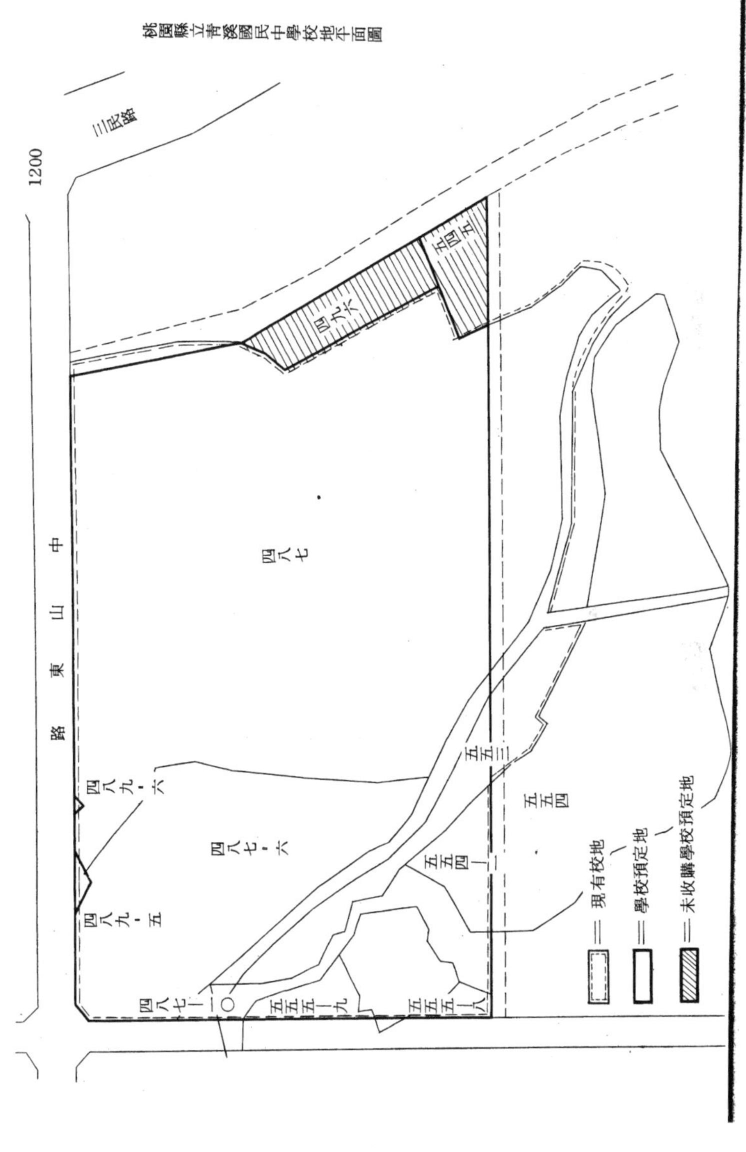
桃園縣立青溪國民中學校地平面圖
三民路
1200
中山東路
四八七
四九六
五四五
四八七－六
四八九－六
四八九－五
四八七－一○
五五五－九
五五五－八
五五三
五五四
五五四－一
現有校地
學校預定地
未收購學校預定地

本校校舍營建一覽表

編號	工程名稱	完工日期	營造廠商	工程費	備註
1	創校新建校舍工程	57.10.1.	慧明營造廠	二、七〇四、〇六〇・〇〇	教室26、辦公室2、廁所4、工藝教室1、樓梯3
2	校內圍牆、車棚及道路工程	58.4.20.	三隆營造廠	二〇二、三〇〇・〇〇	
3	籃球場工程	58.5.18.	三隆營造廠	四一、〇〇〇・〇〇	
4	川堂一樓平頂及體育室工程	59.1.10.	三隆營造廠	七〇、〇〇〇・〇〇	
5	庭園道路及花磚工程	59.1.10.	黃金土	三一、四七二・〇〇	
6	前院水池工程	59.1.10.	三隆營造廠	一八、六九八・〇〇	
7	第二座籃球場	59.5.20.	健華營造廠	二七、一一〇・〇〇	
8	司令臺	59.10.1.	健華營造廠	七〇、〇〇〇・〇〇	
9	前院柏油路工程	59.11.10.	健華營造廠	四二、〇〇〇・〇〇	
10	車棚增建工程	59.11.15.	健華營造廠	五五、〇〇〇・〇〇	
11	一、二棟三樓增建工程	59.8.25.	源川營造廠	一、三四七、七四〇、二九	教室14、廁所2、樓梯3
12	特別教室及第三座疊球場	60.1.20.	華光營造廠	二五〇、七七一・二七	點書室1
13	庭園道路工程	60.7.30.	華光營造廠	一五、〇〇〇・〇〇	
14	第四座籃球場	60.8.20.	健華營造廠	二四、二二〇・〇〇	
15	庭園花磚工程	61.5.20.	健華營造廠	三三、七五〇・〇〇	
16	增班教室工程	61.9.7.	大力營造廠	六八五、六〇五、〇〇	教室4、辦公室2、樓梯1

17	川堂二、三樓及玄關	61.10.1.	大力營造廠	一三七、〇〇〇・〇〇	
18	川堂屏風工程	61.11.30.	大力營造廠	一四、〇〇〇・〇〇	
19	增班教室工程	62.8.25.	華光營造廠	一、三六七、六〇三・〇〇	教室7、廁所1、樓梯2（第三棟一樓）
20	庭園柏油路工程	62.9.5.	富源營造廠	五七、〇〇〇・〇〇	
21	運動場排水溝工程	62.9.20.	永謙營造廠	二五三、〇〇〇・〇〇	
22	球場看臺工程	62.10.25.	健華營造廠	八七、〇〇〇・〇〇	
23	運動場圍牆工程	62.11.15.	大力營造廠	二〇〇、〇〇〇・〇〇	
24	增建教室工程	63.9.10.	華光營造廠	一、七七三、七〇〇・〇〇	教室7、廁所1、樓梯2（第三棟二樓）
25	增建特別教室、廁所工程	64.1.7.	平濤營造廠	八四一、九三三・〇〇	家事、音樂、辦公室各1、廁所2
26	司令臺	64.1.21.	健華營造廠	一八八、〇〇〇・〇〇	原操場建教室、司令臺不適用，重建
27	庭園柏油路工程	64.3.3.	平濤營造廠	一二、四九七・五〇一	
28	水泥板圍牆工程	64.4.8.	潁記營造廠	七〇、四五二、八〇	
29	庭園柏油路工程	64.5.1.	平濤營造廠	八五、〇〇〇・〇〇	
30	二、三棟庭園花磚工程	65.3.9.	李應林	九二、七一五・〇〇	

主要設備一覽表

名稱	單位	數量	備註	名稱	單位	數量	備註
鐵櫃		八〇		圖書		三五〇〇	
辦公桌椅		一四〇		擴音機		五	
學生課桌椅		桌三四九 椅三六四〇		照相機		二	
顯微鏡		一七		錄音機		五	
電影機		一		打字機		三	中2英2
幻燈機		三		油印機		四	手搖2電動2
縫衣機		五		製版機		二	
工藝工廠機器		一九		掛圖		五〇四	
風琴		五		理化儀器		七二三	
鋼琴		一					

五、附設補校

臺灣省政府教育廳為配合教育發展，貫徹九年國民教育精神與夫適應社會需要，乃於民國六十二年六月訂頒本省國民中學附設中級普通科補習學校實施要點。本校權衡主、客觀條件，報請准予設置，同年秋經教育廳核准創校。

創校迄今，已屆三載，學生多來自桃園、龜山工業區，少數屬家庭婦女。根據六十四年九月統計：本校現有一年級學生二一二名、二年級學生一七二名、三年級學生一六八名，採分年編班教學，總計十班五五二名。

補校課程編配，除美術、家事、工藝、指導活動以及各類選修科外，均與日校相同；為順應受教對象之需求，採夜間上課制，每日下午六時卅分上課，九時廿五分下課，師資悉照廳令，商聘本校編制員額內適任各課程者為兼課教師。至於行政組織，則參照廳頒修正臺灣省中等學校行政組織規程：設教導處分教務、訓導二組；置教導主任一人，組長二人，幹事一名以承辦一切行政工作：事務、主計、人事則由日校原聘、派人員兼理之。

六、經費

經費為庶政之母，校務之推行與發展亦然，所謂「巧婦難為無米之炊」，以是預算決定學校教學、設施進度之遲速也。本校經費之規劃，一向依據層峰有關規定編列、送審、動支，一切預決算程序及作業要領悉遵主（會）計法令辦理。就編制科目別而言：經常門計分一般行政（總務及管理）、各科教學（含編印講義、圖書管理、體育衛生、自然學科實驗、工藝及家政教育、童子軍教育、指導活動、勞動生產教育、行政管理、教學行政、訓導活動等十一目）、補習班教育（分行政管理、教學行政等二目）、債務支出等四項。資本門計分修建及設備（含營建工程、添置設備、災害搶修、防護措施、校舍保養等五目）、債務還本等二項。無論資本門、經常門均屬第五款教育科學文化支出。

本校五十八至六十五會計年度歲出預算經費分配表歷年課什費節餘轉運用於營建工程統

計表如一二八—一三二頁：

款	教育科學文化支出（經常門）						
項	一般行政	各科教學					
目	總務及管理	編印講義	圖書管理	體育衛生	自然學科實驗	工藝及家事教育	童子軍教育
各會計年度經費預算分配金額 58.	913,930						
59.	1,663,596						
60.	3,229,940	40,000	65,280	98,000	97,920	97,920	35,000
61.	3,755,373	60,000	45,280	98,000	97,920	82,920	33,000
62.	4,138,953	70,000	50,000	113,248	80,000	60,000	17,860
63.	5,236,066	35,000	48,820	96,148	79,568	59,352	16,727
64.	8,843,166	100,058	50,000	123,248	68,078	57,954	24,125
65.	9,954,626	144,678	45,400	116,748	46,502	127,111	19,125

補習班教育							
教學行政	行政管理	音樂教育	訓導活動	教學行政	行政管理	勞動生產教育	指導活動
			132,000	132,000	208,794		
			170,700	168,120	246,360		
		32,640	60,000	41,600	150,960		35,480
		22,640	75,748	65,320	149,068		35,200
		14,000	89,748	70,080	132,054		24,700
		13,100	70,252	59,896	133,715		13,240
787,200	285,300	10,000	123,892	96,990	196,400		23,735
792,800	265,200		151,762	100,878	285,316	21,800	23,735

合計		教育科學文化支出（資本門）						
	債務還本	修建及設備						債務利息
		校舍保養	防護措施	災害搶修	添置設備	營建工程	修建設備	
2,015,870			5,620		172,000		451,526	
2,480,681			3,385		218,520			
4,389,140		32,000	4,400	60,000	193,500	114,500		
4,943,507		63,138	7,900	60,000	82,690	209,310		
5,734,270	120,000	35,000	9,350	65,970	300,000	341,659		1,650
6,839,164	120,000	114,023	10,450	75,000	123,000	528,533		6,400
12,301,966	100,000	81,000	10,350	75,000	136,470	1,108,000		1,000
12,852,758	200,000		9,532	82,500	349,461	197,500		8,048

本校歷年課什費節餘用於營建工程統計表

會計年度別	預算數	決算數	節餘金額	營建工程金額	備註
五十八	一、一〇一、九四〇	一、〇九一、九四〇	一〇、〇〇〇	四六一、五二六	
五十九	八〇七、〇八五	七一八、九八〇		二一二、七六七	
六十	一、一五九、二〇〇	一、〇九三、八四二	六五、三五八	三五六、一五〇	
六十一	一、一八八、一三四	一、一〇九、五二七	七八、六〇六	三七〇、六〇六	
六十二	一、五九五、三一九	一、四二七、五六八	七四、八〇〇	七一六、四五七	
六十三	一、六〇三、〇九八	一、五三九、一九七	六二、四〇一	七一一、八六六	
六十四	三、四五八、八〇〇	二、七六三、一八二	五三六、八一八	一、七四三、五一四	
六十五	二、八九八、一三二	二、七八三、八一九	一一四、三一三	六六一、二七四	
合計	一三、八一一、七〇八	一二、五二八、〇五五	九四二、二九六	五、二三四、一六〇	

第二章 環 境

第一節 概要

本校位居桃園市之東，距南崁溪近在咫尺，四周環國光街、自強路、成功路與中山東路，正門朝西北。五十七年秋，此一地段尚屬荒僻，僅國興街、國光街已建數棟國宅，中山東路猶未舖設柏油路面。本校校址原計畫為公共設施保留地桃園鎮第一號公園預定地，為配合實施九年國教，變更使用改為學校預定地。

就本校學區土壤而言：屬顯域土黃壤低平臺地與紅棕色紅壤黃棕色紅壤平緩臺地組成，南嵌溪中游屬泛域土沖積土河谷低地，除住宅區外，大多數為水、旱田，而以水田所佔面積較大，故務農者居多。

近五年來，桃園龜山工業區相繼成立，人口不斷膨脹，學區內之農田已日趨減少，雖然政府為保障良田將農地分等則，以為限建之法令依據，唯絕大多數之農田已於限建法規公布實施前，紛紛變更為住宅用地矣。按桃園市都市計畫道路規劃方案觀之可見一般。本學區內預定興建街道計自強路、鎮四街等六十項工程；六十五年六月以前已完成者不計在內。是以若干年後，桃園縣治必為一頗具規模之都市矣。

桃園縣治因應工商業之發展，人口隨之逐年遞增，其公共設施亦相應完成，諸如：本學區附近之縣立田徑場、游泳池、體育館，成功路兩側水銀燈等，五十九年春經省府核准改縣轄市。六十四年春為便利市民，組織桃園市公共汽車公司營運，計經由本校之線路有二：一為零北線，本校正門有招呼站，一為五路線，於桃農招呼站下車；計程車，熙來攘往，交通可謂方便。

第二節 人文

一、家 庭

六十五年四月本校研訂校史編纂資料調查表調查本學區人文狀況，總計發出問卷二、七九六份，同年五月卅一日收回問卷二、六八四份，根據本調查統計結果：籍貫屬臺灣省桃園縣者一、六〇一名、屬臺灣省其他縣市者五二七名、屬大陸各省者五四七名。家長職業方面：服公職者一八三名、教師九十六名、軍人七十四名、工業九二二名、農業八五四名、商業四三六名、自由業者一五七名：其中百分之九十婦女從事家務。住宅方面：自建、自購者一、二〇四戶、租居者一、〇五八戶、配有宿舍者四二二戶。收入方面：月入二、五〇〇元以下者（含）七六戶、二、五〇一至三、五〇〇者九四戶、三、五〇一至四、五〇〇者一五二戶、四、五〇一至五、五〇〇者三六二戶、五、五〇一至六、五〇〇者二九七戶、六、五〇一至七、五〇〇者二〇三戶、七、五〇一至八、五〇〇者八二九戶、八、五〇一以上者六七一戶。

家庭成員教育程度（指學生之父、母、兄、姊及祖父母、曾祖父母等而言）方面：計不識字者三一五名，小學畢（修）業者二、八七二名、中學畢（修）業者一、五六四名、大專畢（修）業者一、〇七九名。家庭信仰方面：佛教一、五三七戶、基督教（含天主教）四八九戶、回教七戶、道教六五一戶。家庭人口方面：非依賴人口平均每戶一・二五名，依賴人口（指出生至廿歲，尚未具備謀生能力與廿歲以上無業賦閑者）平均每戶五・〇八名。

綜上所述，本學區學生家庭環境方面可得而言者有六：

㈠本學區人口結構，依賴人口與非依賴人口之比為五・〇八：一・二五，顯示依賴人口偏高，家庭計畫尚有待加強。

㈡本學區人口仍以世居或桃園縣籍者為主佔百分之五〇・〇九，本省其他縣市及大陸各省市者為輔，而有流動率趨高之勢。

㈢本校學生家長職業以農、工業者居多，自由業、從商、服公職、從事教育工作者次之，以軍人為最少。

㈣本校學生家庭收入，以低收入者最少、絕大多數均屬小康或中等收入。富有者所佔比例與低收入者相差甚微。

㈤本校學生家庭成員之教育程度，以受畢中、小學教育者居多，大專教育者次之，不識字者僅三一五名，唯社會教育仍有待加強。

㈥本校學生家庭信仰雖以佛教居多（一、五三七戶約佔百分之五十）、基督教、道教者次之，回教最少；唯本省信仰之區分極為不一，佛、道二教，混雜難分，故本項調查僅供初步參考而已。

二、學區文化與社會環境

本校學區內之文化、社會環境，得分學校、社教、民眾信仰三類敘述：

㈠學校：本學區有國民小學六所即桃園、東門、建國、成功、會稽、山頂。高中、高職各一即省立桃園高中、省立桃園高級農工學校。

㈡社會教育機構：中國青年反共救國團桃園縣團委會、縣立田徑場、游泳池、體育館。

㈢民眾信仰團體：景福宮、武廟、鎮撫宮、福德祠、鴻福宮、佛教蓮社、聖公會、浸信會、長老會、天主堂、拿撒勒人會、摩門教會等；而以景福宮等道教宮廟創建歷史較長。

桃園縣立青溪國民中學校史編纂參考資料調查問卷 65.05

家長籍貫	省市　縣市	家長性別		家長年齡	歲
家庭人口	非依賴人口　人，	依賴人口　人			
家長職業	□公　□教　□軍　□工　□農　□商　□自由				
住宅	□自建或自購　□租居　□宿舍	家庭信仰	□佛　□道　□基督　□回		
全家總收入	約　元				

家庭兒童人數			家庭成員最高教育程度	
	12歲	人		
	11歲	人	*國校　人	說明：將貴府每一成員的最高學歷按身分證所記載的資料人數分別塡入左列各欄。肄業者視同畢業計算。例如：張三，曾經畢業於國民學校、國民中學、高級中學，那麼他的最高學歷爲高中，在國校、國中二欄不可計算在內。
	10歲	人	國中　人	
	9歲	人	高中　人	
	8歲	人	高職　人	
	7歲	人	專校　人	
	6歲	人	大學　人	
	5歲	人	士校　人	
	4歲	人	官校　人	
	3歲	人	不識字　人	
	2歲	人		
	1歲	人		
其他可提供資料				

校史編纂參考資料調查結果統計表

<table>
<tr><td>發出問卷</td><td colspan="4">2,796份</td><td colspan="2">收回問卷</td><td colspan="4">2,684份</td><td colspan="3">收回百分比</td><td colspan="3">95.99%</td></tr>
<tr><td>家長籍貫</td><td colspan="2">台灣省桃園縣</td><td colspan="2">1,601人
50.09%</td><td colspan="2">台灣省其他縣市</td><td colspan="2">527人
19.70%</td><td colspan="2">大陸各省縣市</td><td colspan="2">547人
30.21%</td><td>總計</td><td colspan="2">2,675人
100%</td></tr>
<tr><td>家長職業</td><td>公</td><td>183人
6.72%</td><td>教</td><td>96人
3.52%</td><td>軍</td><td>74人
2.71%</td><td>工</td><td>922人
33.87%</td><td>農</td><td>854人
31.37%</td><td>商</td><td>436人
16.0%</td><td>自由</td><td>157人
5.80%</td><td>合計</td><td>2722人
100%</td></tr>
<tr><td>住宅</td><td colspan="3">自建、自購</td><td colspan="2">1,204戶
44.85%</td><td colspan="3">租居</td><td colspan="2">1,058戶
40.01%</td><td colspan="3">宿舍</td><td colspan="3">422戶
15.14%</td></tr>
<tr><td rowspan="5">全戶收入</td><td colspan="4">金額</td><td colspan="4">戶數、百分比</td><td colspan="4">金額</td><td colspan="4">戶數、百分比</td></tr>
<tr><td colspan="4">8,501元以上</td><td colspan="4">671戶
25%</td><td colspan="4">4,501元—5,500元</td><td colspan="4">362戶
13.48%</td></tr>
<tr><td colspan="4">7,501元—8,500元</td><td colspan="4">829戶
30.88%</td><td colspan="4">3,501元—4,500元</td><td colspan="4">152戶
5.66%</td></tr>
<tr><td colspan="4">6,501元—7,500元</td><td colspan="4">203戶
7.56%</td><td colspan="4">2,501元—3,500元</td><td colspan="4">94戶
3.50%</td></tr>
<tr><td colspan="4">5,501元—6,500元</td><td colspan="4">297戶
11.06%</td><td colspan="4">2,501元以下</td><td colspan="4">76戶
2.86%</td></tr>
<tr><td>家庭信仰</td><td colspan="2">佛教</td><td colspan="2">1,537戶
57.26%</td><td colspan="2">基督教</td><td colspan="2">489戶
18.21%</td><td colspan="2">回教</td><td colspan="2">7戶
0.26%</td><td colspan="2">道教</td><td colspan="2">651戶
24.27%</td></tr>
<tr><td>平均家庭人口結構</td><td colspan="2">①非依賴人口</td><td colspan="3">1.25名</td><td colspan="2">②依賴人口</td><td colspan="3">5.08名</td><td colspan="2">①：②比值</td><td colspan="4">1.25 ： 5.08
0.2460</td></tr>
<tr><td rowspan="2">家庭成員教育程度</td><td colspan="4">不識字</td><td colspan="4">315人
6.25%</td><td colspan="4">中學（含初中初職學校）</td><td colspan="4">564人
11.67%</td></tr>
<tr><td colspan="4">小學</td><td colspan="4">2,872人
59.46%</td><td colspan="4">大專（含官校）</td><td colspan="4">1,079人
22.35%</td></tr>
</table>

本學區佛、道教寺廟一覽表（65.05實地調查）

寺廟名稱	教別	祀奉	創宮時間	建築類型	面積（平方公尺）	信徒人數（人）
景福宮	道	開漳聖王	嘉慶十五年月日不詳	瓦葺磚造	一六六・二	一六、六五二
武廟	道	關羽	道光十八年三月十三日	瓦葺磚造	二〇〇	一九、八二〇
鎮撫宮	道	保安尊王	光緒六年月日不詳	瓦葺磚造	五五一・五九	八七〇
福德祠	道	福德正神	光緒十五年八月十二日	瓦葺磚造	一五	一、二〇〇
鴻福巖	佛	觀音佛祖	乾隆五十二年三月十二日	瓦葺磚造	一八六・六	一四、五五〇

第三章　人事

第一節　作業法則與現況

一、概說

九年國教草創期間，國民中學教職員額編制悉照舊制初級中學辦理。其中，教師採聘任制，規定每班得聘二名；職員按中等學校教職員任用辦法有關規定，由教育科（局）核定員額任用之。

本校於存野校長主持下，本「人事公開」之精神用人，求其合理、適當，務期達成「事事有人做，人人有事做」、「敬業、樂業」之指標。職是之故，七年來聘任教職員之準則如左：

㈠依據：部、廳頒人事法規

㈡原則：

1. 政府分發高中超額教師及師大（院）校結業生優先聘任。

2. 根據各科教師需求量，敦聘公私立大學、學院畢業生修滿廿教育學分，得登記為合格教師者。

3.原任本校教師教學成績優良者予以續聘，中途離職者接受縣府介聘甄選合格教師聘任之。

本校現有教師一〇三名，應徵服役者二名，素質如表：

學歷	師大（師院）	公私立大學學院	專科	中等教師檢定	軍校	備註
人數	三五	三六	二一	五	六	
百分比	三三・九八％	三四・九五％	二〇・三八％	四・八五％	五・八四％	

二、校長、兼職人員略歷

㈠校長

鄭禮霈字存野，民國九年十月十日生，福建省福州市人，先生才識過人，勇於任事，為人謙和，處世堅守中道。民國卅四年六月畢業於國立中山大學農學院畜牧獸醫學系，得農學學士，先後任教於江西省第四行政區聯立高農及南康縣立中學。民國卅五年來臺任職於臺灣省農林股份有限公司畜產分公司。卅八年返教育界服務，先後於省立臺南、宜蘭、桃園等農校擔任科主任、教務主任等職。四十九年考取公教人員出國留學赴美國奧克拉荷馬州立大學研究院專攻農業教育，五十年獲碩士學位返國。民國五十六年六月，中央奉總統　蔣公指示：延長九年國民教育，層峰為提高國民中學校長素質，舉辦校長甄選，先生順利通過甄試，奉調省訓團講習，以優異成績，派任為本校首任校長。

先生任本職之初，嘗勉勵全體教職員工確實做到「新、實、勤、和」、無論教學、為人、處事要求新、求實、能勤、能和。指導學生做好人、讀好書、做好事、說好話，期能身教與言教合一，以蔚成優良學風。六十三年夏第一任任期屆滿，奉令連任。同年秋，氏揭櫫「真、誠、樂、毅」四字以為本校校訓，俾全體師生朝「學、問、思、辯」之途徑，期「德、智、體、群」四育兼顧，以達「真、誠、樂、毅」之目標，庶幾不負政府興學育才、充實國力之至意也。

㈡現任兼職人員

1. 教務主任

吳椿榮，民國卅六年元月廿八日生，臺灣省基隆市人，民國五十五年夏畢業於省立臺北成功中學，同年秋考取臺灣師範大學教育學系繼續求學，五十九年夏修業期滿，奉派桃園縣服務，旋應本校聘，先後擔任導師、指導工作執行秘書三年，六十二年秋，受聘為本校教務主任。六十四年十一月兼附設補校導主任。

2. 訓導主任

邵丙璋，民國六年八月一日生，浙江省紹興縣人。民國二十七年十二月畢業於陸軍軍官學校第十四期，初任陸軍第一師見習軍官，歷任排、連、營（團）長，曾參加中原會戰、魯西剿匪戰、洛陽保衛戰等戰役。卅八年秋河山變色，由川輾轉抵達香港，就讀協日神學院。畢業後奉派任調景嶺聖約翰小學首任校長。四十四年春，奉准來臺，經救國團介聘省立桃園農工職校任教員兼僑生輔導組長職。五十七年秋本校成立，應鄭校長之邀，擔任訓導主任迄今。對本校訓導工作之策畫及推動、訓導制度之建立與革新以及問題學生之輔導均著績效。經教育廳核定為六十四年特殊優良教師。

3.總務主任

游正昌，民國廿八年八月一日生，臺灣省桃園縣人，世居本縣龍潭鄉，以務農為業。民國四十八年六月畢業於省立桃園農業職業學校高級部綜合農業科。個性溫和，肯於負責，以是留校擔任幹事，五十七年秋，本校正式成立，應鄭校長之邀，擔任庶務組長迄今。氏對本校財務管理制度之確立、校舍營建之規劃、校園美化綠化之執行頗多獻替。六十二年春，前事務主任張玉福先生因肝癌入院診治，代理處務約半載。六十四年元月，前事務主任徐慶發先生因胃疾請辭，氏再度代理主任迄今。

4.主計主任

簡源授，民國十三年十月廿八日生，臺灣省桃園縣人。民國廿四年（日治昭和十年）畢業於新竹州立桃園農業學校（即今桃農前身），四十年八月任職桃園縣立南崁初級農業職業學校主計，隨後遷調蘆竹鄉公所、縣府主計室、南崁、文昌、壽山等初中任主計員，五十八年六月調任本校主計員，六十三年升任本校主計主任，六十五年夏應臺灣省公務人員升等考試及格。氏個性豪邁，勤儉奮發、多能鄙事，對於本校主計業務之處理，頗多建樹。

5.人事主任

魏楚臣，民國十年元月十三日生，湖北省安陸縣人。民國廿九年六月畢業於湖北省私立荊州中學高中部，民國四十八年十月奉調臺灣省訓練團人事行政人員訓練班受訓。氏溫和謙虛、樸實無華、任勞任怨、勤儉守分，頗擅書法。先後任職荊州中學事務員、湖北省芝江縣指導員、湖北省鍾祥縣政府科長、新中國報社記者、桃園縣立大園中學人事管理員、文書組長等職，民國六十年六月，調本校服務，越明年核升本校人事主任迄今。

本校現任行政人員簡歷表

職稱	姓名	性別	籍貫	出生			到校		應聘本職		學歷	備註
				年	月	日	年	月	年	月		
校長	鄭禮霈	男	福建省福州市	9	10	10	57	8			美國奧克拉荷馬大學農學碩士	
教務主任	吳椿榮	男	臺灣省基隆市	36	1	28	59	8	62	8	師大教育系畢業	
訓導主任	邵丙璋	男	浙江省紹興縣	6	8	1	57	8	57	8	陸軍官校第十四期畢業	
總務主任	游正昌	男	臺灣省桃園縣	28	8	1	57	8			省立桃農高級部畢業	64 02起兼代

主計主任	簡源授	男	臺灣省桃園縣	13	10	28	58	6			新竹州立桃園農業學校畢業	
人事主任	魏楚臣	男	湖北省安陸縣	10	1	13	60	6			湖北省私立荊州中學高中部畢業	
教學組長	孫若穎	女	青島市	23	1	13	60	2	63	8	臺北女師專畢業	
註冊組長	林正三	男	臺灣省桃園縣	30	11	6	61	8	62	8	師大教育系畢業	
設備組長	蔡新日	男	臺灣省花連縣	27	6	22	62	8	63	8	花連師專畢業	
訓育組長	虞坤	男	江蘇省鎮江縣	22	9	1	59	8	59	8	政工幹校政治科畢業	
生活管理組長	張宏仁	男	臺灣省新竹縣	32	1	24	57	8	63	8	臺中體專畢業	
體育組長	徐福村	男	臺灣省桃園縣	33	8	26	59	8	63	8	臺中體專畢業	
衛生組長	郭立灃	男	福建省上杭縣	17	10	15	60	8	64	8	師大國專科畢業	
文書組長	李子通	男	安徽省城縣	7	8	3	57	8	57	8	安徽第一臨時高中畢業	
庶務組長	曾宜生	男	江西省永豐縣	38	7	11	60	9	65	2	臺北工專畢業	
出納組長	饒天香	女	雲南省騰衝縣	33	8	9	57	8	57	8	高中學歷鑑定考試及	
指導工作執行秘書	楊淑景	女	臺灣省桃園縣	40	11	2	63	8	63	8	師大教育心理系畢業	
民族精神教育執行秘書	周啟民	男	江西省廣豐縣	14	5	21	57	8	61	8	國防部特設青職訓練班特師科畢	

第二節　學校行政人員之異動

五十七年八月一日臺灣省政府正式派任鄭禮需先生為本校首任校長，鄭氏接篆視事後，暫借省立桃園農工職業學校教務處會議室為臨時辦公室，並按本省中等學校行政組織規程敦聘朱學瓊先生為教務主任、邵丙璋先生為訓導主任。同年八月中旬續禮聘張玉福先生為事務主任、周啟民先生為教學組長、徐慶發先生為註冊組長、劉文立先生為訓育組長、徐治雲先生為生活管理組長、張宏仁先生為體衛組長、張光源先生兼任指導工作執行秘書、李子通先生為文書組長兼理人事業務、游正昌先生為庶務組長、饒天香女士為出納組長、李崇泉先生兼辦主計。五十八年二月朱氏應聘國立臺灣大學文學院任教，教務主任一職改聘徐治雲先生兼任、沈思陶先生應聘管理組長。同年六月簡源授先生奉派擔任本校主計管理員。

五十九年秋配合本校班級數遞增行政組織局部調整，聘任王能魁先生為設備組長。劉文立先生請辭，另聘虞坤先生擔任訓育組長、陳哲建先生為管理組長，張宏仁先生改任體衛組長。同時，上級委派薛敬衡先生為本校人事管理員。六十年元月註冊組長徐慶發先生懇辭，另由徐福村先生兼理。張執行秘書他就，商請吳椿榮先生兼辦。

六十年秋，教學組長周啟民請辭獲准，另聘劉洪鈞先生兼任之，註冊組長徐福村先生調任體衛組長，所遺職務另聘鄭有信先生擔任之。吳兼秘書服役，敦聘徐湘麟先生兼任之。

六十一年秋設備組長王能魁、體衛組長徐福村先生請辭，分別敦聘徐慶發先生、張宏仁先生接任。明年春，事務主任張玉福先生因肝癌入榮民總院診治，所遺職務暫由庶務組長兼代。同年六月張主任病故。

六十二年秋，教務主任徐治雲先生、教學組長劉洪鈞先生、註冊組長鄭有信先生、設備組長徐慶發先生分別請辭；分別另聘吳椿榮、賴信博、孫若穎、林正三等四人任之。所遺事務主任一職商聘徐慶發先生擔任。附設中級補校教導主任聘請鄭有信先生擔任之。

六十三年秋，教學組長賴信博先生請辭，並應聘省立中壢高級中學任教，敦請孫若穎女士兼任之，所遺註冊組長改聘蔡新日先生擔任之。六十四年春為重新規劃工藝工廠，配合專長調任蔡新日先生接設備組長，林正三先生負責註冊組業務。同年春，事務主任徐慶發先生請辭，委請游正昌先生兼代。

保防工作與訓導業務之關連性較大，故創校迄六十學年度止，委請邵丙璋先生兼辦；六十一年秋上級積極加強本項業務並通令組織民族精神教育推行委員會，本校為增進工作效率、專一業務職責，由是敦聘周啟民先生擔任之。茲將本校八年來學校行政人員異動列表於後：

職稱	姓名	受聘本職時間	辭職時間	異動原因	備註
教務主任	朱學瓊	57.08	58.02	應臺大聘	
教務主任	徐治雲	58.02	62.07	自請辭卸兼職	
事務主任	張玉福	57.08	62.06	病故	
事務主任	徐慶發	62.08	64.01	自請辭職	
補校教導主任	鄭有信	62.08	64.11	因病請辭	
教學組長	周啟民	57.08	60.07	自請辭職	
教學組長	劉洪鈞	60.08	62.07	自請辭職	
教學組長	賴信博	62.08	63.07	自請辭職	

註冊組長	徐慶發	57.08	60.01	自請辭職	
註冊組長	徐福村	60.02	60.07	改聘	
註冊組長	鄭有信	60.08	62.07	改聘	
註冊組長	孫若穎	62.08	63.07	改聘	
註冊組長	蔡新白	63.08	64.01	改聘	
設備組長	王能魁	59.08	61.07	自請辭職	
設備組長	徐慶發	61.08	62.07	改聘	
設備組長	林正三	62.08	64.01	改聘	
訓育組長	劉文立	57.08	59.07	自請辭職	
生活管理組長	徐治雲	57.08	58.01	改聘	
生活管理組長	沈思陶	58.02	59.01	改聘	
生活管理組長	張宏仁	59.02	59.07	改聘	
生活管理組長	陳哲建	59.08	63.07	自請辭職	
體衛組長	張宏仁	57.08	59.01	改聘	
體衛組長	莊武雄	59.02	59.07	自請辭職	
體衛組長	張宏仁	59.08	60.07	自請辭職	
體衛組長	徐福村	60.08	61.07	自請辭職	
庶務組長	游正昌	57.08	65.01	兼代主任	
人事管理員	薛敬衡	59.08	65.05	奉調	

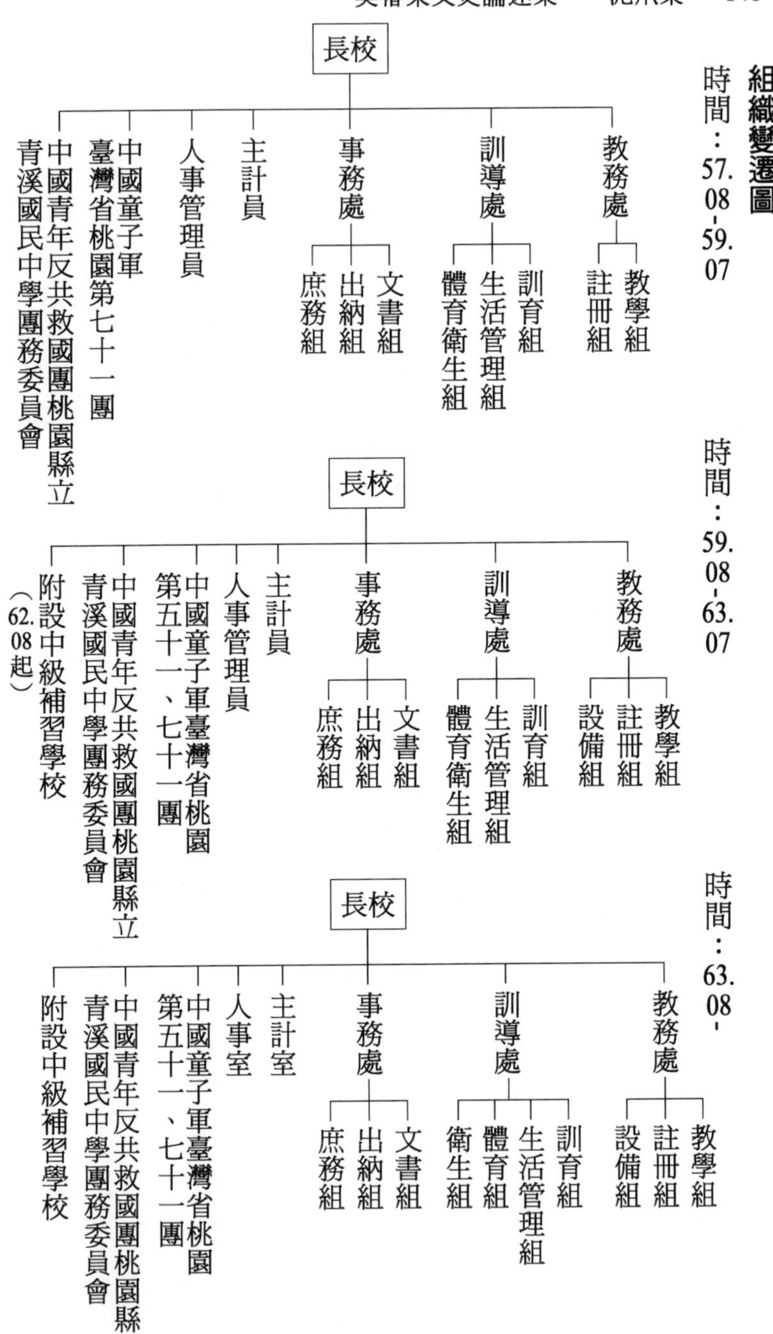
組織變遷圖
時間：57.08-59.07
長校
教務處
教學組
註冊組
訓導處
訓育組
生活管理組
體育衛生組
事務處
文書組
出納組
庶務組
主計員
人事管理員
中國童子軍臺灣省桃園第七十一團
中國青年反共救國團桃園縣立青溪國民中學團務委員會
時間：59.08-63.07
長校
教務處
教學組
註冊組
設備組
訓導處
訓育組
生活管理組
體育衛生組
事務處
文書組
出納組
庶務組
主計員
人事管理員
中國童子軍臺灣省桃園第五十一、七十一團
中國青年反共救國團桃園縣立青溪國民中學團務委員會
附設中級補習學校（62.08起）
時間：63.08-
長校
教務處
教學組
註冊組
設備組
訓導處
訓育組
生活管理組
體育組
衛生組
事務處
文書組
出納組
庶務組
主計室
人事室
中國童子軍臺灣省桃園第五十一、七十一團
中國青年反共救國團桃園縣立青溪國民中學團務委員會
附設中級補習學校

第三節　教職員

五十七年秋，本校共招當年國民小學畢業生一、一五三名，編為廿一班，實聘教員四十二名、職員六名。五十八年秋，桃園國民中學寄讀生歸建，本校一、二年級合計廿四班，實聘教員四十八名、職員八名。五十九年秋，續招新生十三班，班級數增至卅六班，實聘教員七十二名，其中增聘廿四名、職員五名。六十年秋，招新生十四班，計遞增二班，其中補聘教員四名。六十一年秋，招新生十七班，總班級數遞增為四十四，增聘教員十名。六十二年秋，招新生十九班，全校總班級數達五十班，增聘教員十九名、教職員工總數一〇六人。六十三年秋，招新生十八班，增聘教員十四名。本學年度，桃園縣立建國國民中學正式奉准成立，本校學區縮減，計招新生十五班，合一、二、三年級總班級數五十二班，教職員總人數減為一一七人，附本校五十七至六十四學年度教職員工人數統計如下表：

學年度	班級數	增減數		教員		職員	工友
		增	減	應聘	實聘	任用數	人數
五十七	二一			四二	四二	六	二
五十八	二四	一二		四八	四八	八	三
五十九	三六	一二		七二	七二	一三	三
六十	四〇	四		八〇	八〇		三
六十一	四四	四		八八	八八		四
六十二	五〇	六		一〇〇	一〇〇		四
六十三	五三	三		一〇六	一〇六		四
六十四	五二		一	一〇四	一〇四		四

現職教師一〇〇名，其中不包含兵役輪代與暫調縣府服務等三名在內。其學歷已見第三章第一節，不再贅述，以下僅按教師年齡、登記或檢定科別、任教年資等稍作分析。

一、年齡：二十至二十四歲五人、廿五歲至廿九歲卅人、卅至卅四歲廿人、卅五歲至卅九歲廿三人、四十至四十四歲八人、四十五至四十九歲四人、五十至五十四歲四人、五十五至五十九歲四人、六十至六十四歲一人、六十五歲以上一人，統計表如左：

教師年齡統計表

年齡	人數
65-69	1
60-64	1
55-59	4
50-54	4
45-49	4
40-44	8
35-39	23
30-34	20
25-29	30
20-24	5 (100)
平均	35.5
備註	以教職員一覽表所載為準。

二、登記與檢定：五十七年秋以前，教師資格之任定分無試驗檢定與試驗檢定二種。九年國民教育實施以後將無試驗檢定改稱登記，本文所稱「登記」一詞係包涵無試驗檢定與登記二者而言也。根據六十四學年度教職員一覽表記載，登記合格者七十四名、檢定合格者十名。其中公民與道德科九名、國文科廿二名、英語十一名、數學八名、歷史五名、地理三名、物理二名、生物一名、健教二名、美術三名、音樂二名、工藝三名、家政三名、體育六名、其他二名。

第四節　家長會

為使本校與學生家長密切聯繫，增進相互溝通，以謀學校之充實、發展，根據(57)、4、19府教四字第二五九一五號令「臺灣省各級學校學生家長會設置辦法」之規定，每年採「普遍、直接、公開」方式由全體家長圈選會員代表召開學生家長會員代表大會，然後改組學生家長委員會，夫舉常務委員及家長會長。

五十七年九月十八日，召開本校第一次學生家長代表大會，成立第一屆家長委員會並推楊棟樑先生為第一任家會長。五十八年十月依法召開本校第二屆學生家長代表大會，旋成立第二屆家長委員會，楊棟樑先生連任會長。五十九年十月第三次學生家長代表大會假本校導師室召開，改組第三屆家長委員會，楊棟樑先生再度蟬聯家會長。六十年十月第四次學生家長代表大會成立，改組第四屆家長委員會，呂進芳先生以最高票當選會長。六十一年九月第四屆學生家長代表大會如期成立，陳福添先生經全體委員共推為第五任家長會長。六十二、六十三、六十四三年陳先生蟬連本校家長會長。茲將創校迄今，本校歷屆家長委員會組織之變遷，列表如後：

學年度	屆別	會長	常委
五十七	一	楊棟樑	連淵欽、蔡賜川、李杏、楊棟樑、鄭禮需
五十八	二	楊棟樑	楊棟樑、呂理澄、邱逢圖、李朝斌、鄭禮需
五十九	三	楊棟樑	陳福添、楊棟樑、呂進芳、楊萬生、鄭禮需
六十	四	呂進芳	陳福添、楊棟樑、呂進芳、王為井、鄭禮需
六十一	五	陳福添	楊棟樑、呂進芳、王為井、陳福添、鄭禮需
六十二	六	陳福添	謝時雅、陳福添、謝義德、呂進芳、鄭禮需
六十三	七	陳福添	陳福添、林正和、邱逢圖、翁照祥、鄭禮需
六十四	八	陳福添	楊阿元、胡元生、林正和、陳福添、鄭禮需

第四章　校　務

第一節　概說

本校現址桃園市中山東路一二四號，校地總面積三·二八〇一公頃，分別徵購編號桃園鎮第一號公園預定地（改制縣轄市以前）四八七—六、五五三、五五四—一、四八七—一〇、五五一—一、五五五—八、五五五—九，業主賴清忠等人之土地。

現有校舍計：普通教室五十五間、特別教室五間、辦公室十間、倉庫一間、廚房一間、廁所十一間，附表說明如下：

名稱	單位	數量	規格	建築別	備註
普通教室	間	五五	9×9.9公尺	鋼筋混凝土	
理化實驗室	間	一	18×9.9公尺	鋼筋混凝土	教育廳補助圖書室改變用途
圖書室	間	一	9×9.9公尺	鋼筋混凝土	佔用普通教室
辦公室（教務處）	間	一	9×9.9公尺	鋼筋混凝土	佔用普通教室

辦公室（訓導處、導師室）	間	二	19.324×9.9公尺	鋼筋混凝土	佔用普通教室
辦公室（專任教師休息室）	間	一	9×9.9公尺	鋼筋混凝土	佔用普通教室
辦公室（總務處）	間	一	9×9.9公尺	鋼筋混凝土	佔用普通教室
辦公室（主計、人事室、指委會）	間	一	9×9.9公尺	鋼筋混凝土	佔用普通教室
辦公室（童軍室）	間	一	9×9.9公尺	鋼筋混凝土	
辦公室（校長室）	間	一	9×9.9公尺	鋼筋混凝土	
工藝教室	間	一	13.5×9.6公尺	鋼筋混凝土	
製圖教室	間	一	9×9.9公尺	鋼筋混凝土	
家政教室	間	一	9×9.9公尺	鋼筋混凝土	
音樂教室	間	一	9×9.9公尺	鋼筋混凝土	
倉庫	間	一	7.2×4.5公尺	磚造	
廚房	間	一	7.5×5公尺	磚造	

湖自創校迄今六十四學年度，本校學區始終未加更動。六十四年秋，建國國民中學奉准成立，其所屬學區大半自本校分割而得；今年桃園縣政府教育局為平衡各校學區範圍，俾免各校增減班幅度懸殊、人事調配與校舍興建等困擾，曾以65.06.08桃府教國字第五四三一四函

通知有關各校學區增損情況。爰根據直接資料將本校學區更動情況及各學年度班級數、學生數、畢業學生數、就學率分別列表說明：

本校學區鄰里異動表

市鎮	鄰里別	所屬時間	備註
桃園鎮 鶯歌鎮	東門里、青溪里、朝陽里、中南里、中北里、三義里、雲林里、豐林里、大林里、武陵里（一—十三鄰）、會稽里（十一—十二鄰）、東山里、忠義里、建國里 宏德新村（臺北監獄員工宿舍，即山頂村十二鄰）	57.08-60.09	
桃園市 鶯歌鎮	東門里、青溪里、朝陽里、中南里、中北里、三義里、雲林里、豐林里、大林里、武陵里（一—十三鄰）、會稽里（十一—十二鄰）、東山里、成功里、忠義里、建國里 宏德新村（臺北監獄員工宿舍，即山頂村十二鄰）	60.10-64.07	59年桃園鎮改制縣轄市，明年十月青溪里分割為青溪、成功二里，仍為本校學區。
桃園市 龜山鄉 鶯歌鎮	東門里、東山里、青溪里、成功里、朝陽里、中南里、中北里、三義里、萬壽里、武陵里（一—十三鄰）、忠義里、會稽里（十一—十二鄰） 建國一村（山頂村九—十一鄰） 宏德新村	64.08-65.07	
桃園市 龜山鄉 鶯歌鎮	東門里、東山里、青溪里、成功里、朝陽里、中南里、中北里、三義里、萬壽里、武陵里、忠義里、會稽里（十一—十二鄰）、文化里 建國一村、山頂村（舊編制九—十一鄰） 宏德新村	65.08-	

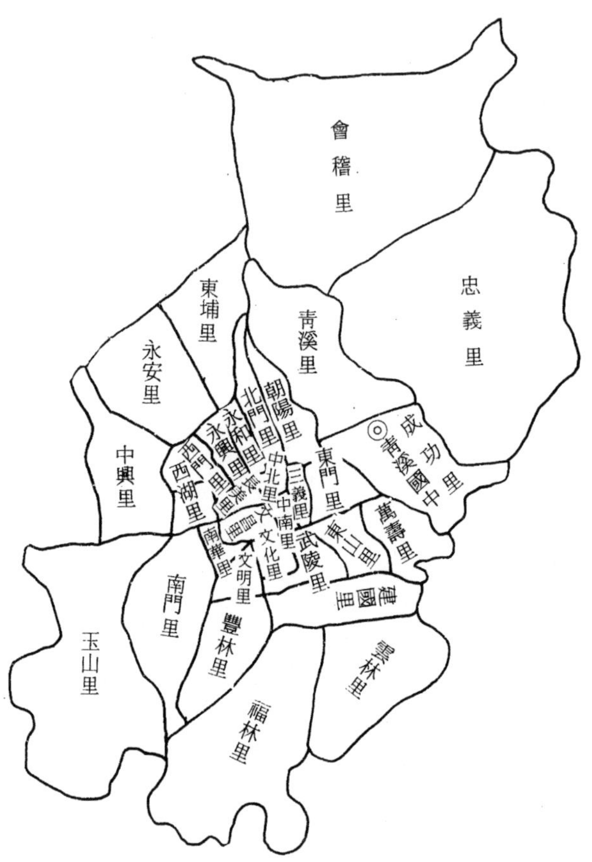

例					圖					
村里便道	水圳	池沼	河川	山地	里界	鄉鎮界	縣界	鎮路	公路	鐵路

五十七至六十四學年度學生人數統計表

學年度	班級數	學生數	畢業班數	畢業人數	所生註冊人數	預定新生人數	就學率	備註
五十七	21	1,153			1,153	1,537	75.02%	其中九班五三二名係桃園國中寄讀生，58.08歸建
五十八	24	1,297			676	889	76.04%	
五十九	36	1,973	12	627	725	942	76.96%	
六十	40	2,231	13	702	842	1,065	79.06%	
六十一	44	2,442	13	740	905	1,160	78.02%	
六十二	50	2,718	15	778	1,051	1,325	79.32%	
六十三	53	2,290	31	686	997	1,238	80.53%	
六十四	52	2,786	19	1,032	813	1,005	80.90%	

桃園縣立青溪國民中學六十五至七十學年度學生預估表

學年度＼年級＼班數＼人數	一	二	三	合計 學生數	合計 班級數	備註
六十五	766 (14)	794 (15)	997 (18)	2,557	47	
六十六	885 (16)	766 (14)	794 (15)	2,445	45	
六十七	781 (14)	885 (16)	766 (14)	2,432	44	
六十八	814 (15)	781 (14)	885 (16)	2,480	45	
六十九	807 (15)	814 (15)	781 (14)	2,402	44	
七十	828 (15)	807 (15)	814 (15)	2,449	45	

附註：按本校64.10.20青中禮教字第一三四一號函調查統計。

設備方面：分圖書、教具、自然學科器材、工藝機具、各科掛圖、體能教育器材等略述如後：

類別	品名	單位	數量	備註
教學	圖書	冊	二、八七〇	
教學	風琴	臺	五	
教學	鋼琴	臺	一	
教學	圓規、量角器、三角板等	件	五七	
教學	各科掛圖	幅	三七四	
教學	自然科學儀器	件	一、〇五二	
教學	木工、金工、電工手工具	件	六七四	
教學	工藝機器	臺	二十	
教學	炊事設備	件	八五	

第二節　重要措施

一、教務

㈠班級編制之設計、研究

班級教學因應教育量之提高而產生，九年國民教育在本質上屬強迫教育，其教育對象迅遽增加則為不爭之事實。智、愚懸殊甚鉅，以是，個別差異益形嚴重。本校為求合理解決此一問題，對於班級編制之設計與研究非常重視。自五十七學年度至六十四學年度先後嘗試混合編班（鄰里編班、報到先後序編班）、能力編班（按智力測驗結果分段編制、按學力測驗結果編班）、分科分團編班、專長集中編班（音樂、美術、體育等專長）等四種類型。優劣互見、利弊參半，其主要結論可得而言者有：

1.編班本身並非問題，學生學習成效之良窳端在教學。何以言之？蓋教學得法、教法靈活、熱心指導以造成學習氣氛，必有助於教學成果之增進也，此其一。無論任一類型之編排，均有其個別差異存在，除非採取個別化教學法，方能解決編班問題也，此其二。

2.統一之教科書，無法發揮「因材施教」、「因材考查」之最高理想，即使能力編班亦僅能實現上述二目標於千萬分之一。

3.教師與家長對於「因材施教」、「因材考查」不盡能把握其要旨、端正其認識。夫學生成績之考查，首應注意其知識、技能、品德、情操綜合發展之結果以為定。換言之，即行為改變之評鑑也。是則，編班為末、教學為本。

職是之故，本校當前兼採能力編班與專長編班之方策，置重點於教學、命題、考查之研究與試行，期教育效能愈趨水準之上。

㈡藝能科教學之改進

本校著重學生學習過程、學習態度之考查，對於成果評鑑（即成品成績考查）採比較法給分，以求客觀。務期學生於在學期間，充分認識工藝為今日科技文明進步之動力；因此，無論金工、電工、木工，本校均極其重視。女生則重視其對家政之體認，期求具備「婉娩聽從、持家有道」之傳統美德也。

㈢加強學藝比賽

為提高學生學習興趣，指導其發現專長、認識自己，並提供發表、表現等機會，每一學期定期舉辦國語文比賽（包含國音符號、演講、朗讀、閱讀、作文、書法），史地繪圖、英語聽寫、朗讀、寫字，工藝、炊事、美術等比賽，鼓勵學生報名參加，並限定每班最少與賽名額。

㈣革新業務

本教育革新之精神，依據中等學校校務處理大綱及有關法規，訂定教務資料業務目錄，將業務資料編號管理，期工作之考核有具體、劃一之標準，革除因人興廢或標新立異之弊，並收執簡馭繁、行政處理制度化之效。

二、訓導

㈠加強生活教育

根據「生活即教育，教育即生活」之理念，依部頒訓育綱要、生活教育實施方案等法規訂定學生生活公約、實踐國民生活須知三項競賽（整潔、秩序、儀容），逐週公布比賽成績，並納入各班學生德、群育考核。此外，積極培養學生自治習慣、民主精神、實施學生榮譽卡制度、注意交通安全、實施生活示範以陶融其準備為未來公民之職責。消極方面，成立糾察隊，推動家庭訪問，以增進生活教育之績效。

㈡注重愛國教育、民族精神教育

從加強公民與道德、史地科教學著手，定期張貼大陸瞭望、我國十項建設等資料；舉辦時事座談、匪情報導，鼓勵學生閱報，期末實施綜合測驗以激勵學生仇匪恨匪、愛國保種之意識，俾增進其對三民主義、優良傳統文化之認識、信仰與維護。

㈢主動發掘學生才藝

為發揚中華文化，提倡正當娛樂，擴大教學效果，每學年舉辦一次班際才藝競賽，主題內容配合文化復興、發揚民族精神、表揚好人好事、消除髒亂、小康計畫、端正禮俗，分個人組及團體組比賽，以發掘學生才藝，促進「做中學」等目標之實現，並發揮群性教育之功效。

㈣重視體能活動

研訂體能教育計畫、充實體育設備、慎選師資，定期舉辦校運及各項競技，設置實驗班以研究體能教育之改進。本校歷年來田徑、游泳迭創佳績，體育風氣極為興盛。

三、總務

㈠加強財務管理

依據本校長期校務發展計畫，分年編列預算，以添置各項財物，其管理工作則委諸專人負責。期物盡其用、節省公帑、財產之維護與保管制度化。

㈡美化學校環境

分期整頓校區環境，運用有限經費，配合工藝、農藝等科教學種植花卉、樹木、粉刷校舍，鋪設柏油路，使校園由綠化而美化，俾環境更為清爽宜人，以培育淳樸之氣氛。

㈢提高防護警覺

定期舉辦教職員生防護演習，召開防護教育研究會，加強防護安全措施，以提高師生警覺心。

四、指導工作

㈠健全組織

本校為增進指導工作績效，敦聘師大教育心理系畢業專攻指導理論與實際之教師承擔執行之重任。慎選師資，以提高指導活動課程之效果。定期召集會議，擬訂指導章則、設計資料卡、推動個案研究、專題討論，實施特殊學生輔導。

㈡重視行為異常學生輔導

採一對一方式，由校長、主任、組長及熱心指導教師分別擔任輔導工作。建立輔導資料，經常約談、加強日記習作與家長保持密切聯繫，協助其發現個人專長，適當鼓勵其發表、示範，以促進其人格正常發展。

㈢強化職業指導

自升學就業志願調查、建立畢業生個案資料、參觀見習、實施職業測驗、進行建教合作以至追蹤輔導，分段進行，嚴密考核，以配合政府人力資源策略之實現，達成國中教育之功能。

第五章 校風與特色

夫校風者，學校風氣之謂也。風氣者合風格與氣氛而言。顧本校歷史甚短，猶如髫齡孩童，正繼續生長、發展，其可得而言者蓋鮮矣。

竊考比年本校校務之推行、師生之表現，綜合論之或可以「新、勤」二字概括之。至於特色係指本校之所有，他校所不及或所無者，僅條舉業務改進、國語文教育、體能教學學三項略述之。

創校七載，所受榮獎總數約三百件，均係全體師生辛勤耕耘之功也，今請分別論之：

第一節 校風

一、新

國教年限延長前，桃園縣治僅設初級中學一所。五十七年秋，當其時也，本校屬縣治內第一所創辦之新制國民中學也。全校教師平均年齡約卅歲，大多甫自學校畢業，初入教育行列之生力軍也。本校憑此新氣象，處處求新，各項校務之推行，除依據教育法規辦理外，甚多創新而為往昔初級中學所未有也。吾人本除舊佈新之精神。恪遵　蔣公對九年國教之指示，企求新猷迭創，避免標新立異。

二、勤

勤則有功。比年來，本校師生無論在教導、學習、各項技能之研習、體能之鍛鍊均持此一理念以行之。是故，課堂中琅琅書聲，不輟不已；球場向無虛場；閱覽室內，學子滿座。而畢業校友或升學或就業，多能各遂所願，安分守己，以獻其力。

第二節 特色

一、國語文教育

本校師資以國語文科最整齊，計登記合格者二十位，檢定通過者二位。對於國語文教育，分別擬訂重點計畫實施，舉凡正課教學、作文教學、演講朗讀訓練、國字正讀正寫之指導、寫字（硬筆字）、書法風氣之提倡均循序進行，故對外比賽屢創佳績，茲舉一二事例以說明之：

㈠第七屆全縣國語文競賽團體成績第一名
㈡第八屆全縣國語文競賽團體成績第一名
㈢第九屆全縣國語文競賽團體成績第二名
㈣第十屆全縣國語文競賽團體成績第三名
㈤第十一屆全縣國語文競賽團體成績第一名

㈥五十九年全縣國語文能力測驗第二名
㈦六十年全縣國語文能力測驗第一名
㈧六十二年全縣國語文能力測驗第二名

二、體能教學

徹底實施學生體能測驗，以瞭解全體學生速度、敏捷肌力、動力、耐力，每一年齡階段生長發展情形，以奠定體能教學之基礎。對於體能專長學生之培育，注重平時訓練，不求明星式表玩，歷年來，全縣國中體育成果，以本校為最優異。

㈠五十八年全縣中等學校運動會男生田賽第三名、徑賽第五名、女生田徑第二
㈡五十九年全縣中等學校運動會男生田賽第二名、徑賽第二名、三項運動第一名
㈢五十九年全省中等學校運動會國男田徑第四名
㈣六十年全縣中等學校運動會男生田徑賽及三項運動第一名，女生徑賽第一名等
㈤六十一年全縣中等學校運動會男生田徑賽均獲冠軍，女生徑賽及三項運動冠軍
㈥六十二年全省運動會國術重甲級冠軍、柔道重量級冠軍
㈦六十二年全縣中上運動會國女游泳冠軍、女生徑賽冠軍、男生田徑三項均得第一名
㈧六十四年全縣中上運動會國男徑賽冠軍、女生田賽殿軍、徑賽冠軍
㈨六十四年臺灣區中學運動會國男游泳二百公尺仰式第五名、國女游泳百公尺仰式第二名、二百公尺混合式第二名

㈩六十五年桃園縣中學運動會男生游泳冠軍、田賽季軍、徑賽季軍、女生田賽亞軍、徑賽殿軍、三項亞軍

(十一)六十五年臺灣區中等學校運動會男生游泳百公尺自由式第三名、八百公尺自由式接力第六名

三、業務改建

本校業務執行注重科學管理、分類保存，計畫、執行、考核均應存有具體資料。故自五十八年迄六十年連續三年全縣業務檢查均得第一名。六十一年以後雖未舉辦全縣性業檢，然本校仍保持此一績效，諸如訂定教務資料分類編號目錄，擬訂附設中級補習學校教導工作評量表、補校學生教導紀錄卡，以簡化內容、增進運用功能，提高保管使用績效，凡此均為本校獨創之舉也。

茲將本校歷年所授榮獎編列於後：

本校模範生名單

學年度	模範生姓名
五十七	褚宜芳、歐鳳娥、黃淑貞
五十八	劉麗兒、楊秀卿、林秋月、楊漢忠
五十九	張文彬、朱翠眉、蕭淑萍、吳廷泉
六十	簡俊明、劉明正、黃春連、張正麒、林幸真、邱德欽、楊芳鏘、游明輝、游淑美
六十一	邱永章、李郁琤、婁祥麟
六十二	蕭鏡彰
六十三	邱春妹、王惠蘭
六十四	謝仁山

桃園縣立青溪國民中學歷年校務績效一覽表

學年度	項目	成績	備考（得獎人姓名）
	一般行政		
五八年	業務檢查	全縣第一	
五九年	業務檢查	全縣第一	
六十年	中華文化復興運動成果展覽	優等	
六十年	推行救國團團務工作	考績優異	
六十年	美化環境競賽	優等	

六三年	推行救國團團務工作	考績優異	
六四年	美化環境比賽	全省特優	

國語文教學

五七年	全省徵文	佳作	張志偉
五七年	全縣書法比賽	第三名	劉麗兒
五七年	全縣演講比賽	第二名	呂萬祥
五七年	全縣國語文競賽	演講第二、閱讀第三、朗讀第五	呂萬祥、巫黃蘭、治愛玲
五八年	國慶演講比賽	第二、三名	劉秀英、劉明正
五八年	北區六縣市論文比賽	佳作	巫黃蘭
五八年	全縣國語文競賽	團體成績第五名	
五九年	全縣國語文競賽	團體成績第一名	
五九年	全縣九年國教國語文測驗	第二名	
五九年	全縣國語文競賽	團體成績第一名	巫黃蘭、劉秀英、治愛玲、鄭秀玫
五九年	詩歌朗誦比賽	第三名	張志學等廿名
六十年	桃縣國際青商會書法比賽	團體第一	宋月英（金牌獎）陳字熙（銀牌獎）趙碧珠（銀牌獎）鄭秀玫（銅牌獎）
六十年	北部六縣市論文比賽	佳作	黃淑貞
六十年	新竹區社教館論文比賽	第一、二名佳作	黃淑貞「第一」萬自強「第三」陳明宏、劉麗兒（佳作）
六十年	國語文能力測驗	團體第一名	

六一年	桃縣國際青商會書法比賽	第二、三名佳作二	胡宏業、宋月英、劉明正、黃淑敏
六一年	全縣國語文競賽	團體第一名	李慧媛、李郁琤、許志誠、胡宏業
六一年	詩歌朗誦比賽	第二名	李慧媛等廿四名
六一年	全縣國語文競賽	團體第一名	李慧媛、李郁琤、許志誠、胡宏業
六一年	青年節寫作	佳作	陸大元
六一年	全省中小學校節約儲蓄作文比賽	得獎	巫黃鑑
六一年	全省中小學校節約儲蓄書法比賽	得獎	謝學元
六一年	全縣書法比賽「國中一、二、三年級」	第一、三名佳作	㈠謝學元㈢胡宏業、佳作宋月英
六一年	全省美展國中一年級書法比賽	第一名	謝學元
六二年	國語日報每月徵文比賽	佳作獎第三名	徐玉霞
六二年	桃縣國語文競賽演說組	第一名	葉雪香
六二年	桃園縣國語文競賽國中團體組	第二名	羅克新、張鳳舉、黃伶俐（以上教師）葉雪香、胡宏業、謝學元、張婷君、張淑涓（以上學生）
六二年	桃縣國中書法比賽	第一名	謝學元
六二年	全省國語文競賽演講	第五名	葉雪香
六三年	詩歌朗誦比賽	第三名	姜禮文、謝純慧、魏曉倫、沙文研、吳梅英、胡宏志、

六四年　中國語文學會　特等獎　楊秀華、吳毓真、李桂蘭、陳鶯蘭、陳惠華
一等獎　鄭素香　謝純慧

六三年　第十屆國語文競賽　演說第一名　楊淑景（教師）、楊秀華
作文第二名　謝學元
閱讀第二名　翁嘉聲
總成績第三名（不今教師組）含教師組第一名

六三年　北部六縣市論文比賽　第三名　謝學元

六三年　全縣書法比賽　第二名　謝學元　第三名　謝純慧

六三年　行憲紀念縣圖書館書法比賽　第一名　謝學元

職業教育

五九年　全縣製圖比賽　第一名　李金圳、陳國義、鄭詩雄、沈瑞昌、楊漢忠

五九年　全縣家事比賽　第五名　呂春玉、紀惠美、黃彩雪、李秀釧、張曼萍

五九年　全縣工藝比賽　第六名　陳友諒、蔣慶祥、郭承志、陳耀華、沈勝國

五九年　全縣九年國教各項比賽總成績　第一名

六十年　全縣製圖比賽　第一名　游明輝、楊芳鏘、劉明正、江崇傑、楊長鋒

六十年　全縣珠算比賽　第五名　江國祥、孫愛梅、陳秀華、陳翠鑾、徐嵐萍

六十年　全省製圖比賽　第二名　游明輝、楊芳鏘、劉明正、

六一年	全縣製圖比賽	第一名	江崇傑、楊長鋒、孫惠生、李秋霞、陳美菊、傅美玉、林玲華
六一年	全縣珠算比賽	第二名	趙碧玉、呂雪英、簡秀美、王麗珍、江華惠
	美術音樂		
五七年	全縣鋼琴演奏	第二名	郭瑤琪
五八年	音樂比賽	第三名	
五八年	舞蹈比賽	第三名	
五九年	九年國教音樂比賽	第二名	
五九年	桃園縣國際青商會美術比賽	佳作入選	徐步進、黃佩玉、趙碧珠、吳清福、林翠玲、李慧淑
六十年	全省學生美展「國中三年」	第一名	游明輝
六十年	救國團合唱比賽	第一名	
六十年	桃園鎮國際青商會美術比賽	銅牌獎一佳作二	李慧淑（銅牌獎）游明輝、馬靖文（佳作）
六一年	愛國歌曲比賽	第二名	雷國鳳等六一名
六一年	合唱比賽	第五名	
六一年	全省中小學校節約儲蓄美術比賽	得獎	林翠玲
六一年	全縣美術比賽國中三年級	第三名	徐慧如
六一年	桃園青商會第四屆美術比賽	金牌一、銀牌二、銅牌一、佳作九	金牌獎劉月華 銀牌獎江崇誠、江彩鳳 銅牌獎徐慧如

六十年　全國第四屆兒童美術比賽　最優選

六一年　全省美術能力比賽初十賽　第二名

六二年　小康計劃宣傳及交通安全教育歌唱比賽　第三名

六二年　美術能力比賽　第二名

生活訓練

五七年　慶典遊行　榮譽獎

五七年　實踐國民生活須知競賽　特優

五八年　慶典遊行　榮譽獎

五九年　慶典遊行　第一名

六十年　慶典遊行　特優

六十年　推行國民生活須知競賽　特優

六一年　六二年桃縣中等學校運動會暨社會組聯合運動會實踐國民生活須知　第一名

佳作九名：李美純、尤敏敏、許素惠、王忠平、吳順達、程小青、趙發全、馬靖文、邱淑美

林玲華

程小青、劉月華、徐秀蘭、許素惠、陳仲葆、王忠平、段健發、趙發全、周賢正、李仁傑、李美純、張芝蘭

黃瓊等四五名

劉月華、林智美、徐杏蘭、張芝蘭、程小青、趙發全、楊素珍、李美純、段健發、許素惠等十人

六二年	國民生活須知實踐競賽	全縣第三名	校際競賽
六三年	國民生活須知實踐競賽	全縣第一名	校際競賽
六三年	參加臺灣省六十三年全面實踐國民生活須知競賽	績效優良	
六四年	參加六十四年臺灣區中等學校運動會運動精神生活教育	表現優良	

交通及保防

五七年	民防知識有獎問答	第三名	簡逸川
五七年	擴大保防演講比賽	第三名	紀惠美
五七年	交通安全論文比賽	第二名	巫黃蘭
五七年	民防教育測驗	優等	
五八年	防空論文比賽	第三名	黃淑貞
五八年	保防壁報比賽	第二名	
五八年	交通安全漫畫比賽	第二名	馬靖文
五八年	交通安全教育	特優	
五九年	民防司令部論文比賽	第三名	巫黃蘭
五九年	交通安全教育	特優	
五九年	破獲匪嫌	獲中央省縣獎勵	黃仲璿、傅忠
六一年	民防節演講比賽	第三名	陳克廉
六二年	防空論文比賽	第一名	張淑涓
六三年	防空壁報比賽	第二名	

體育活動

五七年　全縣中等學校運動會	女生跳高、跳遠第三名	朱秀琴　男生跳遠第四、一百公尺第五　許志明
五七年　全縣教職員越野競賽	男女兩組均獲第一名	張宏仁、徐福村、李崇泉、張秋玫、黃奕平
五七年　全縣教職員越野競賽	男子組第三名	張宏仁、徐福村
五八年　全縣中等學校運動會	男生田賽第三、徑賽第五、女生田徑第二	許志明、溫忠麟、朱秀琴、陳英美
五九年　全縣中等學校運動會	男生田賽第二、徑賽第二、三項運動第一、破國男跳高及四百公尺接力紀錄、創國男三項運動紀錄獲金牌八面	許志明、苗興治、許國綱、褚宜芳、吳子良、溫忠麟、張志學、吳台二、吳瑞芝、游鳳蘭、陳錦珠
五九年　全省中等學校運動會	國男跳高第一、跳遠第四、四〇〇接力第八名、全省國男田徑第四名	許志明、溫忠麟、吳子良、張志學
五九年　桃園鎮改制縣轄市，馬路接力賽	女子組冠軍、男子組冠軍	吳台仁、吳瑞芝、陳英美、戴淑貞、徐福村、劉正豐、苗興治、詹正德
六十年　桃園縣議長杯籃球賽	國男組亞軍	呂五三、簡慶祥、陳政平、王正豐、周春寶、許新鵬、郭子平、劉文松、李威明、楊智勇
六十年　全縣中等學校運動會	國男田徑賽及三項運動冠軍、游泳第四名、國女徑賽冠軍、三項	詹正德、許國綱、楊冬光、游振安、呂省吾、吳明泉、

年份	項目	成績	人員
		運動亞軍、男生破標槍、一千五百公尺、一千六百公尺接力、一百公尺蛙式、一百公尺仰式、二百公尺仰式等項紀錄。女生破跳遠四百公尺接力、八百公尺接力紀錄、平一百公尺紀錄獲金牌二十六面	陳皇志、簡文達、徐光泰、賴文宗、簡登華、蕭英清、陳清俊、呂五三、郭子平、夏懷湘、吳台二、吳瑞芝、郭秀娥、游鳳蘭、雷國鳳
六十年	桃園縣六十一年青年杯游泳錦標賽	國男組季軍	夏懷湘、簡登華、陳皇志、楊英秋、張善壯
六十年	桃園市端午節龍舟競賽	女子組冠軍	吳台二等十二名
六一年	桃園市教職員運動會	男子兩組均獲冠軍，校長主任、教師四〇〇公尺接力冠軍	張宏仁、蔡三寶、徐福村、劉正豐、鄭有信、徐慶發、羅廣均、凌德恕、謝碧陵、呂鴻俊、鄭校長、謝瑞玉、林美玉、李崇泉、趙珠曼、宋寶琳、呂明美
六一年	桃、竹、苗三縣中興杯籃球賽	第三名	李威明、楊智勇、王樹芳、楊大勇、陳緒光、段立明、陳宇榮、陳世鵬、胡進言、周為孝、盧金華
六一年	萬壽杯籃球賽（國中組）	男生冠軍、女生亞軍	李威明等十二名　女生黃漪蓮等九名
六一年	桃園縣教職員越野賽跑	男女組冠軍	劉正豐、蔡三寶、黃伶俐、

			趙珠曼、楊秋美
六一年	全省教職員越野賽跑	男子組冠軍、女子組第六名、團體成績第一名	劉正豐、蔡三寶、黃伶俐、趙珠曼、楊秋美
六一年	桃園區田徑對抗賽	國男田徑賽三項運動均獲冠軍	蕭英清、陳清俊、陳緒光、吳明成、李威明、蕭長順、楊大勇、陳文樹、王樹興、蔣偉賢、黃漪蓮、郭秀娥、游鳳蘭、吳美珍、許阿珍、馮毓萍、蔡金治
六一年	桃園縣議長杯籃球賽	國男組冠軍	李威明、楊智勇、陳緒光、吳明成、段立明、陳宇榮、王樹興、盧金華、蕭長順、胡進亨、卓富村
六一年	桃園縣六十二年度中等學校及社會組聯合運動會	國男田賽徑賽均獲冠軍、游泳第四、破四百公尺、一千六百公尺接力紀錄、國女徑賽及三項運動冠軍、田賽亞軍、游泳第三破八百公尺接力紀錄，獲金牌二十面	陳文樹、黃漪蓮、吳美珍、許阿美、游鳳蘭、郭秀娥、徐麗華、張婷君、徐偉琳、劉明華、陳美惠、夏懷君
六一年	桃縣三二九青年杯籃球賽	國男組冠軍	李威明等十二名
六一年	全省柔道比賽	輕量級第三名	葉亮晶
六二年	體育節全國中小學游泳錦標賽	二百公尺混合式第二名，二百公尺自由式第三名	鄒化鶯
六二年	桃園縣六十二年中興杯籃球錦標賽	國男組冠軍	李日獎、徐俊旗、呂提多、

			徐宏仁、游世麟、呂文富、鄭清輝、鄭文龍、羅長春、王有財、賴家祥、楊文海
六二年	全省運動大會	國術重甲級冠軍	柔道重量級冠軍　王豐德
六二年	中興杯籃球錦標賽	冠軍	李日奬、呂提多、徐宏仁、楊文海、呂文富、游世麟、徐俊旗、王有財、賴家祥、羅長春、鄭文隆、鄭清輝
六二年	桃、竹、苗中興杯籃球錦標賽	冠軍	李日奬、呂提多、徐宏仁、楊文海、呂文富、游世麟、徐俊旗、王有財、賴家祥、羅長春、鄭文隆、鄭清輝
六二年	桃園區第三屆校際田徑對抗賽	國女組冠軍	蔡金治、陳學員、邱春妹、陳碧森、徐鳳珍、林秀香、涂美慧、邱春妹
六二年	桃園區第三屆校際田徑對抗賽	國男組第二名	呂提多
六二年	青年足球錦標賽	冠軍	熊耀乾、邱金泉、簡東柏、曹瑞翔、簡東堯、曾有水、許傳富、蔡文旺、陳益奮、焦惠群、張正雄、趙國樑、陳憲平、池金甫、楊發長、莊創銘、鄭定安
六二年	青年杯棒球錦標賽	季軍	莊勝雄、趙世傑、徐木林、

六二年　桃園縣中上運動會　國女游泳冠軍　林瑞楨、林振球、楊文海、蔡水滄、左宏光、徐俊旗、簡東柏、呂新添、張進宏、李文山、陳添印
鄒化鶯、徐偉琳、徐麗華、劉明華國女組徑賽冠軍　蔡金治、陳雪貞　冠軍三項第三田賽第二　林秀香、涂美惠　國男組田徑三項運動均第二名　呂提多、李文山、呂定鴻、鄭文隆、鄭文達、鄭朝雄、許傅富

六二年　自強杯籃球錦標賽　冠軍　李日獎、徐俊旗、呂提多、楊文海、王有財、徐宏仁、呂文富、游世麟、羅長春、賴家祥、王榮發、熊耀乾

六二年　桃縣中上運會足球錦標賽　亞軍　陳憲平、楊茂長、池近甫、鄭定安、張正雄、蔡文旺、許傅富、陳益奮、唐瑞翔、簡東堯、曾有水、莊創銘、簡東柏、莊勝雄、熊耀乾、邱金泉、賴讚明

六二年　桃園縣議長杯籃球賽　冠軍　王有財、楊文海、徐宏仁、

六三年　桃園縣萬壽杯足球錦標賽　國男組冠軍

呂文富、游世麟、羅長春、賴家祥、王榮發、熊耀乾、游順清、熊耀乾、廖學明、邱金泉、楊枝生、許傳富、曾武畝、簡木桂、唐為人、官旭旗、徐紹祖、謝振金、陸進益、蔡必發、邱家修、楊芳昌、陳漢廷

六三年　桃園縣中興杯籃球錦標賽　國男組亞軍

賴家祥、熊耀乾、徐俊勇、陳正華、王有財、王榮發、陳昇輝、林瑞楨、朱光明、鄭文隆、黃宗德、游文祥

國女組殿軍

洪麗玉、白鳳仙、馮毓萍、余素卿、沈美惠、劉佩瑜、周春美、林秀香、徐秀珍、施美琪、施旭玲、江芬蘭

六三年　桃園區桌球賽　國男組季軍

巫黃權、黃朝東、蘇政雄、徐步偉、周顯義、黃裕盛、葉國寶、楊志宏

六三年　桃園縣青年杯足球錦標賽　國男組季軍

游順清、熊耀乾、廖學明、邱金泉、楊枝生、簡私談、許傳富、曾武郎、唐為人、官旭旗、徐紹祖、謝振金、

六三年　桃園縣中等學校聯合運動會

國男組徑賽冠軍獲金牌十一面，破紀錄五項，游泳季軍獲金牌三面

國女組田賽殿軍，徑賽冠軍，三項運動季運獲金牌十面，破紀錄二項

游泳亞軍獲金牌三面，破紀錄一項，創紀錄一項

陸進益、蔡必發、楊芳昌、陳漢廷

應耀乾、呂照明、石朝江、許傳富、楊俊德、鄭文隆、黃字德、蔡克偉、胡安祥

周文龍、簡進國、曾道行、林忠志、侯萬程

洪麗玉、蔡金治、劉佩瑜、周春美、涂美惠、陳碧森、邱春妹、賴惠秋、陳雪貞、徐秀珍、施美琪、鄒化鶯、馮毓萍

六三年　桃園縣自強杯籃球錦標賽

國男組亞軍

賴家祥、熊耀乾、徐俊勇、陳正華、馬效騏、王榮發、陳昇輝、林瑞楨、王有財、游文祥

國女組季軍

洪麗玉、馮毓萍、余素卿、沈美惠、劉佩瑜、周春美、徐秀珍、施美琪、施旭玲、江芬蘭

六三年　臺灣區中等學校運動會

國男組游泳二百公尺仰式第五名　侯萬程

國女組游泳一百公尺仰式銀牌，　鄒化鶯

二百公式混合式銀牌

年	比賽	組別	名次
六四年	六十四年暑期青年自強活動全民文化精神建設隊體能競賽	國中男生組	團體亞軍
		國中女生組	團體冠軍
六五年	六十五年冬令青年自強活動全民文化精神建設隊體能競賽	國中男生組	團體冠軍
		國中女生組	團體冠軍
六四年	桃園縣青年杯游泳標賽	國中男生組	冠軍
六四年	桃縣青少年扶輪杯籃球錦標賽	國中男生組	冠軍
		國中女生組	亞軍
六四年	桃園縣中興杯籃球賽初賽	國中男生組	冠軍
六四年	桃、竹、苗三縣中興杯籃球錦標賽決賽	國中男生組	亞軍
六四年	桃園區籃球賽	國中男生組	亞軍
		國中女生組	冠軍
六五年	六十五年縣長杯籃球賽	國中男生組	季軍
		國中女生組	亞軍
六五年	六十五年桃園縣自強杯籃球賽	國中男生組	冠軍
		國中女生組	亞軍
六五年	六十五年桃園縣議長杯籃球賽	國中男生組	冠軍
		國中女生組	亞軍
六四年	桃園縣中正杯足球錦標賽	女子組	冠軍
六五年	六十五年縣長杯足球賽	國中男生組	殿軍
六四年	桃園縣排球委員會「主委杯」排球錦標賽	國中男生組	亞軍
六四年	六十四年桃園縣「縣長杯」排球賽	國中男生組	亞軍
六五年	六十五年桃園縣自強杯排球賽	國中男生組	亞軍

年度	項目	組別	成績
六五年	桃園市信用合作社「合作杯」排球賽	國中男生組	冠軍
		國中女生組	冠軍
六四年	桃、竹、曲三縣第三屆桌球賽	殿軍	
六五年	六十五年桃園縣公私立中等學校聯合運動會	國中男生組	游泳冠軍、田賽季軍、徑賽季軍
		國中女生組	田賽亞軍、徑賽殿軍、三項運動亞軍
六五年	六十五年臺灣區中等學校運動會	國中男生組	游永一〇〇公尺自由式第三名、八〇〇公尺自由式接力第六名
六五年	桃園市民俗體育競賽	國中男生組	踢毽子亞軍　跳繩冠軍　國中女生組　踢毽子亞軍　跳繩冠軍
六五年	六十五年春秋民俗體育競賽分區比賽	國中男生組	跳繩個人限時計次賽第二名　多人限時計次賽第三名
		國中女生組	踢毽子小武第二名

補　列

年度	項目	成績	姓名
六一年	全縣英語聽寫能力競賽	個人第一名	許志誠
六一年	全縣英語聽寫能力競賽	團體第四名	婁祥麟、林茂生、游昆榮、范姜群炫、巫黃鑑、謝宏釧、尤素秋、楊純純、李秋霞、許志誠
六一年	全縣十二屆中小學科學展覽	團體成績優良獎	
六二年	全省國中學生學科測驗競賽	一百分（縣僅一人）	段健發

六二年	全縣英語聽寫能力競賽	個人第一名	胡宏業
六二年	全縣英語聽寫能力競賽	團體第一名	胡宏業、王正芳、陳麗方、吳政謀、陳文慧、呂揚琰、簡美月、陳克廉、唐中浩、徐玉霞
六二年	史地繪圖比賽	第三名	林靜誼、吳允中、祝思巖、李懷仁、陳姬娟
六二年	理化實驗比賽	第二名	胡宏業、江崇誠、劉學宜、王正芳、簡美月

榮獎統計表(57.08-65.05.31)

名次＼區域	全國	全省	北部地區	本縣	合計
第一名		六	一	八八	九五
第二名	一	二		五一	五四
第三名	一	一	二	五二	五六
優等（不計名次）	六	六	一	五〇	六三
合計	八	一五	四	二四一	二六八

榮獎統計表

比賽別＼次數＼名次	第一名	第二名	第三名	優異	小計	百分比%
智育	三四	二八	三六	四四	一四二	五二·九八%
德育	五	三	一	三	一二	四·四九%
體育	五一	二三	一九	一二	一〇五	三九·二〇%
群育	二			一	三	一·一一%
其他	三			三	六	二·二二%
合計	九五	五四	五六	六三	二六八	一〇〇%

附錄：本校大事記

五十七年　八月一日　奉臺灣省政府令派鄭禮需為本校首任校長。臨時辦事處暫設於桃園農工職業學校。

五十七年　九月九日　上午八時假省立桃園農工職校禮堂舉行開學典並廣播　總統訓詞，下午由農校遷至東門國小正式上課。

五十七年　九月廿三日　上午十時監察院地方巡察第四組丁委員俊生、馬委員空群、馬秘書明等蒞校巡視。

五十七年　九月廿九日　由東門國小遷至本校新校舍上課。

五十七年　十月廿三日　行政院顧問鄭通和、教育部督學鍾虞人等蒞校視導。

五十七年　十一月十五日　亞洲鐵人楊傳廣先生及田徑女傑紀政小姐蒞校訪問，本校全體師生熱烈歡迎，並贈送楊、紀二位本校校旗各一面。

五十八年　三月三日　本校童子軍團成立，番號為桃園縣第七十一團。

五十八年　三月十日　校長出席本縣中等學校團務委員會、常務委員聯席會議，並領取本校團務委員會團旗及印信。

五十八年　四月廿二日　省議會國中專案研究小組，梁許春菊、李存敬、王宋瓊英、張富、何寶珍蒞校訪問。

五十八年　五月八日　北區六校（基隆市南榮、新竹縣光武、新湖、桃園縣楊梅、青溪、臺北縣永和）國中學生成績報告書研討會，假本校召開。

五十八年　五月三十日　桃園縣屬公私立中學二十九所，各派學生代表三—四人，在本校舉行提倡尊師重道運動座談會由本校一年五班呂萬祥同學擔任主席。教育科馮科長、本校校長暨各校老師三十餘人列席指導。

五十八年　七月廿三日　國家建設國民教育委員會，考察小組陶滌亞、陳期成、陳志先三委員來校考察。

五十八年　八月廿一日　桃園國中學區，學生四百五十四人暨學籍表資料袋四百五十四

五十八年　九月十二日　教育廳林副廳長蒞校視察。
五十八年　九月十三日　美國哈特福大學教授兼林肯學社副社長白朗博士蒞校參觀。
五十八年　十月廿九日　監察院丁委員俊生至本校視察。
五十九年　一　月　七　日　花蓮縣國中校長參觀團廿餘人蒞校參觀。
五十九年　二　月　四　日　教育廳潘廳長、第二科科長黃季仁，人事室田主任、督學楊仕俊等，蒞校視察。
五十九年　四月廿七日　師大國文專修科師生四六人來校觀摩。
五十九年　十　月　八　日　本校男女童軍往新豐、埔心，參加第四屆全國童子軍大露營。
五十九年　十一月八日　第一屆運動大會。
六十年　四月三十日　參加第廿屆全省中學運動會，擔任典禮組工作，字幕顯示鼓號隊，童軍服務、技能表演。本校許志明同學為桃園縣奪取第一面金牌。
六十年　六月廿七日　第一屆畢業典禮。
六十年　九月廿九日　桃園縣國中校長聯繫會由本校負責籌備，假介壽堂舉行，本校擔任典型工作報告，並推出十三項康樂活動節目。
六十年　十　月　四　日　監察委員陳恩元、張維貞、曾克理等人蒞校巡視。

六十年　十一月八日　中國國民黨中央黨部設計考核委員梁興義、楊希震、熊先覺等蒞校訪問。
六十年　十一月九日　參加全省製圖比賽獲第二名。
六十年　十一月十一日　本校舉辦桃、竹、苗三縣製圖科教學觀摩會。
六十年　十一月十四日　舉行第二屆運動大會。
六十一年　六月廿七日　第二屆畢業典禮。
六十一年　十月廿二至廿三日　假縣立體育場舉行第三屆運動大會。
六十一年　十一月七日　泰國三縣長及記者一行十餘人蒞校參觀。
六十一年　十一月十一日　參加桃園縣第八屆國語文競賽，榮獲冠軍。
六十一年　十二月一日　桃園縣中等學校校長座談會假本校召開，由李代縣長主持，教育廳許廳長親臨指導。
六十二年　一月十二至十四日　教師劉正豐、蔡三寶、趙殊曼、黃伶俐、楊秋美等代表桃園縣參加全省教職員康樂活動越野賽跑，獲男子組第一名，女子組第六名，團體成績第一名。
六十二年　四月二十日　舉辦國民生活須知示範及社團活動觀摩會，各校校長，訓導人員均應邀參觀。縣長、教育局長蒞校指導。

六十二年五月九日　師大國文系應屆畢業生四十五人來校參觀。

六十二年五月廿二日　救國團部來校訪問團務工作。

六十二年六月廿七日　第三屆畢業典禮。

六十二年九月九日　附設中級補習學校正式開學。

六十二年九月廿四至廿七日　主辦本縣國中生物科教師研習會。

六十二年十月十九至廿三日　擔任第二十八屆省運會莒拳、鼓號隊場地服務，童軍服及大會服務組工作。

六十二年十月三十日　參加全省童子軍大露營。

六十二年十一月十八至十九日　舉行第四屆運動大會。

六十三年五月十七日　承辦本縣職選科教學觀摩會。

六十三年六月廿七日　第四屆畢業典禮。

六十三年九月廿四日　承辦本縣國民中學數學科教學觀摩會。

六十三年 十二月二十一日至二十二日 第五屆校運動會。

六十四年 一月七日 音樂、家政教室本日完工。

六十四年 一月二十日 主辦本縣冬令自強活動、體育營（自本日起至二月五日止）

六十四年 二月三日 承辦本縣國中生物科教師研習會（本日起至六日止）。

六十四年 三月十日 主辦桃園市國民中小學校長會議。

六十四年 六月十三日 建國國中成立，奉令縮小學區。

六十四年 六月廿七日 第五屆畢業典禮。

六十四年 七月廿八日 承辦暑期自強活動、學藝成績展示、康樂、體能活動（本日起至卅日止）。

六十四年 九月五日 奉省教育廳核准設立體育實驗班。

六十四年 九月三十日 監委葉時修先生等人蒞校視察。

六十四年 十月三日 東京扶輪社與桃園扶輪社合贈本校顯微鏡一部。

六十四年 十月廿八日 本校參加第十一屆國語文競賽榮獲總錦標。

六十四年 十一月二日 假本校操場舉行第六屆校運會及學生優良作品展覽。（本日起至三日止）

六十四年 十一月十九日 救國團宋執行長等一行五人蒞校訪問。

六十五年 二 月 十 日 承辦本縣國民中學物理科教師研習會。（本日起至十二日止）

六十五年 五月廿八日 省教育廳梁廳長蒞校視察。

六十五年 六月廿七日 日校第六屆、補校第一屆畢（結）業典禮。

主要參考資料

一、司琦編著：九年國民教育（商務）64.4初版

二、教育廳編：九年國民教育文獻一—八集（六十三年三月）

三、省政府秘書處編：臺灣光復卅年文化建設篇

四、鄭禮需撰：辦學經驗談（本校油印本）60.05

五、鄭禮需撰：辦學心得（本校油印本）62.09

六、本校校務概況簡報油印本64.09

七、本校職業指導概況簡報油印本65.02

八、本校第一屆至第五屆同學錄

九、校史編纂調查問卷

十、各處室提供書面資料

十一、總統 蔣公革新教育注意事項及有關指示

附錄：桃園縣立青溪國民中學六十四學年度教職員一覽表

職稱	姓名	到職或聽聘年月	備註
校長	鄭禮需	57.8.	
教務主任	吳椿榮	59.8.	64.11.兼補校主任職
訓導主任	邵丙璋	57.8.	
教師兼教學組長	孫若穎	60.2.	
教師兼註冊組長	林正三	61.8.	
教師兼設備組長	蔡新日	62.8.	
教師兼訓育組長	虞　坤	59.8.	
教師兼管理組長	張宏仁	57.8.	
教師兼體育組長	徐福村	59.8.	
教師兼衛生組長	郭立澧	60.8.	
補校教導主任兼一年一班導師	鄭有信	57.8.	64.11.辭兼補校主任職
教師兼一年二班導師	曾義和	61.8.	
教師兼一年三班導師	徐慶發	57.8.	
教師兼一年四班導師	張麗美	63.2.	
教師兼一年五班導師	林朝章	62.8.	
教師兼一年六班導師	盧德暉	63.8.	
教師兼一年七班導師	龐嘉麗	62.8.	
教師兼一年八班導師	王再福	62.8.	
教師兼一年九班導師	高瑞玉	57.8.	
教師兼一年十班導師	趙富美	62.2.	
教師兼一年十一班導師	陳麗瑛	63.8.	
教師兼一年十二班導師	黃伶俐	61.8.	
教師兼一年十三班導師	孫景嫻	61.8.	
教師兼一年十四班導師	吳玲玲	59.8.	
教師兼二年一班導師	賴麗華	63.8.	
教師兼二年二班導師	王能魁	59.8.	
教師兼二年三班導師	李鳳珠	62.8.	
教師兼二年四班導師	楊淑景	63.8.	
教師兼二年五班導師	楊慧君	63.8.	
教師兼二年六班導師	鞏樹新	59.8.	

教師兼二年七班導師	賴慕蓉	63.8.	
教師兼二年八班導師	張鳳舉	57.8.	
教師兼二年九班導師	廖世承	57.8.	
教師兼二年十班導師	林美玉	59.8.	
教師兼二年十一班導師	蘇 雲	58.8.	
教師兼二年十二班導師	郭雲卿	61.8.	
教師兼二年十三班導師	簡秀月	59.8.	
教師兼二年十四班導師	林玉美	57.8.	
教師兼二年十五班導師	鍾濤霖	64.8.	
教師兼二年十六班導師	謝秀錦	62.12	
教師兼二年十七班導師	蕭碧瑤	62.8.	
教師兼二年十八班導師	梁瑞玲	63.8.	
教師兼三年一班導師	游深露	62.8.	
教師兼三年二班導師	呂淑娟	57.8.	
教師兼三年三班導師	郭玉珍	62.8.	
教師兼三年四班導師	李崇泉	57.8.	
教師兼三年五班導師	曹惠貞	57.8.	
教師兼三年六班導師	楊雪伶	62.8.	
教師兼三年七班導師	王淑貞	57.8.	
教師兼三年八班導師	楊秀華	62.8.	
教師兼三年九班導師	朱麗珮	62.8.	
教師兼三年十班導師	卓玉珮	62.8.	
教師兼三年十一班導師	闕瓊媛	62.8.	
教師兼三年十二班導師	周啟民	57.8.	
教師兼三年十三班導師	謝梓敏	63.8.	
教師兼三年十四班導師	呂鴻俊	59.8.	
教師兼三年十五班導師	楊文照	57.8.	
教師兼三年十六班導師	劉洪鈞	57.8.	
教師兼三年十七班導師	羅克新	61.8.	
教師兼三年十八班導師	陳文男	62.8.	
教師兼三年十九班導師	朱克蕃	60.8.	
教　　師	王淑女	57.8.	
教　　師	沈思陶	57.8.	
教　　師	邱機堃	57.8.	
教　　師	胡乃文	57.8.	
教　　師	洪寶珠	57.8.	
教　　師	徐治雲	57.8.	
教　　師	殷蘋蘋	57.8.	

教師	陳蓉	57.8.	
教師	陳靜惠	57.8.	
教師	楊玲珠	57.8.	
教師	戴文博	57.8.	
教師	楊秋美	58.2.	
教師	李家娟	58.8.	
教師	胡嘉陵	58.8.	
教師	董臨象	59.2.	
教師	王振和	59.8.	
教師	李靜珊	59.8.	
教師	侯麗玉	59.8.	
教師	陳哲建	59.8.	
教師	鄭台生	59.2.	
教師	張惠美	59.8.	
教師	張振清	59.8.	
教師	鄧晏陽	59.8.	
教師	謝碧陵	59.9.	
教師	李東陽	60.8.	
教師	廖淑人	60.8.	
教師	鄭孝玉	60.8.	
教師	蔡三寶	60.8.	
教師	羅廣均	60.8.	
教師	趙姝曼	61.8.	
教師	王寶珠	62.2.	
教師	吳瑛華	62.8.	
教師	郎小玉	62.11.	
教師	林蘭西	63.8.	
教師	張茹茉	63.8.	
教師	曾森松	63.8.	
教師	詹傻明	63.8.	
教師	鄭麗玲	63.8.	
教師	林曙光	64.8.	
教師	陳秀琴	65.1.	
教師	湯汐澄	65.2.	
教師	劉勛宜	65.2.	
教師	莊雲嬌	64.9.	代理老師
主計主任	簡源授	58.6.	
人事主任	魏楚臣	60.6.	

文書組長	李子通	57.8.	
庶務組長代事務主任	游正昌	57.8.	
出納組事	饒天香	57.8.	
幹事	涂曉丹	57.8.	
幹事	謝瑞玉	57.8.	
幹事	陳美琴	57.8.	
幹事	呂明美	59.10.	
幹事	宋寶琳	60.8.	
幹事	曾宜生	60.9.	
幹事	劉雪香	57.8.	

本校六十四學年度以前離職教職員名錄（依姓氏筆劃為序）

王吉春　朱學瓊　朱咸　朱振倫　呂清謙　呂麗華　呂瑩珍　江碧雲　曲智清　巫文三
汪錫彬　沈世鴻　吳冬芳　李坪　李瑞娟　林貽賵　林永雄　林丕舜　胡佐治　徐湘麟
徐若瑩　徐小翠　徐德彰　徐秀霞　袁義川　郝宗英　馬慕乾　陳淑嫻　陳貞文　陳文美
陳文雄　陳錦陽　陳瓊雲　陳婉如　凌德恕　張玉福　張光源　張秋玫　莊武雄　黃奕平
楊淑美　楊月里　楊建章　齊雪育　賴信博　鄧夢雄　劉文立　劉春樹　劉正豐　劉南星
劉明忠　綦蓮君　趙雪培　蔡雪芳　盧小春　謝峰一　謝真琴　薛敬衡

卷二 年表 年譜

壹、周封國魯年表（公元前一〇六一—前二四九年）98.04.脫稿

承繼序次	稱號	名諱	生卒年	在位（年）	大事記	備註
1.	魯公	伯禽	？—約前一〇〇九（一作前一〇一二）	約五三年一作約五一年	成王三年（約公元前一〇六一年）封周公之子伯禽以奄地與殷氏六族（徐、條、蕭、索、長勺、尾勺）都曲阜。周公誡之曰：「子之魯，慎勿以國驕人。」康王十八年（一作十六年）伯禽卒。①	
2.	考公	酋	？—約前一〇〇五	四年	康王廿二年（約前一〇〇五年）卒，弟熙（一作怡）立。	
3.	煬公	熙（一作怡）	？—約前九八九	十六年	昭王十二年（約前九八九年）卒，子宰立。②	
4.	幽公	宰（一作圉）	？—約前九七五	十四年	穆王二年（約前九七五年）弟潰弒幽公自立。③	
5.	魏公④	潰	？—約前九二五	五十年	穆王五十二年（約前九二五年）卒，子擢立⑤	
6.	厲公	濯	？—約前八八八	三十七年	懿王二十二年（約前八八八）卒，魯人立其弟具。	

7.	獻公	具	?—約前八五六	三十二年	厲王二年（約前八五六）卒，子濞立⑥	
8.	真公	濞	?—前八二六	三十年	宣王二年（前八二六）卒，弟敖立。	
9.	武公	敖	?—前八一六	十年	宣王十二年（前八一六年）卒，公子戲立。⑦	
10.	懿公	戲	?—前八〇七	九年	宣王二十一年（八〇七年）魯懿公兄括之子伯御與魯人攻殺懿公而自立	
11.	魯公	伯御	?—前七九六	十一年	宣王卅二年（前七九六年）王師伐魯，殺其君伯御，立懿公弟稱為新君，伯御無謚。	
12.	孝公	稱	?—前七六九	二十七年⑧	周平王二年（前七六九年）公卒，子弗湟立。	東周第二年
13.	惠公	弗湟	?—前七二三	四十六年	平王四十八年（前七二三年）魯師敗宋師于黃（今河南民權東）。本年，惠公卒，世子允年幼，長庶子息姑攝行國事。	
14.	隱公	息姑	?—前七一二	十一年	桓王八年（前七一二）鄭會齊、魯之師伐許。本年、公子翬欲為相，諂謂隱公曰：「百姓便君，君其遂立。吾請為君殺子允，君以我為相。」隱公不許，翬懼為允所悉，反譖隱公于允，請殺之。允許諾。遂殺隱公。允立。	
15.	桓公	子允（允）	?—前六九四	十八年	桓王十三年（前七〇七），本年，魯大旱，有螽災。莊王三年（前六九四），魯桓公與夫人文姜在齊。文姜與齊侯兄妹私通。魯公責文姜，文姜以告齊侯。齊侯命力士公子彭生殺魯君。魯遣使責齊。襄公歸罪于彭生，殺之以謝魯，魯世子同繼立，是為莊公。	

16.
莊公
同
?—前六六二
三十二年
莊王五年（魯莊公二年、公元前六九二年）公命公子慶父率師伐餘丘（今山東臨沂東南小國） 莊王十年秋，魯大水，無麥收。翌年夏，齊魯合師圍郕（今山東寧陽北）郕降於齊。公子慶父以齊單獨受降，請伐齊師，公不允所請。 莊王十二年，公為齊公子糾爭位，率師伐齊，戰於乾時（今日烏河）魯師敗績，公逃歸。 莊王十三年六月，魯敗宋于乘兵（今曲阜西北），擄宋大夫南宮萬。明年夏，宋伐魯，再敗于鄑（今山東汶上境）。冬，魯應宋之請，釋放南宮。僖王元年（桓公十三年）冬，齊魯盟于柯。 僖王三年，齊、魯、宋、衛、陳、鄭、許、滑、滕等九國盟于幽（宋邑）。惠王元年（莊公十八年）夏，戎伐魯，公追之于濟西。 惠王六年（莊公二十三年）齊桓公、魯莊公盟于扈。明年秋，魯大水。次年秋，魯又大水。惠王九年春，公伐戎，秋、宋、齊、魯伐徐。惠王十一年冬，魯饑，告糴于齊。 惠王十五年，公卒。四弟季友奉般為魯君。冬，慶父使人殺般，立公子啟方（般弟）為新君。

17.	閔公	啟方	前六六九？—前六六六。	二年	惠王十七年（閔公二年）八月，慶父欲自立，使大夫卜齮襲閔公並弒之，魯大亂。魯人欲誅慶父，渠奔莒。季友奉公子申為君。	
18.	僖公（釐公）	申（子申）	？—前六二七	三十三年	惠王十八年（僖公元年）十月，魯敗莒師于酈。公賜季友汶陽之田及費地，以酬其功。 襄王二年（僖公九年）齊、宋、魯、衛、鄭、許、曹七國之君及王使盟于葵丘。 襄王十四年（僖公二十一年）夏，魯大旱，臧文仲請修城郭、貶食、省用，務農、勸分。公從之，故飢而不害。 襄王十五年（僖公二十三年）春，魯為須句伐邾，須句君復國。 襄王十九年（僖公二十六年）公與莒茲丕公，衛大夫寧速盟於向（今山東莒縣南）。齊孝公以魯、惠、莒擅自會盟，命師伐魯。夏、齊師又伐魯，魯使展禽之弟展喜犒齊師，齊師還。衛伐齊以救魯。冬，魯引楚師伐齊、宋。 襄王二十一年（僖公二十八年）四月，晉、楚，城濮之戰。五月，踐土之盟。 襄王二十六年（僖公三十三年）四月，晉、秦郩之戰。魯伐邾，取訾婁（今山東鄒縣西南）。秋，魯再伐邾。十二月，公卒，子興立。	

19.
文公
興
?—前六〇九
十八年
襄王二十八年（文公二年）夏，晉伐魯，討魯新君未朝盟主。文公朝晉。七月，魯大旱，自去歲十二月至本年七月無雨。 襄王二十九年（文公三年）正月，晉、宋、魯、衛、鄭伐沈（今安徽沈丘東南），討其親楚，沈潰。 頃王二年（文公十年）七月，魯大旱，自正月至七月不雨。 頃王三年（文公十一年）秋，鄋瞞（長狄）襲齊，又攻魯。十月，魯大夫叔孫得臣（莊伯）敗鄋瞞于咸（今山東鉅野東南），殺其酋僑如。 頃王五年（文公十三年）七月，魯大旱，自正月至七月無雨。冬，公朝晉。鄭、衛畏晉請魯求和于晉。 匡王元年（文公十五年）齊伐魯西鄙，季孫行父告難於晉。冬，晉會宋、魯、衛、陳、蔡、鄭、許、曹之君于扈（鄭地、今河南原陽西），以齊擅伐魯，謀討之。齊賂晉、諸侯之師乃還。齊又伐魯西鄙。 匡王二年（文公十六年）夏，魯襄仲納賄于齊。齊、魯盟于鄟丘（今臨淄附近）。 匡王三年（文公十七年）夏、齊伐魯西鄙。⑨魯請和，齊許之，齊、魯之君盟於谷（齊邑，今山東東阿境）。匡王四年（文公十八年）二月、公卒，世子惡立。十月，文公次

	20.
	宣公
	倭（一作倭）
	？—前五九一
	十八年
妃敬嬴私事襄仲，欲廢惡而立己子公子倭（一作倭）。叔孫惠伯以為不可，襄仲請于齊侯，齊侯許之。襄仲遂殺世子惡、公子視（惡同母弟）及惠伯，立公子倭。按：惡、視二人為文公正妃齊女哀姜所出。	匡王五年（宣公元年）倭因齊侯支持，始為魯君。命季文子赴齊，予齊濟西田為謝禮。齊、魯二君會於平州（齊邑，今山東萊蕪西）。定王二年（宣公四年）春，莒、郯有隙，齊魯欲和之。莒拒之，魯伐之取向（今莒縣南）。定王五年（宣公七年）齊惠公會魯公伐萊（今山東昌邑東南、一說黃縣東南）。定王七年（宣公九年）秋，魯取根牟（曹地，今山東沂南東南）。定王八年（宣公十年）春，公朝齊，齊歸濟西田于魯。秋、魯、公孫歸父（子家）率師伐邾取繹（邾內都）。定王九年（宣公十一年）夏，魯公孫歸父會齊大夫伐莒。定王十三年（宣公十五年）秋，魯，初稅畝[10]。明年冬，魯五穀豐登。定王十六年（宣公十八年）春，魯伐杞。夏，魯不事齊，齊晉盟，魯懼，遣使至楚，乞師伐齊。十月，三桓逐東門氏，本月公卒，子黑肱立。

21.	成公	黑肱	?—前五七三	十八年	定王十七年（成公元年）楚辭魯伐齊之請，魯懼，乃作丘甲[11]。 定王十八年（成公二年）冬，楚師伐衛、伐魯。 簡王元年（成公六年）魯滅鄟（今山東郯城東北）。秋，魯奉晉命，以仲孫蔑、叔孫僑如率師伐宋。 簡王三年（成公八年）春，晉韓穿使魯，命歸汶陽之田于齊。季文子私與韓穿曰：「汶陽之田，原為魯地。晉初命歸魯，又命歸齊。霸主豈可二、三其德？」魯終失汶陽而不滿于晉。 簡王四年（成王九年）冬，魯築中城（即內城）。明年秋，公赴晉，晉疑其親楚，留之勿遣。 簡王六年（成公十一年）春，公接受晉盟約，晉許公返魯。 簡王十一年（成公十六年）夏，晉、齊、宋、衛、魯、邾分兵伐鄭、陳、蔡。宋、齊、衛三國之師為鄭子罕所敗。冬，魯穆姜與叔孫僑如私通，欲以公子偃代魯成公，謀去季文子及仲孫蔑。時，公與文子會晉師伐鄭，僑如誣季孫、仲孫親楚，請晉殺之。晉以文子相宜、成二君，妾不衣帛，馬不食粟，勿許。僑如懼而奔齊。魯殺公子偃。 簡王十二年（成公十七年）晉厲公會周使及	

	22.
	襄公
	午
	前五七四—前五四二
	三十一年
齊、宋、魯、衛、曹、郳之君伐鄭，陳兵于洧水，自戲童至曲洧。楚子重救鄭。諸侯之師乃還。 簡王十三年（成公十八年）秋，公卒，子午立。	簡王十四年（襄公元年）春，晉會宋、魯、衛、曹、莒、郳、滕、薛之師，為宋伐彭城。 靈王三年（襄公四年）冬，公赴晉聽政[12]。公請鄫為附庸，以助出貢賦。晉侯許之。 靈王四年（襄公五年）秋，晉率宋、魯、陳、衛、鄭、曹、莒、郳、滕、薛之君及齊世子光會吳子壽夢于戚（衛地，今河南濮陽北）。晉命諸侯戍陳備楚。 冬，楚令尹公子貞伐陳。晉悼公會魯、宋、衛、鄭、曹、莒、郳、滕、薛之君及齊世子光救之。魯季文子（行父）卒，文子歷宣、成、襄三世，執魯國政。 靈王五年（襄公六年）冬，晉以魯不救鄫，使人討之。季武子赴晉，聽候處置。 靈王六年（襄公七年）夏，魯季氏築城于費。 靈王七年（襄公八年）夏，莒伐魯東鄙，以定鄫地疆界。 靈王八年（襄公九年）冬，晉會齊、宋、魯、衛，曹，郳、滕、薛、杞、郳等諸侯之

師伐鄭。鄭懼而請和，遂盟于戲（今河南登封嵩山北）。

靈王九年（襄公十年）春，晉悼公與魯、宋、衛、曹、莒、邾、滕、薛、杞、郳之君及齊世子光會吳子壽夢于柤（楚地，今江蘇邳縣北）。

靈王十年（襄公十一年）正月，魯作三軍，分公室三軍為三軍，孟孫、叔孫，季孫三氏各領一軍。

靈王十一年（襄公十二年），莒伐魯東鄙，圍郃，季武子救台入鄆。

靈王十二年（襄公十三年）夏，邿公裂為三，魯取之。

靈王十三年（襄公十四年）四月，晉會齊、宋、魯、衛等十二國之師伐秦，史稱遷延之役。本年，莒伐魯東鄙。

靈王十四年（襄公十五年）夏，齊伐魯北鄙，圍成（郕），公救之，齊師還。魯築郛于成。秋，邾為齊伐魯南鄙。

靈王十五年（襄公十六年）秋，齊師再伐魯北鄙，圍成。冬，魯使叔孫豹赴晉，乞師伐齊。

靈王十六年（襄公十七年）秋，齊伐魯，魯師援防。齊師退。邾為齊伐魯南鄙。

靈王十七年（襄公十八年）齊師又伐魯北鄙。晉平公會魯、宋、衛、鄭、曹、莒、

23.	
昭公	
裯（一作稠）	
前五六〇—前五一〇	
三十一年	
景王四年（昭公元年）魯季武子伐莒，取鄆。 景王七年（昭公四年）秋，莒君新立，鄫叛莒附魯。 景王八年（昭公五年）正月，三桓（季孫、	邾、滕、薛、杞、郳之君于魯濟水之濱，伐齊，進圍臨淄。 靈王十九年（襄公二十年），秋，魯孟莊子伐邾，報復邾人屢犯魯疆。 靈王二十年（襄公二十一年）春，魯多盜，司寇臧武仲不能治。 靈王二十一年（襄公二十二年）冬，晉會齊、宋、魯、衛、鄭、曹、滕、薛、杞、郳之君于沙隨（宋地）。 本年，孔子誕生；生而頭上圩頂（謂中低而周高），故命名曰丘，字仲尼。 靈王二十三年（襄公二十四年）冬，魯大飢。 靈王二十六年（襄公二十七年）秋，向戌弭兵。宋平公與晉，楚、齊、魯、衛、陳、蔡、鄭、曹、許等十國之大夫，滕、邾二國之君盟于蒙門（宋都東北門）之外。⑭ 景王三年（襄公三十一年）六月，公卒，子子野立。九月，新君子野病故，公子裯（一作稠）嗣位。

叔孫、孟孫）四分公室，季氏擇其二，叔孫、孟孫各得其一，皆盡徵之，而貢于公，三桓益彊、公室益弱。七月，莒師伐魯，魯叔弓敗之于蚡泉（今山東沂南西南）。

景王十一年（昭公八年）秋，魯大蒐⑮于紅（今山東泰安東北）東起根牟，西及宋、衛界，革車千乘。

景王十三年（昭公十年）秋，季孫意如（平子）叔弓（子叔子），仲孫貜（孟僖子）率師伐莒，取郠，獻浮子亳社，人祭。

景王十五年（昭公十二年）冬，費宰南蒯叛季氏，欲以其邑歸公室。

景王十六年（昭公十三年）春，叔弓率師圍費，宰南蒯所敗，季平子怒，令凡見費人皆執之，以為囚俘。冶區夫曰：「非也，若見費人，寒者衣之，飢者食之，為之令主，而共其困乏，費來如歸，南氏亡矣。」平子從之，費人多叛南氏。

景王十七年（昭公十四年）春，費邑之民叛南蒯，南蒯奔齊。

敬王元年（昭公二十三年）秋，魯地震；周地亦震。

敬王二年（昭公二十四年），仲孫貜（孟僖子）卒。初，貜從公赴楚，不知禮，不能答效勞，知大夫須學禮。臨終囑其子孟懿子

（仲孫何忌）、南宮敬叔（說），使師事孔子。⑯

敬王三年（昭公二十五年）九月，三桓逐昭公。魯公喪政四世（宣、成、襄、昭），政在季氏三世（文子、武子、平子）。郈、臧之族皆怨季氏。魯昭公遂依郈氏、臧氏之眾伐季氏。季氏垂危。叔孫氏之眾曰：「無季氏是無叔孫氏也」，救之。孟氏亦以其眾來會。三家共敗昭公、郈氏、臧氏。昭公遂奔齊。

敬王四年（昭公二十六年）春，齊師取鄆，使昭公居之。秋，齊景公會魯、莒、杞、邾之君于鄟陵（今山東郯城東北）謀納魯昭公。

敬王五年（昭公二十七年）秋，孟懿子、陽虎代鄆，敗魯昭公之徒。

敬王六年（昭公二十八年）春，公自鄆徙居乾侯（今河北成安東南）。

敬王九年（昭公三十一年）晉欲納公，召季平子赴晉。平子從晉荀躒至乾侯迎公，公不歸。

敬王十年（昭公三十二年）冬，公卒，弟宋立。晉趙簡子問于史墨曰：「季氏出其君，而民服焉，諸侯與之；君死于外而莫之或罪，何也？」對曰：「魯君世從（縱）其失（佚），季氏世修其勤，民忘魯君矣，雖死

					於外，其誰矜之？社稷無常奉，君臣無常位，自古以（已）然……三后（虞、夏、商）之姓，于今為庶，主（趙簡子）所知也。」
24.	定公	宋	?—前四九五	十五年	敬王十一年（定公元年）昭公之弟宋即位于曲阜。 敬王十五年（定公五年）冬，季氏家臣陽虎，強與季桓子盟，殺季氏族人公何藐，逐公父歜。 敬王十六年（定公六年）魯奉晉命伐鄭，取匡邑。 敬王十七年（定公七年）四月，齊以鄆、陽關歸魯。陽虎入居兩邑。秋，齊遣國夏率師伐魯西鄙。 敬王十八年（定公八年）春，齊叛晉，魯為晉伐齊，取陽州、禀丘。夏、齊，以國夏，高張率師伐魯西鄙。晉師救魯，未入魯境而齊師已撤。十月陽虎欲取三桓而代之，謀殺季桓子未遂，三桓攻陽虎，虎敗據讙，陽關以叛。明年夏，魯師伐陽關，陽虎奔齊，旋奔晉，事晉趙鞅。 敬王十九年（定公九年）魯以孔子為中都宰，一年，四方皆則之。由中都宰為司空，由司空為大司寇。 敬王二十年（定公十年）春，孔子誅少正

	25.
	哀公
	蔣
	?—前四六七
	二十七年
卯。 本年，齊魯媾和，兩國之君會于祝其（夾谷），齊以鄆、讙、龜陰之田歸魯。 敬王二十一年（定公十一年）冬，魯叛晉，與鄭結盟。 敬王二十二年（定公十二年）夏，魯墮之三都。冬，公與齊景公盟于黃。 敬王二十三年（定公十三年）孔子為三桓所不容，與眾弟子離魯赴衛。 敬王二十五年（定公十五年）五月，公卒，子蔣嗣位。	敬王二十七年（哀公二年）二月，魯季孫斯、叔孫州仇，仲孫何忌率師伐邾，取漷水以東、沂水以西之田。明年七月，叔孫州仇，仲孫何忌再率師圍邾。 敬王三十二年（哀公七年）夏，吳王夫差會公于鄫。秋，魯師入邾俘邾君歸。 敬王三十三年（哀公八年）春，吳王夫差伐魯，知魯不可滅，乃結盟而還。 敬王三十六年（哀王十一年）春，冉求敗齊師。五月，吳、魯會師討齊，史稱艾陵之戰。本年，仲尼返魯。 敬王三十七年（哀公十二年）正月，魯用田賦。 敬王四十年（哀公十五年）春，成宰公孫宿

以邑叛，歸于齊，孟武伯泄伐之，不克。冬，魯以子服景伯、子貢為正、副使，赴齊，請歸還侵地。是時，陳恆因弒簡公懼諸侯來討，為結好于魯，遂許魯所請，將成歸魯。

敬王四十一年（哀公十六年）四月乙丑，孔子卒，享年七十三歲（前五五一—前四七九）。

春秋記事自魯隱公元年（前七二二年）至本年（前四七九年）止。

元王二年（哀公二十一年）八月，魯、齊、郳三國之君會盟于顧（今山東鄄城北）。

元王四年（哀公二十三年）八月，魯使叔青初聘越，越使諸鞅赴魯報聘。

元王五年（哀公二十四年）閏四月，公朝于越。本年，公立嬖妾為夫人，並立其子荊為世子，國人惡之。明年六月，公自越歸魯，季康子、孟武伯迎于五梧（今山東費縣西）。

元王七年（哀公二十六年）五月，魯、越、宋攻衛。

定王元年（哀公二十七年）春，越使后庸聘魯，請魯歸還侵郳之田，並商定以駘上為魯、郳兩國邊界。本年，越、魯盟于平陽。四月，季康子卒。八月，公因三桓勢盛，欲以越師伐魯除三桓、奔郳，繼而奔越。

					定王二年（哀公二十八年）公歸魯，卒。國人立其子寧為新君。	
26.	悼公	寧	？—前四二九	三十七年	考王十三年，公卒子嘉立。	
27.	元公	嘉	？—前四〇八	二十一年	威烈王五年（元公八年）季孫會晉幽公于楚丘，取葭密，遂城之。[18] 威烈王十七年（元公二十年），公以公儀休為相。 威烈王十八年（元公二十一年）公卒，子顯立。	
28.	穆公	顯	？—前三七七	三十一年	安王八年（穆公十四年），齊攻魯，取最（今山東曲阜南），韓救魯。 安王十二年（穆公十八年），魯敗齊師于平陸（今山東汶上北）。 安王十七年（穆公二十三年），齊攻魯，破之。 安王二十五年（穆公三十一年）公卒[19]，子奮立。	
29.	共公	奮	？—前三五三	二十四年	顯王十六年（共公二十四年）公卒，子屯立。	
30.	康公	屯	？—前三四三	九年	顯王二十五年（康公九年），公卒，子匽（一作偃）立。	
31.	景公	匽（一作偃）	？—前三一五	二十九年	慎靚王六年（景公二十九年），公卒，子叔立。	

32.	平公	叔（一作旅）	?—前二九六	十九年	赧王十九年（平公十九年），公卒，子賈立。	
33.	文公	賈	?—前二七三	二十三年	赧王四十二年（文公二十三年），公卒，子讎立。	
34.	頃公	讎	?—前二四九	二十四年	秦莊襄王元年、楚考烈王十四年（頃公二十四年），楚遷魯君于卞（今山東泗水東）貶為家人，魯亡。	

周封國魯公世系表

- ①伯禽：周公旦之子（?—約前一〇〇九）封於奄地，為魯公。都曲阜。
- ②考公：伯禽子（?—約前一〇〇五）酋，在位四年。
- ③煬公：伯禽子考公弟（?—約前九八九）熙，在位十六年
- ④幽公：煬公子（?—約前九七五）宰，在位十四年，弟潰濆弒之。
- ⑤魏公：煬公子（?—約前九二五）濆，在位五十年
- ⑥厲公：魏公子（?—約前八八八）擢，在位三十七年
- ⑦獻公：厲公弟（?—約前八五六）具，在位三十二年
- ⑧真公：獻公子（?—約前八二六）濞，在位三十年

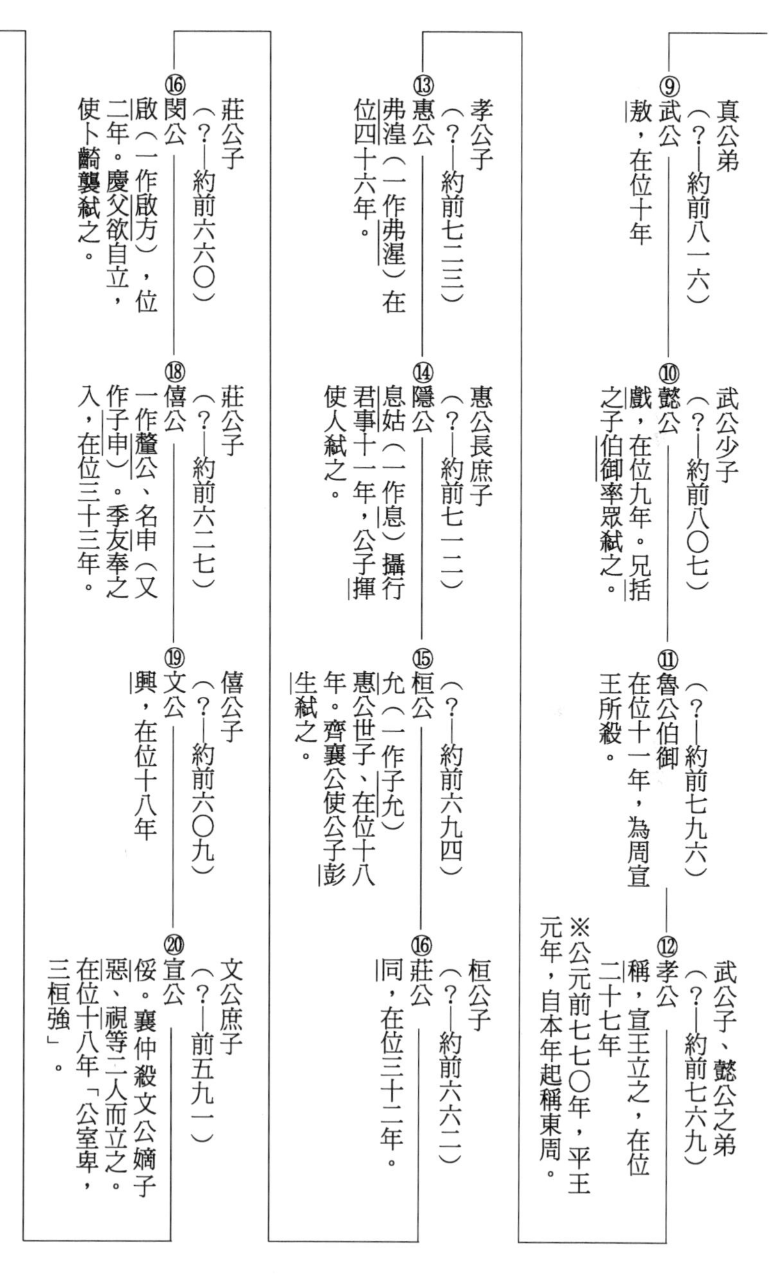
真公弟
（？—約前八一六）
⑨武公
敖，在位十年
武公少子
（？—約前八〇七）
⑩懿公
戲，在位九年。兄括之子伯御率眾弑之。
（？—約前七九六）
⑪魯公伯御
在位十一年，為周宣王所殺。
武公子、懿公之弟
（？—約前七六九）
⑫孝公
稱，宣王立之，在位二十七年
※公元前七七〇年，平王元年，自本年起稱東周。
孝公子
（？—約前七二三）
⑬惠公
弗湟（一作弗湼）在位四十六年。
惠公長庶子
（？—約前七一二）
⑭隱公
息姑（一作息）攝行君事十一年，公子揮使人弑之。
（？—約前六九四）
⑮桓公
允（一作子允）惠公世子、在位十八年。齊襄公使公子彭生弑之。
桓公子
（？—約前六六二）
⑯莊公
同，在位三十二年。
莊公子
（？—約前六六〇）
⑯閔公
啟（一作啟方），位二年。慶父欲自立，使卜齮襲弑之。
莊公子
（？—約前六二七）
⑱僖公
一作釐公、名申（又作子申）。季友奉之入，在位三十三年。
僖公子
（？—約前六〇九）
⑲文公
興，在位十八年
文公庶子
（？—前五九一）
⑳宣公
俀。襄仲殺文公嫡子惡、視等二人而立之。在位十八年「公室卑，三桓強」。

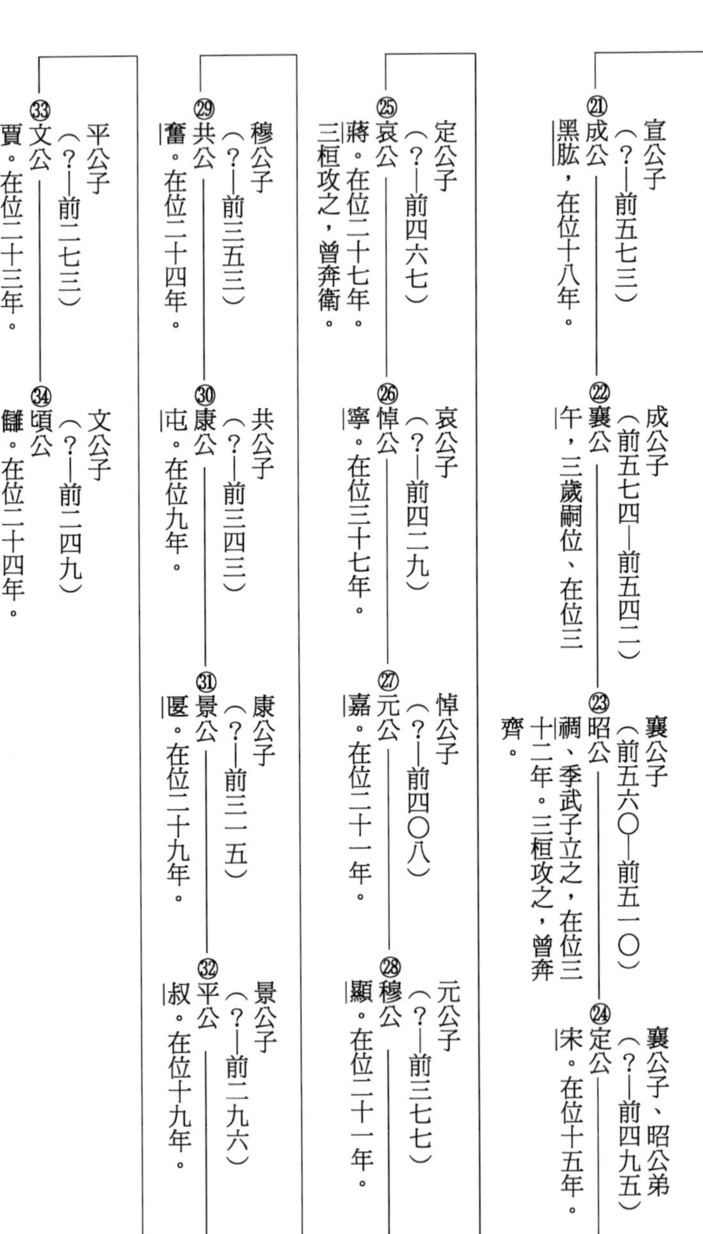

魯自伯禽受封，至頃公為楚所滅。計傳廿六代、卅四君，約八一二年。

附注

①近人范文瀾中國通史西周紀年表作康王十八年（約前一〇〇九年），史記魯世家集解到引帝王世紀作康王十六年。

②史記魯世家稱煬公在位六年；范文瀾中國通史西周紀年表作在位十六年。此處，從後說；又史記作「宰」、世本作「圉」，附誌之。

③通鑑外記繫於穆王十七年（約前九六〇年）；此處，從中國通史西周紀年表。

④史記魯世家集解引世本作微公。

⑤「擢」世本作「翟」。

⑥「濞」，世本或作「摯」或作「鼻」。

⑦史記十二諸侯年表，作宣王十二年；魯世家繫于十一年。茲從前說。

⑧史記十二諸侯年表取消伯御紀年，逕併計于孝公在位年數，本表未採。

⑨春秋書西鄙，左傳書北鄙。

⑩初稅畝：一說按畝徵稅，謂壞井田制；一說加重稅負。後者係依漢書食貨志引春秋讖宣公貪也。

⑪有二說：一說一丘出一甸之賦，增四倍（左傳杜預注）。一說丘中之人各按其所耕之田畝數出賦（范文瀾中國通史）。

⑫謂聽受應納貢賦若干也。

⑬此處從史記孔子世家。另公羊、穀梁二傳皆作靈王二十年生。

⑭左傳載秦同意弭兵、未載秦與會。

⑮謂閱兵。

⑯本年，孔子三十三歲。史記孔子世家誤作孟懿子昆玉學禮于孔子，在仲尼十七歲之年。是歲，彼二人猶未出世也。

⑰依史記六國年表。惟魯世家作悼公三十七年卒。

⑱古本竹書紀年輯證。

⑲此處從史記六國年表。惟魯世家作在位三十三年卒。

主要參考資料：

1. 左傳
2. 古本竹書紀年
3. 史記
4. 范文瀾：中國通史

貳、蘇文忠公年譜簡編（稿）

中國紀元	歲次	西曆	譜主年齡	記事
景祐二年	丙子	（一〇三五）—一〇三六	1	十二月十九日乙卯生於眉山（今四川眉山縣）紗穀行宅。父洵、母程氏。「嗟我與君皆丙子。」①又，「與公同丙子，三萬六千日。」②十二月屬辛丑月、十九日為癸亥日，丙子（年）、癸亥（日）水向東流故才汗漫而溢清，子、卯相刑，晚年多難。
寶元二年	己卯	一〇三九	4	弟轍（子由）生。
慶曆二年	壬午	一〇四二	7	已知讀書。「軾七八歲時，始知讀書，……③」又，「軾……，自七八歲知讀書……④」「余七歲時，見眉州老尼，姓朱，忘其名年，九十餘。且能知孟昶宮中事。⑤」先生與僧惠洪云：「軾年八九歲時，嘗夢其身是僧，往來陝右，……⑥」
三年	癸未	一〇四三	8	入小學。「吾八歲入小學，以道士張易簡為師，童子幾百人，師獨稱吾與陳太初者，……⑦」「慶曆三年，軾總角入鄉校。⑧」
五年	乙酉	一〇四五	10	本年，母程氏親授之。「公生十年，而先君宦學四方，太夫人親授以書。聞古今成敗，輒能語其要。太夫人嘗讀東漢史，至范滂傳，慨然太息。公侍側曰：『軾若為滂，夫人亦許之否乎？』太夫人曰：『汝能為滂，吾顧不能為滂母耶？』公亦奮厲有當世志。太夫人喜曰：『吾有子矣。』」⑨

慶曆七年	丁亥	一〇四七	12	「年十二時，於所居紗縠行宅隙地中與群兒鑿地為戲，得異石，鏗然扣之有聲⑩。」本年，父洵歸自江南。祖父序辭世。⑪
皇祐四年	壬辰	一〇五二	17	與劉仲達往來於眉山。⑫
至和元年	甲午	一〇五四	19	本年，眉州青神王方之女來歸，王氏年十六。⑬
二年	乙未	一〇五五	20	游成都，謁張方平（一〇〇七—一〇九一）於益州衙署，張待以國士。⑭
嘉祐元年	丙申	一〇五六	21	舉進士。
二年	丁酉	一〇五七	22	春，赴禮部試，主司歐陽修「得居士刑賞忠厚論，驚喜，欲擢冠多士，猶疑其客曾鞏所為，但置第二；復以春秋對義居第一，殿試中乙科。……修語梅聖俞曰：『吾當避此人出一頭地。』⑮」四月癸丑武陽君程氏終於鄉里，丁母憂。⑯
四年	己亥	一〇五九	24	本年，三月服除。長子邁生。十二月，侍父洵舟行適楚。⑰
五年	庚子	一〇六〇	25	授河南府福昌縣主簿。⑱
六年	辛丑	一〇六一	26	應中制科入第三等。十二月，赴鳳翔任大理評事府簽判。⑲
治平二年	乙巳	一〇六五	30	自鳳翔罷還，判登聞鼓院。⑳ 本年，妻王氏卒於京師，贈通義郡君。㉑
治平三年	丙午	一〇六六	31	直史館。四月戊申，父洵（一〇〇九—一〇六六）卒於京師，扶護歸蜀、丁父憂。㉒
四年	丁未	一〇六七	32	八月壬辰葬父於眉州。㉓
熙寧二年	己酉	一〇六九	34	還朝，監官告院。本年，娶元配通義郡君之女弟為繼室。㉔

熙寧三年	庚戌	一〇七〇	35	仍監官告院；范景仁舉居士充諫官。㉕次子迨生。（繼室出）㉖
四年	辛亥	一〇七一	36	監官告院，兼判尚書祠部。王安石欲變科舉，帝諭兩制三館議之。議上，即日召見，對曰：「臣竊意陛下求治太急，聽言太廣，進人太銳，願陛下安靜以待物之來，然後應之。」帝竦然聽受，曰：「卿三言，朕當詳思之。」介甫之黨不悅，命攝開封推官，意以多事困之。居士決斷精敏，聲聞益遠。上元旨市浙燈，密疏不宜，旨罷，充進士考官，舉子希合，爭言祖宗法制非是。居士擬答以進，深中其病。自是論事愈力，介甫愈恨，御史誣奏居士過失，窮治無所得。居士未嘗以一言自辯，乞外任。除通判杭州。十一月到任。㉗
五年	壬子	一〇七二	37	在杭州通判任。本年，幼子過生（繼室出）
七年	甲寅	一〇七四	39	仍在杭州通判任。納侍妾王朝雲，錢塘人，年十二。五月，移知密州。㉘
熙寧八年	乙夘	一〇七五	40	到密州任。㉙
十年	丁巳	一〇七七	42	在密州任，就差河中府，已而改知徐州，四月赴任新職。七月十七，河決澶州曹村埽，八月廿一日及徐州城下，治水有功，至十月五日，水漸退，城以全。朝廷降詔獎諭。㉚
元豐元年	戊午	一〇七八	43	在徐州任。春旱乞雨。獎諭敕記、熙寧防河錄併刻諸石。本年，子由作黃樓賦、居士跋之。㉛
二年	己未	一〇七九	44	在徐州任。三月，移湖州。四月廿九日到任、上謝表。本年，烏臺詩案繫御史獄。十二月廿九日，責授黃州團練副使本州安置。㉜

元豐三年	庚申	一〇八〇	45	二月一日至黃州寓居定惠院。本年，撰易傳九卷、論語五卷。㉝
四年	辛酉	一〇八一	46	寓居臨臯亭，名故營地之東，曰東坡。㉞
五年	壬戌	一〇八二	47	仍寓居臨臯亭，並就東坡築雪堂，自號東坡居士。七月，遊赤壁，撰赤壁賦。㉟
七年	甲子	一〇八四	49	徙汝州團練副使，赴任經九江游盧山。至泗州，上表乞於常州居住。朝奏、夕報可㊱。
八年	乙丑	一〇八五	50	至常，神宗崩，哲宗立，復朝奉郎、知登州，召為禮部郎中。㊲
元祐元年	丙寅	一〇八六	51	除起居舍人，遷翰林學士知制誥。「司馬光為相，知免役之害，不知其利，欲復差役，差官置局。軾曰：『差役、免役，各有利害。免役之害，掊斂民財，十室九空，斂聚於上而下有錢荒之患。差役之害，民常在官，不得專力於農，而貪吏猾胥得緣為姦。此二害輕重，蓋略等矣。』光曰：『於君何如？』軾曰：『法相因則事易成，事有漸則民不驚。……公欲驟罷免役而行差役，正如罷長征而復民兵，蓋未易也。』光不以為然。軾又陳於政事堂，光忿然。㊳」本年，長孫符生。
二年	丁丣	一〇八七	52	兼侍讀。㊴
三年	戊辰	一〇八八	53	權知禮部貢舉。「大雪苦寒，士坐庭中，噤未能言。軾寬其禁約，使得盡技。」㊵
四年	己巳	一〇八九	54	積以論事，為當軸者所恨，恐不見容，請外拜龍圖閣學士、知杭州。七月三日至杭，上謝表。本年，杭州大旱、饑疫並作，奏請免本路上供米三之一，復得賜度僧牒，易米救飢。㊶

元祐五年	庚午	一〇九〇	55	春，減價糶常平米，多作饘粥藥劑，挾醫分坊治病，活者甚眾。西湖久未疏浚，「軾見茅山一河專受江潮，鹽橋一河專受湖水，遂浚二河以通漕。復造堰牐，以為湖水蓄洩之限，江潮不復入市，以餘力復完六井，又取葑田積湖中，南北徑三十里，為長堤以通行者。……堤成，植芙蓉、楊柳其上，望之先畫圖，杭人名為蘇公堤。」㊷
六年	辛未	一〇九一	56	召為吏部尚書，未至。入翰林承旨數月，復以讒請外，以龍圖閣學士知潁州。「開封諸縣多水患，吏未究本末，……軾始至潁，遣吏以水平準之，淮之漲水高於新溝幾一丈」，遂奏請朝廷中止鑿黃堆以免潁地水患，從之。㊸
七年	壬申	一〇九二	57	徙知揚州。冬，以兵部尚書召兼侍讀。㊹
八年	癸酉	一〇九三	58	宣仁后崩，哲宗親政，居士乞補外，以兩學士出知定州。定州軍政壞弛，前守不敢誰何。居士到任，「肅貪懲惡，整繕營舍，禁飲止賭，部勒戰法，會春大閱，命舉舊典。定人言：『自韓琦去後，不見此禮至今矣。』」㊺
紹聖元年	甲戌	一〇九四	59	在定州任，落兩職、追一官，詔知英州，未至，貶寧遠軍節度副使、惠州安置。十月三日，居士抵安置所。㊻
紹聖二年	乙亥	一〇九五	60	在惠州。洎然無所蔕芥，人無賢愚，皆得其歡心。㊼
四年	丁丑	一〇九七	62	五月，責授瓊州別駕，居昌化。七月十三日，至儋州，買地築室於軍城，南鄰天慶觀。㊽
元符三年	庚辰		65	詔徙廉州。㊾ 正月己卯，帝崩。皇太后諭遺制，立弟端王（趙佶）即位于柩前；皇太后權同處分軍國事。㊿ 改舒州團練副使徙永州。更三大赦，提舉玉局觀，復朝奉郎。(51)

建中靖國元年	辛巳	一一〇一	66	度嶺北歸，五月行至真州瘴毒大作。六月，上表請老，以本官致仕。七月丁亥，卒於常州。[52]
二年	壬午			子迨、過葬父於汝州郟城縣鈞臺鄉上瑞里。[53]
建炎元年	丁未	一一二七		高宗敕贈居士為資政殿學士、追贈太師，謚文忠。並以其孫符為禮部尚書。[54]（時距居士辭世二十有七年）

①蘇軾詩集卷廿四送沈逵赴廣南（清王文誥輯注中華點校本、京、民七一）。

②贈長蘆長老詩（各本未輯入）。

③東坡全集卷七二、上梅直講書（文淵閣四庫本）。

④同③，上韓太尉書。

⑤長短句集洞仙歌并敘。

⑥冷齋夜話卷七、夢迎五祖戒禪師（文淵閣四庫本）。

⑦東坡志林卷六（文淵閣四庫本）。

⑧東坡集卷廿四、范文正公文集敘（四部備要華亭張氏本、中華、臺、民四八）。

⑨蘇轍欒城後集卷廿二、亡兄端明子瞻墓志銘（四部備要匋齋校刊本、中華、臺、民四八）；宋史卷三三八、本傳。東漢史應係後漢書之異稱；范滂（一三七—一六九）字孟博。汝南征羌（今河南漯河東）人。初舉孝廉、光祿四行。為清詔使，按察冀州不法守令，遷光祿勳主事。渠建言不為光祿勛陳蕃所納，憤而辭官。士人譽為「八顧」之一。復辟太尉黃瓊

府，劾奏刺史、二千石二十餘人。太守宗資署為功曹，委以政事。在任嚴懲疾惡、抑制權豪，時民謠云：「汝南太守范孟博，南陽宗資主畫諾。」桓帝延熹九年（一六六），被誣為朋黨，下獄。後，獲釋南歸。汝南、南陽士大夫迎之者車數千輛。靈帝建寧二年（一六九），大誅黨人，遂自往投，卒于獄。（後漢書卷六七）。

⑩東坡續集卷十、天石硯銘敘（中華、臺、民四八）。

⑪東坡後集卷八、東坡前集卷廿八（四部備要匋齋校刊本、中華、臺、民四八）。

⑫長短句滿庭芳敘。

⑬東坡集卷卅九、亡妻王氏墓志銘（中華、臺、民四八）

⑭宋史卷三一八張方平傳。

⑮前揭書卷三三八本傳。

⑯⑱⑲⑳㉒同⑮。

⑰南宋王宗稷東坡先生年譜嘉祐四年條。

㉑南宋王宗稷東坡先生年譜治平二年條。又，亡妻王氏墓志銘。

㉓歐陽文忠全集卷卅四、故霸州文安縣主簿蘇君墓志銘（中華祠堂本、民五五）欒全集卷卅九、文安先生墓表（文淵閣四庫本）。

㉔官告院一作官誥院，兩宋中央官署名，掌文武官將校告身及封贈。詳宋會要輯稿卷六六、文獻通考卷六〇及宋史職官志。東坡後集卷十六祭亡妻同安郡君文（中華匋齋本、民四

八）。

㉕同⑮。

㉖斜川集卷二、宋元學案卷九九（中華明刻本、民五五）。

㉗㉘㉙㉚㉛同⑨。

㉜同⑨；按：元豐二年（一〇七九）蘇軾奉徙湖州，上表謝恩，又以事不便民者不敢言，以詩托諷，庶有補于國。御史李定、舒亶、何正臣摭其表語，以為侮慢。因論軾自熙寧以來所撰詩作，怨謗君父、交通戚里，逮赴臺獄窮治，欲置之死，鍛鍊久之不決。當會赦，以黃州團練副使安置。因御史臺別稱烏臺，故史稱烏臺詩案（宋史卷三二九、三三八。）

㉝王宗稷東坡先生年譜元豐三年條。

㉞宋史卷三三八本傳。

㉟同㉝。元豐五年條。

㊱㊲㊳㊴㊵㊶㊷㊸㊹㊺㊻㊼㊽㊾同㉞。

㊿宋史卷十八、哲宗本紀（二）、卷十九徽宗本紀（一）。

(51)(52)(54)同㉞。

(53)同⑨。

參、宋金和戰年表（公元一一一三—一一三四年）

紀年			和戰相關大事
宋	金	西曆	
政和三年		一一一三	三月，女真反遼。阿骨打率五百騎突擊遼咸州（今遼寧鐵嶺北）。十二月，女真節度使烏雅束卒，弟阿骨打襲位都勃極烈。
四年		一一一四	七月，阿骨打起兵反遼。十月，陷寧江川（今吉林扶餘東南）。
五年	收國元年	一一一五	正月，阿骨打稱帝，國號大金，改元收國，更名旻。九月，遼黃龍府（今吉林農安）陷金，天祚帝親征失敗。
六年	二年	一一一六	十二月，金諳班勃極烈吳乞買上阿骨打尊號曰大聖皇帝，改明年為天輔元年。
七年	天輔元年	一一一七	正月，金取春州（今吉林長春），遼東北面諸軍不戰自潰。女古皮室四部及渤海人皆降金，又陷遼泰州（今吉林白城）。七月，宋以市馬為名，自登州（今山東登州）泛海至遼東，以觀遼、金虛實。
重和元年	二年	一一一八	正月，遼金暫議和。本月，遼東路諸州大亂，至掠人充食。
宣和元年	三年	一一一九	正月，宋定取燕之計。八月，金頒女真字於國中。

二年	四年	一一二〇	二月，宋遣趙良嗣等人使金，約夾攻遼，取燕京舊地。四月，金太祖（阿骨打）伐遼，分三路出師。五月，破遼上京（今遼寧巴林左旗林東鎮南）。八月，宋約金夾攻遼，歸燕地於宋。
三年	五年	一一二一	十二月，金太祖命杲為內外諸軍都統，昱、宗翰等副之，金師渡遼（河）而西，耶律餘都為前鋒，直趨遼中京（今遼寧寧城西）。
宣和四年	天輔六年	一一二二	正月，金克遼高恩、回紇二城，陷中京，下澤州。二月，金偏師取北安州（今熱河承德西）。十月，宋攻遼失敗。十一月，金使至宋，謂：「自燕京六州所管漢民外，其女真、渤海、契丹、奚及雜色人戶，平、營、灤三州，縱宋克復，亦不在許與之限，當金朝占據。」十二月，金取燕京。
五年	天輔七年 天會元年	一一二三	二月，宋金議定交燕山條件：宋與金歲幣四〇萬。年輸燕京代稅錢一百萬緡。四月，金以燕（今北京）、涿（今河北涿縣）、易（今河北易縣）等六州歸宋。八月，金太祖卒。九月，弟吳乞買即帝位，改天輔七年為天會元年。
七年	天會三年	一一二五	正月，遼天祚帝奔黨項，二月行至應州（今山西應縣）新城東六十里，為金將洛索所執，遼亡。十月，金太宗下詔南進，兵分二路，西自大同掠太原，東自平州，取檀州，宋軍不敵，京師告急。徽宗下詔罪己、號召勤王，旋內禪，明年改元靖康。
靖康元年	四年	一一二六	正月，金軍繼續南侵，掠京師，兵部侍郎李綱率師禦敵英勇作戰，金兵北返。欽宗命康王構等為質，往金營議和，並許以割地、賠款。十月，金分路再掠京師。閏十一月金人入青城（今河南開封南）攻朝陽門、宣化門，宋師潰，金人入南熏諸門，京師遂陷。十二月，金遣使至宋，索金一千萬錠、銀二千萬錠，帛一千萬疋，騾馬七千餘頭，北歸。

二年（建炎元年）	天會五年	一一二七	正月，宋副元帥宗澤自大名（今河北大名）至開德（今河南濮陽）為金兵戰十三次均獲勝。本月，欽宗至青城金營，遭扣留。二月，徽宗，太后、諸皇子及宗室約三千人，悉為金人劫持在營。三月，金立張邦昌為帝，國號楚、都金陵。四月，徽、欽二帝及宗室四百七十餘人北去。五月，康王構即位於南京（應天府，今河南商丘），改元建炎。以李綱為相，綱力陳：「和不可信，守未易圖；而戰可必勝。」八月，河北宣撫使張所招撫豪傑義軍，以王彥為都統制、岳飛為準備將。所問及謀略，飛曰：「勇不足恃，用兵在先定謀。」力主建都汴，以固河北抗金形勢。本月，李綱罷相，居相職僅七十五日。宗澤守汴，岳飛等奮戰，一舉收復新鄉。十月，高宗自商丘經泗州、寶應，十一月抵揚州。同月，以王倫為大金通問使，與朱弁見金宗翰（粘罕）議事。十二月，粘罕遣軍分三路大舉入侵：一路由粘罕率師，自河陽渡河，攻河南；二路，由宗輔、兀輔、兀朮領兵自滄州渡河，攻山東；三路由洛索、撒離喝自同州渡河，掠陝西。
二年	六年	一一二八	正月，金兵南侵東京，宗澤擊退於白沙鎮（今河南中牟縣東），統制官劉衍破金兵於板橋，追擊至滑州（今河南滑縣）。三月，御營左翼統制韓世忠至西京，與翟進等共同抗金。七月，宗澤卒，金聞訊，決心大舉南侵。八月，金主命徽、欽二帝以庶人素服朝見太祖廟，並於乾元殿封為昏德公、趙桓為重昏侯。十二月，金兵自東平、經徐、泗，迫進揚州。
三年	七年	一一二九	正月，金破徐、淮，兵陷揚州，高宗走杭州，金人焚揚州而去。三月，苗傅、劉正彥迫高宗傳位太子。四月，韓世忠率軍入杭，殺苗、劉，高宗復位。五月，宋使洪皓使金，遭流放於冷山。八月，宋以杜時亮充奉使大金軍前使，宋汝為副之，赴金請和。閏八月，復遣張邵等人至金通問。十月，金兵大舉南下，一支趨江西、一支迫浙江。宋劉光世引兵退，江西州、軍多為金有。十一月，金兀朮入建康，高宗走明州（今浙江寧波）。十二月，

			兀朮入臨安，追擊高宗入海，高宗航海南逃。本月，韓世忠自鎮江退守江陰，岳飛敗金兵於廣德（今安徽廣德）六戰皆捷，俘金將王權及首領四十餘人。
建炎四年	天會八年	一一三〇	正月，金破明州屠民，高宗移台州章安鎮（今臨海東南），金以舟師追擊。高宗入溫州。三月，韓世忠以水師八千人守焦山寺（今江蘇鎮江北焦山）拒金兵十萬于北返途中，雙方于黃天蕩附近激戰四十八日，使金兵從此不敢輕易渡江南掠，南宋都城臨安賴之以安。五月，岳飛收復建康。七月，金立偽齊劉豫，徙二帝於五國城（今黑龍江依蘭。）八月，金破承州（今江蘇高郵）。九月，破楚州（江蘇淮安）。十月，金縱秦檜南歸。十一月，金破泰、通二州。
紹興元年	九年	一一三一	二月，秦檜拜參知政事。本月，金盡得關中南山以北地。三至五月，張俊、岳飛先後破李成、江淮等亂軍。吳玠敗金兵於和尚原（今陝西寶雞南）。八月，秦檜拜相。十月，吳玠復敗金兵於和尚原。十一月，金以陝西地予劉豫，於是中原悉歸偽齊。
二年	十年	一一三二	正月，韓世忠率兵三萬水陸並進，直趨鳳凰山，敉平福建建州民變。本月，高宗入臨安。陝西都統司同統制軍馬楊致敗金兵於方山原（今陝西寶雞西）。四月，岳飛平荊湖曹成。七月，韓世忠屯建康府、岳飛屯江州，扼守江防。八月，秦檜罷相。九月，通問使王倫自金還抵行在，本月復遣潘致堯、高公繪赴金通問。
三年	十一年	一一三三	正月，李橫起伐金，收復潁昌府（今河南許昌）。本月，金破金州（今陝西安康）。二月，金取饒風關（今陝西石泉西），四川告急。三月，李橫攻東京，兵敗；潁昌復為金有。四月，金兵自興元府北撤。六月，宋遣韓肖胄赴金通問。本月，岳飛戡定固石洞之亂，活捉起事首腦彭友，高宗手書「精忠岳飛」制旗以賜，八月兵屯江州，九月，拜荊、湖、江西制置使。十一月，金使至宋行在。同月，金兀朮攻占和尚原。

紹興四年	天會十二年	一一三四	正月，宋遣章誼為通問使、孫近副之，赴金請歸徽、欽二帝及河南。三月，吳玠敗金兵於仙人關（今甘肅徽縣南。四月，收復秦、鳳二州。五月，岳飛進據襄陽，收復唐州（今河南唐河）。十月，韓世忠破金兵於大儀（今江蘇揚州西北）、承州（今江蘇高郵）。十二月，岳飛敗金兵於盧州（今安徽合肥北），金兵退師。
五年	十三年	一一三五	閏二月，韓世忠率軍自鎮江北上山陽（今江蘇淮安）。四月，徽宗病逝五國城。六月，岳飛取洞庭水寨，降黃佐等人。
六年	十四年	一一三六	二月，岳飛守襄陽，四月，拜京湖宣撫使，八月復蔡州（今河南汝南），九月，敗劉豫軍於唐州。
八年	天眷元年	一一三八	二月，宋定都臨安府。三月，秦檜復相職，專主與金和議。
十年	三年	一一四〇	五月，金背盟，復取河南、陝西地。六月，劉錡敗金於順昌（今安徽阜陽），金攻石壁寨，旋退屯武功（今陝西武功北）。本月，岳飛敗金兵於西京（今河南洛陽）、韓世忠敗金兵於淮陽（今江蘇邳縣南）。閏六月，飛收復潁昌，張憲、張俊分別攻克淮寧府、亳州。七月，飛軍克西京。旋大破金兵於偃城，同月，一日十二道金牌，遂自偃城南歸，潁昌、淮寧、蔡州、鄭州諸地復為金有。十二月，金置屯田軍於中原。
十一年	皇統元年	一一四一	正月，淮西之戰，宋捷。四月，罷韓世忠、張俊、岳飛等兵權。七月，秦檜使萬俟卨劾岳飛。八月，罷飛樞密副使。九月，宋遣使至金議和。本月，吳璘大敗金兵於剡家灣。十月，秦檜矯詔誣岳飛，飛下大理寺獄。同月，罷韓世忠樞密使。十一月，宋金和議以淮水為界，宋割唐、鄧二州及陝西秦、商等州。歲幣銀廿五萬兩、絹廿五萬疋與金。金許歸徽宗梓宮、釋歸太后。十二月，岳飛遇害，年卅九。

紹興十二年	皇統二年	一一四二	三月，宋向金稱臣，並進誓表。三月，金冊宋高宗為帝。八月，宋割和尚原於金，兩國西以大散關為界。九月，宋封秦檜為魏國公。
廿四年	貞元二年	一一五四	十月，秦檜卒，年六十六。
廿六年	四年	一一五六	六月，欽宗病逝於五國城（今黑龍江依蘭）；一說遇害身亡。
廿八年	正隆三年	一一五八	正月，金謀南犯。宋賀金正旦使孫道夫將南歸，金主海陵王（完顏亮）責問：「爾民有逃入我境者……，馬，以備戰陣。」又言宋近來行事，已不如秦檜在時等語。
廿九年	四年	一一五九	二月，宋禁與金海路通商。詔：「海商假托風潮，輒往北界者，依軍法。」金於通州（今河北通縣）造戰船，且令諸路、州縣，凡年二十以上、五十以下丁壯，均登籍，以便充軍。十月，復命諸路工匠造軍器於燕京（今北京）。
卅年	五年	一一六〇	八月，諜報獲悉：金徵兵達二十七萬眾，重兵屯於宿、泗。
卅一年	六年（大定元年）	一一六一	四月，宋命南淮諸將劃界分守，組織民社、築壁壘、積糧草，以防金掠。五月，金主亮索取淮、漢地。九月，金主亮率軍南侵，眾六十萬人，分卅二軍。十月，宋下詔檄金背盟。金兵敗於海州。金主亮率軍渡淮。滁州失守。高宗決定親征。揚州陷金。李寶破金於陳家島。十一月，虞允文大敗金兵於采石。邢進收復華州（今陝西華縣）。本月，金主亮為部屬縊殺。金兵退三十里，遣使至鎮江議和，旋全數北去。十二月，宋先後收復泗、和、楚、汝等四州。
卅二年	大定二年	一一六二	正月，宋復河州、積石軍，二月，拜虞允文為川陝宣諭使。本月，規復德順軍。四月，金降前主亮為海陵郡王。本月，宋敗金於海州，吳璘遣將克熙州並俘金都統官劉嗣。六月，高宗傳位太子瑋（改名昚。太祖七世孫，趙德芳之後，秀王趙稱之子。）自稱太上皇。七月，孝宗下詔追復岳飛原官，以禮改葬。九月，宋廷擬棄秦鳳、熙河、永興三路。虞允文上書：「恢

			復莫先於陝西，陝西五路新復州郡，又繫於德順之存亡，一旦棄之，則窺蜀之路愈多，利害至重，不可不慮。」於是罷允文知夔州（今四川奉節縣）。次年，改知太平府（今安徽當塗）。十一月，金遣布薩忠義南伐，移文索海、泗、唐、鄧、商等五州及幣。
隆興元年	大定三年	一一六三	正月，吳璘奉詔師班回何池（今陝西鳳縣東北），秦鳳、熙河、永興三路所屬十三州、三軍，均復為金有。四月，宋出兵中原。
二年	四年	一一六四	八月，宋遣魏杞入金議和。十月，盡廢邊備。十一月，金連下楚州、濠州、滁州。十二月，宋金和議成。宋稱侄、金稱叔。歲貢改為歲幣，銀、絹各減五萬。疆界如紹興舊約。
乾道七年	十一年	一一七一	三月，金以一品官禮儀葬欽宗於鞏、洛之原。
嘉泰四年	泰和四年	一二〇四	正月，韓侂胄定議北伐。
開禧二年	六年	一二〇六	四月，宋收復泗州。五月，下詔伐金。未幾諸路兵敗。十月，金分兵九道南下掠宋。十二月，金兵進屯瓦梁河，陷安陸等縣；鎮江副都統制畢再遇數敗金兵於六合等地。
三年	七年	一二〇七	四月，宋金議和。八月，金要求五事始許和。
嘉定元年	八年	一二〇八	宋金和議成。世為伯侄之國，增歲幣為卅萬，犒軍錢三百萬貫，韓侂胄、蘇師旦二人函首以獻。
四年	大安三年	一二一一	二月，蒙古伐金。八月，成吉斯汗領精騎三千追擊，金兵大潰。九月，蒙古攻金中都（今北京）。十一月，雲內等地，為蒙古所有。
五年	崇慶元年	一二一二	十二月，蒙古克金東京（今遼寧遼陽）。

嘉定六年	崇慶二年（至寧元年、貞祐元年）	一二一二	七月，蒙古克宣德府（今河北宣化），旋取德興府（今河北涿鹿），迫懷來，金兵大敗，血流成河。蒙古連下涿、易二州，遼訛魯不兒獻北口（今河北八達嶺），蒙軍遂取居庸。十月，攻金中都，十二月分道掠金河東、河北、山東。
七年	貞祐二年	一二一四	正月，宋攻金泰州，敗還。三月，金厚賄蒙古，中都解圍。五月，金遷都南京（今河南開封）。
八年	三年	一二一五	二月，蒙古下北京（大定府，今內蒙寧城西），五月，克中都（今北京）。七月，蒙騎襲南京，金主求和未成。
九年	四年	一二一六	正月，蒙古取金曹州（今山東曹縣）。二月，圍金太原府（今山西太原），十一月，金潼關棄守。
嘉定十年	興定元年	一二一七	四月，金謀南犯。本月，完顏薩布率軍渡淮，攻光州（今河南潢川）、樊城（今湖北襄樊），圖棗陽（今湖北棗陽）、光化（今湖北均縣）。又遣完顏阿林入大散關攻西和、階、成等州。六月，宋寧宗下詔伐金。自是，宋、金連年交兵。十二月，金破宋天水軍（今甘肅天水）。
十一年	二年	一二一八	二月，金破宋泉郊堡（今甘肅天水南），並圍隨州、棗陽軍守將孟宗政身先士卒，金兵屢敗，卒奔潰。十月，蒙古克平陽（今山西臨汾）、金絳（今山西絳縣）與潞州（今山西長治）。
十二年	三年	一二一九	二月，金破興元府，再圍棗陽。閏三月掠淮南，渦口之役，折將多員，遂奔潰。自是，金不敢再犯。七月，棗陽之役，金兵死傷三萬餘眾，殘兵潰遁。
十三年	四年	一二二〇	正月，宋攻鄧、唐等州，告捷。五月，蒙古取金兗州，六月，大名府棄守，開州（今河南濮陽）、東明（今山東東明）均為蒙古所有。

宋	金	西元	紀事
嘉定十四年	興定五年	一二二一	二月，金將布薩安貞率軍出息州（今河南息縣）敗宋軍於黃土關，遂進拔麻城（今湖北麻城），圍黃州（今湖北黃岡）、漢陽（今湖北漢陽）。李全率軍政金泗州（今江蘇盱眙西北）敗走。三月，布薩安貞政蘄州（今湖北蘄春），宋知州李誠之殉城，援師扈再興邀擊，敗金兵於天長鎮。五月，蒙古取東平（今山東東平），自是，金已盡失山東地。六月，宋遣苟夢玉與蒙古通好，蒙古遣使報聘。
十五年	六年（元光元年）	一二二二	二月，金主以宋絕歲幣，國用空乏，遣左監軍訛可行元帥府事，節制二路兵馬南侵。四月，金破廬州（今安徽合肥），五月，訛可引軍還，暫留淮南收麥三日，渡淮北去，遇大雨水漲，遭宋軍襲擊，幾多溺斃。十一月，蒙古攻金河東、陝西等地。
十六年	元光二年	一二二三	正月，蒙古攻金鳳翔。
十七年	正大元年	一二二四	六月，金遣尚書令史李唐英至滁州（今安徽滁縣）與宋通好。又遣樞密判官伊喇布哈至光州（今河南橫川）貼榜告諭不再南侵。
寶慶二年	三年	一二二六	六月，蒙古取甘（宣化府，今甘肅張掖）、肅（今甘肅酒泉）等州。
三年	四年	一二二七	閏五月，金遣完顏合周為議和使，赴蒙議和。十二月，金盡棄河北、山東關隘，以精兵二十萬守河南、潼關。
紹定二年	六年	一二二九	九月，蒙古議伐金。
三年	七年	一二三〇	正月，金解慶陽之圍。六月，蒙古破金京兆（今陝西西安）。十月，遣使赴金，以觀虛實。十二月，蒙古克韓城（今陝西韓城）、蒲坂（今山西永濟西）。
四年	八年	一二三一	四月，蒙古取鳳翔。六月，蒙古遣使約宋攻金。九月，蒙古破金河中（今山西永濟東）。

紹定五年	正大九年（開興元年、天興元年）	一二三二	正月，宋忠順軍孟珙屯棗陽。同月，蒙古大敗金兵於鈞州（今河南禹縣）。二月，金潼關守將李平降蒙古，蒙兵入陝州（今河南三門峽）。三月，蒙古攻金南京。十二月，蒙、宋互約，攻金事成，河南地歸宋。
六年	天興二年	一二三三	四月，蒙古俘金后妃等至和林。同月，金攻光化，守將孟珙擊敗之，金殘兵走馬蹬山。五月，金敗蒙古於亳州，蒙古破金洛陽。七月，孟珙敗金兵於馬蹬山，還守襄陽。八月，蒙古平遼東。十月，蒙、宋合圍蔡州。
端平元年	天興三年	一二三四	正月，蒙、宋兵圍蔡州，城內絕糧已三月，力守不支，金主自縊於幽蘭軒，金亡。

主要資料來源：

宋史（附：宋史翼清陸心源輯）　元脫脫等撰　民八七、鼎文

金史　元脫脫等撰　民八七、鼎文

元史　明宋濂等撰　民八七、鼎文

蒙兀兒史記　清屠寄纂　民八七、鼎文

肆、明鄭年表長編稿

92.10.22.定稿

紀年				表主年齡	大事
歲次	明	清	西曆	鄭成功	
甲子	天啟四年	後金天命九年	一六二四	一歲	農曆七月十四日，生於日本平戶河內浦千里濱（今九州長崎縣平戶市）。父鄭芝龍（一六〇四－一六六一）福建南安人，時為海盜。母日女田川氏（一六〇三－一六四六）歸鄭後，改姓翁。表主乳名福松，學名森，字明儼。與母留居平戶六年餘。
戊辰	崇禎元年	天聰二年	一六二八	五歲	父芝龍接受福建巡撫熊文燦招撫，授海防游擊。
己巳	二年	三年	一六二九	六歲	父芝龍敉平海盜李魁奇、楊六、楊七、褚彩老有功，升參將。
庚午	三年	四年	一六三〇	七歲	日德川幕府（時第三代大將軍家光在位）准鄭芝燕、芝鶚攜福松回國，十月抵安海。芝龍為之取名森。
乙亥	八年	九年	一六三五	十二歲	父芝龍敉平海盜劉香，堂叔芝鵠、叔芝虎陣亡。
戊寅	十一年	清崇德三年	一六三八	十五歲	森以優異成績，舉南安縣學生弟子員（秀才）。
己卯	十二年	四年	一六三九	十六歲	父芝龍擊潰來犯荷軍。
庚辰	十三年	五年	一六四〇	十七歲	父芝龍晉升福建總兵。

辛巳	崇禎十四年	崇德六年	一六四一	十八歲	十二月，森與禮部侍郎董颺先之姪女成婚。
壬午	十五年	七年	一六四二	十九歲	十月，董氏生長子錦（一六四二－一六八一），錦又名經。
甲申	十七年	順治元年	一六四四	廿一歲	三月十八日，李自成（一六〇六－一六四五）陷京師外城。翌晨，破內城，崇禎帝（朱由檢，一六一一－一六四四）自縊於煤山（今稱景山）。 四月廿二日晨，山海關總兵吳三桂率明軍出迎清兵。 五月初二，清兵入北京；十五日，福王朱由崧即位於南京，以明年為弘光元年。 十月初一，福臨於北京祭告天地宗社，詔告天下略以：「號曰大清，定鼎燕京，紀元順治。」初十，詔免原明加派三餉及其他差徭。 本年，森入南京太學，拜錢謙益（一五八二－一六六四）為師。錢為渠取大木為字；學識大進。
乙酉	（南明） 弘光元年 隆武元年	二年	一六四五	廿二歲	四月，清陷揚州，史可法（一六〇一－一六四五）殉國；清縱兵屠掠十日，始封刀，史稱「揚州十日」。 五月初五，清陷南京，弘光帝受俘。 閏六月廿七，唐王朱聿鍵稱帝於福州，改元隆武。南安伯福建總兵鄭芝龍晉封定虜侯，旋改封平國公。 九月，父芝龍領森謁隆武帝，帝賜以國姓，並取名成功，拜宗人府宗正，授御營中軍都督，儀同駙馬。時魯王朱以海仍監國於紹興。 十月，日德川幕府遣使護送成功母翁氏與成功弟七左衛門返福建安平鎮。

丙戌	隆武二年	順治三年	一六四六	廿三歲	三月，受封忠孝伯，賞尚方劍，配招討大將軍印。 六月初一，清陷紹興。 八月，清恭順王孔有德會同耿仲明、尚可喜大舉南征。隆武帝轉進江西，建寧失守，自延平出奔，走順昌，往汀州。廿八日，清克汀州，帝被俘，執至福州遇害。 十一月十五日，芝龍赴福州降清。十八日，桂王朱由榔於肇慶稱帝，以明年為永曆元年。廿四日，魯王朱以海轉進廈門。卅日，成功母翁氏於安平自殺殉國。成功聞訊，大為悲憤，隨即返鄉奔喪，並赴文廟，焚儒服、祭先師曰：「成功昔為孺子，今為孤臣，向背去留，各有作用。謹謝儒服，唯先師昭鑒之。」從此，棄文就武，堅決反清復明之志業。 十二月初一，成功大會文武群臣於烈嶼，定盟復明，舉兵抗清。
丁亥	永曆元年	四年	一六四七	廿四歲	八月廿二，成功與叔鴻逵會師於泉州桃花山，圍攻泉州未克。移師安平。據鼓浪嶼。 本年，父芝龍抵京師，隸漢軍正黃旗，授三等精奇尼哈番。
戊子	二年	五年	一六四八	廿五歲	二月，永曆帝奔南寧。 閏三月，成功陷同安。 八月，成功奉表於永曆帝。 十月，永曆帝勅封成功為威遠侯。

己丑	永曆三年	順治六年	一六四九	廿六歲	十月，成功部將楊才、施琅（一六二一—一六九六）陷漳浦、下雲霄鎮進次詔安。 十一月初，成功率師自分水關入潮州。
庚寅	四年	七年	一六五〇	廿七歲	八月，取金、廈，於廈門築礮臺，操練陣法，整備船艦，製造軍器，以為抗清根據地。 十月，魯王朱以海抵廈，成功優禮之。 閏十一月，南下勤王，留叔鴻逵守廈門。
辛卯	五年	八年	一六五一	廿八歲	三月，清襲廈門，時成功援廣州，引師南次平海。 四月，北返。斬族叔芝莞，引兵入漳州、陷漳浦。部將施琅叛降。 五月，攻永寧、崇武。 七月，師次粵東遇風，返金門後埔。 九月，復攻漳浦，追殺清兵至龍井。 本年，明鄭成立五商，分山路金、木、水、火、土五行與海路仁、義、禮、智、信五行。前者於杭州，後者於廈門各置總提調一人，其分支組織遍沿海各港口。專以採購貨物、運銷外洋，擁有龐大船隊，設裕國、利民二庫分掌其事。
壬辰	六年	九年	一六五二	廿九歲	正月初二，成功率師攻海澄，清將赫文興出降。 三月，取長泰。 四月，陷詔安、南靖、平和，圍漳州。 十月初一，退走古縣，初三退守海澄。 本年，明鄭設吏、戶、禮、兵、刑、工六官，刑官下置刑知事一人；其餘五官置司務官。

癸巳	甲午
永曆七年	八年
順治十年	十一年
一六五三	一六五四
卅歲	卅一歲
一月，成功堅拒清廷招撫。 三月，魯王去監國之號。 四月，清將金礪集水陸師並強徵十縣民伕二萬人，攻海澄。兩軍激戰，三進三退，清兵始終無法越壕。五月初七晨，清軍傾巢而出，鄭軍引發火炮，清兵幾無倖存，金礪僅以身免。 五月初十，清封芝龍同安侯；使齎勅封成功海澄公，成功拒之。旋永曆帝封渠為延平王。李定國（？—一六六二）致書成功，約會師。 六月，攻揭陽鷗汀寨。 八月，師還廈門。	正月十三，張名振（？—一六五五）、張煌言（一六二〇—一六六四）率舟師入長江。廿日登金山，掠瓜州、儀真，抵江寧觀音門，旋沿江東下。尋，鄭成功攻崇明、金山失利。 六月，清廷遣使議和，授成功靖海將軍，兵屯漳、潮、惠、泉四府。成功拒受之。 十月，成功嚴拒和談，派兵南下與李定國會師勤王。 十二月十九日，成功襲漳州，清守將劉國軒（？—？）降，十邑皆下。尋進圍泉州，不克而還。 本年，明鄭設儲賢館，考諸生之優行者入館，以培養人才。

乙未	永曆九年	順治十二年	一六五五	卅二歲	三月，設思明州（廈門，原稱中左所）。 四月十六，圍頭之役，鄭軍全勝。清將濟度水師潰不成軍。是役保全金、廈根據地。 五月，勤王水陸各師還廈門。 十月，成功派兵圍舟山，清守軍孤城援絕，降附。廿三日，鄭軍入城，聲震江南。
丙申	十年	十三年	一六五六	卅三歲	二月廿六，永曆帝自貴陽啟程入滇，三月初一，抵昆明。居孫可望舊第，號滇都。 六月廿二，黃梧獻海澄降清。 七月，成功遣甘輝等率師攻略閩安，進逼福州，全勝而還。
丁酉	十一年	十四年	一六五七	卅四歲	三月，降將黃梧具揭兵部，請斬鄭芝龍以絕成功之根。 廿三日，廷臣密議，尋流徙芝龍於寧古塔，籍沒家產。 八月，成功興師北伐，舟入浙江，陷海門、下黃岩。廿六日下臺州（今浙江臨海）。尋太平、天臺、仙居諸縣先後歸附。 九月，成功以閩安失陷，慮失兩島，遂退兵固守廈門。 同月，孫可望以清君側為名犯滇，李定國、劉文秀合師迎擊，十八日戰於交水，可望狼狽東遁，十月率餘卒數十騎奔長沙降清。 本年，荷督揆一遣何斌與明鄭和談。成功特允與荷蘭通商，約定荷人須年繳白銀五千兩、箭柸十萬支、硫磺一千擔予明鄭。

戊戌	己亥
永曆十二年	十三年
順治十五年	十六年
一六五八	一六五九
卅五歲	卅六歲
正月初九，清以多羅信郡王多尼（多鐸之子）為安遠靖寇大將軍，兵分三路：羅託等自湘、吳三桂等自川、趙布泰等自桂，進攻貴州，繼取雲南。五月，清占貴陽；同月，成功發布北伐禁條，大舉興師北上，尋克平陽，降瑞安，掠溫州。八月，遇颶風，退師舟山，修艦養兵。計此役被擒降者約九百餘人，溺水陣亡者數千人，成功姬妾六人，四、七、八子均死難，船艦損失約百十餘艘。	正月初三，清克滇都。李定國奉永曆帝奔永昌、走騰越、入緬甸。六月，鄭成功與張煌言會師北伐，次丹徒、泊焦山，十六日破瓜州。廿二日克鎮江，廿六日率舟師薄江寧，成功遣煌言往蕪湖。一時大江南北四府三州二十四縣相率歸附。七月十二日，成功率戰艦數千、部眾十餘萬，自儀鳳門登陸，連屯八十三營，安礮布雷、設豎柵，圍金陵、截江路。清江南總督郎廷佐遣使往見成功約以「寬三日之限，即當開門迎降。」明鄭不疑有詐，遂中緩兵之計，營壘疏防、自老其師。廿三日，清援兵至，水師總兵梁化鳳自儀鳳門、鐘阜門穴城而出，突破明鄭中軍，直攻中堅，前後夾擊，鄭軍失利。翌日，成功軍據山守禦，清兵傾巢而出，自下仰攻，施放火器，鄭軍遂大敗，速出海。九月復敗於溫州，旋退守廈門。

庚子	永曆十四年	順治十七年	一六六〇	卅七歲	五月，清將達素、總督李率泰出漳州攻廈門。成功碇海中流、手旗起師、鳳吼濤立、乘風破敵。初十日，清軍潰敗，達素返福州後自殺。 六月，鄭軍議東征臺灣。「荷蘭通」宣毅後鎮吳豪堅決反對，且日本借兵未果，全案遂寢。 七月，遣張光啟再度赴日借兵，光啟十一月返廈。江戶幕府第四代大將軍德川家綱（一六四一——一六八〇；一六五〇——一六七五在位）不允，惟同意援助銅熕，鹿銃、盔甲、倭刀等物資。 九月，荷人抵廈，願與明鄭修好。 本年，清廷命靖南王耿繼茂（耿仲明之子）移鎮福建，又以羅託為安南將軍會同計議伐鄭。
辛丑	十五年	十八年	一六六一	卅八歲	正月初七，順治帝崩於養心殿，在位十八年，得年二十四。遺詔十四條罪己，以皇三子玄燁嗣位，年八歲，明年改元康熙。本月，得悉荷蘭援臺軍撤返巴達維亞（今印尼爪哇）成功再度召集文武官員密議征臺以為根本之地。議論不一、陷入僵局，卒賴陳永華提折衷構想，議遂決。 三月廿三，成功率水陸師二五、〇〇〇人，分船艦二百艘，自金門料羅灣出發，長子經等留守金、廈。翌日，抵澎湖。四月初一，駛入鹿耳門，何斌引導舟師於禾寮港登陸。旋自水陸兩面攻荷軍，荷退守赤嵌城。成功軍切斷赤嵌城與王城間之聯繫，進圍赤嵌。六日，守將苗難實汀（Jacobus Valentyn）以孤城援絕，城中缺水，而鄭軍擬縱火焚城，遂出城投降。鄭軍旋即圍攻王城。初七，成功遣通事致書勸降，荷督揆一（Fredrik Coyett）嚴

拒。

六月，明鄭叛將黃梧上遷民禁海五疏。

七月十三，清廷令瀕海居民遷移內地，自遼東至廣東，近海居民，各移內地三十里，燔宅舍、焚積聚、伐樹木、荒田地，流民塞途，死者過半，慘不可言。

八月，鄭軍擊退巴達維亞東印度公司援軍。

九月十六，荷將 Jacob Caeuw 反攻安平敗北。

十月初三，清廷磔鄭芝龍於北京柴市，諸子世恩、世蔭、世默並家屬十一人，皆死。

十二月，清兵抵緬甸舊晚坡（今阿瓦城東六十里），初三日，緬人執永曆帝獻軍前，清軍遂班師。迄本月，鄭軍圍王城已逾半年餘，鄉民建議，以城中無井，可斷其水源，成功採之並改書諭荷軍投降，曰：「臺灣者，中國之土地也，久為貴國所據，今余既來索，則地當歸我！……爾等珍寶珠銀私積，悉聽載歸。」十三日，荷遣使乞降，雙方同意停戰五日，議定降約十八條，受降禮於山川臺（今臺南市東門圓環）舉行。廿四日，鄭成功入王城（後改名臺灣城，屬安平鎮）

降約（中文本）　資料來源：臺灣省通志稿卷三

甲方為大明征討大將軍國姓（Teibingh Tsiante Teysiancon Coxin），自一六六一年五月一日至一六六二年二月一日攻圍熱蘭遮城者。乙方為荷蘭國代表熱蘭遮城總督菲特力揆一（Frederik Coyett）及其參議員會同議定左列十八條款：

一、雙方應消除從前所有之一切敵意。

二、荷方應將熱蘭遮城及其所有堡壘、大礮、軍需品、貨物、貨幣，並其他一切屬於公司之物，移交鄭方。

三、米穀、麵包、葡萄酒、亞拉克（Arack）酒、肉類、油、醋、繩、帆布、瀝青、錨、火柴、槍彈、亞麻布，以及其他荷人於返歸巴達維亞途中所需物件得由總督及參議會之指示，攜上公司船舶。

四、一切私人動產，無論其置於城內或他處，經鄭方所派之官員檢查後，得仍由其攜帶上船。

五、除前二條所述之物件以外，參議員二十八名，每人可隨攜荷幣二百元（**Rijksdaalders**），其他高級市民二十名，得共攜荷幣一千元。

六、兵士在其私有物受檢查之後，得全身武裝，揚旗鳴鼓，而列隊上船。

七、所有華人在臺有債務，及有租地者之名冊，以及對彼等得要求之項目，應由荷方將賬籍抄錄，移交鄭方處理。

八、所有荷蘭官廳文書，得任其攜往巴達維亞。

九、荷蘭公司所屬官員、平民、婦女子、男女奴隸，於戰事途中在臺被俘者，鄭方於八日至十日內放回。其在中國本土被俘者，亦盡速釋返。其他在臺未拘禁之荷人，亦許其安然通行至搭乘公司船舶。

十、鄭方允許發還所奪獲之四隻荷船，及其所有一切附屬品。

十一、鄭方並將充分準備小船，俾使荷國人民及財物，得迅速運送至公司船舶。

壬寅

永曆十六年

康熙元年

一六六二

卅九歲

十二、荷人留臺期間所需蔬菜、牛羊肉類，或其他必需物品，鄭方臣民應以相當代價，每日充分供售。

十三、荷人因候船滯留陸上期間，鄭方士兵或人民，非為荷人服務，不得任意進入城塞及外堡，或接近鄭方所建立之柵欄。

十四、荷人撤退以前，不得懸掛白旗以外之任何旗幟。

十五、看守倉庫之荷方人員，仍得於其官民及財物上船後，留駐二、三日於城內；然後登船。

十六、本約依照其本國慣例，一經雙方簽名立誓後，鄭方即派遣官員 **Moor ongkun** 及 **Pinpan Jam oosje** 兩名，前往現泊港口之荷船；荷方即派遣官等僅次於總督之官員 **Mr. Jan Oetgens Van Waveren** 及參議員 **Mr. David Harthouwer** 二名，代表總督往鄭方互為人質；直至本約所定各項完全履行為止。

十七、現在監禁於船上之華籍俘虜，互相交換。

十八、本約如有疑義，或重要事項遺漏，則由雙方臨時協議，務期圓滿解決。

本年，渡臺文人沈佺期、陳士京等組成海外詩社。

三月，成功遣義籍教士李科羅（Victoria Ricci）持書赴呂宋勸降，期彼稱臣納貢。

四月，吳三桂執永曆帝（朱由榔）自緬甸還至昆明，以弓弦絞殺之於城內篦子坡。

五月，成功改赤嵌為東都，設承天府與天興、萬年二縣，奉明正朔。初八未時。病薨，得年三十九，卜葬承天府洲仔尾（今臺南市北區。）十三日，在臺諸將奉成功幼

	癸卯
	永曆十七年
	康熙二年
	一六六三
	鄭經　廿二歲
弟世襲為招討大將軍，始向錦（經）告喪。十四日，訃至思明，經從忠振伯洪旭言，就思明嗣位，稱世藩。 六月，經命右武衛周全斌（？—？）為五軍都督、陳永華（？—一六八〇）為諮議參軍、馮錫範（？—？）為侍衛，整軍以備東渡。 七月，清命同安總兵施琅為福建水師提督率兵四千駐海澄，左路水師總兵、右路水師總兵各率士卒三千分駐閩安、同安。 九月，金、廈各島委忠振伯洪旭、戶官鄭泰防守。 十月初一，經率周全斌等東行。初七，師抵澎湖，廿九日，大軍抵鹿耳門，命快哨從安平齎諭而入，布告赤嵌，以渙軍心。 十一月初一，大霧晝晦，攻之，蕭拱辰等所部各星散。抗命者悉服。經嗣為延平王。世襲走泉州降清。 廿一日，魯王朱以海薨於承天府。（按：一作十三日）。	正月，經令勇衛黃安提調承天府南北二路兵馬地方軍務。旋返思明。 六月初七，經誘捕族伯鄭泰於思明。泰弟鳴駿、泰子緒昌、忠清伯陳輝、左武衛楊富、左虎衛何義及鎮將等四百餘人、船三百餘艘，眾萬餘，入泉州港降清。泰聞之，自縊於囚所。 七月廿一，經遣蔡政赴長崎追索鄭泰寄存日本白銀廿萬兩。 十月廿一，靖南王耿繼茂、總督李率泰、水師提督施琅率降清諸軍，合荷蘭夾板船出師，攻克廈門，併取金門、浯嶼二島，周全斌叛降。經率餘部退守銅山。

甲辰	乙巳
永曆十八年	十九年
康熙三年	四年
一六六四	一六六五
廿三歲	廿四歲
本年春至仲夏，南澳、銅山相繼失守，部將杜輝、黃廷先後叛降，船艦輜重損失頗大，經與陳永華、洪旭領餘眾，盡入臺灣。 五月，荷海軍提督巴爾特（**Balthaser Bort**）率戰艦十一艘，循福建近海北上，途中略澎湖，七月初七，抵雞籠，修復舊日城寨，駐兵二四〇名、置礮二十四門，以為固守。 八月，經改東都為東寧國，升天興、萬年二縣為州，另設南北路、澎湖安撫司各一，分理庶政。	二月，攻臺警聞。經集諸將議戰守：㈠赤嵌密築礮臺，嚴加防備；㈡鹿耳門配大熕船二〇艘，責神機鎮楊祥率兵堅守；㈢中權鎮蕭望忠、督援剿後鎮戴捷領部眾萬名，配大熕船二〇艘，鳥船、趕繒船各四〇艘，守澎湖。㈣劉國軒領一旅，守雞籠山；㈤何祐一旅守大線頭。三月完成布署，各就定位。 四月十五，清水師提督施琅率諸降將周全斌、黃廷等發自銅山，夜三更抵澎湖水域，忽颶風大作，船各飄散，折損嚴重；既定，亦無力再犯。清廷尋裁福建水師提督，召施琅歸旗，散明鄭降將分屯各省。於是，臺灣沿邊無警者十年。 八月，陳永華請建聖廟、立學校，經從之。為擇地寧南坊鳩工構築。 本年，陳永華教民曬鹽；並立保甲制，民十戶為一牌，十牌為一甲，甲置甲首，十甲為保，保設保長，期正常戶政、強化治安。

丙午	永曆二十年	康熙五年	一六六六	廿五歲	正月，聖廟成，旁設明倫堂，經率文武僚屬行釋菜禮。旋命各社設學校，延中土通儒以教子弟。凡民八歲入小學，課以經史文章。天興、萬年二州，三年一試；州試有名者移府，府試有名者移院，各試策論，取進者入太學，月課一次，給廩膳。三年大試，拔其優者，補六科內都事。 三月，命陳永華掌學院，葉亨為國子監助教。又置國子司業以任其事。 八月，呂宋遣使與明鄭通商。 九月，江勝重占思明。 十二月，駐澎湖水陸各師遣返東寧。 本年，明鄭向日本購刀、盔；販售暹邏、交阯。
丁未	二十一年	六年	一六六七	廿六歲	五月，明張煌言叛將孔元璋銜清廷命抵東寧招撫，約以三事：㈠議沿海地方通商；㈡鄭氏須稱臣納貢；㈢須遣子入京為質。經謂：「和議之事不可久，先王之志不可墜！」又謂：「先王在日，亦只差薙髮二字，若照朝鮮事例，則可。」以舟送元章返。議寢。 七月初七，康熙親政。 本年，明鄭人頭稅每人每年六錢。
己酉	二十三年	八年	一六六九	廿七歲	六月初六日，清刑部尚書明珠、兵部尚書蔡毓榮等一行自泉州抵東寧議撫，明鄭堅持「朝鮮事例，不薙髮，世守臺灣，稱臣納貢而已」議仍不成。 八月，邱輝領兵深入粵東。

庚戌	永曆二十四年	康熙九年	一六七〇	廿九歲	五月初七，英人克里斯普（Ellis Crisp）率班丹號（The Bantam Pink）、珍珠號（The Pearl）二船抵東寧，轉陳英東印度公司班丹區經理亨利・達卡（Henry Dacres）親筆函，並獻方物，請求通商。七月十七日雙方協議成立非正式通商條款卅七條，以作初步意見之交換。 本年，劉國軒領兵鎮壓汝轆番，大肚番懼而逃往埔里。
辛亥	二十五年	十年	一六七一	卅歲	本年秋，大熟。漳、泉住民湧至東寧。
壬子	二十六年	十一年	一六七二	卅一歲	六月二十一日（西曆七月十五日）英東印度公司班丹區遣實驗號（The Experiment）、歸航號（The Return）及駱駝號（The Camel）等船抵安平。籌設臺灣商館，任命西蒙・達卡（John Dacres）為經（副理）。八月二十三日（西曆十月十三日）雙方正式簽定協議十三款。
癸丑	二十七年	十二年	一六七三	卅二歲	十一月廿一日，平西王吳三桂殺雲南巡撫朱國治，拘禮部侍郎折爾肯，舉所部兵反。移檄遠近，稱「天下都招討兵馬大元帥」。以明年為周王元年，改元紹武，鑄錢「利用通寶」，蓄髮衣冠，旗幟悉白，史稱：「三藩之亂」。 本年，東寧鄉紳民合資立開山王廟於東安坊。（今崇安街、開山路附近）。追尊鄭成功為開臺聖王。
甲寅	二十八年	十三年	一六七四	卅三歲	三月十六日，靖南王耿精忠（？—一六八二）稱兵馬大元帥，據福建反清。 四月，經領兵駐思明。 五月，占海澄。廿四日英船飛鷹號（The Flying Eagle）自班丹載槍礮、火藥抵臺；雙方復訂協議補充條款十項。

					六月，入泉州。 七月，劉進忠獻潮州降明鄭。 九月，耿軍奪泉州；翌月，鄭師占漳州。耿、鄭交惡。 十二月，鄭軍取潮州，進略海澄、揭陽、潮陽。
乙卯	永曆二十九年	康熙十四年	一六七五	卅四歲	正月，耿、鄭約定以楓亭為界，北耿、南鄭「通商貿易，有事相援，毋得侵伐」。 五月，經軍略粵東。
丙辰	卅年	十五年	一六七六	卅五歲	二月，平南王尚可喜（一六〇四—一六七六）一心清室。劉進忠引鄭經入潮州，祖澤清引馬雄至高州，雷、廉失守。粵東郡，竟失其四。可喜東西受敵，力不能支，疏稱病劇，請簡大臣至粵。詔將軍舒恕、副都統莽依圖馳往。二十一日，可喜長子之信反清，以兵守其父邸，受吳三桂招討大將軍號，易幟改服。兩廣總督金光祖、廣東巡撫佟養鉅、廣西巡撫陳洪明、總兵孫楷宗等俱歸附。吳三桂封尚之信為輔德親王。 六月，耿精忠為鄭經所逼，初六日撤建昌。 九月十八日，廷諭傑書促耿精忠速降。十月初四，耿精忠率文武官員出福州城迎降，廷諭仍留靖南王爵，從征鄭經圖功贖罪。 十月十五日。鄭經遣許耀率兵三萬餘直攻福州，連營至烏龍江之南小門山等處。傑書派都統喇哈達領軍渡河大敗之。旋，明鄭興、泉、汀、漳四皆棄守。
				卅六歲	十二月，晦。尚之信使人賫密疏詣行營乞降，簡親王喇布以聞。初九日，詔赦免其罪，令立功自效。 本年，鄭經允英人至金、廈設商館。

丁巳	永曆卅年	康熙十六年	一六七七	卅七歲	二月，鄭經走廈門，閩地悉歸清有。五月初四日，尚之信以廣東降。清廷命復其爵，隨軍征討。六月，劉進忠降清。七月廿五日，明鄭部將劉國軒據廣東惠州，自水路攻東莞，為尚之信分兵擊敗；總兵陳璉以惠州降。
戊午	卅二年	十七年	一六七八	卅八歲	二月，鄭經命右武衛劉國軒為中提督，總督諸軍，後提督吳淑副之，徇海澄。十日，國軒督軍至海澄，攻玉洲，守將劉宗降。下福滸，十八日進取江東橋、三月初二，陣於漳州城東赤嶺，六月初十，克海澄，旋進取泉州諸縣。七月初二圍泉州府二閱月，復進窺漳州，軍於溪西，力戰敗之，遂棄長泰，出江東，退屯觀音山。三月初一日，吳三桂稱帝於衡州（今衡陽）名定天府。八月十七日，吳三桂中風病亡。十月，閩督姚啟聖遣泉州鄉紳黃志美、張雄等勸鄭經退兵議和。十二月，清嚴遷界之令，沿海築田分牆，以截內外，濱海數千里，復無人煙，期困明鄭。
己未	卅三年	十八年	一六七九	卅九歲	四月，立長子克壓為「監國」。五月，康親王傑書再申議和，遣使至思明，請修好。七月，劉國軒築潯尾寨，同安清軍遂不敢窺思明。十月，吳淑敗清軍於版尾寨。十一月，閩督姚啟聖於漳州設修來館，期離間納降明鄭官兵為事，文官投誠，悉以原銜題請，武官投誠，換箚保提現任。兵民降者，賞銀二〇至五〇兩不等。

干支	永曆	康熙	西元	年歲	記事
庚申	永曆卅四年	康熙十九年	一六八〇	四〇歲	正月。清水師提督萬正色、總兵林賢等傾閩、浙、粵三省水陸師、船、礮密集猛攻海澄、金、廈。三月十二日，鄭經率所部退守東寧。至是，閩粵沿海島嶼盡棄之。七月，陳永華病逝。謚文正。贈資政大夫正治上卿。葬天興州赤山堡大潭山。十月，毀雞籠城。本年，東寧抽調壯丁，街市商民每十戶共出一丁（每丁折銀一兩）。
辛酉	卅五年	廿年	一六八一	鄭經 四一歲 鄭克塽 十二歲	正月廿八日寅時，鄭經病薨，得年四十一，下葬洲子尾。經彌留前授監國克𡒉以印劍，謂劉國軒曰：「與君患難相從，意望中興；豈期今日中途而別，此子幹才，頗有所望，君輔之！吾死，九泉亦瞑目也。」又謂馮錫範（一作錫范）曰：「吾不免矣！諸凡全賴君與武平協力，輔此孺子。」𡒉弟克塽，錫範之壻也；渠陰謀立之。初謀於武平曰：「此鄭氏家事，豈外人所預？」範曰：「公勿左袒！」乃許之。既而，六官議嗣位，錫範又陰謀之，𡒉諸叔聰、明、智、柔；聰等本憚克𡒉嚴峻，乃曰：「克𡒉李氏之子，血抱撫養，人所周知，獨藩主為嬖者瞞昧。且此子狂悖剛強，苟與嗣位，將有不利於邦家！」又啟董太妃曰：「監國非鄭氏血脈，人心不服！」太妃傳國軒、錫範議，而國軒以病辭不赴。錫範至曰：「兵民嗷嗷者，無他，以監國非藩主真血脈也！」太妃遂為惑。令克𡒉入議事，錫範密令人伏於堂伺之。𡒉甫入，為所弒。妻陳永華之愛女也，尋以死殉。初，太妃聞𡒉既非鄭氏子，僅欲其易位而已，竟為錫範等置諸死地，原非

	壬戌	癸亥
	永曆卅六年	
	康熙廿一年	廿二年
	一六八二	一六八三
	鄭克塽十三歲	十四歲
本意，鬱積於懷，六月亦卒。 二月，克塽（一六七〇—？）立，年十二，大權操諸錫範。 六月，閩督姚啟聖、巡撫吳興祚合疏保題施琅為福建水師提督，力主進剿。 十月，清軍攻占昆明，廿八日夜周主吳世璠（三桂孫）自殺。三藩之亂平。清廷遂傾力於臺。明鄭聞警，令水師督修戰船為備。責武平侯劉國軒守澎湖，以征北將軍曾瑞、定北將軍王順為副，於澎湖構築營壘礮臺。令左武衛何祐為北路總督，智武鎮李茂副之，守雞籠、淡水，重修西班牙人城堞。本年起，天旱糧荒，米價騰貴，每擔價銀達五、六兩不等，民食維艱。且因兵事繁興，番族供役，多致失時，番變時有。施琅煽動鄭氏舊部，誘惑勾結，離心之劫，較前益甚。	六月，施琅遣水師總兵董義率船卅二艘，試攻澎湖，劉國軒擊卻之。 七月，施琅上決計進取疏。 十月，施琅題請專事征剿之權，廷諭可。	正月，明鄭聞施琅握專征之權，旋嚴臺澎防備：㈠、左提督馮錫範守鹿耳門；㈡、澎湖防兵。六月十一日，閩水師提督施琅集結各鎮將弁於銅山（今東山縣）。總兵力：戰船三百艘、士卒二萬餘名。十四日，舟發。十五日晨，清師近八罩嶼（今澎湖望安），初鄭軍小勝，宣毅左鎮邱輝等力主先發制人，半渡而擊，武平一再不從，謂以逸待勞，不戰可收全功。二十二日，施琅傾力

				猛擊，礮如雨下，煙焰蔽天，海水為赤，鄭軍十喪七八，船隻亦多沉毀，澎湖遂陷。廿三日，劉國軒僅以身免，遁歸東寧。建威中鎮黃良驥主張遷呂宋以存鄭祀，議不決。 七月十五日，鄭克塽遣禮官鄭平英等齎降表詣澎湖。十六日，明宗室寧靖王朱術桂聞擬降，知無可托足，乃於翌日與五妃先後自縊。廿七日，清帝詔曰：「……將爾等從前抗違之罪，盡行赦免。仍從優敘錄、加恩安插，務令得所。」成功之子聰等六人、經子克塽等九人、劉國軒、馮錫範等、明宗裔朱桓等及其家眷，俱移內地，兵丁願入伍及歸農者聽其自便。 八月十八日，鄭克塽等薙髮受詔，繳冊印降。計鄭氏三代延續明祚廿二年。十一月廿二日，令總兵吳英守臺灣。施琅班師返廈門。
甲子	康熙廿三年	一六八四	鄭克塽十五歲	五月廿七日，臺灣劃屬福建省，置分巡臺廈兵備道、臺灣知府。 十二月十三日，令鄭克塽家眷親屬，劉國軒、馮錫範本身家口，俱遣發赴京。授克塽漢軍公，弟克舉准開牛彔、季父聰等以三召、五品官食俸隨旗。劉、馮俱授伯爵，餘各封賞有差。後克塽死，爵除。
己卯	卅六年	一六九九		本年，詔准鄭成功父子遷葬。 五月廿二日卯時，鄭成功、鄭經父子靈柩歸葬福建南安縣康店覆船山。墓門石楹約二丈，神道碑數枚刊左右，並負以石獅。

干支		年號	西元		紀事
甲戌		同治十三年	一八七四		四月十四日，福建船政大臣沈葆楨（一八二〇—一八七九）奉旨欽差辦理臺灣防務。 五月初四，沈葆楨抵臺。 十二月十三日，沈奏請為鄭成功賜諡並於臺灣建專祠。 奏摺原文：「奏為明季遺臣，合陽初祖，生而忠正，歿而英靈，懇予賜諡建祠，以順輿情，以明大義事：本年十一月二十五據臺灣府進士楊士芳等稟稱：竊惟有功德於民則祠，能正直而壹者神。明末賜姓延平郡王鄭成功者，福建泉州府南安縣人，少服儒冠，長遭國恤，感時仗節，移孝作忠。顧環宇內難客洛邑之頑民，向滄冥獨闢田橫之別島；奉故主正朔，墾荒裔山川，傳至子孫，納土內屬。維我國家宥過錄忠，載在史乘，厥後陰陽水旱之沴，時聞吁嗟祈禱之聲，肸蠁所通，神應如答，而民間私祭，僅附叢祠，身後易名，未邀盛典，望古遙集，眾心缺然，可否據情奏請，將明故藩鄭成功，准予追諡建祠，列之祀典，等因。並據臺灣道夏獻綸，台灣府周懋琦議詳前來，臣等優思鄭成功，丁無可如何之厄運，抱得未曾有之孤忠，雖煩盛世之斧碑，足砭千秋之頑懦，伏讀康熙三十八年聖祖仁皇帝曰：『朱成功係明室遺臣，非朕之亂臣賊子，勒遣官護送成功及子經兩柩歸葬南安，置守塚建祠祀之。』。聖人之言，久垂定論。惟祠在南安，而臺郡未蒙勅建，遺靈莫安，民望徒殷，至於賜諡褒忠，我朝恢廓之規，遠軼隆古，如瞿式耜，張同敞等，俱以殉明捐軀，諡之忠烈；成功之處，尤為其難，較瞿、張奚啻伯仲，合亟仰懇天恩，准予追諡，並於臺郡，勅建專祠，俾臺民定知忠義之大可為，雖勝國亦革衮之所

					必及，於勵風俗正人心之道，或有裨於萬壹。臣等愚昧之見，是否有當？理合恭摺具奏，皇上聖鑒，勅部核覆施行。再，此摺係臣葆楨主稿，合並聲明，謹奏。同治十三年十二月十三日。」
乙亥		光緒元年	一八七五		正月初十，詔准立專祠並追謚忠節，以明季諸臣百十四人配祀。三月，募得白銀七千四百兩，於臺灣府城東安坊油行尾街（今開山路）將舊開山王廟拆卸重建。總監：臺灣府知府周懋琦。董事：崇文書院山長陳謨。委員：士紳吳尚霑、尚震昆仲，吳朝宗、許廷侖、曾雲龍、陳楷、王藍玉。匠首：福州林恩培，木、石、磚、瓦等建材購自福州，八月落成，三進九檻、佔地六七二坪。
甲寅		民國三年（日治大正三年）	一九一四		重修拓寬，面積增為二甲左右。
丁亥		民國卅六年	一九四七		光復後第一次重修，而後曾數度再重修。

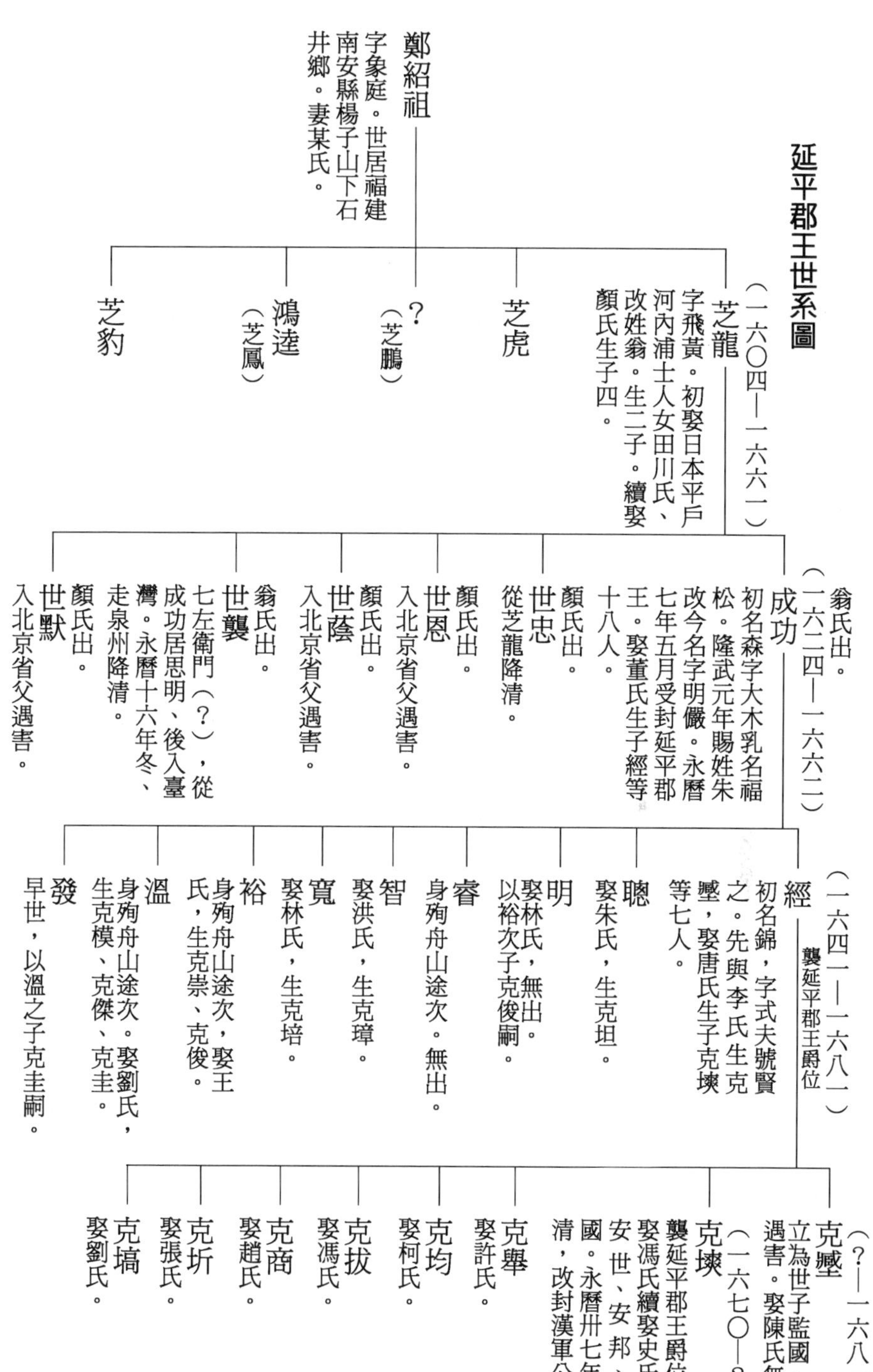
延平郡王世系圖
鄭紹祖
字象庭。世居福建南安縣楊子山下石井鄉。妻某氏。
芝龍（一六〇四—一六六一）
字飛黃。初娶日本平戶河內浦士人女田川氏、改姓翁。生二子。續娶顏氏生子四。
芝虎
？（芝鵬）
鴻逵（芝鳳）
芝豹
成功（一六二四—一六六二）
翁氏出。
初名森字大木乳名福松。隆武元年賜姓朱改今名字明儼。永曆七年五月受封延平郡王。娶董氏生子經等十八人。
世忠
顏氏出。從芝龍降清。
世恩
顏氏出。入北京省父遇害。
世蔭
顏氏出。入北京省父遇害。
世襲
翁氏出。七左衛門（？），從成功居思明、後入臺灣。永曆十六年冬、走泉州降清。
世默
顏氏出。入北京省父遇害。
經（一六四二—一六八一）
襲延平郡王爵位
初名錦，字式夫號賢之。先與李氏生克𡒉，娶唐氏生子克塽等七人。
聰
娶朱氏，生克坦。
明
娶林氏，無出。以裕次子克俊嗣。
睿
身殉舟山途次。無出。
智
娶洪氏，生克璋。
寬
娶林氏，生克培。
裕
身殉舟山途次，娶王氏，生克崇、克俊。
溫
身殉舟山途次。娶劉氏，生克模、克傑、克圭。
發
早世，以溫之子克圭嗣。
克𡒉（？—一六八一）
立為世子監國、後遇害。娶陳氏無出。
克塽（一六七〇—？）
襲延平郡王爵位。娶馮氏續娶史氏生安世、安邦、安國。永曆卅七年降清，改封漢軍公。
克舉
娶許氏。
克均
娶柯氏。
克拔
娶馮氏。
克商
娶趙氏。
克圻
娶張氏。
克塙
娶劉氏。

主要史料舉隅

明史
清史稿
（清）聖祖實錄
臺灣通史
臺灣省通志
從征實錄
靖海紀事
海記輯要
閩海紀略
臺灣外記
臺灣鄭氏始末
臺灣史（臺灣省文獻會）
南明忠烈傳

伍、朝鮮李朝諸王事略簡編

91.07.31.

傳位序	廟號	名諱：名	名諱：字	名諱：號	事略
1.	太祖	成桂 後改名旦	仲潔、君晉	松軒	明洪武廿五年（高麗恭讓王四年、公元一三九二年），迎松京壽昌宮即位，廢恭讓王。旋心腹趙浚贈以都統使銀印、接掌五道兵馬。未幾，自立，並進使明廷，改國號朝鮮，翌年明廷正式冊封。同年，頒科舉考課法，五年定都漢城、營成均館、文廟，令鄭道傳纂修經國元典續典，在位七年。讓位世子曔，永樂八年（公元一四一〇年）薨，享壽七十六，諡康獻，葬健陵。
2.	定宗	曔 初名芳果	光遠		太祖之次子，神懿王后韓氏所出。受父禪即位，在位二年，讓位弟芳遠。世宗元年（公元一四一八年）薨，享年六十三，諡恭靖。
3.	太宗	芳遠	遺德		太祖第五子，神懿王后韓氏所出。大度不凡、資性英邁，曾佐太祖開國有功。即位即設申聞鼓，定八道州郡，稽核全國戶口，罷外戚封君。獎勵學術，三年，設鑄字所，廣印中國典籍。在位十八年，明永樂十六年（公元一四一八年）讓位三子祹，永樂廿年（公元一四二二年）薨，享年五十，諡恭定，葬獻陵。

4.	世宗	祹	元正		太宗第三子。即位後致力文治，政績斐然，為一世英主，有海東堯舜之稱。元年，採李末生議，救平對馬入犯。九年置宗學、頒勸農令，十一年刊農事直說。翌年修五禮儀，十五年擊退北境李港滿住來掠。十七年作定大樂、保太平、發祥等樂，十九年頒貢賦法。為經略北方，分設慶源、會寧、慶興、鍾城、穩城、富寧等六鎮，廿年製天文觀測器，二十一年頒秩祿律，廿六年置田制評定所，廿八年改定八道田品並普及學識、訓民正音，在位卅二年薨，享年五十四，諡莊獻，葬英陵。
5.	文宗	珦	輝之		世宗之長子，八歲冊封為世子。明景泰二年（公元一四五一年）承續大寶。廣開言路、文武並重，個性寬達，沈潛性理之學、精通天文、律算、聲韻，在位雖僅二年，全國大治。年卅九薨，諡恭順，葬顯陵。
6.	端宗	弘暐			文宗之子。明景泰四年（公元一四五三年）即位，時年甫十二歲。由領議政皇甫仁、右議政金宗瑞輔弼，成三問、朴彭年、申叔舟等參贊政務。後，叔父首陽大君瑈誘殺金宗瑞、皇甫仁以去其羽翼，並時加脅迫，在位三年，讓位叔父瑈，以上王名義居壽康宮。越三年，成三問、朴彭年、李塏等老臣，藉明使來聘之機，謀復位事敗，仰藥自殺，得年十七。肅宗朝始追復，諡恭懿，營葬莊陵。
7.	世祖	瑈	粹之		世宗之次子。資性英明，頗得人望。受封首陽大君。威逼姪弘暐禪位。景泰六年（公元一四五五年）即位。留意民政，善用人才，獎勵文教學問，親撰易學啟蒙要解，命儒臣編纂國朝寶鑑、東國通鑑。制定經國大典、勤修武備，五年，命申叔舟討伐豆滿江（今圖們江）外女真，受明廷令剿佟佳江流域建州衛，斬巨酋李滿住。與成宗之世合稱「世成之治」，為李朝之盛世。在位十四年薨，享年五十二，諡惠莊，葬光陵。

8.	睿宗	晄同「晃」（ㄏㄨㄤˇ）	明照、初字平甫		世祖之次子。明成化四年（公元一四六八年）即位，在位僅一年，薨。得年二十，諡襄悼，葬昌陵。
9.	成宗	娎			世祖之長子暲之次子。世祖二年，父暲卒，兄弟同入宮撫育，頗受世祖鍾愛。其後，兄月山君婷放棄嗣位；世祖妃貞熹擁立之，並垂簾聽政，時年十三，七年還政。聰明好學，設尊經閣、養賢庫、弘文館，分賜成均館及鄉學若干學田，編纂東國輿地勝覽、東國通鑑、東文選、樂學軌範、帝王明鑒、王妃明鑒，增補經國大典、五禮儀，薨於明弘治七年（公元一四九四年）在位廿五年，諡康靖，葬宣陵。
10.	（燕山君）	㦕			成宗之長子。弘治七年（公元一四九四年）即位。性粗暴、耽游樂，多乖行，遭罷廢。
11.	中宗	懌（ㄧˋ）			成宗之次子，封晉城大君。燕山君無道被廢，眾臣擁立之，明正德元年（公元一五〇六年）即位。致力改革前朝弊政，崇尚儒術、專心文治。十一年廢妃愼氏啟爭端。十四年南袞、沈貞、李沆等把持朝政，廿六年，沆等殺害忠良金安老，朝廷幾全為渠等黨羽所操控。卅二年，伊安仁平反金安老遇害案，召還枉遭流放諸臣，登用賢才。禍獄屢興、廟堂生態不變，人民苦於朝令夕改。在位卅九年薨，享年五十九，諡恭僖，葬靖陵。
12.	仁宗	峼			中宗之長子。明嘉靖廿四年（公元一五四五年）即位，在位八月薨，年卅一，諡榮靖，尊號獻文懿武章肅欽孝大王葬孝陵。無嗣；弟慶源大君峘承續大寶。

13.	14.	15.	16.
明宗	宣祖	（光海君）	仁祖
峘（ㄏㄨㄢˊ）	昖 初名鈞	琿（ㄏㄨㄣˊ）	倧（ㄗㄨㄥ）
對陽			和伯
			松窗
中宗之次子。明嘉靖廿四年（公元一五四五年）十二歲即位。生母文定后垂簾聽政八年。聰明恭儉，初頗用心政務；外戚內訌漸盛，尹任（大尹）、尹元衡（小尹）互爭事權，任見戮，元衡用事。當時，名士同聲指責。二十年，母后薨，元衡放歸。謫貶、召還諸臣如同兒戲。在位廿二年，得年卅四，諡恭憲，葬康陵。	中宗之孫，德興君岧之子。明隆慶元年（公元一五六七年）即位，銳意政治革新，重用李滉、李珥、白仁傑等賢才，平反己卯士禍諸臣，振興儒學。惟士禍以來，廷臣互爭，新、舊二代傾軋，朋黨分立白熱化，東西兩黨相互排擠，彼此殺戮，時有所聞。初，東人占優勢，南人、北人分裂，政治為黨閥操控，邊將無視朝廷指令。萬曆廿年（公元一五九二年）日本豐臣秀吉舉兵來犯，諸道兵馬幾潰不成軍，京城（漢城）棄守，北走平壤，遠赴義州。翌年，明廷遣兵援朝，不克，尋議和。二十九年（萬曆廿三年，公元一五九五年）和議破裂，日軍再犯。卅二年，豐臣秀吉卒，召回來犯日軍，始平。前後九年，全境悉遭蹂躪，國土幾全荒廢，國運加速衰頹。在位四十一年，薨，年五十七，諡昭敬，葬穆陵。	宣祖之次子。明廷本屬意其兄臨海君珒，李德馨力辯，始冊封光海君嗣位。時萬曆卅六年（公元一六〇八年）。在位期間，王位篡奪之陰謀與南北黨爭相終始。臨海君與弟永昌大君㼁，相互殺伐。十五年，金瑬、李貴等起而廢立，崇禎十四年（公元一六四一年）薨，享年六十七。	宣祖之孫，元宗（追尊）琈之子。明天啟三年（公元一六二三年）即位。在位期間，後金（滿洲）來犯，明崇禎十年（清崇德二年，公元一六三七年）降清。朋黨之爭惡化，和約論與斥和論互不相讓，加以與明廷之關係頗為棘手，國勢搖搖欲墜。在位廿七年，薨，得年五十五，葬長陵。

17.	孝宗	淏	靜淵	竹梧	仁祖之次子。初稱鳳林君，清順治六年（公元一六四九年）即位。親身感受清太宗來征，仁祖謀和，兄昭顯世子洼被迫為人質。深恨清之屈辱，亟思一雪國恥，在位十年，薨，得年四十一，諡宣文，葬寧陵。
18.	顯宗	棩	景直		孝宗之子。清順治十七年（公元一六六〇年）即位。仍傾向明廷，陽尊清正朔，陰奉明曆與年號。在位十五年，薨，得年卅四，諡彰孝。
19.	肅宗	焞（ㄊㄨㄣ）	明普		顯宗之子。清康熙十四年（公元一六七五年）即位。在位期間，黨爭熾烈。康熙四十三年（公元一七〇四年）起，由世子昀代理政務，在位四十六年，薨，享壽六十，諡元孝，葬明陵。
20.	景祖	昀（ㄩㄣˊ）	輝瑞		肅宗之子。康熙五十九年（公元一七二〇年）即位。罹患痼疾在身，由弟延礽君以王世弟之名義聽政。時黨爭尤烈，遂生壬寅之獄。在位四年，雍正二年（公元一七二四年）薨，得年卅七，諡宣孝，葬懿陵。
21.	英祖	昑	光叔	養性軒	肅宗之子，初封延礽君。清雍正二年（公元一七二四年）即位。任李光佐、柳鳳輝為相，清除朋黨之害，關心民瘼，治績丕著。在位五十三年。乾隆四十一年（公元一七七六年）薨，享壽八十二，諡顯孝，葬元陵。
22.	正祖	祘	亨運	弘齋	英祖之孫，莊獻世子愃之子。誅竄麟漢、厚謙等佞臣，重用國榮等賢能之士，治績斐然，文教之盛，冠絕前後。在位廿四年，嘉慶五年（公元一八〇〇年）薨，得年四十九，諡莊孝，葬健陵。

23.	純　祖	玜	公寶	純齋	正祖之次子。清嘉慶五年（公元一八〇〇年）即位，年僅十一。正祖臨終前託孤金祖淳為顧命大臣，輔弼幼主；後，其女納為王妃，外戚專權之弊漸起。二十七年，世子旲代理政務，卅年，旲卒，始恢復親理朝政，道光十四年（公元一八三四年）薨，在位卅四年，得年四十四，諡成孝。
24.	憲　宗	奐（ㄏㄨㄢˋ）	文應	元軒	純祖之孫，世子旲之子。道光十四年（公元一八三四年）即位，時年甫八歲。純元王后金氏垂簾聽政，在位十五年薨，得年二十三，諡哲孝，葬景陵。
25.	哲　宗	昪（ㄅㄧㄢˋ）初名元範	道升	大勇齋	英祖之玄孫，全溪大院君瓚之三子。道光廿九年（公元一八四九年），領相鄭玄容力陳，嗣母純元王后下旨登基，純元王后垂簾聽政。王納金汶根之女為妃，汶根協贊政務，由是金氏權傾內外。同治二年（公元一八六三年）薨，得年卅三，諡英孝，葬睿陵。
26.	高　宗（德壽宮、李太王）	㷩（同「熙」。）乳名命福、初名載晃	聖臨　明夫	珠淵	興宣君李昰應之次子。哲宗無嗣，憲宗妃趙氏立以為新王，承祧文祖（又稱翼宗），時年十二，同治三年（公元一八六四年）清廷正式冊封李㷩為朝鮮國王。即位後敕封生父為大院君統攝政事。三年，納閔致祿之女為妃。王在位初期，大院君獨裁專斷，內憂外患紛至沓來。十年，大院君退隱，閔妃（明成皇后）一族當政，外戚用事，政策多與往日相左，遂形成守舊（大院君派）與開化（閔氏一族）兩派之爭，於是而有壬午、甲申等政變，東學黨事件引發中日甲午戰爭，清廷敗績，馬關議和，清廷允朝鮮獨立。光緒廿二年（公元一八九六年）王於京城圜丘壇稱帝，改行陽曆，國號大韓、年號建陽，八月改年號光武。光緒卅一年（公元一九〇五年，韓光武九年，日明治卅八年）日、韓簽訂協約，日置統監府於韓京。光武十一年（公元一九〇七年）讓位於

	27.
	純宗（「昌德宮李王」）
	李坧
	君邦
	正軒
太子坧退居德壽宮，在位四十四年。是年，易年號為隆熙元年，三年（公元一九〇九年）韓日簽訂合併條約，明年，日韓合併，稱德壽宮李太王，民國八年（公元一九一九年、日大正八年）薨，享壽六十八，葬洪陵。	高宗之次子。明成皇后閔氏所出。高宗十一年生，翌年冊封為王世子。光武十一年受父禪即帝位，改元隆熙。隆熙四年（公元一九一〇年）日併朝鮮，退居昌德宮，稱昌德宮李王。民國十五年（公元一九二六年日大正十五年）卒，得年五十三，日以「國葬」禮殯葬之。

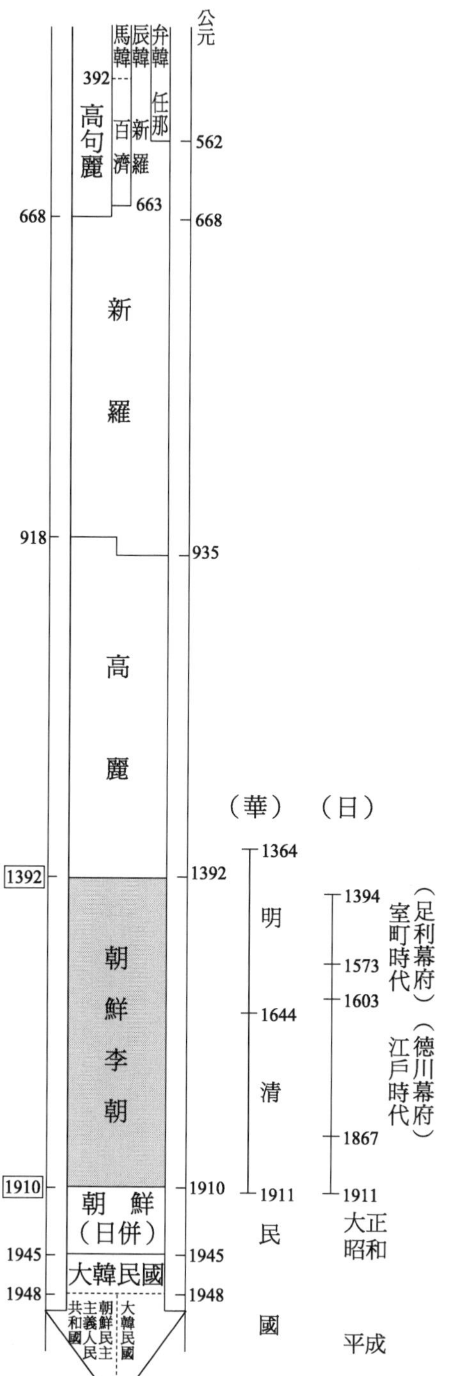

李朝世系圖　傳廿代、廿七君，五一八年（公元一三九三—一九一〇）

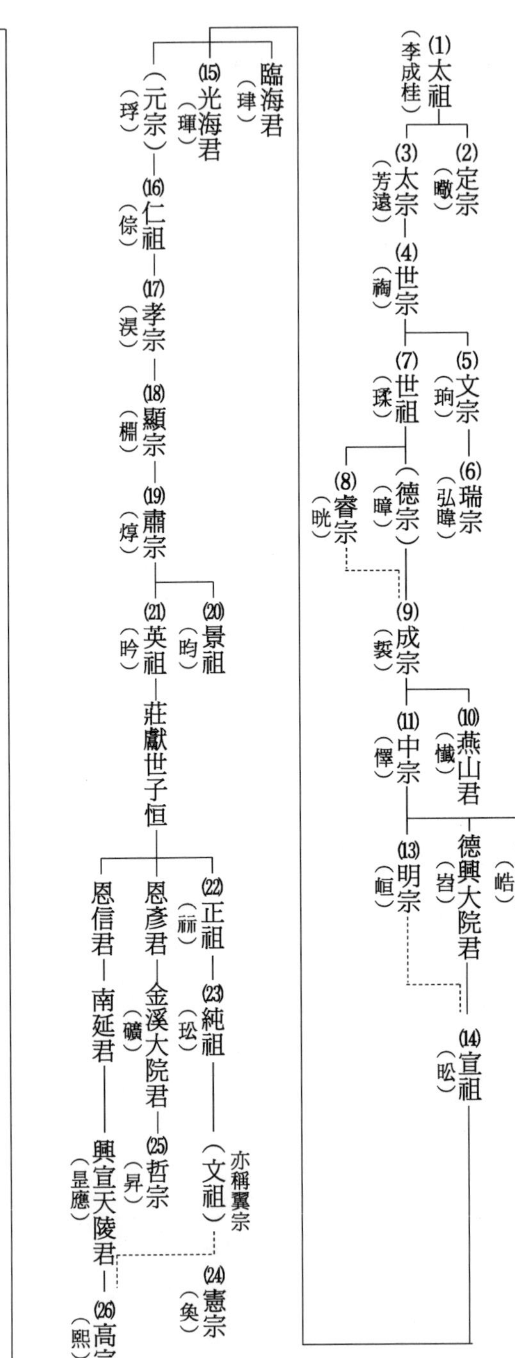

主要史料

太祖實錄、定宗實錄、太宗實錄、瑞宗實錄、世祖實錄、睿宗實錄、成宗實錄、中宗實錄、仁宗實錄、宣祖實錄、仁祖實錄、肅宗實錄、英祖實錄、正祖實錄、純祖實錄、哲宗實錄、李朝實錄、本朝實錄、國朝寶鑑、燃藜室記述、燕山君日記、光海君日記、璿源系譜紀略、朝鮮小史、明史卷三二〇、列傳二〇、清史稿卷五二六、列傳三一三

陸、侯官林少穆年表（稿）

林則徐（一七八五—一八五〇）字少穆、一字石麟，晚號竢村老人、竢村退叟、七十二峰退叟。幼從父學，七歲學屬文。嘉慶十六年進士，授翰林院庶吉士。十九年，散館，授編修。嘉慶末迄道光十七年，先後任江南道監察御史、浙江鹽運使、江蘇按察使、陝西按察使、江蘇巡撫、湖廣總督等職。為官秉公，有「林青天」之譽。道光十八年，奉旨以欽差大臣赴粵禁煙。二十年，授兩廣總督。同年冬，受誣遭革職。翌年，遣戍伊犁。在戍所，佐伊犁將軍布彥泰興水利、辟屯田，警惕沙俄蠶食。廿六年，放歸，署任陝甘總督。廿七年，授陝西巡撫。翌年，調雲貴總督加太子太保。廿九年，因病恩准回籍。卅年，受命欽差大臣馳赴廣西，處理天地會起事。扶病啟程，病逝普寧行館（廣東省）。贈太子太傅，謚文忠。遺有雲左山房詩鈔、雲左山房文鈔、林文忠公政書、信及錄等書。近人徐世昌（一八五五—一九三九）評云：「文忠經世之才，餘事為詩，緣情賦物，靡不裁量精到，中邊俱澈，卓識閎論，亦時流露其間，非尋常詩人所及。謫戍後諸作，尤悱惻深厚。」（晚晴簃詩匯卷一二五）

中國紀元	西曆	表主年齡	記事
清乾隆五十年	一七八五	一歲	陰曆七月廿六日子時，生於福建侯官左營司巷林氏北院後祖室。父諱賓日（本名天翰、字孟養、號暘谷）、貢生，母陳氏閨諱帙（又名文華，閩縣人。）
五十三年	一七八八	四歲	林父就館於本城羅氏家，從父入塾識字。
五十四年	一七八九	五歲	本年三月十七日（陰曆），妻鄭淑卿誕生。
五十六年	一七九一	七歲	父教以屬文。
嘉慶　元年	一七九六	十二歲	歲試充佾生，應郡試第一。弟霈霖（一名元掄、字雨人）生。家貧，為償債入不敷出，母姊等以剪裁為手藝佐家計。本年，鴉片輸入達一、〇七〇箱，廷詔裁鴉片稅額，禁止輸入。
二年	一七九七	十三歲	科試入邑庠，就學鰲峰書院，從山長鄭光策治學，與陳壽祺、梁章鉅等人相過從。林父得歲貢生。本年，英政府授予東印度公司於印度製造鴉片之特權，毋視清廷禁令，加緊對華輸出鴉片。
三年	一七九八	十四歲	補學生弟子員（考中秀才），仍就學鰲峰書院。本年，與侯官朱紫坊名儒、前河南永城知縣鄭大謨之長女鄭淑卿文定。
五年	一八〇〇	十六歲	清廷再次申禁鴉片入口，嚴禁民間種植罌粟並吸食鴉片。
七年	一八〇二	十八歲	本年，林父組真率會，反對泥古守舊，主張去除虛偽。
八年	一八〇三	十九歲	仍就學鰲峰書院。數年來，渠博覽諸古籍，究心經史，撰成雲左山房雜錄。約於本年，就署閩縣房公書廩之席。

嘉慶 九年	一八〇四	廿歲	三月，林父就館於文筆書院。秋鄉試，中第廿九名舉人，旋與夫人鄭淑卿（十六歲）行嘉禮。十二月，赴京。京師陶澍組消寒詩社。
十年	一八〇五	廿一歲	二月，會試未售。五月，離京返閩。冬，抵鄉，旋外出當塾師。
十一年	一八〇六	廿二歲	仍當塾師，曾隨侍其父參與真率會聚會，撰林希五文集後序。六月，廷諭以「洋船私帶煙土，其銷路如福建廈門等處，每年紋銀出洋不下數百萬」，通飭「各省督撫設立章程，嚴行查禁。」秋，應廈門海防同知之聘，任書記。初步瞭解鴉片流毒狀況；所辦文牘為汀漳龍道百齡激賞。
十二年	一八〇七	廿三歲	年初，於將樂（一說長樂）當書啟，為閩撫張師誠賞識，延渠入幕，司筆札。本年，手書金剛、彌陀、心經等三經。
十三年	一八〇八	廿四歲	八月，英船強行闖入虎門，泊黃埔。十一月始出港。初冬，第二次赴京會試。
十四年	一八〇九	廿五歲	春闈會試再度落第。七月返抵福州，仍入張幕。六月，清廷頒布廣東外洋商人貿易章程，於澳門、虎門與蕉門等三處海口設防。八至十月，隨閩撫張師誠移駐廈門，參預弭平海盜蔡牽亂事，負起草文移之任。冬，林父受張撫荐，赴將樂主正學書院。
十五年	一八一〇	廿六歲	九月，清廷增置廣東水師提督，長川駐紮虎門。林氏仍在張幕，曾與友人清理南宋名臣李綱墓址。數年來，於張撫指導下，「盡識先朝掌故及兵刑諸大政。」十一月，隨張撫入京，準備應第三次會試。
十六年	一八一一	廿七歲	春闈會試，中試第七十四名、複試一等、殿試二甲第四名，朝考列第五名，賜進士出身，選翰林院庶吉士，派習清書。未幾，請假返鄉接眷，離京南歸。

嘉慶十七年	一八一二	廿八歲	春，家居福州。十月廿三日，離榕赴金陵，於兩江總督百齡署度歲。
十八年	一八一三	廿九歲	正月，於百署衙，代撰摺稿。 五月初六，抵京師，置眷寓蘭陽館。初九，在庶常館從林春溥習清書，並與編修郭尚先、京官盧蔭溥交游，相與研究經世有用之學。 年底，移居粉坊琉璃街。
十九年	一八一四	卅歲	正月初四，長子汝舟生。 四月，散館授編修。八月，充國史館協修。自是益究心經世之學，「雖居清秘，於六曹事例因革、用人行政之得失，綜覆無遺。」注意深求畿輔水利，擬撰作北直水利書。 冬，消寒詩社重新活動。
二〇年	一八一五	卅一歲	正月，會見朝鮮貢使尹正銖，並與筆談。 二月廿六日，次子秋柏生，三日殤。 三月，承辦一統志人物名宦卷。 四月，充撰文官。本月，清廷再次申令嚴禁鴉片入口，明定賞罰章程。 七月，移居土地廟上斜街。 九月，派內繙書房行走。
廿一年	一八一六	卅二歲	三月初三，長女塵譚生。 六月，英派特使阿美士德來華，圖攫取通商特權。 閏六月初十，出京赴南昌，充鄉試副考官。十二月十三，回京復命，改派清秘堂辦事。
廿二年	一八一七	卅三歲	五月，保送御史，引見記名。 九月廿四，次女金鸞（敬紉）生。

嘉慶 廿四年	一八一九	卅五歲	二月，京察一等。三月，充會試同考官，分校禮闈第十二房，得士陳沆（狀元）等十三名。八月初一，抵雲南昆明，充雲南鄉試正考官，撰滇軺紀程一卷，沿途所作詩，自編為使滇吟草。
廿五年	一八二〇	卅六歲	二月初八，授江南道監察御史。四月廿三日，授浙江杭嘉湖道。七月十九，至杭州接任，舉行觀風試，注意興修農田水利。
道光 元年	一八二一	卅七歲	在杭嘉湖道任上。七月廿四，聞父病，掛印回籍。八月十四，三女普晴生於建州大蒙洲舟次，月底，抵福州。秋冬間，撰林宗文義塾記。
二年	一八二二	卅八歲	二月，廷諭廣東督撫、海關監督嚴查出口洋船，杜絕白銀外流。二月，下旬，自榕啟程入京。四月中旬抵京。引見發原省以道員用。六月中旬至杭州，暫委監試文闈。秋，撰重修于忠肅公墓記。九月，署浙江鹽運使，協助浙撫整頓鹽政。十二月廿四日，就任江南淮海道。
三年	一八二三	卅九歲	正月初七，升任江蘇按察使。倡勸濟、賑災、救貧，有林青天之譽。十一月初八，抵京，帝召見。翌日，帝再次召見。十二月十五至蘇州，署江蘇布政使。
四年	一八二四	四〇歲	正月，攔淮麥于江南播種，興修水利、救災濟貧。八月初二，奉命籌浚江浙水道。十九日，母逝，返榕守制。本年八月初九，三子聰彝生。

年	西元	歲	事蹟
道光五年	一八二五	四一歲	三月，奉旨奪情，赴清江浦高堰工地督催河工。代署兩江總督魏元煜起草漕糧改行海運奏稿。秋，琦善、陶澍奏准調則徐赴上海督辦海運，因積勞痁作辭。旋回籍調理。
六年	一八二六	四二歲	五月初十，奉旨以三品銜署兩淮鹽政，辭未赴任。六月，撰重建越山華林寺碑記。
七年	一八二七	四三歲	正月初旬，四子拱樞生。本月，撰南湖鄭祠祭田記。三月廿四，赴京途經蘇州，與宣南詩社社友潘曾沂晤，作詩贊揚潘曾沂推行區田法。閏五月初三，任陝西按察使，即署布政使，旋擢江寧布政使。十月十九日，聞父卒，南歸奔喪。
八年	一八二八	四四歲	正月，扶父柩返鄉守制。在籍丁憂期間，倡濬福州西湖。十月，撰周易象理指掌序。
九年	一八二九	四五歲	在家丁憂。八月，重濬福州西湖竣工。十月十八，重建李綱祠於西湖荷亭。
十年	一八三〇	四六歲	正月，父喪服闋。二月廿六日，撰金匱要略淺法敘言贈名醫陳修園。四月，啟程赴京，途經蘇州與梁章鉅、潘曾沂等互贈詩作。閏四月初七，抵京候缺。廿二日，與辛未同年卅四人於宣武坊南龍樹院聚會，撰龍樹院雅集記。在京期間，與魏源、黃爵滋、龔自珍、周凱、張維屏等過從甚密。八月廿日，赴武昌任湖北布政使，辦理賑災、蠲緩、堤防諸政。十二月，夫人及子女自榕抵武昌。同月，調河南布政使。

道光 十一年	一八三一	四七歲	二月廿九，接任河南布政使。 七月初八，調江寧布政使。 八月，向兩江總督提出養佃、典牛、借種籽等救災措施，皆為陶督採行。 十月初七，擢任河東河道總督。（十二月初六抵山東都縣接篆。） 本年，英輸華鴉片達萬餘箱。
十二年	一八三二	四八歲	正月初七，查勘山東運河地段挑工及工程。廿日，沿河沿查勘黃河防治工程，初步形成黃河自山東入海之治河方案。 六月初八，抵蘇州接任江蘇巡撫，令蘇松鎮總兵關天培等驅逐竄至上海吳淞口胡夏米間諜船。十一日，於蘇州考課書院，拔擢馮桂芬等入撫署校北直水利書。 八月，奉旨入闈監臨，改革科舉弊端。本月，議招淮揚流民回籍務農。 閏九月初一，赴揚州勘災，並至清江嚴訊桃南廳決堤首犯陳端。 十月，常熟楊景仁撰籌濟篇告竣，林氏贈序強調「樂利吾民」、「通民疾苦」。 十一月，年終察吏，林氏主張從「自察」開始。 與兩江總督陶澍「志同道合、相得無間」。本年，督撫二人倡議疏濬劉河、白茆河。
十三年	一八三三	四九歲	四月，與陶澍合奏，主張嚴禁鴉片，同時首度提出自鑄銀幣，以發展商品流通、解決銀貴錢賤等問題。 七月，江蘇上元等六縣產糧區水災嚴重，奏請救濟。 十月，因太倉災情嚴重，奏請緩徵新賦，上諭嚴譴。 十一月初六，令江蘇布政使曉諭常、昭二縣富紳捐輸救災。十三日，再度單銜瀝陳江蘇錢漕之重，被災之苦堅請緩徵，「暫紓民力」、「為民請命」。廷議勉允所請。 十二月廿五日，答陶雲汀宮保書，表示願對違例奏請緩徵承擔責任。 本年，林氏親睹齊彥槐仿製西法水車—龍尾車引水操作，表示：未來可推廣於農業治水、治河。

道光十四年	一八三四	五〇歲	二月，李彥章應林氏之請，撰就江南催耕課稻編，並於各縣推廣，林撫贈序。初七日，向常、昭二縣富紳勸捐疏濬白茆河工費。 三月卅日，白茆河工程興工。十月廿三日竣事。實施以工代賑，計用銀一一五、二七八兩。 五月，於署園試種湘、閩早稻，以便推廣。 九—十月，至江寧監臨江南秋闈。 十二月，赴鎮江督催漕運。 本年，英鴉片輸華增至二一、〇〇〇餘箱。
十五年	一八三五	五一歲	二月，查驗丹徒、丹陽運河挑濬工事。 四月初六，與漕運總督朱為弼於瓜洲會面。 五月，赴鎮江督催漕船。廿三日，於蘇州與梁章鉅會面，有詩唱和。廿五日，驗收蘇州育嬰堂房舍，收養孤兒二四〇名。 六月，劉河挑濬工程節餘銀兩，續挑各處河道，修元和縣南塘寶帶橋。 七月，赴元和縣查勘三江口寶帶橋工事，令寶山縣籌修海塘。 九月，至江寧監臨江南文闈。本月，長子汝舟於福州中舉。林撫令驅逐英船於江南海面。 十二月廿八日，赴元和縣查驗寶帶橋，旋至寶山、華亭查勘海塘。由門生馮桂芬襄助，編就北直水利書（一稱畿輔水利議）。本月，奉旨接署兩江總督兼兩淮鹽政。
十六年	一八三六	五二歲	正月，抵江寧接署兩江總督兼兩淮鹽政。 二月，回江蘇巡撫本任，興辦蘇松等處水利工程，繼續於淮北行票鹽法。 四月廿七，太常寺卿許乃濟主張弛禁鴉片，按藥材徵稅入口。（九月，內閣學士朱嶟兵科給事中許球上奏強烈反對。） 七月，赴寶山查勘海塘，並驗收蘇、松、太等處河工。 八月，陶澍奉旨赴皖、贛閱兵，再度接署江督兼兩淮鹽政。

			十月，移駐清江浦。並自淮安府至鹽城皮大河一帶，詐查民情。 十一月，會晤齊彥槐於瓜洲。本月，奉詔入覲。 本年，手撰三吳同官錄序，提倡官吏須瞭解「民情向背而順導之於所安。」
道光　十七年	一八三七	五三歲	正月廿二日，陛見。 二月初，再次陛見，奉旨擢湖廣總督。初八，途經保定，與琦善二度長談。 三月初五，抵武昌接篆。 四月，驗收江夏長江岸堤石工，檢閱督撫標官兵操練。 五月，積極堵緝私鹽。 六月廿五，赴漢川、沔陽、天門、潛江、京山、荊門、鍾祥、襄陽等襄河流域視察堤工，分別情況，提出「防守之道，尤須於上游加意」之治水具體方針。 七月，至荊州督防荊江水患。 八月，江南河道庫李湘茝考核案，李員實際經手庫款不實，林督逕加考注，未加複，奉廷寄：降四級留任處分。本月迄翌月，於衡州、永州、寶慶、鳳凰廳、永綏廳、辰州、常注等地校閱營伍。 本年，英鴉片輸華驟增至三〇、〇〇〇箱。
十八年	一八三八	五四歲	正月十九日，苗疆屯防辦法，如：清屯田、清佃欠計八條。 二月，積極整頓鹽政，期杜絕私鹽充斥湖廣。 閏四月初十，鴻臚寺卿黃爵滋奏請嚴塞漏卮以培國本疏，提出禁煙必先重治吸食之方針。十八日，林督因保馬辰失察，降四級留任。 五月初七，奏陳禁煙六方策，堅決支持黃爵滋嚴禁主張。七月，與湘撫錢寶琛、鄂撫張岳松率先嚴禁鴉片，搜繳煙土、煙具可觀。 八月，上錢票無甚關礙宜重禁吃煙以杜弊源片，指出鴉片泛濫對我社經之破壞，以及各級官員包庇，使禁煙流于空文，提出如不嚴禁，將會銀涸兵弱。 上諭：對販運煙土、開館營利者從重懲處，並處分吸食鴉片諸王公親王。

年	西元	年歲	事蹟
道光十八年	一八三八	五四歲	九月初十，再次銷燬大量煙土、煙具。十一日，弛禁派許乃濟遭降為六品頂戴，即行休致。 十月初七，奉諭晉京覲見。 十一月初六，抵直隸安肅縣，與琦善晤，琦善勸林督「無啟邊釁」。十一日，奏請覲見，先後達八次，商討禁煙方略。確定力杜來源，草擬致英女王書。旋，受命為欽差大臣節制廣東水師馳赴廣東查辦海口事件。臨行面陳直隸水利十二項建議，提出華北闢水田植稻、期就地解決漕糧，毋須端恃漕運。
十九年	一八三九	五五歲	正月初九，至江西新淦縣，鄧廷楨來函誓言「協力同心，……所不同者有如海。」本月，與鄧共同查辦受賄督標副將韓肇慶，官民大服。 二月初四，與鄧廷楨、怡良會同召集十三行商人宣布諭帖二件，令各國煙販限期呈繳鴉片，並具結，宣布區分「良夷」、「奸夷」之政策。延攬袁汪輝、梁進德等四人入幕，翻譯英文廣州周報，俾瞭解夷情動態；開始迻譯英人慕瑞所撰世界地理大全，輯成四洲志一書。本月，下令捉拿英鴉片販顛地，未果。十日，義律自澳門來穗，企圖庇護顛地脫逃。林決定暫時封館，撤回商館華籍傭工，禁止外人自由進出商館。十三日，接獲義律繳煙稟帖，令渠具報數量。翌日，義律答應繳煙二〇、二八三箱。 廿日，義律函巴麥尊，提出對華作戰方案及具體步驟。 廿七日，會同鄧廷楨至虎門驗收呈繳鴉片。 三月初三，美、荷船隻遞稟，稱「永不販售鴉片」。十二日，令澳門葡官委黎多呈繳煙土，聽候驗收。 四月初六，上外人帶鴉片罪名應議專片，奏請「人即正法，貨物入官，議一專條。」十三日，洋商繳煙逾半，逐步解除封館，預備開艙貿易。廿二日，開始於虎門銷煙。 五月，廣州周遭禁煙著效，逮獲人犯一、五〇〇人、煙土四六一、五二六兩。初五，清廷頒布欽定嚴禁鴉片煙條例卅九條，通令全國一體遵行。初

六，巡視海防。初九，義律令英船不得入口貿易英商自廣州撤離、期破壞清廷禁煙方案。十三日，廷諭：夷人帶煙治罪專條。十四日，顛地等十二名鴉片販離廣州，義律轉赴澳門。十五日，銷煙工作結束，計銷燬煙土二、三七六、二五四斤。廿七日，英船水手棍毆九龍附近尖沙村村民林維喜致死。

六月初二，欽差派員查辦林維喜命案。十五日，以觀風試形式要求參加院試諸生六四五人，提供鴉片販姓名及水師受賄情況。廿六日，義律三月廿二日書面報告案達英外務部。廿八日，倫敦商人、鴉片販與巴麥尊密談，積極策劃對華戰爭。

七月初四，義律於我領土非法開庭「審理」林維喜命案，峻拒交凶。初七，義律聲稱依據英國法律秉公審辦林維喜命案，要求我國接受領事裁判權。初八，欽差令封鎖澳門並驅逐義律出境。廿三日，英駐華海軍司令官士密率窩拉疑號軍艦抵廣東海面。廿七日，義律率兵船二艘，貨船三艘至九龍海岸挑衅，為清水師擊退。

八月，林氏令袁德輝與美傳教士某迻譯滑達爾所撰各國律例。初九，義律通過葡萄牙在澳門官員，要求重啟談判。林氏重申交凶、具結、躉船離境三要求。

十七日，義律托澳門葡官員為中間人會見澳門同知蔣立昂。為繼續售販煙土、拒交凶手進行聲辯。廿四日欽差收到八月十日英商比地里要求入口貿易稟帖，林氏要求照式具結，並加以鼓勵。本日，英內閣會議決議對華作戰。

九月初五，上諭：「希就九龍戰役，再示兵威」。初八，英船湯姆士・葛號遵式具結。十二日，巴麥尊密函知會義律有關對華作戰之決定與具體步驟。廿一日，欽差斥責余保純擅自同意義律只檢驗不須具結之要求，重申堅持具結始准入港。廿三日，英船賞郎號照式具結。廿七日，英倫敦東印度與中國協會向巴麥尊提出對華作戰方案及締約七項要求。本日，義律率二兵船阻止英商船具結入口，引發穿鼻海戰。廿九日，中英雙方連續交戰六次，至十月初八結束。

十月初九，與鄧廷楨視察橫檔、靖遠炮臺。
十一月十一日，接見海難英人嘉爾等十五人，瞭解英方情況，對渠等表示中英雙方友好之期望。十五日，與梁廷枏、張維屏等六人交談時事。
十二月初一，奉廷諭：斷決一切中英貿易。本日，接任兩廣總督，鄧廷楨調兩江總督。初十，英艦封鎖廣州口岸及珠江口。十一日，順天府尹曾望顏上封關禁海議，建議「閉關自守」。十四日，英船彎剌號回國，托其攜去致英吉利國王書，宣布新例，要求合作禁煙。
本年，譯華事夷言、對華鴉片貿易罪過論。

道光 廿年

一八四〇

五六歲

正月十八日，英政府任命喬治•懿律為對華談判公使、義律為副使，並制定對華條約草案，要求開放口岸、設領事、割島嶼等條款。廿七日，漁民、蛋戶與水師合作對英船火攻，獲勝。
三月初九，英國會通過遠征軍軍費支出案。
五月，英遠征軍入侵澳門海口、鴉片戰爭正式爆發。初九，廣東水師、水勇於磨刀洋火攻英船獲勝。廿二日，加強虎門設防。
六月初二，英艦於廣州海口竄犯未逞，移師北上。初八，定海陷。本月向美商購甘米力治號，改裝為兵船，於廣東水師服役。
七月十八，英軍抵天津大沽口外，琦善派員接受巴麥尊信函，英方限十日答復。十九日，廣東水師陸續招募水勇並加以訓練，以備於獅子洋攻剿英軍。
廿二日，琦善奏陳巴麥尊照會信函，並謂林則徐「受人欺矇，措置失當」。
廿三日，清廷據琦善奏陳，命琦善向英軍保證將對林則徐重治其罪。
八月五日，廣東水師對穿鼻洋以南龍穴一帶游弋自請處分摺、密陳辦理禁煙不能歇手片，重申鴉片危害性、重申嚴禁之必要性。
九月初三，廷諭：林則徐、鄧廷楨辦理不善，交部嚴加議處。派琦善，接署兩廣總督。
初八日，廷諭嚴斥林、鄧誤國病民，革職查辦。

			十一月，林氏函粵撫怡良，務請堅持禁煙。廿日，琦善接任粵督，採妥協媚外策略。 十二月十五，英軍攻大角、沙角炮臺，守將陳連陞父子死難。廿七日，清廷自贛調兵二千赴穗。翌日，義律向琦善提「割讓香港」四要求。廿九日，義律單方面宣布非法性「穿鼻草約」。
道光　廿一年	一八四一	五七歲	正月初三，琦善赴獅子洋蓮花山，約義律於次日會晤。 初四，英軍占領香港島。清廷諭令對英作戰。初五，清廷調鄰省兵力六千馳赴穗城。廿五日，清廷收到琦善請割香港奏摺，主張暫時羈縻，本日琦善因大角、沙角炮臺失陷，遭革去大學士銜並交部嚴加議處。 二月初四，林氏與粵撫怡良發動士紳反對割讓香港之請願。翌日並抵烏涌、白泥涌察看軍備。初六，怡良奏摺揭露琦善主意割地，廷諭：琦善革職鎖拿並抄家。初七，鎮遠、威遠、靖遠各炮臺相繼失守，關天培壯烈成仁。 三月廿五日，廷寄：「林則徐以四品卿銜赴浙，聽候諭旨。」廿六日，林氏迎接奕山、隆文、楊芳同赴佛山驗新鑄炮位。 閏三月初，楊芳、怡良因暫示羈縻奏稱，遭革職處分。初十，英內閣否決穿鼻草約，撤銷義律職務，改派璞鼎查接替。十一日，林氏向奕山建議禦夷設外海水師等六策。 四月初一，奕山分三路盲目進攻英軍失敗，廣州淪陷。 初四，新安縣武舉庾體群率火船三隊攻虎門洋船。 初七，裕謙奏舉林則徐負責浙東海防。本日，奕山與英方簽署廣州協議。初八，奕山頒布禁民抗英告示，禁止拘拿英人，違者按軍法治罪。佛山義勇乘舟夜襲龜岡炮臺英軍。十一日，三元里附近義勇痛殲英軍，遂陸續退出虎門。廿一日，林則徐抵鎮海。 五月，鄧廷楨奉旨遣戍伊犁。初十，林遭革去四品卿銜，從重發往伊犁效力贖罪。廿六日，奉諭遣戍伊犁。

年	西元	歲	事蹟
			六月十四，伊里布遭革職，發往軍臺效力贖罪。廿三日，琦善以守備不設，失陷城寨罪，處斬監候秋後處決。 八月，奉旨往河南河工地查災，在祥符，協助王鼎辦理堵口工程。十七日，英軍再陷定海。廿六日，英軍占鎮海。閩浙總督裕謙投水死節。廿九日，寧波失陷。 十一月，英軍陷餘姚。
道光 廿二年	一八四二	五八歲	正月廿九日，奕經率軍攻寧波、鎮海、定海，大遭慘敗。 卅日，英船安音號於臺灣海面觸礁，船員五七人悉為伏勇所俘。 二月七日，東河工竣，林則徐發往伊犁。 四月卅日，英軍陷吳淞炮臺，上海失守，江南提督陳化成壯烈死難。 七月初四，英艦八十餘艘直逼江寧城下，清廷派伊里布、耆英趕赴江寧。廿四日，耆英與璞鼎查簽訂中英江寧議定條約十三款（即南京條約）。廿九日，林則徐抵蘇州。本月，魏源撰成聖武記十四卷。 九月十四，林氏抵安西州。 十一月初九，林氏抵伊犁惠遠城戍所。 十二月，魏源編就海國圖志五十卷。
廿三年	一八四三	五九歲	七月，鄧廷楨獲釋、入關。 本年，林則徐在伊犁戍所，因不適應邊塞水土氣候，傷風、鼻衄、脾泄諸疾迭發。秋、冬間，漸癒。協助布彥泰辦理阿齊烏蘇廢地龍口地段墾務。
廿四年	一八四四	六〇歲	五月，在伊犁戍所。呈請捐資認修阿齊烏發廢地龍口地段開墾工程。 十月，伊犁將軍布彥泰奏明林則徐於墾荒之勞績，請求棄瑕錄用。 十一月，奉命於庫車、阿克蘇發地勘辦墾務。林氏建議將墾地分給維吾爾族農民種植，並將原固定屯兵改為駐兵，輪流耕種制，廷寄：同意所請。 十二月廿七，自伊犁赴南疆勘田。 本年，輯成衙齊雜錄，為嘉道間經營新疆之重要文獻資料。

道光　廿五年	一八四五	六一歲	正月初七，抵迪化。十九日，赴吐魯番，總結坎井經驗，加以推廣，並教民製紡車織布。 二月初五（至九月初一）先後勘查庫車、烏什、阿克蘇、和闐、葉爾羌、喀什噶爾、喀拉沙爾、伊拉里克、塔爾納沁諸墾地。 九月廿八日，上諭林則徐回京，以四、五品京堂候補。 十一月初四，奉旨署任陝甘總督。 十二月初十，在涼州接篆。
廿六年	一八四六	六二歲	三月廿二日，接任陝西巡撫。廿八日，制定約束番民章程四條。 七月初九，抵西安接篆。 十一月，奏請陝西仍宜銀錢並用。本月，關中大旱，平糶濟貧，勸民保牛。
廿七年	一八四七	六三歲	六月十七，調雲貴總督。本月，揭櫫「但當別其為良為匪，不必歧為漢為回」之理政方針。 八月十三日，姚州白鹽井回漢互鬥，林督一本公正原則處理，回漢皆服。本月，赴滇東、滇南校閱十三鎮協營，徹底整頓營伍。 十月，鄭夫人病故昆明。
廿八年	一八七八	六四歲	本年，以辦理雲南回務有功，得旨加太子太保，賞戴花翎。
廿九年	一八七九	六五歲	二月廿日，整頓雲南礦產，主張「招集商民，聽其朋資夥辦。」積極開採銀礦，整頓銅政，維護放本收銅政策。 七月，請假開缺回籍養病。 九月，因病告歸。

道光　卅年	一八八〇	六六歲	正月丁未，帝崩於圓明園慎德堂，皇四子奕詝嗣位，改明年為咸豐元年。 三月，返抵福州，居文藻山宅。 九月，廣西天地會起事。 十月，上諭林則徐為欽差大臣，馳赴廣西。十六日，至廣東潮州，病情惡化。十九日，抵普寧縣，吐瀉不止，卒於行館。 十一月十二日，詔贈太子太傅，照總督例賜恤，任內一切處分悉予開復，諡文忠。

主要參考文獻

- 清史稿（仁宗本紀、宣宗本紀、林則徐傳、鄧廷楨傳等）
- 清史列傳
- 續碑傳集
- 林文忠公諸遺作

柒、臺灣糖業編年（稿）

一、本表以臺灣糖業之發展為主軸，繫以相關性較高之政治、經濟、文化……等史實，審慎編纂之。始於明弘治十一年（一四九八），止於民國八十四年（一九九五），前後近五百年；部分量化資料止於民國九十八年（二〇〇九）。

二、臺灣糖業之發展，約可分為五期：

㈠糖業萌芽期（包括荷據、明鄭時代，自一六二四年至一六八三年，共約六十年）。本期初由荷將臺糖輸往日本、波斯等國販售，明鄭復臺後，輸往日本部分由鄭氏船團經營，銷往中東、歐陸部分，悉委由英商經理。

㈡糖廠成長期（自清康熙廿二年至光緒廿一年、一六八三—一八九五，共二一三年）。本期糖廠紛紛成立，所產赤、白糖除銷往大陸沿海各省外，大多數與茶、樟腦等銷往日、美、歐陸，且呈現對外貿易出超之榮景。

㈢殖民地糖業期（亦稱新式糖廠期，自明治廿八年至昭和廿年、一八九五—一九四五共五十年）。本期由殖民地政府主導，頒布糖業攸關之法令，憑以引進日資，設立新式糖廠，產品絕大多數輸回日本製作精糖或其他成品再行外銷；臺灣一度名列全球三大蔗糖產地。

(四)戰後糖業復興期（自民國卅四年至六〇年，共廿七年）。本期，糖為我國最主要輸出品之一，年平均輸出總額均在百分之四十以上，一度且高達百分之七十三。而貫徹分糖辦法更使蔗農擁有合理之保障與權益，擺脫日據時期「上戇就是種甘蔗予會社秤」之苦。

(五)糖業多角經營期（民國六十一年—）廿世紀六〇年代，古巴卡斯特羅政權（**Castro's government**）傾銷該國蔗糖，造成世界糖價暴跌，竟至生產製作一噸，賠上一噸之現象。臺灣糖業公司遂改採多角經營之方式營運，製糖無疑已成黃昏工業，產量自年年減少。

三、本表所有文字、量化數據皆以史籍、糖業文獻及官方統計資料為依據。

中(日)紀元	公曆(年)	記事
明弘治十一年	一四九八	葡萄牙人達伽馬（**Vasco da Gama**）發現自歐洲經好望角（南非）直達東方之航路。五月廿日，渠抵印度西南沿海卡利庫特（**Calicut**，明史作「古里」）。八月，返航。從此，葡、西、荷等國陸續東來，西方勢力伸入亞太地區。
嘉靖卅六年	一五五七	葡萄牙人強占我澳門，以壟斷東方貿易。經由澳門北上廈門、寧波等口岸，航經臺灣海峽，遙望東面島嶼，山林青蘢蓊鬱，原野鹿群競奔，風景殊麗，乃譽之為美麗之島（**Ylhas Formosa**）；於是福爾摩沙之名，遂傳播於世，亦啟歐人覬覦之心。
萬曆廿六年	一五九八	西班牙人薩摩蒂奧（**Don Juan de Zamadio**）率艦二艘、士卒二百餘名，兵犯臺灣，以風阻未逞。本年，荷蘭始於爪哇設置根據地，與葡、西爭雄，並謀通商中國。

年號	西元	事蹟
萬曆 卅年	一六〇二	三月廿日，荷蘭東印度公司（Vereenigde Nederlandsche Oost Indische Compagnie）正式成立於巴達維亞（Batavia，今雅加達）以圖強力開展東方貿易。由荷蘭政府授以設軍隊、宣戰講和，與任命官吏、統治殖民等特權。
卅一年	一六〇三	荷提督韋麻郎（Wijbland Van Waerwijck）自巴達維亞遣艦二艘，駛往廣東沿海，謀求互市，至澳門為葡人所拒，東北航至澎湖，求互市亦未果。
卅七年	一六〇九	荷人據澎湖。本年，荷東印度公司於日本平戶設商館。
四十一年	一六一三	平戶荷商館館長布魯瓦（Hendrick Brouwer）向東印度總督易鉢托（Pieter Both）建議占據臺灣，以為中、日貿易之轉接基地。
天啟 元年	一六二一	顏思齊為日本國甲螺，引倭屯聚於臺，鄭芝龍附之。
二年	一六二二	四月十日（陰曆二月卅日）荷提督雷爾生（Cornelis Reyersen）奉命率艦十二艘、官兵一、〇二四名進犯澳門，遭明、葡合力拒抗，大敗，轉往澎湖。七月十一日（陰曆六月初四）登陸媽宮港（今馬公）。廿日，以我漁民為導，東去臺灣探察港灣。卅日（陰曆六月廿三日）折返澎湖。本年，八月二日（陰曆六月廿五日）於媽宮築城，城呈四方形，每邊各約五十六米許、備有稜堡四、內設廿九門。
四年	一六二四	正月初二（陽曆二月十二日）明福建巡撫南居益命守備王夢熊率部進兵澎湖。七月十一日（陽曆八月廿四日）荷軍示降，十三日拆城，東赴臺灣，任命遜克（Martinus Sonck）為首任臺灣總督，於一鯤身竹砦舊址築奧倫治（Orange）城。本年，西班牙人初抵北臺灣。 顏思齊病逝諸羅山，眾推鄭芝龍為首。
五年	一六二五	荷人於新港社赤嵌沿河地，築普洛文希亞（Provincia）城。
六年	一六二六	五月十二日，西班牙人據雞籠，稱該地 Santisima Trinidad，十六日於社寮島築 San. Salvador 城。
崇禎 元年	一六二八	六月廿九日，日人濱田彌兵衛挾持荷蘭臺灣總督奴易滋（Pieter Nuyts）。七月三日，日、荷議和，荷方賠款。本年，荷人占領爪哇島。

崇禎 三年	一六三〇	荷人改建熱蘭遮（**Zeelandia**）城竣工。
五年	一六三二	西班牙人溯淡水河入臺北盆地；占蛤仔難稱 **Santa Catarina**。
九年	一六三六	本年，荷人自臺輸日白糖一二、〇四〇斤、赤糖一一〇、四六一斤。 臺灣於荷據時期（一六二四—一六六一）農業以種植水（旱）稻、甘蔗為主。植蔗製糖，為荷人出口貿易之大宗。荷據初期，食米不足，其後生產漸多，且有剩餘可供出口。有關稻、蔗種植情況，舊獻不詳。荷據第十三年（一六三六）農地拓墾面積三、〇〇〇 **Morgen**，至第卅三年，增至八、三五三・九 **Morgen**。
十五年	一六四二	九月，荷人驅逐西班牙人離臺（八月廿一日，西人獻城寨降荷。）
清順治 九年 （南明永曆六年）	一六五二	臺糖輸日總量約達八萬擔（合四、八〇〇公噸）。

·荷據時代漢族人口推估統計（1-1）

年代	人口數
天啟六年（一六二六）	五、〇〇〇
崇禎八年（一六三五）	已成大聚落
十三年（一六四〇）	一〇、〇〇〇—一六、〇〇〇
永曆二年（一六四八）	二〇、〇〇〇
四年（一六五〇）	一五、〇〇〇
十五年前後（一六六一前後）	二五、〇〇〇

資料來源 臺灣省通志稿人口篇（陳紹馨撰）

▪荷據時期稻蔗田拓墾面積統計（1-2）

年代＼區分	稻田	蔗田	稻田：蔗田
永曆元年（一六四七）	4056.5 Morgen	1,469.025 Morgen	73:27
永曆八年（一六五四）	2,923.2 Morgen	1,309.02 Morgen	69:31
永曆九年（一六五五）	5,577.07 Morgen	1,516 Morgen	79:21
永曆十年（一六五六）	6,516.02 Morgen	1,837.07 Morgen	78:22

林衡道主編臺灣史頁九一（民六六）

順治十四年（南明永曆十一年）	一六五七	荷蘭通事何斌，侵荷銀二十萬兩，將所測鹿耳門港道圖獻呈延平郡王，並圖歸附。
十八年（永曆十五年）	一六六一	四月初一辰時（陽曆四月卅日），乘漲潮，鄭軍船艦入鹿耳門，荷人退守熱蘭遮城。六月卅日，荷蘭任克冷克（**Hermanus Clenck**）為臺灣總督以代揆一（**Frederik Coyett**），抵臺灣駐金獅島（今小琉球），聞臺灣有變，竟偕雞籠軍民一百七十餘人同走日本。十二月，揆一乞降，鄭成功收復全臺。改臺灣為東都，設一府、二縣（承天府，天興、萬年二縣）並創屯田制，「勸諸鎮開墾，栽種五穀，蓄積糧糗，插蔗煮糖，廣備興販。」（臺灣外記卷十三）
康熙 元年（永曆十六年）	一六六二	五月初一，鄭成功病逝東都，得年卅九；子經嗣位思明。十月十六日，入東都改名東寧。承續其父寓兵于農、力行屯田之制。
九年（永曆廿四年）	一六七〇	六月廿三，英船抵東寧。九月一日，鄭、英簽訂通商協定：英方將臺灣砂糖、鹿皮、絲綢等貨輸歐，明鄭所需火藥、軍械，英方應適時供給。（永曆廿六年冬，**Simon**

康熙　十年（永曆廿五年）　一六七一

Delboe 抵東寧任英商館經理。）

本年秋，大熟。漳、泉之民紛紛渡海來臺。

終明鄭統治（—一六八三）之世，對歐美貿易假手英東印度公司東寧商館進行；對日貿易由鄭氏王室與顯宦合作經營，以雞籠為交易之口，許日人僑居其地。輸出以砂糖、麻皮、藥材、生絲為大宗，輸入以銅、鉛、兵器、火藥等為主。「成功以海外彈丸地，養兵十餘萬，甲冑戈矢，罔不堅利，戰艦數以千計，又交通內地，徧買人心，而財用不匱者，以有通洋之利也。……不知海禁愈嚴，彼利益普，雖智者不及也。」（郁永河鄭氏逸事）永曆卅三、卅四年間，糖年產量一度增至一八、〇〇〇公噸。

廿二年（永曆卅七年）　一六八三

七月十九日，克塽降清，明正朔絕。清收臺灣入版圖，令屬福建，置分巡臺廈兵備道。

清廷領臺初期，並未鼓勵植蔗。「嚴禁申飭插蔗並力種田，以足民食、以重邦本事。……、莫如相勸種田，多收稻穀，上完正供、下贍家口，……」（高拱乾禁飭插蔗並力種田示）

卅三年　一六九四

本年，全臺田園總面積，計一八、四五三・八六四〇二三甲。（田七、五三四・五七七二九三甲，園一〇、九一九・二八六七三〇甲）。（2-1）

行政區別	田（植稻）	園（插蔗等）	田園比
臺灣縣	三、八八五・六四四三〇甲	四、六七六・一七八三六四甲	四五：五五
鳳山縣	二、六七八・四九六八一〇甲	二、三六九・七一五五〇甲	五三：四七
諸羅縣	九七〇・四三六一七六甲	三、八七三・三九六八一六甲	二〇：八〇

全臺田園比四一：五九（林衡道臺灣史頁一八五—一八六）

製糖之所稱糖廍，應成形於荷據、明鄭間。至清廷領臺後，糖廍數量不唯未見減少，反而逐年增加。糖廍生產粗糖，另有「「糖間」之組織，則專從事白糖製造。

康熙 卅六年	一六九七	「蔗田萬頃碧萋萋，一望蘢葱路欲迷；綑載都來糖廍裏，只留蔗葉餉群犀。取蔗漿煎糖處曰糖廍。蔗梢飼牛，牛嗜食之。」（郁永河裨海紀遊卷上）
六十一年	一七二二	「臺地三縣每歲出蔗糖六十餘萬簍，每簍一百七、八十斤。烏糖百斤價銀八、九錢，白糖百斤價銀一兩三、四錢；全臺仰望資生，莫此為甚。」（黃叔璥臺灣使槎錄、雅堂業刊抄本。榮按：前引書一作臺海使槎錄有不同抄本。又，本年，清廷置巡臺御史滿、漢各一員，黃叔璥以京曹授巡臺漢御史。） 「插蔗之園，必沙土相兼、高下適中乃宜。每甲栽蔗，上園六、七千，中園七、八千，下園八、九千或至萬（地薄蔗瘦，多栽冀可多硤糖觔）。三春得雨，易於栽插；……十月內，築廍屋、置蔗車，僱募人工，動廍硤糖。上園每甲可煎烏糖六、七十擔，白糖六、七十碻；中園、下園只四、五十擔。煎糖須覓糖師知土脈精火候，用灰（湯大沸，用礪房灰止之）、用油（將糖，投以蓖麻油），恰中其節。煎成，置糖槽內，用木棍頻攪至冷，便為烏糖。色赤而鬆者，於蘇州發賣；若糖濕色黑，於上海、寧波、鎮江諸處行銷。至製白糖，收蔗汁煎成糖時，入糖碻內，下用碻鍋盛之；半月後浸出糖水，名頭水；次用泥土蓋碻上十餘日，得糖水，名二水；再用泥土覆十餘日之糖水，名三水；合煎可為糖膏；或用釀酒。每碻白糖只五十餘觔。地薄或糖師不得其人，糖非上白，則不得價矣。每廍用十二牛，日夜硤蔗；另四牛載蔗到廍，又二牛負蔗尾以飼牛。一牛配園四甲或三甲餘。每園四甲，現插蔗二甲，留空二甲，遞年更易栽種。廍中人工：糖師二人、火工二人（煮蔗汁者）、車工二人（收蔗入石車硤汁）、牛婆二人（鞭牛硤蔗）、剝蔗七人（園中砍蔗去尾、去籜）、採蔗尾一人（採以飼牛）、看牛一人（看守各牛）、工價逐月六、七十金。」（黃叔璥赤崁筆談卷三）
雍正 元年	一七二三	設一府四縣二廳，增設彰化縣、淡水廳、澎湖廳。淡水廳治在今新竹市。本年，開始有臺南三郊組織，蘇萬利成立北郊（即糖郊）掌臺糖輸出華北及日本之業務。
乾隆 三年	一七三八	臺米大量出口（每船限載六十石）。
九年	一七四四	臺米價格大跌。
十一年	一七四六	臺米四〇萬石供應漳、泉、興、福四府，永為定例。

	十三年	一七四八	漳、泉歉收，臺船每艘攜米一二〇石至閩南。
乾隆	五十五年	一七九〇	開徵屯租；查出漢人於上牛界外之隱田達三、七九〇甲，充為屯田。
	六〇年	一七九五	福建缺米，臺米米價暴漲至每石五、〇〇〇文。本年，全臺蔗車增至三百四十餘張。
嘉慶	十一年	一八一一	全臺計有二四一、二一七戶，二、〇〇三、八六一人含先住民。其中三分之二人口集中於臺灣縣（15%）、彰化縣（17%）與嘉義縣（42%）。
道光	四年	一八二四	臺米十四萬石救濟天津米荒。
	廿九年	一八四九	川糖盛產，價廉物美，與臺糖爭市；臺糖首度枯萎多年。
咸豐	六年	一八五六	美商魯斌洋行（**Robinet & Co,**）至打狗（今高雄）購糖十六萬擔，銷往華北（總值墨銀四七萬元）本年，臺糖外銷二一、二八〇千磅。
	八年	一八五八	六月廿六日，天津條約，臺灣開港。
	十年	一八六〇	北京條約，開放淡水、安平為通商口。外商逕來臺興販，臺糖銷路轉盛，市場遂及歐美。
同治	元年	一八六二	**Jordin Matheson & Co. Dent & Co.**等洋行，於淡水（滬尾）設商館；本年七月十八日，淡水開市。此後數年，**Tait & Co. Elles & Co.**亦來臺設商館。
	四年	一八六五	英人陶德（**John Dod**）勘定文山、海山三堡（今新北市石碇、土城、三峽等地）土性良好、適宜種茶。翌年，自泉州安溪引進茶苗。
	六年	一八六七	陶德收購首批茶青製茶售往澳門，因茶味芳香濃郁，頗獲好評，遂於艋舺設茶館，從事精製，名曰烏龍。
	九年	一八七〇	本年，外銷臺茶七九、四六一千磅。樟腦二、二四〇千磅、烏龍茶一、四〇五千磅。
光緒	六年	一八八〇	本年，外銷臺糖一四一、五三二千磅、樟腦一、六四〇千磅、烏龍茶一二、〇六三千磅。
	九年	一八八三	中法戰役。九月，劉永福敗法軍於河內。翌年，法軍犯臺。

光緒　十年	一八八四	臺地糖豐收，每擔自二・八元跌至一・五元；本年外銷糖一二、六三二千磅、樟腦六一千磅、烏龍茶一三、一五五千磅。
十三年	一八八七	三月，滬尾—基隆—臺北間電線通；六月，臺北—基隆段鐵路新建工程動工。
十六年	一八九〇	本年，外銷臺糖九六、一八三千磅、樟腦一、〇六四千磅、烏龍茶一七、〇一七千磅。
十九年	一八九三	臺北—新竹間鐵路通。
廿年	一八九四	臺灣省治移臺北府。三月廿九日，朝鮮東學黨事起。六月初八，清廷出兵朝鮮，十二日，日軍入朝，八月甲午戰爭爆發。 本年，外銷臺糖九七、八三一千磅、樟腦六、八七七千磅、烏龍茶二〇、五三四千磅。
廿一年	一八九五	二月十二日，北洋艦隊覆滅。三月廿日，中、日於下關（馬關）春帆樓議和。四月十七日，中日講和條約（馬關條約）簽署，割臺議成。五月十日，日皇任命海軍大將樺山資紀為首任臺灣總督。五月廿五日，臺灣民主國成立，年號永清，舉原巡撫唐景崧為民主國大總統。 本年，外銷臺糖九四、二二四千磅、樟腦六、九三五千磅、烏龍茶一九、五五六千磅。

・晚清臺灣糖、樟腦、茶外銷量比（2-2）

年別	糖：樟腦：茶
咸豐六年（一八五六）	九四：六：〇
同治九年（一八七〇）	九六：三：一
光緒六年（一八八〇）	九一：一：八
光緒十年（一八八四）	九一：〇・一：〇・九
光緒十六年（一八九〇）	八四：一：一五
光緒廿年（一八九四）	七八：六：一六
光緒廿一年（一八九五）	七八：六：一六

日據明治廿八年（光緒廿二年）　一八九五

・晚清（割臺前）臺灣進出口總值統計（2-3）

單位：千海關兩

年　　別	出口(E)	進口(I)	出入超% E/I×100
同治四年（一八六五）	九二九(100.0)	一、四〇九(100.0)	入四八〇(69.5)
同治九年（一八七〇）	一、六六八(179.0)	一、四六三(103.8)	出二〇五(114.0)
光緒元年（一八七五）	二、九六二(315.0)	二、二二二(157.7)	出七〇四(131.7)
光緒六年（一八八〇）	六、四四八(698.4)	三、五八〇(251.2)	出二、九〇八(181.2)
光緒十一年（一八八五）	五、六一六(604.5)	三、一九五(226.8)	出二、四二〇(175.7)
光緒廿一年（一八九五）	九、四二五(1017.4)	四、八三九(343.5)	出四六、一三八(195.3)

同治七年（一八六八）至光緒廿一年（一八九五）臺灣糖總外銷量計八、八九四、六五〇擔（合五三三、六七八・八公噸）多數銷往日本。

六月二日（以下均以陽曆記月、日）日本完成接收臺澎。七日，日軍入臺北城。十七日，舉行始政式。

廿九年　一八九六

三月十四日，公布法律第六十三號（俗稱六三法）。卅一日，公布地方官官制。四月一日，設臺北、臺中、臺南三縣及澎湖廳。

卅年　一八九七

本年，臺灣製糖會社創社營運。五月八日，國籍選擇日截止，計有四、五〇〇人返大陸。

明治卅一年	一八九八	三月廿八日，兒玉源太郎、後藤新平分別抵臺就任總督、民政長官職。六月廿日，重訂臺北、臺中、臺南三縣及宜蘭、臺東、澎湖三廳。本年，耕地面積總計四〇一、八三九公頃（其中水田二三六、二一二公頃，旱田一六五、六二七公頃）占全臺總面積 11.2%，水旱田比五八．八：四一．二）。
卅二年	一八九九	三月卅一日，募集三、五〇〇萬圓公債充改建鐵路、基隆港與土地調查等用。四月廿六日起，食鹽專賣。六月廿二日起，樟腦專賣。九月廿六日，臺灣銀行開業。
卅三年	一九〇〇	七月一日，臺北—臺南間電話通。十一月八日，公布臺灣度量衡條例；廿八日，臺南—打狗段鐵路通車。
卅四年	一九〇一	四月卅日，增設恆春廳。五月廿三日，公布樟腦、鴉片、食鹽三專賣局官制（六月一日起施行）。八月十六日，廢除糖業稅則令。九月卅日，總督府殖產局長新渡戶稻造提出糖業改良意見書。十一月一日，實施砂糖消費稅。本年，總督府於南大目降設甘蔗試作場。
卅五年	一九〇二	三月十一日，臺灣製糖會社所生產之砂糖首度輸出上海、寧波等地，計三、一〇〇餘包。六月十四日，總督府公布臺灣糖業獎勵規則（律令）。十月一日，基隆開始供應自來水。本年，全臺製糖業生產總值計一千二百萬日圓。
卅六年	一九〇三	六月十七日，公布樟腦專賣法。十二月五日，確定大租權。
卅七年	一九〇四	二月十日，日俄戰爭爆發，廿七日，臺南、斗六間鐵路竣工並通車。五月五日，臺南製糖會社創社。八月十九日，遼陽會戰，旅順口總攻擊（—十一、廿六）。七月一日，改革幣制，臺灣銀行發行臺灣銀行券。
卅八年	一九〇五	一月，公布番社人口統計：全島番社，計七八四社、人口一〇三、三六〇人。二月，公布全臺田畑面積，計田三一六、六九三甲，畑一五八、八八〇甲；全臺鴉片（即阿片）吸食人數一三七、九五二人。三月，日俄奉天之戰。五月廿七日，日本海之戰。九月五日，日、俄議和。六月，修築打狗港。九月十五日，臺灣銀行券發行額額八〇

五萬圓，流通額六二一萬圓。十月一日，第一次戶口普查。本日，彰化銀行開業。十二月，籌設明治製糖會社。

・明治卅八年十月一日戶口普查統計（3-1）

區分	人口數	%
日本人	57,335	1.64%
臺灣人	3,414,416	98.09%
福佬人	2,942,784	(86.18%)
客家人	379,195	(11.10%)
其　他	506	(0.05%)
熟　番	46,432	(1.35%)
生　番	36.363	(1.06%)
其　他	9,136	(0.26%)
中國人	8,973	0.25%
其　他	163	0.02%
合　計	3,480,887	100%

明治卅九年　一九〇六

六月七日，滿鐵株式會社成立。七月，臺南大目降甘蔗試作場改稱糖業試驗場。十二月，明治製糖株式會社創立。

四十年　一九〇七

二月，東洋製糖株式會社創社（資本額五〇〇萬圓，昭和二年合併於大日本製糖（株））。三月二日，鹽水製糖股份公司創立（資本額五百萬圓）。五日，大東製糖會社成立（後併入臺灣製糖）。

四一年　一九〇八

臺灣縱貫線鐵路三義葫蘆墩（今豐原）間打通，基隆、打狗（今高雄）間全線通車，南北總長二四七英里。本年，全臺耕地總面積，計六五〇、二三八公頃（其中水田三二二、七九九公頃，旱田三二七、四三八公頃），占臺澎總面積 18.1%。水旱田比四九、六：五〇、四。

明治四十二年	一九〇九	四月十一日，日糖收受賄賂案爆發。（本案關連輸入原料退稅法案之贈收賄多件、大日本製糖董、監及代議士多數遭檢舉）。五月十一日，大日本製糖會社贈受賄案，預審終結，被告廿二人皆有罪嫌遭起訴。七月十一日，社長酒句常明因受賄多件被起訴，舉槍自戕，年四十九。廿九日，林本源製糖會社創社。六月廿一日，辜顯榮製糖會社創社。七月卅日，臺灣製糖協會成立於東京。九月十五日，新竹製糖會社成立。十月卅日，新高製糖股份公司創立（資本額五百萬圓；昭和十年，合併入大日本製糖）。
四十三年	一九一〇	一月十一日，竹子門（臺南）發電所竣工發電。六月，帝國製糖會社創社。（一作十月三日成立，待考。資本額五百萬圓。昭和十五年併入大日本製糖。）八月廿二日，日本併吞朝鮮。 十二月廿八日，臺北辯護士（今稱律師）伊藤政重、臼倉吉朗、山口義章等三人因林本源製糖土地收購事件遭懲戒處分（反對土地強制收購）。本年，全臺製糖業生產總值五千二百萬日圓。
四十四年	一九一一	一月十七日，公布市場取締規則。 二月八日，阿里山鐵路通車。 四月一日，公布貨幣法施行於本島（臺澎）。本日起，實施臺灣林野調查規則。 十月十日，武昌起義。 十月十六日，廢糖務局，改設殖產局，糖務歸其掌理。 十二月一日，基隆—打狗間夜行列車通車。
明治四十五年（大正元年）	一九一二	一月一日，中華民國（臨時政府）成立於南京，孫中山為首任臨時大總統。 二月廿五日，帝國製糖會社（臺中場）開工。 三月九日，重新規劃臺北市。 六月一日，起建總督府（—大正八年）。 七月卅日，明治天皇病逝，皇太子嘉仁即位、改元大正。

大正二年	一九一三	一月廿五日，基隆—花蓮港定期航線通航。 二月九日，公布臺灣產業組合規則；十六日，臺南製糖會社創立大會。 四月一日，公布臺灣國稅徵收規則。 七月十二日，中華民國二次革命（反袁）。
三年	一九一四	二月十五日，阿緱線鐵路通車。 三月三日，臺灣銀行發行五圓兌換金券新紙幣。 七月廿八日，奧向塞爾維亞宣戰，第一次世界大戰爆發。 十月四日，公布戰時工業原料輸出規則。
四年	一九一五	一月十八日，日向袁世凱提出廿一條要求，五月九日，袁政府同意日要求。 四月，核准星製藥生產嗎啡。 八月十四日，楊度等六君子組成籌安會，推動袁氏稱帝。 十月一日，第二次全臺戶口普查。
五年	一九一六	三月，日參謀本部策動滿蒙獨立運動；廿二日，袁世凱宣布取消帝制。
六年	一九一七	三月十二日，俄國大革命。 六月十七日，臺南自來水供水。 七月一日，清遜帝溥儀復辟。廿五日，總督府三大工事（海底電纜、鐵路、水利）預算通過。 十一月廿二日，臺灣產業組合規則正式施行。
七年	一九一八	五月十八日，臺灣電氣協會成立。 六月，日（本土）米價暴漲。 十月七日，林本源製糖內部糾紛。十一日，社員四十餘人退社。 十一月十一日，第一次世界大戰結束。 本年，全臺農地面積計七三二、二五四公頃（其中水田三四一、四七九公頃、旱田三九〇、七七五公頃）農地占全臺總面積20.4%；水旱田比四六・六：五三・四。

大正八年	一九一九	一月十八日巴黎和會（—六、廿八）。 一月廿九日，華南銀行創立（林本源入資）。 六月廿八日，簽署凡爾賽和約。 七月廿日，臺北市公共汽車（バス）開始營運。卅一日，臺灣合同電氣株式會社（今臺灣電力公司前身）成立。 十二月十三日，大和製糖株式會社創立（辜顯榮獨資）。十五日，新竹製糖株式會社創社。
九年	一九二〇	六月二日，召開農業基本調查會；五日，全島大地震。 七月廿七日，地方行政改制，設五州（臺北、新竹、臺中、臺南、高雄）、二廳（臺東、花蓮港），下轄三市，四十七郡、一五五街（庄）。 八月一日，公布臺灣所得稅令。 十月一日，第三次全臺戶口普查。 十二月十六日，公布國勢調查結果：全臺總人口數三、六五四、三九八人。 本年，全臺製糖業生產總值計一億八千九百萬日圓。
十年	一九二一	一月卅日，第一次臺灣議會設置請願。 二月十七日，日眾議院通過臺灣總督委任立法案（自大正十一年一月一日起實施）。 四月一日，官佃埤圳組合改為嘉南大圳組合。 十八日，廢止笞刑處分條例。本月，萬華、新店段鐵路通車。 七月一日，中國共產黨成立於上海。 八月十七日，公布臺灣合會事業施行規則。 十二月十一日，公布臺灣水利組合令。
十一年	一九二二	四月一日，廢除臺灣金庫，改由臺灣銀行代理經營國庫業務。本日，臺北市街改町代街。 五月五日，公布臺灣酒類專賣令。 十月十日，縱貫鐵路海線通車。

		十二月卅日，蘇維埃社會主義聯邦共和國成立（簡稱蘇聯）。
大正十二年	一九二三	一月一日，廢止林野調查規則。八日，公布治安警察法。廿五日，濁水溪發電所竣工。卅日，臺灣議會期成同盟成立。 二月廿二日，第三次議會請願（按：大正十年九月二日林獻堂等廿八人，以總督府評議員及地方士紳之名義對總督諮詢臺灣議會設置問題為第二次議會期成請願。） 三月卅日，實施州廳農事試驗場規則。 六月廿九日，蘇澳開港。 七月廿九日，臺灣產業組合協會成立。 九月一日，日本關東大地震。十九日，實施暴利取締令。廿七日，中止日月潭水力發電工程。
十三年	一九二四	四月一日，實施臺灣米穀檢查規則。本月，二林庄長林爐、醫師許學向林本源製糖會社爭議蔗價。 六月，臺灣正米市場成立於臺北市。 七月，竹山農民向三菱竹林事務所爭取竹林所有權（至十一月）。 七月廿五日至八月一日，治警事件一審，全體被告無罪。 十月十五日，治警等件二審。本月，黃呈聰於線西組織甘蔗耕作組合，未成。 十一月卅日，宜蘭線鐵路全線通車（八堵至蘇澳港）。 十二月十日，二林李應章、詹奕侯等人辦理農村講座。廿五日，總督府發布基隆、高雄自明年一月一日起改市。
十四年	一九二五	一月一日，二林庄舉行農民大會，創立蔗農組合。廿七日，林本源製糖蔗農推舉代表卅二人向會社交涉提高蔗價。本月，南投郡蔗農六百餘人連署，舉張金水、張隆元、陳明等為代表對相馬明治製糖會社提出蔗價提高要求書面意見書。 四月廿二日，日內閣公布治安維持法（臺澎自五月十二日起施行）。 五月，陳中和物產小作爭議事件（蔗農代表黃石順）。 六月一日，臺北橋竣工。十七日，始政卅年紀念。廿八日，二林蔗農組合正式成立，

組合員總數約五百人，選出李應章等十人為理事、謝黨等六人為監事，另選代議員五十人。

八月，北門郡下學甲，曾文郡下麻豆等二地蔗農千餘人連署要求甘蔗收購價格應自每千斤最高四圓二角，提高至六圓，作成陳情書分別投訴會社、郡役所、州廳及總督府。

九月廿七日，二林庄召開農民大會決議對林本源製糖會社之條件。十月六日，偕顧問泉風浪向會社提出要求條件；十、十五等二日選派代表向會社交涉，但均遭拒絕。廿一日，林本源製糖會社強制收割蔗農甘蔗，翌日，繼續收割作業，遂與蔗農正面衝突。廿三日，藉警力濫捕蔗農且乘機拘押平日為警察看不順眼之諸民眾，一時風聲鶴唳，震動全島。

十月一日，舉行第四次全島戶口普查。

十一月十五日，鳳山小作組合召開成立大會，改名鳳山農民組合，選舉簡吉為組合長、黃石順為主事、陳振賢為幹事、梁國等十四人為委員。十八日，北港郡水林庄召開農民大會決議對東洋製糖會社要求條件八項。

十二月十日，東洋製糖會社拒絕水林蔗農所提要求。郡守黑藤出面為調人；同日，會社與蔗農代表交換覺書，解決年來各糾紛。廿四日，以蔗農運動指導者之嫌，水林庄長林四川遭臺南州知事喜多下令撤職。卅一日，二林蔗農事件預審中之被告四十六人，更新預審期間（按：即延長拘押）。

大正十五年 一九二六

一月一日，臺灣民報新年號提出「保甲制度存廢問題」與「甘蔗採收區域制度存廢問題」徵詢島民意見，回復者皆主張應當廢除。三日，鳳山農民組合巡迴演講隊至各地演講，極力呼籲農民覺醒。（按：一作「四日」，待考）。十日，水林庄民四百餘人參與林四川遭撤職慰安會，對官憲橫暴壓制表示強烈抗議。

三月廿日，新興製糖會社雇人以暴力接管大寮庄佃戶所購耕之農地，與佃戶發生糾紛，接管未果。本月，日本勞農黨成立。

四月十一日，大肚庄民抗議退休官吏強購土地。廿六日，農民組合向總督府提出書面陳情。五月廿七日，小梅庄民分向地方憲兵隊及總督府請願。

六月二日，大湖郡警察鎮壓小作，發生爭議。十四日，大甲農民組合宣告成立；本日，

年號	西元	紀事
		崙背庄民與退休官吏為強制購地引發衝突。廿八日，臺灣農民組合假鳳山農組辦事處舉行成立大會。推舉簡吉為委員長、趙港、黃石順、陳連標等為各部部長。嘉義、虎尾、大甲、曾文、鳳山各支部仍由林龍、陳常、趙港、張行、簡吉兼支部長。 七月十五日，東石郡義竹庄發生土地糾紛。 八月廿八日，二林事件第一審（—卅日）。 九月廿日，臺灣農民組合各支部為解決農民與退休官吏間土地糾紛，研商結果決定向甫上任總督上山提書面陳情。廿一日，鳳山支部舉辦農村演講會，臨監警察命令解散，演講者簡吉、黃石順等悉遭拘捕，並以違反治安警察法處理之。廿四日因簡吉等拘捕，在押同志洪勤之女，向警方請願，盼早日釋放簡吉等人，渠願以其父為質。廿五日，東港郡農民卅餘人徒步至鳳山郡警察課聲援，渠等之請願，警方置之不理。卅日，二林（蔗農）事件第一審宣判，被告卅七人除蔡淵騰等八人獲判無罪外，其餘李應章、謝衢等廿九人分別被判處懲役一年或三個月不等。 十月廿四日，臺灣農民組合土地問題陳情團組成（各支部代表二人）。翌日，北上要求晉見總督，未果。 十一月十日，大肚庄民一三〇餘人至臺中州廳請願。十八日，鳳山農組支部違反治安警察法事件，本日於臺南地方法院開庭審理，被告簡吉、張滄海、洪勤、蔡其仕、林堂計五人。
昭和元年	一九二六	十二月十日，大甲農民示威。廿五日，大正天皇病歿（一八七九—一九二六），攝政親王皇太子裕仁嗣位，改元昭和（元年自十二月廿六日—十二月卅一日）。 糖廍、糖廠統計，詳頁三〇四（表3-2）
二年	一九二七	一月三日，臺灣農民組合本部移往麻豆。十日，臺農組合成立北門支部，翌日新營支部成立。十五日，大肚庄農民阻止土地丈量。十七日，大肚學生罷課，壯丁團團長及甲長分別請辭，以抗議退休官吏強占農民土地。 二月十三日，臺農組合幹部簡吉、趙港二人赴日向中央政界呼籲合理解決土地問題。廿七日，簡等二人參加日本農組第六次大會。本月廿一日，林本源製糖會社併入鹽水港製糖會社（辜顯榮所有）。

昭和三年

一九二八

三月十日，臺農組合潮州支部城立。十二日，臺農組合土地問題請願書，由眾議員清瀨一郎為介紹人，提出於帝國議會眾議院。十六日，日勞農黨名律師布施辰治為二林蔗農事件辯護抵臺。（三月廿三—廿五日開庭）。十六日，臺農組合成立中壢支部。廿二日，東京帝大教授矢內原忠雄（一八九三—一九六一）來臺考察。

四月五日，臺農組合向總督府警務局，提出五項抗議：（一）反對禁止屋外集會。（二）反對非法取締屋內集會。（三）停止非常識之跟蹤。（四）停止非法壓迫組合成員。（五）停止造謠。十日，臺農組合成立大化支部。本日，二林蔗農組合召開大會，議決解散蔗農組合與臺農組合合流。

六月四日，臺農組合各支部負責人，同時遭警方派員搜查住宅。九日，臺農組合二林支部成立、十六日，桃園支部成立。

七月四日，律師古屋貞雄於臺中開業。十日，民眾黨於臺中成立。十二日，二林蔗農事件三審宣判「上告棄卻」維持二審判決。廿九日，北港郡下林寮厝農民八十餘戶墾地二百餘甲遭製糖會社所奪，農民四千人擁至郡役所抗議。翌日，農民復再度至郡役所抗議。同日，桃園郡觀音庄農民至郡役所示威。

八月十三日，臺北州海山郡農民抗議土地問題。十月十一日，臺農組合臺南支部聯合會成立（負責人：侯朝宗）。十五日，臺農組合向總督上山抗議。廿三日，臺農組合三義支部成立。十一月七日，臺農組合大屯支部辦理為期一個月之研究會；八日，該支部幹部三人悉遭拘捕。十三日，臺農組合與文化協會共同主持，全島五十三處同日同時舉辦土地政策、產業政策反對大演講會，悉為警方中止解散之。十八日，臺農組合彰化支部成立。

十二月四日，臺農組合假臺中樂舞台召開農民大會，出席代議員二百餘人，議決支持勞農黨（日）等十一項議案。廿日，臺農組合曾文支部動員農民五百餘人，擁至明治製糖會社麻豆場提出九項要求。廿四日，大屯郡烏日庄農民對大日本製糖會社烏日場提出「甘蔗收購價須以蓬萊米之價格為標準」等三項要求。

一月二日，臺農組合潮州支部召開大會，報告演講會連日悉遭解散、幹部遭拘捕。本月，謝雪紅、林木順、陳來旺自東京返滬，籌建臺共（榮按：去年年底，謝、林二人於東京接受日共指令）。六日，臺農組合第二次大會於草屯辦理。
二月三日，臺農組合中央委員會、中央委員長黃國信，庶務、財政、別動隊簡吉，爭議、調查趙港，政治、組織、教育楊貴，青年陳德興，婦女葉陶。（六月四日，臺農組合開除楊貴、葉蘭）。廿八日，新興製糖會社對鳳山郡下大寮社農民五十餘人要求歸還渠等購耕土地（該土地總面積一百五十餘甲原屬蔗農所開墾者），臺農組合決定與會社理論到底。（本條請參考大正十五年三月廿日條）。
三月廿三日，新竹製糖會社使用不正秤，蔗農請求警察見證，加以檢舉。廿五日，新高製糖會社新化場女性員工為日、臺待遇懸殊（日人工作九小時，日支八角；臺民工作十二小時，日支四角。）而集體罷工。卅一日，臺農組合中壢事件偵查結束，被告四十人中有卅四遭提起公訴，六人免訴釋返；罪名為妨害公務執行及騷擾罪。
四月一日，新高製糖會社彰化場被發現不正秤與正常之秤，相差達二千九百斤。十一日，基隆—臺北段縱貫公路竣工通車。十五日，日共臺灣民族支部（臺共前身）成立；十八日，第一次中委會（林木順、林日高、蔡孝乾、潘欽信、謝雪紅）。
六月四日，關東軍製造皇姑屯事件，張作霖於無預警下，遭日軍炸死。廿四日，臺農組合大屯支部召集農民大會，會中針對芭蕉、甘蔗等問題，計決議十餘則。
七月九日，臺農組合解散桃園支部。
八月一日，臺農組合高雄支部聯合會成立（負臺人陳崑崙）。九日，張道福重建中壢支部，遭取締並判刑。十一日，臺農組合大甲、新化二支部聯合辦理反對土地假處分臨時大會，對三地方法院院長提出抗議文。
十二月廿二日，臺北廣播局開播。廿五日，臺共東京特別支部林銳攔回「農民問題對策。」卅日，臺農組合第二次大會，臺共奪領導權。會期兩天。卅一日，會議中、臨監警察下令解散，幹部八人遭捕。
本年，全臺耕地面積八〇六、七五四公頃（其中水田三九一、七一三公頃，旱田四一五、〇四〇公頃）占全臺總面積22.4%；水旱田比四八・六：五一・四。

昭和四年　一九二九

一月九日，總督府於彰化、員林二郡設興農倡和會，名為建立業佃親睦關係，實乃與臺農組合對抗。

昭和五年	一九三〇

四月十四日，臺灣製糖會社埔里製糖所連日為蔗農發現使用不正秤，一車甘蔗重量相差達二千斤，蔗農擬召開大會公開糾彈，會社當局大為狼狽，挽人說情，定於廿三日設筵、演戲向蔗農致歉。

七月一日豐原、大屯二郡分別設興農倡和會。十三日，臺農組合第二次中壢事件於臺北地院審結宣判：趙港等八人無罪，其餘十四人分別處懲役三至六個月。

八月廿日，臺農組合臺中本部違反出版法事件宣判：簡吉等十二人有罪，處禁錮二至四個月不等。

十月十日，矢內原忠雄撰「帝國主義下の臺灣」於東京出版；宮川次郎「臺灣の社會運動」亦同時於東京梓行。

四月十日，嘉南大圳啟用。

五月，南部農民種玉米較種甘蔗收入增加五倍以上，因此蔗農多改種玉米。臺灣製糖橋仔頭場為防甘蔗減產，竟策動當地警察壓迫蔗農不得種植玉米。

七月卅日，臺農組合曾文支部三百餘人包圍糖廠，要求改定糖價。

九月廿二日，農民包圍學甲、下營、佳里、麻豆等庄役場，要求減免水租。

・**糖廍、糖廠統計（單位：所）**（3-2）

時間	舊式糖廍	改良糖廍	新式糖廠	備註
明治卅年（一八九七）	一、三三四	〇	〇	（割臺第三年）
明治卅四年（一九〇一）	一、一一七	〇	一	
明治卅八年（一九〇五）	一、一一〇	五七	八	
明治四十三年（一九一〇）	四九九	七四	二一	
大正四年（一九一五）	二一七	三一	三五	
大正九年（一九二〇）	一七一	二一	四二	
昭和元年（一九二六）	一一五	九	四五	（割臺第卅一年）

資料來源：臺灣糖業統計頁四三（臺灣總督府殖產局昭和12年）

·昭和五年臺灣勞動力結構統計（3-3）

區分＼人數%	全部	臺灣人	%
農	1,197,703	1,191,679	71.2
水產	28,643	26,846	1.61
礦	19,756	18,362	1.10
工	153,803	125,822	7.54
商	178,345	150,996	9.05
交通	63,149	49,792	2.99
公務、自由	75,996	37,435	2.24
家事	9,877	8,035	0.48
其他	63,454	59,584	3.75
合計（總人口）	1,790,096 (4,592,537)	1,668,551 (4,313,681)	10,000

（資料來源：昭和五年國務調查結果表，總督府昭和九年刊印）

昭和六年 一九三一

一月一日，臺農組合竹崎會議，決議支持臺共。二月三日，臺農組合主張解散文化協會，建立反帝同盟。

三月廿八日，宜蘭自來水工程動工。

四月十日，陳結於竹崎重建臺農組合嘉義支部。

六月，臺農組合提出五大新方向：（一）確立七小時工時制。（二）取得埤圳管理權。（三）反對惡法。（四）重建支部。（五）建立統一戰線。

七月，蘇新領導蘭陽支部與昭和製糖抗爭。九月十八日，日關東軍製造九一八事變，

		占我東三省。
昭和七年	一九三二	三月廿三日，總督府增設糖業實驗所。本月，臺農組合新竹、大湖二支部遭解散。 九月廿二日，臺農組合幹部劉雙鼎被捕。
八年	一九三三	三月，公布米穀統制法。本月廿七日，日本退出國聯。 九月一日，臺南—高雄段複式鐵路竣工。 十二月廿一日，停止一〇〇萬石稻穀貯藏計畫，改行獎勵稻田改種代用作物。
九年	一九三四	二月十一日，臺灣樟腦公司成立。 六月卅日，日月潭第一期發電工程竣工。 七月一日，樟腦改為官賣。 九月卅日，蓬萊米暴漲。

・日據時期臺灣農民運動統計表（一九二三—一九三四）（3-4）

年別＼爭議別	蔗農爭議 件數	蔗農爭議 參加人數	小作爭議 件事	小作爭議 參加人數
大正十二年	4	74		
大正十三年	5	1,633	5	229
大正十四年	12	5,290	4	256
大正十五年（昭和元年）	1	80	15	823
昭和二年			431	2.127
昭和三年	3	282	143	3,149
昭和四年	4	192	26	701
昭和五年	2	745	11	1,245
昭和六年			18	1,533
昭和七年			29	527
昭和八年			40	706
昭和九年			46	373

（臺灣社會運動史頁九九九—一、〇〇〇）

昭和十年	一九三五	一月廿日，大日本製糖兼併新高製糖。 四月十四日，發布修正臺灣地租規則。 六月十六日，臺灣鳳梨公司成立。十七日，始政四十年紀念。廿六日，大甲溪鐵橋竣工。 十月十日，始政四十年紀念博覽會（又稱臺灣博覽會）。廿五日，南迴公路竣工。 十一月廿二日，第一屆市街庄議員選舉（投票率逾九五％） 十二月廿六日，臺灣赤糖聯合會成立於東京。
十一年	一九三六	二月廿六日，二二六事件。 三月卅日，松山機場竣工。 四月十六日，全臺總人口數五、二一一、四二六人。 六月二日，臺灣拓殖公司成立。廿三日，總督府發布鼓勵日人移民臺灣等訊息。 九月廿日，實施米糧自治管理法。 十月廿七日，公布商工會議所令。 十一月十一日，中國雙十一事件（西安事變）。廿日，選舉第一屆州議員。廿六日，臺北公會堂（今改稱中山堂）落成啟用。
十二年	一九三七	一月三日，公布臺灣稅制整理大綱。 三月十九日，實施臺北新市區計畫。 五月十一日，臺灣棉花公司成立。 六月一日，臺灣船塢公司成立。 七月七日，日軍發動蘆溝橋事變，中國全面抗戰開始。十九日，臺灣赤糖同業組合成立。卅一日，日月潭第二期發電所竣工（四五、〇〇〇KW）。八月十日，實施事變特別稅令。十二日，實施華北事變特別稅令。 九月十八日，公布常需工業動員令。 十月十二日，修改米穀檢規，千餘家輾米業者關閉。 十一月二日公布防空法臺灣實施令。七日公布移出米管理要綱。十六日，發行支那事變（按指七七事變）國債。
十三年	一九三八	二月十日，臺灣紙漿公司成立於大肚。廿一日，專賣局公布工業用鹽增產計畫，收購

臺南州鹽田五、七〇〇甲。
四月一日，實施通行稅。廿五日，新日本製糖會社創社，旋改名鹽水港製糖紙漿公司。
五月廿八日，日本移民湧至臺灣。
九月廿七日，公布臺灣重要物產調整委員會官制。
十二月十八日，實施燈火管制規則。卅日，汪精衛於河內發表艷電。
本年，全島耕地面積計八五七、八〇三公頃（其中水田五二六、八二八公頃，旱田三三〇、九七七公頃）占總面百分之廿三・九；水旱田比六一・四：三八・六。

昭和十四年 一九三九

一月十日，臺灣棉布配給合作社於臺北市成立，配給棉布。
二月一日，大甲鳳梨併入臺灣合同鳳梨公司（辜顯榮）。
三月五日，實施臺灣民間造林獎勵條例。五月十九日，總督小林發表治臺三項重點：（一）皇民化。（二）工業化。（三）南進。廿日，發表收購米穀計畫。卅日，汪精衛抵東京。卅一日，臺灣香料會社於苗栗創社。
六月廿一日，統制肥料配給。
七月十日，公布國民徵用令。廿六日，公布國家總動員業務委員會規則。
八月一日，臨時人口普查。
十月二日，花蓮築港工程動工。七日，施行米配給統制規則。
十一月一日，全面統制米穀輸出。廿一日，第二屆市、街、庄議員選舉。

・日據時代臺灣農業人口分析　單位：千人（3-5）

年別（公元）	農業人口（AP）	總人口（TP）	%AP/TP
明治卅八年（一九〇五）	二、一四一	三、三〇九	七〇・四
明治四十三年（一九一〇）	二、〇八九	三、二一九	六四・八
大正十年（一九二一）	二、二二七	三、七五一	五九・四
昭和五年（一九三〇）	二、五四三	四、五九三	五五・二
昭和十四年（一九三九）	二、九二五	五、八九六	四九・六

資料來源：臺灣農業年報（大正十三年、昭和八年、十八年）

·日據時代臺灣糖年平均生產量、輸出量統計（3-6）

年度別	年平均生產量		年平均輸出量		輸出量占生產量之比	
	百萬斤	指數	百萬斤	指數	總輸出%	輸往日本%
明治29-32年（一八九六—一八九九）	75	100	72	100	96.0	48.0
明治33-37年（一九〇〇—一九〇四）	64	85	56	78	87.2	70.0
明治38-42年（一九〇五—一九〇九）	126	165	118	164	93.7	93.3
明治43-大正3年（一九一〇—一九一四）	291	388	265	368	91.0	88.0
大正4-8年（一九一五—一九一九）	541	721	524	728	96.8	53.9
大正9-13年（一九二〇—一九二四）	545	727	566	786	103.9	99.8
大正14-昭和4年（一九二五—一九二九）	920	1,227	895	1,243	97.3	95.1
昭和5-14年（一九三〇—一九三九）	1,293	1,724	1,221	1,656	94.5	93.4

資料來源：臺灣糖業統計（昭和十五年）

昭和十五年	一九四〇	本年甘蔗收穫面積一六二、三九四公頃、甘蔗總收穫量一二、八三五、三九五、二七七公斤、蔗糖產量達一、四一八、七三〇公噸，為日治五十年期間之頂峰期。 一月十三日，成立臺灣米穀輸出組合。 二月十七日，各州廳設經濟統制課。 三月七日，禁用米製飴。十三日，公布陸運統制令。卅日，汪精衛於南京成立「國民政府」。 四月十八日，臺灣高級玻璃新竹廠開工。 五月十日，臺北市實施記名販賣菸酒。十三日，發行第一期愛國公債。 七月一日，第一種防空演習（—七月六日）。 八月十日，臺灣電力、臺灣電氣、臺同電氣合併為臺灣電氣株式會杜。 九月十一日，公布戰時糧食報國運動大綱。 十月一日，暫停島內定期空運。 十二月六日，日內閣置情報局。 本年，大日本製糖（株）兼併帝國製糖。合資會社三五公司源成農場停止生產結束營業。
十六年	一九四一	一月十八日，南海興業發表海南島開發計畫。十九日，公布家庭防空群組織要綱。 三月廿八日，各州代表於臺北舉行物價聯絡會議。 四月九日，皇民奉公會成立。 五月七日，梧棲、清水、沙鹿為中心之新高工業都市計畫開工。 六月廿一日，各州廳事公會分會陸續成立。 九月廿日，青壯年國民登記。 十月廿七日，鼓勵移民南洋。 十一月卅日，公布臺灣臨時增稅細目。 十二月八日，凌晨三時，日偷襲珍珠港。九日，美對日宣戰，太平洋戰爭爆發。 十二月卅日，公布臺灣青少年團設置要綱。 本年，臺灣製糖（株）兼新興製糖。

昭和十七年 一九四二

三月七日，公布金融金庫法、南方開發金庫法。

四月八日，美機首度轟炸東京。本月，臺灣第一梯次志願兵入伍。

五月七日，美日珊瑚島海戰。

六月五日，美日中途島海戰。

十月七日，公布戰時海運統制法。

十一月廿五日，成立臺灣鐵工業統制會。

十二月二日，美原子分裂連鎖反應試驗成功。八日，成立臺灣水利組合聯合會。

本年，大日本製糖（株）兼併中央製糖（株），明治製糖（株）兼併臺東製糖（株）。

·日據時期臺灣各類產業分析　年平均百萬日圓、（　）：%（3-7）

年別	農業	礦業	漁林業	工業	總計
大正4-8年（一九一五—一九一九）	一四四·五 (55.0)	七·二 (2.8)	九·一 (3.4)	一〇一·九 (38.8)	二六二·七
大正9-13年（一九二〇—一九二四）	二〇七·〇 (50.3)	一二·〇 (2.9)	二三·〇 (5.6)	一六九·五 (41.2)	四一一·五
大正14-昭和4年（一九二五—一九二九）	二九三·六 (52.5)	一六·八 (3.0)	三一·八 (5.7)	二一六·八 (38.8)	五五九·〇
昭和5-9年（一九三五—一九三九）	二五五·八 (48.7)	一五·五 (3.0)	二六·五 (5.0)	二二七·七 (43.3)	五二五·五
昭和10-14年（一九三五—一九三九）	四三一·七 (48.8)	三九·六 (4.4)	四一·五 (4.6)	三八七·〇 (43.0)	九〇一·〇
昭和15-17年（一九四〇—一九四二）	五七六·四 (41.5)	六二·八 (4.5)	九一·八 (6.6)	六五七·四 (47.4)	一、三八八·四

資料來源：涂照彥撰：日本帝國主義下の臺灣（民64、日文版）

昭和十八年	一九四三	一月九日，臺灣重工業（株）於汐止生產銑鐵。 二月七日，全島青果會議，決定將香蕉、鳳梨園地改種花生、甘藷。 五月十二日，實施海軍志願兵制度。 六月廿一日，第二梯次臺籍陸軍志願兵一、〇三〇人入伍。廿九日，總督府文教局公布：臺籍學齡兒童就學率達八九％。 十月廿五日，徵集學生兵。 十一月十二日，中、美、英三國領袖於開羅會議（至廿六日），發表開羅會議。廿五日，美機轟炸新竹機場。 十二月五日，公布戰時市街地、養豬實施要綱，准許人民於都市、市鎮、養豬以解決肉荒。廿七日，提高香煙售價。
十九年	一九四四	一月十一日，美機轟炸高雄、鹽水。 二月四日，家用紅糖採配給供應。 五月十一日，大東、臺灣興業、屏東三信託公司整合為臺灣信託。 六月廿一日，市街庄議員任期延長一年。 八月廿二日，臺灣進入戰場狀態。 九月一日，實施臺民徵兵制度。 十月十二日，美軍千餘架次轟炸臺灣各地。

·一八九七—一九四四年臺灣對日進（出）口分析（3-8）

單位：千日圓（戰敗前）

年別	出口（E）	米、糖占出口比率%	進口（I）	出（入）超、△入超	進、出口合計	占對日本本土貿易總額%
明治30年	一四、八五七	30.7	一六、三八三	△一、五二六	三一、二四〇	18.7
40年	二七、三七六	49.7	三〇、九七一	△三、五九六	五八、三四七	64.1
大正6年	一四五、七一三	66.6	八八、八四四	五六、八六九	二三四、五五七	73.9
14年	二六三、二一四	69.8	一八六、三九五	七六、八一九	四四九、六一〇	76.8
昭和7年	二四〇、七二八	78.1	一六四、四九八	七六、二三〇	四〇五、二二六	87.9
12年	四四〇、一七五	72.2	三二二、一二四	一一八、〇五一	七六二、二九九	90.3
15年	五六六、〇五四	54.8	四八一、八一三	八四、二四一	一、〇四七、八六七	84.5
19年	三一一、二〇四	51.5	一六四、七二三	一四六、四八一	四七五、九二七	70.8

資料來源：日、大藏省昭和財政史、一九六〇

昭和廿年
民國卅四年

一九四五

一月三日，美機數百架（次）轟炸臺灣（—四月）二月廿九日，以甘薯代米為主食。
三月九日，日月潭發電廠遭美機炸燬。本日，美機轟炸東京。十六日，美機轉炸台北。
四月一日，登陸沖繩（—六月廿三日）。三日，美機轟炸嘉義、花蓮港。七日，炸臺南、嘉義、彰化。十一日，炸高雄、臺南、新竹。
五月七日德國投降。十七日，高雄、花蓮、臺中等地工場、機場遭轟炸；至本日，全島糖廠四十二所，全燬十八所、受損十六所，僅八所勉強保存完好。卅日，轟炸臺北市（今城中區）。
六月廿七日，公布聯合國憲章。

七月十七日，菠茨坦會議。廿六日對日發表宣言。

八月六日，美原彈炸廣島。八日，蘇聯對日宣戰，犯北滿、朝鮮及庫頁島。九日，美原彈炸長崎。十五日，日皇廣播終戰詔書。

九月一日，國府任命陳儀為臺灣省行政長官。

十月七日，第十七軍抵臺。

十月廿五日，陳儀於公會堂（今中山堂）受降。行政長官公署下設臺灣糖業接管委員會，開始糖業監理工作。本日，臺灣新生報創刊。

十一月廿日，原臺灣重要物資接收團改組為臺灣省貿易局。

十二月一日，臺北市米嚴重不足，開始配米。廿四日，米價暴漲。廿五日，行政長官陳儀令以糖換肥料。廿九日，各地物價暴漲為戰爭結束時之十倍。

民國卅五年　一九四六

一月五日，左營發生海軍射殺無辜市民事件。十日，依三人委員會（馬歇爾、張群、周恩來）決議，成立國共停戰協定。十七日，成立臺北縣府（轄舊臺北州全境），連震東出任縣長。廿日，行政長官公署公告，臺民自光復日（10.25）起，恢復國籍。三月十二日，行政長官公署訓令對本省人才應從寬錄用。十五日，行政長官公署函令各機關，日本人留用範圍僅限技術人員。廿日，臺灣省警備總司令部參謀長柯遠芬鑒於治安惡化，聲明以國軍任警備之責。本月，臺灣流行天花、腦膜炎等傳染病。又，臺灣糖業監理委員會，本月奉令改名臺灣糖業接管委員會，將原日興、臺灣、明治、鹽水港四分會，分別改稱第一、第二、第三及第四區分會，進行接管事宜。同時，資源委員會與臺灣省行政長官公署，協定組織國省合營之糖業公司。

四月十九日，日據臺灣末任總安藤利吉於上海戰犯監獄飲彈自盡。廿日，基隆首先發現霍亂病例，臺南、高雄等地相繼流行，共有二、二一〇人死亡。

五月一日，臺灣糖業公司，資本額舊臺幣六億元（公司所有地一一四、四七五甲、備入地一八、三七二甲。）於上海成立（中央與省合營）。十六日，國軍規復四平街，國共雙方兵力達十五萬之眾。廿日，行政長官公署完成接收臺灣銀行，成立新臺灣銀行、資金六百萬元，新幣一元、五元、十元等三種，自翌日起發行。

六月廿六日，國共停戰協定無從執行，內戰全面爆發。

七月十二日，臺灣南部霍亂流行，三百餘人死亡。八月，臺糖接管委員會所轄四區二分會，分別改組為臺灣糖業公司第一、第二、第三、第四區分公司。接管會本部，改名分公司聯合辦事處。所接收之四十二個製糖所整合為卅六廠，第一區分公司設虎尾（轄十四廠）、第二區分公司設屏東（轄十廠）、第三區分公司設總爺（轄八廠）、第四區分公司設新營（轄四廠）。修復損毀較輕之糖廠九所（虎尾第二工場、橋仔頭第一工場、東港、灣裡、烏樹林、南靖、南投、玉井、竹山。）未受損計八廠（龍岩、斗六、臺中、苗栗、車路墘、埔里社、新竹、烏日）共十七所糖廠參加35/36年期製糖作業。為增加蔗農收益，自35/36年期起，採分糖比率計算糖價辦法，以代替原日人限價收購原料之作法。首年期分糖比率訂為蔗農得四八％、公司得五二％。（至九月）。

九月一日，新、舊鈔自本日起收換，至十月卅一日止。

十月廿一日，蔣主席伉儷搭乘美齡號專機蒞臺視察。廿五日，蔣主席、宋子文與麥帥於臺北密談。卅日，長官公署發布公務員待遇調整辦法。

十一月九日，臺產鳳梨品質貿僅次爪哇，居全球第二。十一日，鐵路運費調漲八〇％。廿一日，民政處趕辦製發國民身份證，初期未隨身攜帶國民身分證者，一律罰金。本日，舉行臺省首次高等考試。廿三日，臺茶漸入佳境，本年產額達四〇、〇〇〇公斤，並大量出口。廿八日，為激勵鹽民增產，自明年起鹽民得六分，業主得四分。

本月起，甘蔗研究所（臺灣製糖株式會社研究所臺灣支所為其前身）歸屬總公司。

十二月卅一日，張學良護送專機自重慶飛抵臺北，幽居竹東井上溫泉招待所。本日，臺茶於光復後首次出口紐約。

民國卅六年　一九四七

一月一日，國民政府公布中華民國憲法。本日，松山機場改供民航使用；臺灣實行與大陸各省一致之度量衡；全省每戶均製發戶口名簿。九日，臺中、高雄二地天花蔓延。十九日，行政長官公署廢止日據時期經建法規十九種。廿九日，美國國務院聲明退出中國軍事三人小組，停止國共調停。

二月十三日，長官公署通令全省禁止黃金、外幣買賣，黑市價格暴漲。廿七日夜，臺北市查緝私菸擊斃市民二人肇禍。翌日，不滿緝私血案之民眾聚集示威，公署衛兵向群眾射擊，二二八事件爆發。同日，警備總司令部發布臺北市區臨時戒嚴令。

三月一日晚間，臺北市區解嚴。七日，陳儀宣布將長官公署擴充為省政府，各廳處局長將儘量任用本省人才。八日，陸軍第廿一師於基隆、高雄登陸，展開東西二路清鄉。十七日，全臺戒嚴。廿二日，規定戒嚴時間自廿一時至次日五時。

四月廿七日，嘉南大圳開始進行搶修，向土地銀行貸款五千萬元。廿八日，最後一批日僑集中基隆乘輪返日。

五月一日，臺糖通訊旬刊創刊，以報導消息、溝通見聞、交換意見、聯絡感情為宗旨，由臺糖公司經濟研究室編輯印行。本日，臺糖公司於新營設臺南縣立臺糖初級中學，第四區分公司經理陸寶愈兼首任校長。三日，臺東流行天花，患者一八三人、死亡廿九人。十日，臺灣警總司令部總司令彭孟緝就職。十五日，撤廢行政長官公署、成立臺灣省政府，國府任命魏道明為第一任省主席。魏主席強調施政重點首重安定，再求經濟繁榮。十八日，解除戒嚴並暫停郵電檢查。廿三日，臺灣省政府會議通過改設菸酒公賣局。

六月，臺灣砂糖自光復後，首次外銷，全年出口量為一、三〇〇公噸，多數銷往香港、新加坡及爪哇等地，最高銷售價曾達 125 英磅／噸。36/37 年期，分糖比率提高為五〇：五〇。本月，臺糖公司留用日籍技術人員全部遣送返日。七月八日，臺中梧棲鎮內發現鼠疫病患。

八月廿九日，臺灣火柴股份有限公司改民營。卅一日，國府陸軍副總司令孫立人抵臺於鳳山辦理陸軍軍士官訓練班，渠兼訓練司令。

九月九日，臺灣省出現糖荒。

十一月廿三日，豬瘟猖獗，死亡達五五、〇〇〇餘頭。

十二月廿五日，中華民國正式行憲。

民國卅六年　一九四七

臺糖公司於本年自上海遷設臺北，原上海總公司改置駐滬辦事處。本年，計修復損毀嚴重之糖廠十八所（北港、大林、彰化、月眉、潭子、屏東、後壁、二林、三崁店、旗尾、總爺、蕭壠、蒜頭、溪湖、臺東、新營、岸內、溪州、花蓮港）。虎尾第一工場亦於本年修復一半，除恆春廠因規模偏小，預定僅作修復保管外，卅五所糖廠，可謂全部修復告竣。

民國卅七年 一九四八

本年，全省死於天花者逾千人。

一月十五日，蘇花公路修復，全線通車。本月，臺灣省糖業試驗所（原總督府臺灣研究所糖業試驗支所）與屏東甘蔗研究所（原臺灣製糖（株）甘蔗研究所）整合，並改隸於臺灣糖業公司。

二月一日，臺灣銀行發行新百元券。

三月十五日，全省大掃除；嘉南大圳開始放水。廿七日，全面改用公制度量衡器。

五月十七日，臺灣銀行發行五百與千元大鈔。廿日，蔣中正、李宗仁於南京就任中華民國第一任總統、副總統。

七月五日，臺北市發現狂犬病例。卅日，臺灣省衛生處為改善臺北市環境衛生，特組DDT噴射服務隊於全市噴射藥劑。

八月五日，中美簽約成立農村復興委員會，蔣夢麟為首任主委。十三日，物價上揚，臺灣電力公司自本月起調漲電價九成。廿日，中央政府整理財政、改革幣制，發行金圓券，核定臺灣糖業公司資本額四億八千萬金圓以一億七千二百萬充金圓券發行準備金、八千萬元充臺幣發行準備金，並以四千八百萬圓（總資產額十分之一）公開出售股票，臺灣糖公司遂於本年九月三日正式改組為臺灣糖業股份有限公司（以下簡稱臺糖公司。）

九月一日，臺糖公司業務公報創刊。九日，聯合國農業調查團抵臺。

十月五日，因米價暴漲，臺灣省實施全面配給。十一日，「蔗報」在臺糖通訊闢專欄，由公司農務室編輯。十六日，徐蚌會戰爆發，國軍失利。十九日，南京全國糧食會議議決：中央以棉布、肥料或其他生活必需品以換取臺灣糧食。

十二月卅日，國民黨中常會任命蔣經國為臺灣省黨部主任委員。

卅八年 一九四九

一月十七日，臺南米價暴漲，一大斗逾二萬元。廿一日，總統蔣公引退，副總統李宗仁代行職權。

二月十日，中央銀行將黃金運送臺灣。廿七日，浙江省政府主席（前臺灣省行政長官）

陳儀涉嫌投共被捕押解來臺。

三月五日，物價暴漲不止，臺銀釋出黃金，期抑制之。

四月六日，臺大、師院學運。臺灣省府特令停課，是為四六事件。廿日，共軍渡江，突破江陰要塞，並占領南京。

五月廿日，臺灣省政府主席兼警備總司令陳誠宣布，○時起，全省戒嚴。廿四日，中央造幣廠移至臺灣。

六月十五日，臺幣幣制改革，舊臺幣四萬元折合新臺幣一元；新臺幣五元折合美金一元，發行總定額二億元。本日，臺銀發行一元、五元、十元等三種新幣券。

七月一日，臺灣省政府公布，臺北等五省轄市土地，自本年度第一期（即七月一日至十二月卅一日）開徵土地稅。二日，全臺各縣三七五減租檢查開始。五日，新臺幣輔幣一分、一角、二角、五角開始發行。八日，行政院核准臺灣省入境辦法。十八日，行政院院會通過陳誠任東南軍政長官，轄蘇、浙、閩、臺、瓊等五省區。

八月五日，美國務院發表中美關係白皮書。十五日，東南軍政長官公署成立，臺灣警備總司令部同時撤銷。廿日，糧食局發行食鹽購買券，九月份起食鹽採配給制。本月，位於臺北市漢口街臺灣糖業股份有限公司總公司大樓竣工啟用。

九月一日，臺灣省保安司令部成立。廿五日，日賠償物資三、○○○噸，運抵基隆。廿七日，臺灣省政府公布臺灣糖業管理規則，沿用四年之臺灣糖業令，同時廢止。

十月一日，中共政權成立於北京。十日，中央遷臺首次閱兵大典於介壽館前舉行。廿五日，共軍大舉進犯金門，引發古寧頭戰役，計殲共軍二萬。

十一月十九日，本日起全臺實施燈火管制。

十二月八日，行政院長閻錫山等自穗飛抵臺北，中央政府正式在臺辦公。廿八日，臺灣省開始徵兵。

民國卅九年 一九五〇

一月一日，臺灣省政府發行愛國公債。廿九日，全臺傾力撲滅牛瘟。

二月十一日，臺銀鑄發大量一角（銅）、五角（銀）輔幣，以應民眾春節之需。

三月一日，總統蔣公在臺復行視事。本日，臺灣省實施勞工保險。三日，中美民國宣布退出關貿總協（GATT）。十五日，總統令撤廢東南軍政長官公署。

民國四十年 一九五一

四月四日，成立中國大陸災胞救濟總會於臺北。卅日，臺灣省政府規定本日為興臺紀念日，並於臺南延平郡王祠舉行隆重祭典。本月，資委會派楊繼曾為臺糖公司董事長。

五月十六日，總統蔣公演講指出：「一年準備，二年反攻，三年掃蕩，五年成功。」

六月三日，全臺行養豬耕牛競賽，臺南縣勇奪兩項冠軍。十一日，省垣公祭神農氏，以慶祝豐收。十八日，陳儀被判決勾結中共，罪證俱在，本日於臺北市郊執行槍決。

本月，楊繼曾董事長奉命兼臺糖公司總經理。

七月二日，臺灣省地方自治開始實施。

九月十三日，使用 DDT 防止稻作蟲害奏效，農復會計分發九十餘噸 DDT 於各縣。

十月，總統蔣公蒞臨臺糖公司屏東廠視察。

十一月廿四日，臺灣省政府會議通過明年試辦統一發票辦法一年。

十二月八日，臺灣省政府會議通過分別降低印花稅與營業稅。

一月一日，臺灣首次在日月潭試驗人造雨；本月，臺灣省稅捐統一稽徵，發行統一發票。廿四日，臺灣糧食局為平抑米價暴漲，大量拋售食米。本月，臺灣糖業股份有限公司董事長由李崇實接任。臺省開始實施耕者有其田，預定隔年四月完成。

二月一日，臺製食鹽，首批輸出日本。廿日，臺電配合電力工程發行公司債九、五〇〇萬元。

四月三日，臺北市決定設糧食委員會，全臺民營赤糖廠因無法清還上年度糖貸，建請政府收歸公營。

五月廿五日，立法院三讀通過三七五減租條例。六月，實施公地放領。

七月十日，韓戰停戰談判在開城來風莊舉行。廿五日，二戰結束後，國防部首次宣布徵兵令，預定徵召一五、〇〇〇名役男入伍。

八月一日，臺灣省首次徵兵一二、〇〇〇名開始入伍，各地懸旗、鳴炮歡送役男。

十月十八日，臺糖公司新竹、苗栗、竹山、恆春等四糖廠關閉，蔗農代表至省垣請願。

卅日，蔣總統撰文以「時代考驗青年、青年創造時代」，勉勵青年反共抗俄。

十二月五日，臺省糧食局自本日起無限制配售食米，迄糧價跌至合理價格後為止。十九日，臺省東西輸電聯絡線正式通電，從東部送電一五、〇〇〇千瓦至西部。

民國四十一年 一九五二

民國卅四年至今，每年物價上漲三・三倍，民間屯積及經營地下錢莊等情形甚嚴重。政府於本年宣布禁止金鈔自由買賣，臺北市博愛路銀樓業者紛紛歇業。

一月一日，蔣總統元旦文告提示合力推行總動員運動，進行經濟、社會、文化與政治等四大改造。本日，臺省糧食局在全臺重要鄉鎮及食糧缺乏之區，配給食米。自本日起，恢復徵收契稅。十六日，依據舊金山和約原則，日本決定與中華民國締約，不與北京建立關係。卅一日，全臺戶口總校正結束。

二月二日，臺灣省政府會議審議通過全臺國民學校四十一學年度（41.08.07-42.07.31）增一、一一五班。七日，臺電公司公布，自本月起加徵電燈費 30%（防衛捐）、電費 10%（防衛捐）。

三月八日，美國防部發表臺灣、菲律賓列入美太平洋艦隊（即第七艦隊）巡弋範圍，韓戰即使停戰仍將防守該領域。廿二日，為平抑食油市價，物資局於全臺四區供應花生油及黃豆油。

四月一日，全臺地籍總歸戶工作完成，開始土地統計工作。廿八日，美日安保條約及同盟國對日和約於本日生效，日本重獲獨立自主。

五月十二日，世界衛生組織派員來臺指導撲滅虐蚊及虐疾防治。

六月四日，行政院院會決定，政府會計年度由曆年制改為七月制。十二日，臺灣省政府決定換新式身分證。十八日，行政院決定不在鄉之土地全數收購。

七月十七日，蔣夫人暨中外名流發起組織臺灣省防癆協會，臺灣省政府將撥新臺幣四五〇萬元為基金。八月四日，協會成立。

八月五日，中日和約，本日起生效。

九月廿一日，天輪發電廠開始發電。本月，臺糖公司糖業手冊出版。

十月四日，臺糖公司新營總廠、南州糖廠分別成立產業工會。卅日，撤銷新竹糖廠；本日，臺糖公司與大日本製糖會社、日商會社、日糖會社合資於日本東京創辦臺灣糖蜜股份有限公司，俾糖蜜直接出口日本。

十一月一日，臺電公司公布電費調漲 54%。廿六日，總統明令公布實施耕者有其田。

十二月廿日，臺灣煉鐵廠開爐。

民國四十二年 一九五三

全臺計有三四九、〇〇〇餘公頃私有耕地為地主持有，承耕佃農達三〇二、〇〇〇餘戶。

自本年起，每年實施噴射殺蟲劑一次，以消滅蟲害，預定至民國四十七年結束。

本年，世界糖價轉趨低潮，加以全島米價上揚，臺灣糖業面新危機，推廣不易。臺糖公司決定全力推廣甘蔗新品種─N:Co310，期下一年期仍能達成六〇萬噸糖產量。

一月十六日，光復後。臺鐵繼內灣支線修復通車，於本日屏東林枋段，亦恢復通車。

廿七日，天花開始於北市大安區蔓延。廿八日，西螺大橋竣工通車。

二月四日，四健會運動正式展開。六日，臺北市實施憑戶口配售食米，每隔五─十日，可購買一次。

四月廿三日，北市士林發現腦膜炎。廿五日，臺糖鐵路臺中至屏東全程試車。

五月十四日，臺省糧食局為平抑糧價，開始於臺北市辦理戶口米特種配售，即每斤搭配甘薯一斤，米每台斤二元、甘薯每台斤二角四分。

六月十三日，中日貿易協定於東京正式簽署。廿三日，菸酒專賣條例審議通過，公賣制度合理化。十九日，臺灣區製糖工業同業公會、臺灣區酒精工業同業公會假糖業試驗所舉行聯合成立大會，臺糖公司總經理楊繼曾當選二公會理事長。

七月一日，第一期經濟建設計畫（民 42.07.01─民 45.06.30）開始執行，本期目標（一）以農業培養工業，以工業發展農業。（二）增加生產，促進經濟穩定與改善國際收支。（榮按：本計畫原稱臺灣經濟四年自給自足方案）。七日，開始實施菸酒專賣。十五日，聯合國召開首次國際糖業會議於倫敦。新糖業協定於本次會議順利定案。我國獲得基本出口配額六〇萬公噸，並當選糖協理事會執行委員。

廿八日，韓戰停火。

九月廿七日，臺灣省防癆協會X光巡邏工作隊正式成立運作。

十月廿三日，農業專家蔡白發明畦溝式芋仔甘薯種植法。

十一月廿日，曾文溪大橋重建竣工通車。

十二月廿八日，大溪─角板山公路通車。

民國四十三年 一九五四

一月九日，全臺放領公地六萬餘甲，受惠佃農十二萬餘人。
二月廿三日，臺灣省四健會首屆年會偈幕。
三月一日，臺灣水泥公司、臺灣紙業公司正式發行股票。廿二日，臺灣省政府自本日起推動保護牛馬宣傳週，以保持農業生產動力。
四月廿日，副總統陳城辭行政院長職，俞鴻鈞繼任行政院長。
五月四日，馬尼拉第二屆亞運，揚傳廣贏得十項運動金牌。十四日，我政府宣布退出奧會。
六月三日，行政院會通過任命嚴家淦為臺灣省政府主席。廿九日，日本歸還大戰期間劫掠中華民國之鑽石一、七三五粒運抵臺北。
七月一日，臺糖公司於彰化溪州廠設立員工訓練所。
八月廿日，孫立人遭扣禁，陸官校第四軍官訓練班同學會等被捕者達六百餘人。
十月廿四日，西部縱貫公路全線修復竣工通車。
十一月十一日，臺灣水泥公司轉移民營。十五日，臺灣紙業公司移歸民營。
十二月三日，中美共同防禦條約於華盛頓簽字。十五日，澎湖火力發電廠竣工。廿四日，北市實施宵禁，自凌晨一時至五時為止。
本年，臺糖公司創刊英文臺糖雜誌（TAIWAN SUGAR）。

四十四年 一九五五

一月十八日，蘭陽平原降雪花。
二月十六日，全臺開始戶口校正。廿四日，臺北市復興高架陸橋（跨縱貫鐵路連接中山南北路）竣工通車。本月，臺糖公司響應政府都市疏散計畫書部分單位遷彰化溪州。
三月三日，第一宗美民營企業來臺投資獲美政府保證，由西屋公司投資臺電，增加火力發電設備。廿一日，臺電公司、臺省糧食局與中油公司共同於澎湖成立人造雨實驗站，以實施人造雨。
七月七日，遠東第一水壩—石門水庫新建工程於本日動工。本月，臺灣省製糖產業工會聯合會與臺灣省蔗農服務社先後成立。
八月廿日，孫立人因郭廷亮案遭免職處分，總統下令組調查委員會調查。
九月十日，香蕉象鼻蟲肆虐臺中縣東勢、新社、太平、和平、霧峰等地，蕉園三、〇

○○公頃遭毀。臺省府特成立象鼻蟲緊急防治委員會期挽救香蕉等業。本月，臺糖公司與農復會合作並共同選擇月眉等十四個地區試種甜菜。

十月廿日，孫立人案調查報告完成，總統以孫立人抗戰有功，准予自新，無庸議處。孫氏從此幽居臺中市。

十一月十一日，中國生產力中心成立於臺北市。

十二月八日，全臺病蟲害防治會議於臺中開議。

民國四十五年　一九五六

二月六日，中華農學會於臺糖公司虎尾總廠舉行 N:Co310 紀念碑揭碑典禮，以紀念臺糖公司推廣新蔗種成功。

三月四日，總統蔣公蒞臨臺糖公司旗山糖廠視察。廿七日，新竹玻璃製造廠恢復生產應市。

五月廿九日，中日雙方貿易協定於臺北簽字，雙方貿易總額一億五千餘萬美元。

六月一日，中央授權臺灣省發行土地債券一億五千萬元。十六日，經濟部農業化工廠交臺糖公司兼管。

七月七日，中部橫貫公路動工。廿一日，臺灣發生大型空戰，我機擊落共機四架。

十月十五日，國產首部耕耘機於臺北淡水鎮公開試用。

十二月十四日，世界糖價回升，國際糖協於倫敦緊急會議，決定增加出口配額。中華民國明年可輸出之配額共七二萬七千八百卅九公噸。本日，臺糖公司蔗作改良推廣委員會發起組織縣蔗作改良推廣協進會；又，原屬烏樹林糖廠—關子嶺採石場，改直接隸屬公司。

四十六年　一九五七

一月廿六日，臺糖公司新營副產酵母加工廠、彰化副產蔗板加工廠建廠竣事，本日上、下午先後舉行開工典禮，前者為世界規模最大之酵母工廠、後者為遠東第一所蔗板生產工廠。

四月廿八日，臺灣人造纖維公司開始生產。

五月廿三日，美軍雷諾槍殺我國民眾劉自然案，美軍顧問團軍事法庭宣判雷諾無罪，我司法行政部認為審判不公。廿四日，引發民眾暴動，毀損美駐華使館、美新處等，

民國四十七年 一九五八

美國務院向我政府強烈抗議。本日，大臺北區戒嚴。廿七日，中共對大小金門砲擊。

六月廿六日，五二四事件，軍法庭宣判廿八人處刑。廿八日，蓬萊米之父—磯永吉退休，返日本定居。卅日，臺灣省政府疏遷工作竣事，七月一日起，中興新村為臺灣省行政中心。

七月一日，第二期四年經濟建設計畫（民 46.07.01-民 50.06.30）開始執行。本期目標（一）、增加農業生產。（二）、加速工礦業發展。（三）、擴大出口貿易。（四）增加國民就業機會。（五）、改善國際收支。本月，臺糖公司臺東糖廠鳳梨工場工程竣事、中旬開始生產鳳梨罐頭。

八月七日，行政院院會通過任命周至柔為臺灣省政府主席、前主席嚴家淦任行政院政務委員。

十月卅日，楊振寧、李政道同獲諾貝爾物理獎。本月，臺糖公司成立研究發展委員會。

十一月，國際糖協於本月下旬假倫敦開議。我國明年輸出配額為八五萬三千餘公噸。

本年，臺糖外銷量為八五萬公噸，外匯收入一一〇、四五四、〇〇〇美元，占當年政府外匯總收入 70%。

一月一日，經濟部公告解除臺灣省水泥分配管理制度。四日，中華民國防癆協會成立。廿九日，東西橫貫公路霧社支線全線通車。

二月十三日，臺灣平地五十年來最冷的一天，臺北地區本日最低溫達攝氏二・六度。

三月一日，橫貫公路太魯閣、天祥間路段通車。廿九日，臺灣首座平板玻璃工廠—新竹玻璃工廠本日動土興工。

四月，實施單一匯率，蔗農分糖牌價隨之調整、收益增加。

五月，取消麪粉銷售管制，自本月起，任由麪粉廠自行銷售。

六月七日，經濟部宣稱：政府將推動大工業計畫、鼓勵大工業優先設立與發展，並促進同性質小單位合併發展。卅日，行政院長俞鴻鈞請辭，總統提名副總統陳誠兼掌行政院。

七月廿八日，中、日代表於東京簽署糖業協定，約定日本購糖量（年）卅五萬公噸、每公噸卅五美元。

八月六日，國防部宣布臺灣海峽情況緊張，金門臺澎進入緊急備戰狀態。廿三日，中共突發動大規模砲戰（八二三砲戰）。

九月，國際糖業會議於日內瓦召開，討論修正新糖協，自一九五九年一月起施行。我國仍保持七五萬公噸輸出配額。臺糖公司十年更新計畫開始執行，並組考察團出國考察世界糖業。本月，總爺、蕭壠二廠整合為麻佳總廠，車路墘、二崁店二廠整合為車崁糖廠。糖試所放射性同位素研究室成立。彰化廠試製雙面光硬蔗板成功。南州、花蓮、烏樹林三廠擴建工程，橋頭廠兩工場整合工程，皆於本月竣工。協理張季熙主持編輯臺灣糖業復興史正式梓行。

民國四十八年　一九五九

一月十日，中日締結肥料易米協定，中華民國輸出米十萬公噸、輸入肥料卅萬公噸。

二月十七日，中華農學會發表統計結果，臺澎人口密度居世界最高。廿六日，臺灣肥料公司第六廠製造尿素試車成功。

四月一日，經濟部宣布取消紗布交易管制，恢復自由買賣。

五月廿四日，中部橫貫公路宜蘭支線正式通車。

八月七日國際糖協決議增加我國一九六〇年特別配額四萬公噸。本日，臺省中南部十三縣市發生八七水災，為六十年來之大害，美安全署同意撥款一千萬元急賑災民、臺灣省政府緊急撥款六千餘萬元救災。十五日，恒春六級強震。死傷五十七人、倒屋千餘幢。

九月二日，臺灣省政府制定臺中等十縣市災區農地稅、家屋稅、戶稅減免基準。

十月十五日，行政院決定發行水災復興建設儲蓄券三億元。

十一月廿六日，經濟部農業化工廠，正式併入臺灣糖業股份有限公司。臺糖公司發行第一次第一期公司債券。

本年，歐洲甜菜增產，且古巴政變後局勢業已漸趨穩定，世界糖價猛跌，國際糖協決議削減各產糖輸出國年配額七％。

四十九年　一九六〇

一月一日，臺灣銀行奉令發行八七水災復興建設儲蓄券，總額新臺幣三億元。八日，遠東最大抽水灌溉工程—高雄縣曹公圳竣工通水。廿四日，臺電深澳發電所第一部火力發電機開始發動。其發電量為全臺規模最大。

四月十六日，臺灣省政府設勞工保險局。廿六日，中部橫貫公路竣工，全線試車。

六月十八日，美國總統艾森豪來訪。次日，中美元首發表聯合公報。

七月一日，八七水災建設復興捐時效屆滿，即日起停徵，十個月內九項稅收，總計新臺幣三億七千餘萬元。十三日，北投稻田螟蟲成災，三百餘甲受害。

九月四日，自由中國雜誌發行人雷震因涉嫌叛亂，為警總逮捕，同業被捕者尚有傅正、馬之驌、劉子英。十五日，日本日產自動車（株），決定貸款三百萬美元予裕隆公司，以發展臺灣汽車工業。十月八日，警總軍事法廷，以涉嫌叛亂顛覆政府將雷震等人以知匪不報，判處十年徒刑。

十二月一日，臺灣省開始農地重劃。十六日，石門水庫開始導水。

本年，臺糖公司與美氰胺公司合作投資，設立臺灣氰胺公司，利用新竹副產加工廠原址建廠，生產飼料用及藥用抗生素。灣裡糖廠工場擴建亦於本年底前竣事。

民國卅九—四九年臺灣砂糖輸出量值統計詳頁三五一、表4-1。

五十年　一九六一

一月五日，行政院審議通過獎勵投資條例施行細則。

三月一日，臺糖公司調整各研究單位，各總廠蔗作改良場，改隸糖業試驗所。

四月八日，瑞芳深澳支線鐵路通車。十三日，清華大學核子反應器竣工。十五日，美國削減古巴蔗糖配額，臺糖輸美總額自三千公噸提高至九萬五千公噸。

六月十八日，臺鐵觀光號列車，正式行駛。

七月一日，中央銀行在臺正式復業。十四日，臺糖公司高雄副產加工廠建廠完竣開工，產製塑合板。本月一日起，執行第四期經建計畫（民50.07.01-54.06.30）計畫重點有四：（一）維持經濟穩定。（二）加速經濟成長。（三）擴大工業基礎。（四）改善投資環境。

九月七日，臺糖公司灣裡糖廠改名善化糖廠。

十月廿一日，臺灣證券交易所成立。

十一月廿二日，巴拉圭撥地十萬頃供我移民拓墾，臺糖公司組團前往考察。

十二月，桃園景福宮建醮，卅萬人湧入，耗資一億。

民國	西元	紀事
民國五十一年	一九六二	本年，臺糖銷美達十七萬公噸，創歷年最高紀錄。 一月六日，經濟部公布，十年來僑資與外資總額一億零七百六十七萬美元。 二月九日，臺灣證券交易所正式營業。 三月十一日，臺灣氰胺公司新竹廠建廠竣工，舉行開工典禮。臺糖公司配合政府出售部分國營事業股權計畫，設置六百萬優先股，以利出售。 四月九日，臺灣省政府發布保護自耕農施行細則。 七月十七日，嘉義、雲林發現霍亂病例，南部廿六鄉鎮被列為緊要防疫區。 九月一日，臺糖公司喜義海埔地墾殖處於本日正式成立。十日，臺糖公司撤銷關子嶺採石場，併入烏樹林糖廠。十八日，全臺霍亂疫區解除。
五十一年	一九六二	十月十日，臺灣電視公司開播。
五十二年	一九六三	一月廿四日，中華民國對外貿易協會主任委員尹仲容（一九〇三—）病逝。 四月八日，政府持有臺糖公司股票三百萬股列為優先股，首批卅萬股，本日於證交所公開出售。 五月十八日，臺省糧食局宣布，中日簽訂肥料換穀互購合約。本月，歐洲甜菜糖大量減產，砂糖消費增加，國際糖價節節上漲，下旬一度漲至每磅一二．六美分。 六月卅日，石門水庫竣工。 七月三日，國際糖業會於倫敦召開年會（至四日），本次會議主要議題為簽訂一九五八糖業法案延長至一九六五年十二月卅一日之協議書。是項延長協議書，我政府已於去年底完成立法程序。 一月二日，臺北市人口逾百萬。 去年，臺灣省政府公告臺省農業普查結果：在千餘萬人口中有半數（五、八六三、三八一人）從事農業。
五十三年	一九六四	一月十五日，石門水庫開始發電。本月，世界糖價下滑，每磅跌至一〇．六四美分（十二月跌至三．二〇美分）。 二月一日，臺糖公司職工福利會與糖聯會合作投資創設糖福企業公司於本日開業。

三月十二日，行政院核定最低工資自每月三百元提高為五百元。
五月二日，麥帥快速公路通車。廿八日，美國務院宣布自一九六五年六月卅日起停止對我經援，但軍援與農產品援助仍保留。
九月三日，行政院核定沈宗翰續任農復會主委。
十月十六日，中共原彈試爆成功。
本年，臺糖公司股東大會通過增資配股案。公司資本總額自新臺幣一、九二〇、〇〇〇、〇〇〇元，增資至二、八八〇、〇〇〇、〇〇〇元，共分五七、六〇〇、〇〇〇股，每股新臺幣五〇元，其中五一、六〇〇、〇〇〇股為普通股，六、〇〇〇、〇〇〇股為優先股。

民國五十四年 一九六五

一月六日，臺灣省糧食局實施食米無限制配售。廿八日，行政院院會通過經濟部增設公營事業企業化委員會。
三月一日，經濟部公營事業企業化委員會於本日正式設立。五日，副總統陳誠（一八九七—）肝癌辭世。
四月八日，聯合國人口年鑑顯示：臺灣粗出生率及一般生育率皆居世界首位。
五月廿八日，世界衛生組織確定中華民國撲滅虐疾成功。
七月一日，美對華經援自本日起終止。第四期經濟建設計畫（民54.07.01-57.06.30）開始執行，計畫重點有四：（一）建立民生主義的經濟制度。（二）促進經濟現代化。（三）維持經濟穩定且快速之成長。（四）提高國民生活水準。部門計畫包括農、工業（特別強調能源開發）、交通運輸、社會建設（人力資源發展、社會福利、區域及都市發展）與國外經濟。五日，臺糖公司與臺灣省製糖產業工會聯合會正式簽訂團體協約。世界糖價繼續下滑，至八、九月間跌至每磅一·六〇美分。
本年，美國公布明年砂糖限額，我國獲配額為七〇、三一四公噸。經濟部糖業研究評議委員會改隸臺糖公司。

五十五年 一九六六

一月廿五日，行政院院會通過輔導中小型企業辦法。廿八日，立法院三讀通過臺灣地區砂糖平準基金條例，二月十日總統明令公布、行政院決定自本年十一月一日起實施。

二月七日，嘉義市發現首例烏腳病。廿三日，外貿會核准臺灣省物資局承辦進口白鐵二、○○○公噸，以抑止白鐵皮漲風。

三月一日，中美證券投資公司於本日成立。

五月一日，臺糖公司成立廿周年，於臺北市舉行慶祝大會，表揚資深蔗農、勞工，並假臺灣省立博物館舉辦業績展。廿八日，北部橫貫公路竣工通車。

七月一日，臺灣省政府增設觀光局，蔣廉儒出任局長。本日，外貿協會宣布五種管制進口貨品開放進口，包括：車鈴、腳踏車、車鎖、電熨斗及保溫器。

七月一日，臺糖公司試行大廠制組織，決定橋頭、小港等二廠合併，改稱高雄糖廠。嘉義海埔墾殖處移交臺灣省政府接辦。

八月八日，中共八屆十一中全會通過關於無產階級文化大革命的決定，（俗稱十六條）。為期十年，遍及大陸地區之文化大革命正式展開。

十月八日，臺灣農業史上首次空中噴灑農藥於臺中沙鹿竹林村上空完成。卅一日，光華號特快車開始行駛。

十一月六日，臺灣鳳梨罐頭輸出，高居世界第一。

十二月三日，高雄加工出口區竣工用。

民國五十二年五月至五十五年年初，糖價屢屢下滑，長期蟄伏，始終不振，臺糖公司決定採多角經營期永續發展。

民國五十六年　一九六七

一月一日，臺北市實施商品公開標價，以公制為主。十三日，總統任命高玉樹為臺北市首任院轄市市長。十五日，臺南曾文區海埔地全部開發完成。十八日，臺灣省議會通過臺灣省海埔地開發處理辦法。

二月一日，臺糖公司董事長李崇實與臺肥公司董事長湯元吉對調服務，本日行交接儀式。

五月廿日，中國農民銀行在臺復業。

六月十二日，國人首艘自製巨輪銀翼號行下水典禮。

七月一日，臺北市改制院轄市，臨時市議會成立。十三日，行政院審議通過房屋稅條例草案。廿二日，臺灣拆解廢船工業躍居世界首位。

		八月，糖業手冊續編梓行。 十一月五日，唐榮鐵工廠改名中興鋼鐵廠，並遷至高雄新工業區。本月，臺糖公司提出製糖工場十年更新計畫，預計投資新臺幣一、〇三〇、〇〇〇、〇〇〇元。 十二月二日，全臺首座聚乙烯工廠（臺灣聚合公司高雄廠）落成。 本年，臺糖公司種畜場飼養豬隻十萬頭。
民國五十七年	一九六八	一月一日，為配合臺電增闢電源煤炭運輸需求，臺鐵新建林口—桃園路段通車。本日，臺灣省廢除戶稅徵收。 三月二日，國際蔗糖技術學會第十三屆年會於臺北舉行，與會代表五百餘人，會前曾往中南部參觀我糖業設施與經濟建設。郵政總局為慶祝此一盛會發行紀念郵票。總統蔣公並曾接見廿七位與會之資深首席代表。（—十六日）。廿八日，行政院成立賦稅改革委員會，劉大中任主任委員。 四月十二日，首座遠洋漁業基地—高雄前鎮漁港落成。十六日，立法院審議通過證券交易法；廢止原交易所法。廿二日，配合政府公營事業轉移民營政策，臺糖公司標售臺東鳳梨工場，由中華證券投資公司得標。 五月二日，行政院通過公布臺灣地區家庭計畫實施辦法。 七月一日，中國國貨推廣中心正式營業。八日，日內瓦砂糖出口國會議，包括中華民國等十主要出口國與會；我國獲出口配額六三萬公噸，居第三位，糖價經全體同意每磅以三・五〇美分為低限、五・〇〇美分為高限。本月，臺糖公司撤銷龍岩、南投二廠。十日，國安會議通過國家建設綱領。十八日，行政院核定高雄小港附近為工業區。 九月九日，臺灣地區實施九年國民教育，本日舉行各校聯合開學典禮。 十二月三日，臺灣省菸酒公賣局豐原菸廠、中興啤酒廠落成。十三日，亞洲經濟合作部長級會議於曼谷開議，改名亞洲經濟合作理事會。 本年，臺糖種畜場年產豬隻增至十五萬頭。設廠生產飼料；開始肉品冷凍與加工。
五十八年	一九六九	一月一日，經濟部國貿局、中央銀行外匯局正式成立。九日，經濟部表示，味晶、洋菇、蘆筍繼續限制設廠一年。 二月一日，經濟部成立國營事業管理委員會。五日，嘉義流行新城雞瘟，死亡十二萬

隻雞。

四月一日，高雄小港機場開放為國際貨運站。十一日，行政院院會通過發布中華民國人口政策綱領。本月起，臺糖公司農技人員協助商品檢驗局辦理香蕉產地檢驗。

六月二日，臺糖公司協助非洲盧安達糖廠建廠竣工並開工產糖。十八日，臺糖公司與菲律賓糖業協會技術合作協定簽訂生效。臺糖臺中總廠、溪湖糖廠二廠改制均直屬公司。月眉糖廠改為臺中糖廠第二工場。三崁店糖廠改名永康糧廠，車路墘糖廠改名仁德糖廠。本月起，各糖廠實施檢核長制。

七月一日，國貿局核定PE塑膠管制進口。十五日，立法院審議通過發展觀光條例。本月起，第五期經濟建設計畫（民58.07.01-61.06.30）開始執行，計畫重點：（一）維持物價穩定。（二）擴大輸出。（三）擴建基本設施。（四）改善工業結構。（五）促進農業現代化。

八月廿三日，經濟部決定設立加工出口區總管理處。卅日，臺糖公司技術人員協助非洲查德建立油廠，本日開工生產。

十月卅一日，內政部決定禁止使用、製造、輸入、販賣糖精。

十一月十一日，嘉南大圳灌溉渠道內面工程竣工。廿日，行政院審議通過設立臺中潭子加工區。

民國五十九年　一九七〇

一月廿日，美國與中共開始會談。廿三日，玩具外銷大增，經合會決定獎勵輔導。卅日，臺灣省水產試驗所宣布，人工繁殖烏魚成功。

二月廿五日，經濟部工業發展局成立。

四月十日，臺糖公司臺灣養豬科學研究所於該公司種畜場正式成立。本月60/61年期蔗申領內銷糖比例為蔗農應得糖量五五%，較往年增五%。廿五日，行政院副院長蔣經國在美訪問，遭臺灣獨立聯盟份子黃文雄、鄭自才狙擊行刺，未果。

五月，臺糖公司臺北市寶慶路大樓落成，彰化溪州部分單位遷回臺北集中辦公。

六月五日，鮪魚輸出公會成立。

七月一日，中華民國對外貿易發展協會成立。

八月十七日，臺糖公司代辦越南糖業人員訓練，於臺南中非技術合作中心開訓，學員

民國六十年	一九七一	總數二十人，分農、工二組分別訓練。 九月十四日，臺灣省蔗農服務社改組為消費合作社。 十月三日，臺灣造船史上第一艘巨型油輪有巢號行下水典禮。八日，西部縱貫鐵路彰化—臺南段雙軌通車。十二日，臺灣省政府核定發行土地債券一億元。 十一月六日，臺糖公司於屏東廠召開首次廠長會議，以加強公司與糖廠間意見交流，期達成行動協調一致。八日，核一廠本日開工興建。本月，臺糖公司與美國嘉吉公司合資創辦中華嘉吉飼料公司舉行簽約儀式。 一月九日，大甲溪青山水力發電廠竣工。廿一日，中共宣布都江堰改造工程已基本完成。廿八日，越南和平協定生效。越南全面停戰。 三月三日，大陸首次發射科學實驗人造衛星。廿日，經濟部長孫運璿稱：我國經濟已進入「以對外輸出導向並促進農業生產，以工業支援農業現代化」的時代。 六月十五日，總統蔣公昭示國人「莊敬自強，處變不驚。」十六日，臺灣省家庭計畫推行委員會推出「兩個孩子恰恰好」口號。 八月十一日，改進肥料換穀制度，農民所需肥料為全額貸放。 十月二日，首座職訓中心於桃園動土興工。廿五日，聯合國通過以中華人民共和國取代中華民國案。次日，我政府宣布退出聯合國，總統蔣公發表告全國同胞書。 十一月十九日，臺澎輪首航高雄、馬公。 十二月十五日，中國銀行改組為民營中國國際商銀。廿日，財政部宣布新臺幣對美元維持四〇：一之比率。本年，臺糖公司種畜場豬隻已增至卅萬頭，預定年增十萬頭。
六十一年	一九七二	一月十四日，臺糖公司自澳洲引進優良種牛八二〇頭，本日運抵高雄轉運屏東總廠養牛場飼養。廿六日，外交部長表示今後將採彈性外交，與所有無敵意國家建立經貿與文化關係。 二月廿二日，雲南元謀發現猿人化石。 四月十四日，經濟部協調臺灣省物資局統一供應與配售食用油。 五月十一日，第一家民營大貿易商—世界通商股份有限公司開業，王永慶任董事長。

十六日，國父紀念館（位於臺北市復興北路）本日落成。廿六日，立法院高票同意蔣經國出任行政院長。

六月一日，總統任命謝東閔為臺灣省政府主席、張豐緒為臺北市長。

七月一日，臺糖公司農務處畜產組擴充為畜殖處。本月，臺糖公司成立臺中營業站。廿二日，歐洲共同市場（EC）十個會員國與歐洲自由貿易聯合（EFTA）五國，於比京布魯塞爾簽署西歐自由貿易地區成立協定。

九月廿九日，外交部宣布與日本斷交。

十月一日，基隆、臺北、桃園、新竹、苗栗五縣市舊式屠宰場，實施電化屠宰。十二日，臺糖公司種畜場採用冷凍豬精液獲初步成功。本日，原屬嘉義總廠之海埔地墾殖農場改直屬（總）公司，並改組為嘉義海埔地墾殖處。嘉義總廠撤銷，改名南靖糖廠，併同蒜頭糖廠改隸新營總廠；大林糖廠改隸虎尾總廠。

十二月十五日，農復會宣布肥料換穀自民國六十二年元月起廢除。廿日，美福特汽車公司與我國六和汽車公司簽訂投資合約。

十二月十六日，臺糖公司撤銷基隆儲運站，成立臺北區營業站。

民國六十二年

一九七三

一月四日，陽明海運公司成立。

四月十六日，證券市場改為半天營業。卅日，福特六合汽車公司首輛跑天下轎車出廠。

五月卅一日，行政院國際經濟合作發展委員會會改組為經濟設計委員會，張繼正出任主任委員，郭婉容、孫震任副主任委員。

六月一日，為安定金融與物價，中央銀行發行儲蓄券一億元。本日，臺糖公司臺中糖廠第二工場改設月眉糖廠。臺糖公司修訂公司研究發展委員會組織系統，分設甘蔗農業、製糖工業（包括副產與運輸）、畜產事業與企業管理等四評議委員會。原員工訓練所取消。臺糖公司首批冷凍豬肉試銷歐洲。

七月一日，全面實施民生必需品限價。第六期經濟建設計畫重點：（一）加速工業現代化。（二）擴建基本設施。（三）提高人力資源素質。本年，行政院提出十項重要建設方案。十五日，臺北市希爾頓大飯店開幕。十六日，福和橋竣工通車。

八月卅日，立法院通過修正臺灣地區砂糖平準基金條例，總統明令公布實施。臺糖公司董事會通過實施用人費率薪給制度，溯自本年元月份起實施。

九月八日，大陸展開全面批孔。本日，臺糖公司保證責任臺灣省蔗農業生產合作社正式成立。

十月一日，臺糖公司增設副產處；高雄儲運所擴編改組為高雄營運處；企畫處與檢核長室整合為企劃檢核處；秘書室擴編為秘書處。九日，62/63年期蔗農內銷糖提領比率提高為70%。十五日，中央銀行發行首期國庫券二億元。十七日，亞洲蔬菜研究發展中心於臺南善化落成啟用。卅一日，曾文水庫竣工。

十一月八日，經濟部長孫運璿呼籲民眾，值此世界性能源危機（按指原油價一路飆升），民眾應自動節約能源。十四日，中船公司與美惠固公司簽訂造船合約承造四十五萬噸級巨型油輪四艘。

十二月十二日，高雄專用碼頭開始砂糖儲運作業。

民國六十三年　一九七四

一月十四日，經濟部長孫運璿宣布採七項措施以因應國際經濟情況。

三月十八日，石油輸出國組織、石油部長會議決定解除對美石油禁運，敘利亞、利比亞等二國表示反對。

七月廿九日，臺糖公司新營總廠塑膠加工場正式開工生產。砂糖平準基金條例修訂起提點（自九〇美元改一五〇美元）及基金孳息運用之規定。臺糖公司為增進消費者利益，自本月份起廣設臺糖專櫃，推廣臺糖所產副品。南光中學自63學年度（63.08.01-64.07.31）起開辦輪調式建教合作班，以培育各單位所需基層技工。高雄專用碼頭工程竣工，工程施工處於本月底結束，交高雄營運處接管使用。本日，中山高速公路三重—中壢段開放通車。

八月一日，臺灣省實施統一水價。十六日，臺糖公司代訓賴比瑞亞糖業技術人員廿五名開訓。麻佳總廠分設麻豆、佳里二糖廠。本日，農業工程處更名機械工程處、花蓮營運站改為營運所，臺北區、臺中區二營運站改為營運所。

十月六日，臺中德基水庫竣工發電。

十一月，臺糖公司大林糖廠產製耕地精糖，為遠東首座耕地精糖廠。廿一日，倫敦世界糖價創有史以來最高紀錄（每英磅六五〇英磅）。六十三年度砂糖外匯收入一億五千五百餘萬美元。

本年，臺糖公司總經理郁英彪、協理余昌梧應印尼政府禮聘擔任該國糖業復興計畫特別顧問。

民國六十四年　一九七五

一月一日，臺北市及中興新村公教人員福利品供應中心正式開始營業。

三月，臺南縣左鎮鄉菜寮溪出土化石，經中日專家鑑定，證實為人類頭骨化石，年代在一萬至三萬餘年，並命名為左鎮人化石。

四月五日，總統蔣中正（一八八七—）突發性心臟病去世於士林官邸。十六日，靈櫬奉厝桃園縣大溪鎮慈湖行館。本月六日，副總統嚴家淦繼任總統。卅日，南越總統楊文明宣布無條件投降，北越共軍接管西貢。

八月十日，中日航線正式恢復。廿七日，臺灣省政府主席謝東閔表示，小康計畫執行四年至本年五月底止，共減少貧民廿六萬餘人。本月，臺糖公司員工儲金委員會正式成立並展開作業。

九月一日，臺糖公司成立臺南營業所。十六日，臺糖公司與沙烏地阿拉拍民營企業合作於該國設立精糖廠，雙方於吉達簽訂合作協議書。

十月五日，臺灣省消費合作社聯合社成立。本月起，臺糖公司接受信用狀申購貨品。本月，臺糖公司寄存臺灣紙業公司蔗渣遭回祿之災，獲中國產物保險公司理賠新臺幣一億一千五百餘萬元。又該公司種豬性能檢定中心於畜產研究所正式落成。臺糖公司與南韓三養、大韓等製糖（株）續簽長期售糖協約。

十一月，臺糖公司高雄總廠改組為高雄糖廠。畜產研究所種豬首次外銷日本。臺糖公司與美 Armstar 公司訂約自明年起三至五年，每年供粗糖八萬公噸。協助中非共和國建立糖廠，於臺糖公司簽約。

十二月廿五日，行政院長蔣經國宣布六年經建總體目標。

本年國際糖價回升，外銷糖價每公噸高達七九三·九九美元，扣除平準基金後折合新台幣二二，三〇九·二〇元，超出 63/64 年期保證糖價九、二〇〇元一倍以上。全年外銷收入四一〇、九二〇、〇〇〇餘美元，本年，臺糖公司盈餘新臺幣五、一六八、五一〇、〇〇〇元，創下外匯、盈餘最高紀錄。

民國六十五年	一九七六	二月廿七日，臺灣省各自來水廠整合完成，正式納入臺灣省自來水公司經營體系。 三月廿七日，工業技術研究院引進積體電路製造技術。 六月一日，中國造船公司大造船塢竣工。 本月，臺糖公司農業化學工廠結束製造農藥業務，設備遷建臺灣氰胺公司。 七月一日，臺糖公司關閉高雄副產加工廠。本日，臺灣省合會儲蓄公司改制為臺灣中小企業銀行並正式開業營運。本日，第七期六年經濟建設計畫（民65.07.01-70.06.30）因石油危機，提前開始執行（與第六期第四年計畫重疊部分經修訂後列入）。本期重點：（一）提高能源使用效率。（二）改善生產結構。（三）加強人力培育。（四）促進經濟與社會均衡發展。（五）完成十項重要建設。 八月十日，農村復興委員會通過南極蝦開發試驗計畫。 九月，臺糖公司南靖糖廠、虎尾總廠酒精工場遷併入新營副產加工廠。臺東糖廠酒精工場同時關閉。新營副產加工廠酵母工場開始利用酒精廢醪作為生產酵母部分原料，解決汙染並降低生產成本。 十月卅一日，臺中港正式啟用通航。 十一月十九日，立法院通過臺灣地區砂糖平準基金條例第四次修正案，公布實施。 廿日，蘇澳商港啟用。 本年，進口冷凍牛肉，影響國內養牛業，養牛不敷成本，臺糖公司緊縮養牛計畫
六十六年	一九七七	一月一八日，立法院完成平均地權條例立法程序，推行土地改革，實施範圍自都市擴及全面。本月，國際票券金融公司正式成立，臺糖公司股權占一一・五%。 二月，臺糖公司撤銷高雄副產加工廠。 五月，臺糖公司小港糖廠飼料加工場落成開工。 六月一日，臺糖公司黃豆油工場落成開工。二日，中國造船公司承建臺灣第一艘超級油輪柏瑪奮進號下水。 七月一日，臺糖公司小港糖廠改為直屬廠。本日，政府取消鹽稅。中船、中鋼二公司改制國營。十八日，中鋼煉鋼廠開爐運轉，首日生產四、〇〇〇噸粗鋼。

民國六十七年　一九七八

本月，臺糖公司資本額奉准調整為新臺幣六十億元，以資本公積轉增資調整實收資本額為新臺幣四十三億二千萬元。砂糖平準基金條例第五次修正，起提點下降為每公噸二五〇美元。
九月十五日，中、美雙方官員於臺北市商談雙方貿易逆差事宜。本月，臺糖公司成立屏東紙漿廠。新營總廠塑膠加工第一期工程竣事，年產 **PP** 袋四百萬只。
十一月十六日，核一廠正式發電，臺灣進入核能發電時代。十九日，桃園縣長選舉，中壢二一三投票所，主任監察員涉嫌舞弊，引發中壢事件，為民國四十六年劉自然事件以來最大一次之群眾暴動事件。廿四日，行政院經濟設計委員會改組為經濟建設委員會。
十二月十一日，臺灣省最大漁港高雄興達港正式啟用。
本年，**65/66** 年期產糖量一、〇六九、五四七公噸，創光復以來最高紀錄。
一月一日，中共國防部長徐向前宣布停止砲擊金門。廿一日，經濟部長孫運璿訪問沙烏地阿拉伯返國表示，沙國願增加供應石油一倍。
二月，臺糖公司停辦花蓮糖廠及海埔地墾殖養牛業務。本月起，岸內糖廠改採新亞琉酸法煉製特砂。
三月一日，中油第三輕油裂解工場開工，石化基本原料自足。二十一日，蔣經國當選第六任總統。
五月廿六日，立法院同意孫運璿出任行政院長。卅一日，中船公司國輪國造首艘新船春明號正式交船。
六月十二日，中央銀行宣布採取八項放寬外匯管制措施。
七月，行政院提出第七期六年經建計畫後三年修正計畫，並積極推動十二項國家建設方案。十一日，新臺幣升值，卅六元兌美金一元，並開始改採浮動匯率。本月，臺糖公司為配合臺灣省酪牛事業之發展，其畜產研究所接受臺省乳業小組委託收購酪農小母牛。
八月廿六日，蔣經國總統蒞臨臺糖公司屏東六塊厝養豬場巡視。
十月五日，中美雙邊貿易談判正式展開。卅一日，中山高速公路全線通車。高屏大橋竣工通車。

十一月，臺糖公司發行公司債新臺幣十五億元；與日、韓主要購糖客戶續訂三年長期買賣協議書。

十二月十五日，美總統卡特宣布，美國將於一九七九年一月一日與中華人民共和國建立完整外交關係，並終止美國與中華民國所訂防禦條約；我政府宣布與美斷交。十六日，蔣經國總統發布緊急處分令中止增額中央民代選舉。

民國六十八年　一九七九

一月一日，中共人代發出告臺灣同胞書，建議兩岸通郵通航。

二月十七日，中共發動懲越軍事行動。廿六日，桃園中正國際機場正式啟用營運。

三月十七日，唐榮廠正式產製電動車。廿八日，美賓州三哩島核電廠發生大量輻射線外洩事件。

四月十日，美總統卡特簽署臺灣關係法。本月，臺糖公司自瑞典進口藍瑞全部撲殺掩埋處理。內銷特砂經政府核定自每公噸一四、七〇〇元調高至一七、二〇〇元，二砂自每公噸一二、四〇〇元調高至一四、九〇〇元。臺糖公司為減輕蔗農負擔，本月起實施蔗農配肥到家。

五月，內銷砂糖貨物稅於本月底調降為從價徵收 **30%**。本月，印尼糖業界透過菲律賓 **SGY** 集團，禮聘臺糖公司總經理但香蓀為特別顧問，臺糖公司派吳祖澄等赴印尼協助讓國糖業復興，並先後代訓印尼糖業人員數批。

六月一日，臺糖公司將新品種甘蔗改用 **ROC** 命名，**ROC1-4** 新品種培育成功正式命名推廣。廿八日，石油輸出國組織於日內瓦召開大會，決定實施原油雙價格制，依原油基價之 **23.75%** 為上漲幅度，最高上限每桶二三・五美元。

七月一日，高雄市改制為院轄市，首任市長王玉雲。本日，臺鐵西部幹線電氣化工程全線通車。

十月五日，中美貿易談判在美達成協議，明年起，雙方分別降低關稅。

十一月廿二日，行政院通過中央銀行自十二月一日起改隸行政院，任俞國華為央行總裁。本月，臺糖公司首度發行商業本票新臺幣二一〇、〇〇〇、〇〇〇元。臺糖鐵路柴油化，燃煤小火車全數淘汰。屏東總廠製糖工廠雙列壓榨改為單列壓榨，南州糖廠拆除滲提機改為單列壓榨。廿七日，臺北市龍山寺紀念建寺二四〇周年。

十二月十日，高雄美麗島事件。卅一日，中美共同防禦條約失效。

民國六十九年　一九八〇

一月一日，美國務院重申售予我國武器之承諾，惟拒售新型 F-16、F-18 戰機。廿二日，臺灣自製電腦中文打字機問世。

二月一日，北迴鐵路竣工通車。廿五日，央行發行五百與千元券。廿八日，林宅血案。

三月十九日，內銷糖奉核准自本日起調整為特砂每公噸新臺幣一九、九八〇元，二砂每公噸一七、二九〇元。（本年十二月再度調整為特砂每公噸二二、八〇〇元，二砂二〇、二〇〇元。）本月，甘蔗新品種 ROC-5 培育成功。70/71 年期收購農民糖外銷保證價格每公噸調整為一五、五〇〇元，同時廢止蔗農申領內銷糖棧單寄存辦法。

四月十八日，中華民國宣布退出國際貨幣基金會。本日，警總軍事法庭針對高雄美麗島事件判決施明德無期徒刑、其餘七人分處 12-14 年有期徒刑。

五月十五日，行政院院會決定獎勵投資條例延長實施十年。

七月，臺糖公司埔里副產加工廠設立精製麥芽糖工場。

十月，臺糖公司成立臺東糖廠池上糖漿工場。

十一月廿九日，荷蘭政府核准鹿特丹造船廠售我二艘柴油潛艇。本月，國際糖價再現好景，紐約國際粗糖價最高曾達每磅四三·一四美分，折合每公噸九五〇·八四美元。

十二月十六日，臺糖公司第八期擴大養豬及分離飼養計畫執行結案，計投資新臺幣五億餘元，增設畜殖場八處。又，離氨酸亦於本月研製成功。廿七日，凌晨〇時至四時舉行十年一次戶口及住宅普查。

七〇年　一九八一

一月九日，荷蘭貿易辦事處於臺北成立。

二月廿三日，中美經濟研究院於本日成立。蔣碩傑、于宗先任正、副院長。

四月五日，中正紀念堂落成啟用。

五月一日，經濟部國貿局舉辦首次歐洲產品展。

六月九日，臺灣鐵路創建百年。卅日，國家賠償法及施行細則自本日起實施。

七月一日，翡翠水庫大壩工程開工。十七日，南迴鐵路興建工程動工。

民國	西元	紀事
		八月，內銷糖貨物稅經核定自本月起自30%調降為15%。廿六日，鄧小平提出一國兩制構想。 九月十二日，中美簽訂穀物貿易協定，五年內，我購美穀物達五〇億美元。十四日，內銷糖價經核定調升為特砂每公噸二五、〇〇〇元，二砂每公噸二三、七〇〇元。（十二月十九日內銷價再度核定為特砂每公噸二七、〇〇〇元，二砂每公噸二四、七〇〇元。）卅日，中共人大常委會委員長葉劍英提出和平統一九項建議。 十月廿二日，臺灣省政府指出：一九五二—一九八〇（民41-69）間，國民所得總額增加八二倍、人民平均所得提高四十倍。 十一月廿八日，臺肥宣布肥料售價自十二月起調升，平均漲幅26.7%。 十二月廿日，臺灣首條河底鐵路隧道（臺東光復河）通車，全長二、三五六公尺。 本月，臺糖公司協理改稱副總經理。蒜頭糖廠改採新亞琉酸法生產特砂。臺糖公司於本月分別與日、韓主要砂糖客戶續訂三年長期買賣協議書。 本年，埔里副產廠青飼料工場停止生產。林邊力力溪河川地拓墾竣事，成立興業農場，總投資額計臺幣六六〇、〇〇〇、〇〇〇餘元，淨地面積增加一、一三三公頃。新營總廠塑膠加工場二期工程竣工，總產能提高為年底PP袋一千萬只。
民國七一年	一九八二	二月十八日，行政院核定通過東部區域綜合開發計畫。 四月一日，行政院院會通過加強基層建設提高農民所得方案綱要。 五月一日，交通大學研製臺灣第一個裝有感應裝置之智慧型機器人。本日，臺北—三重間橫跨淡水河之忠孝大橋竣工、通車。 七月一日，東部幹線寬軌列車正式通行。本日，第八期四年經濟建設計畫（民71.07.01-74.06.30）開始執行。本期計畫重點：（一）提高效率。（二）加強科技研究。（三）培育人力資源。（四）健全經濟、社會法規。（五）推動賦稅改革。（六）強化社會福利。 九月一日，外匯交易中心自本日起實施新外匯市場作業方式。十八日，臺省水汙染防治所公布，臺灣農藥施用量世界第一。 十一月四日，行政院院會通過第二階段農地改革方案。本月，臺糖公司甘蔗新品種

民國七十二年	一九八三	ROC-6 培育成功。臺糖停辦嘉義—北港鐵道客運，該公司鐵路客運全部結束。新營總廠改採新亞琉酸法生產特砂。臺糖各廠製糖設備更新自動化竣事，總投資額計新臺幣二、五七〇、〇〇〇、〇〇〇餘元，日壓榨能力提高至六六、五九七公噸。美國恢復實施砂糖進口配額制度，我國獲配比率為其總進口配額量 1.2%。71/72 年期收購農民糖保證價格調高為每公噸一七、五〇〇元。 一月，中華民國外匯存底突破百億美元，創下新紀錄。 三月，臺糖公司甘蔗新品種 ROC-7、ROC-8 培育成功。本月，推出新產品棒狀細粒特砂。 四月廿二日，證券市場股票大漲，股價指數突破七〇〇點大關，創廿一年來新高。 六月廿八日，交通部公布臺北都會區大眾捷運系統計畫。 七月十二日，臺北市鐵路地下化先期工程於板橋舉行開工典禮。十五日，臺灣省政府主席李登輝於記者會說明八萬農業大軍。本月，臺糖公司小港糖廠撤銷製糖工場，更名為小港副產加工廠。臺糖公司訂定淨蔗分糖實施要點及工作準則，自 72/73 年期實施，以改善原料甘蔗品質。臺糖公司埔里副產加工廠建造完成全臺首創 PE 網室，以不施用農藥方式試種清潔蔬菜成功。 十月廿七日，臺灣首家國際證券投資信託公司於臺北市開業。 十一月，臺糖公司畜殖場毛豬奉令暫停內銷，與源益農畜公司簽約代宰毛豬，製成冷凍豬肉及加工產品上市。 十二月九日，立法院審議通過修正耕地三七五減租條例。 本年，72/73 年期收購農民糖保證價格提高為每公噸新臺幣二一、〇〇〇元。
七十三年	一九八四	一月八日，臺中港三期工程全部竣工。卅一日，臺糖公司甘蔗新品種 ROC-9、ROC-10 培育成功。 二月十日，行政院向沙烏地阿拉伯貸款七、〇〇〇萬美金，以展開臺北地下化鐵路工程。廿四日，行政院長孫運璿腦溢血住院。 三月十四日，財團法人生物技術開發中心成立。廿一日，第一屆國民大會第七次會議

民國七十三年	一九八四	選出蔣經國為中華民國第七任總統；翌日，選出李登輝為第七任副總統。 四月，臺糖公司撤銷嘉義海埔地墾殖處，各項業務併蒜頭糖廠處理。該公司研究發展委員下設甘蔗農業評議會、畜殖評議會改稱畜殖研究評議會。 五月十五日，行政院長孫運璿請辭。廿五日，立法院票決同意俞國華為行政院長。 五月，臺糖公司開始辦理特有客戶商業本票及承兌匯票向貨幣金融市場辦理貼現業務。公司下設機械工程處撤銷，業務移歸新營總廠處理。 六月七日，行政院院會通過調整基本工資案，自七月一日起底限為六、一五〇元。 七月，臺糖公司撤銷花蓮營運所，業務撥歸花蓮糖廠。本月推出健體素、果仁巧克力、酵母精與甘蔗糖漿等新產品應市。溪湖糖廠油漆工場業務亦於本月結束，由福利總會接辦。臺糖公司與日韓主要購糖客戶，續訂三年長期買賣協議書。 本年六—十二月煤礦災變多達三次，死亡人數二六七人、受傷就醫廿二人〔土城海山（06.20）、瑞芳煤礦（07.10）、三峽海山一坑煤礦（12.05）〕
七十四年	一九八五	一月十日，經濟部發布統計資料指出，去年中華民國對外貿易總額躍居全球第十五名。十八日，內政部指出，至去年十月底止，臺澎金馬人口已逾一、九〇〇萬人。 二月一日，臺糖公司成立臺南門市部。三日，中國造船公司建造中之船舶，載重噸位，名列世界第三。九日，臺北市第十信用合作社爆發違規大弊案。十七日，高雄港貨櫃吞吐量激增，成為全球第四大貨櫃港。本月，國際糖價長期低落，為減少外銷虧損，產糖目標經核准緊縮至五五萬公噸。 三月十九日，臺糖公司成立高雄門市部。 六月，臺糖公司糖研所畜殖場及新營總廠畜殖場於本月結束業務。 七月一日，經濟部農業現代化訓練中心撥歸臺糖公司，改稱臺糖公司訓諫中心。六日，臺北地下鐵路主體工程新臺北車站動工。 本月，臺糖公司恢復擴大養牛，分別於七、十一月自美國進口種牛七二三頭。內銷糖貨物稅奉核定調整為隨價徵收八％。 九月十五日，臺灣第一座抽蓄水力發電廠工程—明湖發電廠竣工啟用。十七日，臺糖

公司籌組成立生產技術服務處。本月，臺糖公司撤銷總廠督導部門，各單位行政管理由公司直接辦理。

十月廿五日，臺灣省自本日起試辦農民保險。本月，臺糖公司首度發行銀行承兌匯票新臺幣六億元。

十一月卅日，中船公司宣布，下月起裁員一、四〇〇人。本月，臺糖公司埔里門市部開業。公司撤銷運輸處，運輸管理與機務等二組改隸農務處，另成立土木處負水利、線路、營繕工程之規劃與執行。本月，臺糖公司採購 VT 7000 型甘蔗青採機十台，開始實施原料甘蔗青採作業。

十二月五日，臺糖公司新竹門市部開始營業，本年，先後成立四個門市部。北港畜殖場業務於十一月結束。

民國七十五年　一九八六

一月九日，亞洲理工學院頒贈榮譽工學博士學位予總統府資政孫運璿。本日，行政院院會決定全面停止開發彰濱工業區。

二月廿六日，經建會審議通過臺北都會區捷運系統興建計畫。

三月三日，臺糖公司成立小港門市部。

四月一日，臺糖公司資訊處與企劃檢核處整合為企劃資訊處，檢核部門撥併會計處。廿六日，蘇聯車諾比核電廠，因人為疏忽造成反應爐毀損，疏散居民一一六、〇〇〇餘人，鄰近廣遭放射汙染。（死亡人數蘇聯當局隱密未公開發布）。

本月，臺糖公司陸續推出速溶糖、金冰糖、益體素等新產品應市。

五月一日，臺糖公司於臺北市成立展售中心，除對外營業外，並長期展示該公司經營成果。

七月一日，第九期經濟建設計畫（民75.07.01-79.06.30）開始執行。本期重點：（一）經濟自由化、國際化、制度化。（二）推動貿易自由化。（三）擴大公共投資（14項重要建設）。（四）健全財稅、金融體制。（五）加速服務業現代化。（六）積極發展重點科技。（七）加強環境汙染防治。

十月十七日，股價指數破千點達一、〇〇三・五六點，創證券市場二十四年最高紀錄。

民國	西元	大事
民國七十六年	一九八七	一月七日，行政院院會審議通過動員戡亂時期國家安全法草案。 二月十日，新臺幣對美元匯率破三五：一防線。十七日，我國外匯存底破五百億美元，名列世界第二。 四月五日，年度關稅大幅超收，締造新臺幣七百億元佳績。 五月一日，臺糖公司增設高雄展售中心與嘉義門市部。 六月廿三日，立法院三讀通過國家安全法。 七月七日，立法院通過國家安全法施行細則及解嚴案。十四日，總統蔣經國宣布，臺灣地區自十五日起解除戒嚴，動員戡亂時期國家安全法同日實施。 八月一日，行政院勞工委員會正式成立，鄭水枝任主任委員。 九月廿五、廿九日，臺糖公司北港、花蓮二廠籌建精煉糖工場，分別動土，預定七十八年八月竣工試車、十一月開工煉糖。 十月十五日，行政院通過赴大陸探親辦法。廿七日，臺糖公司修正分等限齡退休標準，九至十二等退休年齡為六十三歲，八等以下仍維持六十歲。 十一月一日，臺糖公司調整訓練中心組織，撤銷畜殖、農藝與農機技術訓練班。
七十七年	一九八八	一月一日，解除報禁。十三日，總統蔣經國於本日十五時五十五分病逝大直官邸。當日，副總統李登輝依憲法規定宣誓繼任第七任總統。卅日，靈櫬奉厝桃園縣大溪鎮頭寮賓館。 三月卅日，監察院公布孫立人案調查報告。本月，臺糖公司將蝴蝶蘭以不同包裝方式空運日本，進行首批共同運銷、試銷。 四月一日，臺糖公司正式成立糖業研究所園藝系。廿八日，亞銀廿一屆年會於馬尼拉揭幕，張繼正率團與會。 五月一日，臺糖公司所屬各糖廠、各副產加工場自本日起，每週工時自四十八小時改為四十四小時。 八月八日，中華民國重返 GATT 專案小組召集人王建煊表示，將以臺灣關稅領域名義申請加入。九日，股市指數衝破七、〇〇〇點大關。 十月，臺糖公司推出新產品巧克力健素糖，本年十二月推出小包裝冷牛肉。

民國七十八年　一九八九

本年，海峽兩岸貿易金額成長迅速，躍居我對外貿易第五位。

一月七日，日皇裕仁（一九〇三—）病逝。九日，新臺幣對美元升值幅度動揚，突破廿八元兌一元美金。

二月，臺糖公司花蓮糖廠煉糖工場與北港糖廠煉糖工場分別於二、三月間正式開工運轉。

三月一日，臺糖公司增設工安環保處。本月，推出臺糖礦泉水新產品應市。財團大肆炒作土地，地價高漲，農地萎縮。

四月十九日，臺灣股市成交值突破千億元大關。

五月一日，財政部長郭婉容率團抵北京，參加亞銀年會。七日，行政院長俞國華請辭，總統李登輝提名李煥繼任。本日，臺糖公司於高雄市林泉路增設第二家臺糖展售中心開幕。十四日，臺糖公司新營副產加工廠研究試驗中間工場正式開工啟用。

六月十九日，臺灣股市在產業股帶動下衝破萬點大關。

七月一日，臺糖公司增設嘉義營業所。十五日止，臺灣人口突破二、〇〇〇萬。

八月，臺糖公司推出大片酒精擦新產品。

九月一日，臺北車站新站大樓落成啟用。

十月廿四日，臺糖公司臺北市南昌路展售中心開業。

十一月，經濟部核准臺糖公司章程增列土地營建項目。

七十九年　一九九〇

二月十日，臺糖公司為配合政府取消砂糖貨物稅之措施，內銷糖價自本日起砂糖由每公噸二七、〇〇〇元調降為二六、〇〇〇元，二砂由每公噸二四、七〇〇元調降為二三、八〇〇元。為提高蔗農種蔗意願，將免徵砂糖貨物稅利得悉數回饋蔗農。本月，該公司並推出新產品紅花籽油應市。

三月二日，臺糖公司於本日舉辦自行研發高差壓篩板除塵設備成果發表會。十六日，二百餘名各大學學生集結於臺北市博愛特區中正紀念堂靜坐，要求立即解散國民大會，百名左右大專教師自次日起罷教。廿二日，參與靜坐各大學學生決組成全國學生聯盟，靜坐抗議一五〇小時後，於本日撤離堂前廣場。

四月一日，臺糖公司增設土地開發處，原業務處更名營業處，臺北、臺中、臺南、嘉義等四營業所，自本日起改隸營業處。該公司所產油品獲政府首批食品GMP認證。本月，甘蔗新品系69-6536通過命名為ROC-13。

五月十九日，全學聯、全民反軍人干政聯盟重返中正紀念堂抗議。次日，會同知識界反對軍人組閣行動發動反郝示威遊行，萬餘人參加。廿九日，總統李登輝發布新閣人事及省（市）首長人事命令，郝柏村任行政院長、連戰接任臺灣省政府主席、黃大洲、吳敦義分任北、高二市長。

六月廿八日，召開國是會議（—七月四日），預定民國九十五年之前完成修憲，同年五月總統改為直接民選。

七月一日，第十期經濟建設計畫（民79.07.01-82.06.30）開始執行，本計畫四大政策目標：（一）提升經濟效率（擴大公共支出、健全法規、貫徹經濟自由化）。（二）調和整體健設。（三）促進經濟公平。（四）克盡國際責任。重點有四：（一）改善投資環境。（二）推展交通建設。（三）加強環境保護。（四）增進社會福利。

本月，臺糖公司推出新產品臺糖靈芝露飲料。八月，續推出高纖酵母餅乾新產品應市。

九月廿二日，經濟部長蕭萬長宣布五輕正式動工。本月，臺糖公司榮獲中華民國第一屆品質優良案例獎。

十月三日，東、西德完成統一。七日，國家統一委員會正式成立。廿四，臺糖公司為突破經營困境達成法定盈餘，訂定砂糖經營責任制追縱考核獎懲辦法，自本日起施行。

十一月一日，臺糖公司停閉斗六、麻豆等二廠，分別歸併於虎尾、善化等二廠；臺中、永康二廠停壓。本日，成立土地開發處臺中辦事處。預定年底完成臺糖企業識別體系。

十二月廿六日，經建會通過國家建設六年計畫草案。

民國八十年　一九九一

二月一日，臺糖公司新營尖山埤水庫風景區於本日正式營運。

廿三日，國家統一委員會審議通過國家統一綱領。

三月九日，正式成立海基會。卅一日，臺糖公司奉經濟部指示合併臺金公司。四月一日，於該公司土地開發處設金瓜石辦事處。

四月廿二日，國大臨時會審議通過中華民國憲法增修條文、廢止動員戡亂時期臨時條款。
五月一日，總統李登輝宣告終止動員戡亂時期。本日，臺糖公司新產品紅花籽油、玉米油、葵花籽油（一公升裝）等高級油品上市。十七日，立法院通過廢止懲治叛亂條例。廿四日，立法院通過廢止檢肅匪諜條例。
六月一日，臺糖公司高雄大型車輛停車場完成開發工程，並初期營業。卅日，第十期經濟建設四年計畫中止執行。自七月一日起，以國家建設六年計畫取代之，原二、三、四年應執行之內容，皆已納入新計畫有關項下。
七月一日，臺糖公司於副產處下增設埔里食品部。本日，原土地開發處臺中辦事處更名為土地開發處臺中分處，原土地開發處金瓜石辦事處更名為土地開發處金瓜石分處。
八月一日，臺糖公司總管理處實施彈性上下班。本日起，該公司與太平洋建設公司合作於高雄市興建商業綜合大樓。八日，臺糖公司推出二公升PVC瓶裝維他沙拉油新包裝上市。
九月廿一日，臺糖公司針對臺中大型購物中心計畫進行可行性評估與評選等作業。
十一月一日，遠期外匯市場本日恢復交易。
十二月一日，臺糖公司新包裝百香果汁、靈芝露、甘露、甘蔗汁等利樂包飲料上市。十六日，南迴鐵路試行通車。中共海峽兩岸關係協會（按：與我海基會為對口機關）正式成立。卅一日，第一屆中央民代全部退職。

民國八十一年 一九九二

一月十五日，中央銀行宣布，我國外匯存底達八二四億美元，居全球之冠。十六日，鹽價調升，高級精鹽漲幅二五％。廿一日，臺糖公司北區儲運中心（臺北縣樹林火車站旁）成立並正式營運。
二月十一日，臺糖公司展售中心金山、和平二店於本日分別開業。
三月十六日，臺糖公司尖山埤水庫（臺南柳營）旅客服務中心本日落成啟用。
四月十六日，臺糖公司甘蔗新品種ROC-16，培育成功。十七日，立法院三讀通過就業服務法，為引進外籍勞工之法律依據。
五月十八日，經濟部長蕭萬長召開記者會，宣布臺糖公司月眉育樂園開發計畫投資案。
六月一日，經濟部、行政院環保署會銜核定臺糖公司於該公司生產技術服務處增設臺灣糖業公司空氣品質檢測中心。三日，地球高峰會議本日於巴西里約熱內盧開議。本月，為節省用人支出，撤離保警總隊，改由員工輪值警勤工作。

七月十六日，立法院三讀通過臺灣地區與大陸地區人民關係條例（簡稱兩岸關係條例）。

八月一日，行政院裁撤警備總司令部，另國防部新設海岸巡防司令部。

九月，臺糖公司新產品豬肉濃縮高湯上市。

十月一日，臺糖公司大林、岸內、玉井等三廠停閉，分別併入北港廠、新營總廠與善化廠。

本月，推出新產品芳香油、沾拌醬油、烏醋應市。

十二月十四日，臺糖公司展售中心士林店開業。

民國八十二年　一九九三

一月十六日，立法院三讀通過證交稅條例修正案，證交稅率自六%降至三%。

二月廿三日，立法院同意連戰出任行政院長。廿六日，總統李登輝發布新閣人事令，行政院長連戰。

三月十六日，臺灣省議會投票同意宋楚瑜出任臺灣省政府主席。本月，一九九三東京蘭花展，臺糖蝴蝶蘭榮獲銅牌獎。臺糖公司停閉臺中、永康二糖廠。

四月一日，臺糖公司土地開發處增設臺南分處。七日，海基會秘書長邱進益赴北京，就辜汪會談展開預備性磋商。廿三日，邱進益抵新加坡與海協會常務副會長唐樹備就辜汪會談進行第二次預備性磋商。廿八日，辜汪於新加坡海皇大廈舉行二天會談，會後簽署四項協議。卅日，美貿易代表坎特宣布，臺灣列入綜合貿易法特別三〇一條款優先觀察國家。

五月十七日，臺糖公司總管理處遷建國大樓辦公。

六月十八日，研發甘蔗新品種成功，命名ROC-17。廿九日，臺糖公司會計處稽核部門改制為檢核部門，直屬總經理。本月，臺糖公司奉核定同意以設定地上權方式租地予統一實業公司。臺糖自泰國進口OEM鳳梨罐頭上市。

七月一日，行政院院會通過振興經濟方案執行計畫。本日，臺糖公司修訂該公司組織章程，其經營項目增列植物種苗繁殖、餐飲業、旅館業、停車場之經營管理、百貨、批發、零售及其分類處理配送、有關業務產品之代理經銷等。十六日，該公司成立小港精煉糖廠興建工程處。

八月廿一日，臺糖與義美、金車等三公司同赴越南投資設立糖廠，簽訂合資契約書。卅一日，中共公布臺灣問題與中國統一白皮書，重申解決臺灣問題之原則與和平統一，一國兩制。

九月廿一日，臺糖公司舉行大型購物中心開發案說明會。廿四日，臺糖公司年度股東大會通過公司資本總額自一二四億餘元增至一八七億餘元。本月起，陸續推出新產品肉絨（九月）、煎炒油（十月）、鮮雞湯（十一月）。

十一月十二日，經建會主委蕭萬長代表李總統出席西雅圖APEC領袖級會議。

十二月廿四日，嚴前總統家淦先生病逝臺北榮總，享年九〇歲。本月，臺糖公司新產品營養麥片、大豆卵磷脂先後上市。

民國八十三年 一九九四

二月一日，海基會副董事長焦仁和與海協會常務副會長唐樹備於北京展開五天會談，在劫機犯遣返、偷渡客遣返與漁事糾紛處理等三項事務性議題上達成共識。本月，臺糖公司新產品香濃咖啡、泡沫咖啡、蘆薈、蘆薈汁、即溶奶粉、梅子香健素等相繼推出應市。尖山埤水庫風景區獲臺灣省旅遊局評鑑為經營管理與安全維護優良風景區。

三月廿四日，臺糖肉品獲CAS食品優良標誌。廿八日，臺糖、金車、義美富美等三公司與越南第一糖聯共同投資七千萬美元於越南清化省設立糖廠，正式簽約。卅一日，浙江千島湖遊船謀殺事件，卅二名乘客遭歹徒縱火燒死，其中有廿四名臺灣遊客。（四月七日、中共宣布偵破千島湖海瑞號慘案、逮捕嫌犯三名。）

四月十二日，中華民國退出GATT後四十四年，首度以觀察員身分參加GATT部長級會議。

五月一日，臺糖公司屏東營業所於本日正式成立並開業。廿六日，行政院院會通過工商綜合區開發設置管理辦法。

七月一日，臺糖公司裁撤屏東副產加工廠。本日，同時裁撤臺糖公司空氣品質檢測中心，業務撥移生技處處理。原副產處更名為產品開發處，副產處埔里食品部更名為產品開發處埔里食品部。四日，臺糖公司與韓國東洋釀造公司簽約，委託製造俾爾斯啤酒。十二日，臺糖公司武昌街大樓（臺北市）興建工程動工。廿八日，小港精煉糖廠（高雄市）興建工程動工。

八月二日，臺糖公司木柵興隆店、永和蜜鄰便利超商同時開業。

九月七日，美國同意中華民國駐美機構更名為臺北經濟文化代表處。

十一月十二日，臺糖公司與澳洲簽訂投資蔗漿廠合資協議書。

十二月一日，臺糖公司總管理處新設法律事務室，土地開發處高雄分處於本日成立。

十三日，經建會建議增設境外轉運中心。

民國八十四年　一九九五

一月五日，行政院院會通過發展臺灣成為亞太營運中心計畫。

二月十六日，臺糖公司與中油公司合作經營加油站於本日正式簽約。

三月七日，交通部觀光局審查通過臺糖公司漢口街綜合大樓國際觀光旅館籌建許可。

四月一日，臺糖公司獲澳洲昆士蘭州政府正式頒發公司登記證書。八日，公司總管理處企劃資訊處分化為企劃處與資訊處。

五月三日，臺糖公司甘蔗品系 **80-5153** 確定命名 **ROC-20**。

六月七日，總統李登輝赴美進行私人訪問，九日於母校康乃爾大學歐林講座發表「民之所欲，長在我心」專題演說，十二日返國。十四日，臺灣省地政處宣布，五萬公頃公有地自七月一日起全面放領。廿日，臺大醫院百年慶。廿三日，臺灣省土地公告現值總調幅一二・一四%，為七年來最低。

七月一日，臺糖公司關閉玉井製糖工場、大林製糖工場。

九月十九日，臺糖公司與義美、金車等公司於越南合資設立越臺糖廠，本日動土開工。廿七日，臺糖公司年度股東大會通過公司資本總額自一八七億餘元增資為三七四億餘元。

十月十八日，臺糖公司首座高爾夫球練習場於蒜頭正式對外營業。廿日，土地開發處高雄分處友薈高爾夫練習場正式營運。廿七日，臺糖公司首次辦理屆退人員退休生涯規劃研習講座。

十二月一日，臺糖公司總管理處土地開發處增設橋頭分處。

·民國卅九—四九年臺灣砂糖輸出量值統計（4-1）

年度	砂糖輸出量（公噸）	價值（新臺幣千元）	占輸出總額%
卅九年（一九五〇）	六〇八、四二五	四四一、〇〇〇	七三·六二
四十年（一九五一）	二八三、五一五	五七七、八三七	五三·三一
四一年（一九五二）	四六〇、五四〇	八六三、九七七	五八·八六
四二年（一九五三）	八七四、六九七	一、三三四、〇一七	六七·二三
四三年（一九五四）	五二二、一八八	八四一、八四五	五八·〇三
四四年（一九五五）	五八五、九〇一	九五五、六二一	四九·八五
四五年（一九五六）	六〇〇、五〇七	一、五三〇、六〇七	五二·二一
四六年（一九五七）	七四八、四二〇	二、二九一、六九八	六二·三七
四七年（一九五八）	八一六、六三四	二、〇〇一、二四六	五一·八三
四八年（一九五九）	七三三、八六九	二、三二〇、二二三	四〇·六五
四九年（一九六〇）	八六二、五三五	二、六二五、六六五	四四·〇一

·民前六年—民國九八年　臺灣甘蔗收穫面積、收穫總量產糖量統計（4-2）

年（期）	甘蔗收穫面積（公頃）	甘蔗總收穫量（公斤）	產糖量（公噸）
明治卅九—四〇年 一九〇六—一九〇七	二九、四七六	八三〇、一八八、八四九	一七七、四三五
一九〇七—一九〇八	二七、八四〇	八五一、三二六、四七九	一八二、〇〇二
一九〇六—一九〇八	三七、八六〇	一、三一一、六八二、九二五	三三九、七九九
一九〇九—一九一〇	六一、五〇二	二、一六〇、八九七、九五二	五六七、三三六
一九一〇—一九一一	八六、七五二	二、八二九、一五三、一一七	七五〇、九四一
一九一一—一九一二	七三、〇六一	一、八九五、七五九、一四一	四八七、七四二
大正元—二年 一九一二—一九一三	六五、三三〇	九一八、三一〇、八一九	一九八、五八二
一九一三—一九一四	七三、九八〇	一、五八五、五六九、九五〇	四一八、七九九
一九一四—一九一五	八五、五八六	二、三六〇、二八三、四六八	五七九、〇七七
一九一五—一九一六	一一一、〇〇五	三、四四一、一三一、四五〇	八九一、八九五
一九一六—一九一七	一二五、七五八	五、〇九二、八七〇、三一四	一、二七二、四八四
一九一七—一九一八	一四五、九二〇	四、〇九〇、五二一、四二五	九五五、八九七
一九一八—一九一九	一一六、七八五	三、三七八、八〇三、四四三	八一〇、五九五
一九一九—一九二〇	一〇五、一一三	二、六二九、五〇三、七五七	六二〇、〇二八
一九二〇—一九二一	一一六、二七八	二、九六二、九九三、八五八	七〇二、〇三九
一九二一—一九二二	一三七、七五六	四、〇五一、七〇三、二九六	九七九、五九七

大正九—十年 一九二二—一九二三	一一三、一〇九	三、九九六、五一八、三〇六	九八七、二〇〇
一九二三—一九二四	一一九、五二三	四、六七六、二一三、一一一	一、二五六、一三八
一九二四—一九二五	一二六、五五二	五、二九五、五〇四、九七三	一、三三二、八〇五
大正十四—十五年（昭元） 一九二五—一九二六	一一九、七一〇	五、一六九、二五八、一七七	一、三八八、六八三
昭和元—二年 一九二六—一九二七	九八、四七四	四、四四七、一七七、五二一	一、一四二、〇五七
一九二七—一九二八	一〇五、〇五七	五、八一八、五八六、七九一	一、六一一、四三五
一九二八—一九二九	一一六、四三一	七、三七五、一六六、五二三	二、一九二、五七九
一九二九—一九三〇	一〇六、一〇三	六、九七一、〇一五、三六二	二、二五一、三四三
一九三〇—一九三一	九六、一一一	六、五六六、八〇一、七〇三	二、二一四、六六四
一九三一—一九三二	一〇六、二一四	八、〇四九、二八五、〇四六	二、七四七、三六〇
一九三二—一九三三	八一、七九一	五、二八六、七一九、七三五	一、七六〇、三四六
一九三三—一九三四	八八、四一八	五、三三〇、二八〇、九二六	一、七九七、三四二
一九三四—一九三五	一一七、九六六	八、〇八六、三五六、一〇七	二、六八二、三六八
一九三五—一九三六	一二四、四六五	七、九一四、二三三、六六〇	二、五〇四、六六三
一九三六—一九三七	一二〇、八〇五	八、五六三、一二四、六四八	二、七九八、二〇〇
一九三七—一九三八	一三〇、一六七	九、〇六〇、六五九、五九七	二、七五〇、四四五
一九三八—一九三九	一六二、三九四	一二、八三五、三九五、二七七	一、四一八、七三〇

一九三九—一九四〇	一六九、〇四八	九、九七七、〇七九、五五一	一、一三二、七六八
一九四〇—一九四一	一五七、一九四	八、三九二、三八五、一一一	八一四、六三〇
一九四一—一九四二	一五六、四四四	一〇、二四九、六四九、五六〇	一、一〇一、七五一
一九四二—一九四三	一五六、四九七	一〇、〇九二、二八二、九五五	一、〇四一、四四九
一九四三—一九四四	一四九、四五六	八、四六七、八三四、〇八一	八九二、二九〇
一九四四—一九四五	一〇七、六七六	四、一五九、二七九、一七四	三二七、一九九
小　計			四八、〇八〇、六九三
民國卅四—卅五年	三〇、二〇四・八三	一、〇〇六、五二五、五九九	八六、〇七四
一九四六—一九四七	二九、九〇四・五〇	七九六、〇一二、一九二	三〇、八八三
一九四七—一九四八	八五、一五七・四五	三、一一三、〇六一、六二三	二六三、五九七
一九四八—一九四九	一三三、三九一・八一	六、一九三、八一七、八三一	六三一、三四六
一九四九—一九五〇	一二一、九四〇・三六	五、八六〇、九五八、一五一	六一二、三三三
一九五〇—一九五一	七九、二四九・〇〇	三、五八四、九九七、一五二	三五〇、七六一
一九五一—一九五二	九七、九七一・〇七	四、八八〇、八八三、三一三	五二〇、四五三
一九五二—一九五三	一一三、二二九・五〇	八、三九四、三四七、五九五	八八二、一四一
一九五三—一九五四	九五、六七九・二二	六、三一〇、〇九〇、二〇四	七〇一、一五五
一九五四—一九五五	七七、九四一・一四	六、〇八八、八七一、一七二	七三三、一六〇
一九五五—一九五六	九〇、九〇〇・六七	六、三四三、二四七、八八一	七六七、三二七
一九五六—一九五七	九八、二三〇・六一	七、〇八三、三九五、〇六三	八三二、七四九

一九五七—一九五八	一〇一、四五四・〇二	七、五二一、九八五、一一一	八九三、九八七
一九五八—一九五九	九九、二一九・四三	八、〇九三、四四七、四二五	九三九、八六二
一九五九—一九六〇	九五、五四二・八五	六、七三六、二三六、三六八	七七四、三七五
一九六〇—一九六一	一〇〇、一八〇・〇〇	七、九二二、三八三、〇〇〇	九四六、二三二
一九六一—一九六二	九三、四九六・〇〇	六、一四二、四〇八、〇〇〇	七三一、八九七
一九六二—一九六三	九四、一〇〇・〇〇	六、五〇六、五九〇、〇〇〇	七七二、〇〇八
一九六三—一九六四	九五、〇二八・〇〇	六、七四六、九六一、〇〇〇	七九九、四一〇
一九六四—一九六五	一一〇、六九四・〇〇	九、四八九、七七〇、〇〇〇	一、〇三九、二四五
一九六五—一九六六	一〇五、七一二・〇〇	八、九二三、五五四、〇〇〇	一、〇一五、九一三
一九六六—一九六七	九〇、一八〇・〇〇	六、七四四、四八〇、〇〇〇	七七二、五四七
一九六七—一九六八	九五、九〇二・〇〇	八、二六八、四三九、〇〇〇	八六六、一二七
一九六八—一九六九	九三、三四一・〇〇	七、〇一二、四一〇、〇〇〇	七六三、一三三
一九六九—一九七〇	八六、二四七・〇〇	五、九九〇、七二九、〇〇〇	六一一、九六三
一九七〇—一九七一	八八、七六四・〇〇	七、八八一、〇四〇、〇〇〇	八二三、二一〇
一九七一—一九七二	九〇、三三九・〇〇	七、〇九一、八五四、〇〇〇	七三二、九三九
一九七二—一九七三	九八、一二八・〇〇	七、四七四、四六四、〇〇〇	七六九、四五七
一九七三—一九七四	一〇〇、四二四・〇〇	八、八九六、四九九、〇〇〇	八七九、六三八
一九七四—一九七五	九九、二〇六・〇〇	七、六八七、二一七、〇〇〇	七三八、八六三
一九七五—一九七六	一〇九、四一一・〇〇	八、七二七、九七三、〇〇〇	八一四、四九七

一九七六—一九七七	一一八、七五七·〇〇	一一、〇三六、八七六、〇〇〇	一、一一三、九六八
一九七七—一九七八	一〇五、六〇八·〇〇	七、九四一、〇八一、〇〇〇	七五六、六一四
一九七八	一〇五、六〇八·〇〇	七、九四一、〇八一、〇〇〇	七五六、六一四
一九七九	一〇五、三七〇·〇〇	九、三六三、一〇八、〇〇〇	八六五、一五五
一九八〇	一〇七、二〇〇·〇〇	八、八五一、三四七、〇〇〇	八四五、八二五
一九八一	一〇二、四九〇·〇〇	八、四二二、〇一五、〇〇〇	七四四、四九〇
一九八二	一〇〇、四八六·〇〇	八、二七四、九一三、〇〇〇	七五一、三三〇
一九八三	八八、九七一·〇〇	七、〇七〇、〇八四、〇〇〇	六三三、一六四
一九八四	八一、二一八·〇〇	六、五四五、二七六、〇〇〇	六一九、三七四
一九八五	八二、六二四·〇〇	六、八二三、〇九四、〇〇〇	六六二、〇三〇
一九八六	六四、一五九·〇〇	六、〇〇一、八七一、〇〇〇	五七〇、四〇四
一九八七	六二、八八九·〇〇	五、一六二、九二〇、〇〇〇	四七九、二〇〇
一九八八	七〇、八五五·〇〇	六、七六七、四六五、〇〇〇	五八四、二六一
一九八九	六七、三三二·〇〇	六、六二七、七九三、〇〇〇	六一六、五三六
一九九〇	六五、四五五·〇〇	五、五八〇、九五三、〇〇〇	四七五、三四八
一九九一	六〇、〇〇三·〇〇	四、五三六、二三一、〇〇〇	四〇九、〇九二
一九九二	六一、六四七·〇〇	五、六六七、五四五、〇〇〇	四七六、八九〇
一九九三	六一、七九八·〇〇	四、五七七、二七四、〇〇〇	三九九、〇六九
一九九四	六〇、一二六·〇〇	五、二七五、三五八、〇〇〇	四六七、八六八

一九九五	五八、一二四·〇〇	四、六六一、四八〇、〇〇〇	四〇八、〇九三
一九九六	五二、〇六四·〇〇	四、一九〇、一九二、〇〇〇	三九一、五四四
一九九七	四七、七八〇·〇〇	三、九〇二、三三八、〇〇〇	三四七、六八三
一九九八	四五、二八四·〇〇	三、五五九、七五五、〇〇〇	三一一、六九九
一九九九	四〇、〇二八·〇〇	三、二五五、七八三、〇〇〇	二七六、四〇九
二〇〇〇	三六、九五八·〇〇	二、八九三、七六二、〇〇〇	二五九、四七一
二〇〇一	三一、六三七·〇〇	二、一八〇、二八八、〇〇〇	一八八、八六二
二〇〇二	二七、三二六·〇〇	一、九七三、〇五一、〇〇〇	一七一、九六四
二〇〇三	二二、七六〇·〇〇	一、六九五、六七九、〇〇〇	一五一、〇四三
二〇〇四	一四、一一二·〇〇	一、一二九、三八五、〇〇〇	一〇三、八六七
二〇〇五	一〇、五九七·〇〇	八七五、四五八、〇〇〇	七五、四三九
二〇〇六	一〇、二五二·〇〇	六五一、〇四一、〇〇〇	五五、〇〇八
二〇〇七	九、九一一·〇〇	七二〇、八七四、〇〇〇	六三、一四二
二〇〇八	九、八〇四·〇〇	七〇七、一〇二、〇〇〇	五八、八五八
二〇〇九	九、五〇六·〇〇	六一三、二二八、〇〇〇	五〇、二三五

主要徵引、參考書目

·臺灣通史　連橫　民八二重印
·臺灣省通志稿　成文民七二

·臺灣史　林衡道　民六五臺省文獻會
·臺海使槎錄　黃淑璥撰　民七二影印本
·帝國主義下の台灣　矢內原忠雄　昭和四年
·砂糖講話　宮川次郎　大正十五年臺灣糖業研究會
·三十年回顧　臺灣總督府蔗苗養成所　昭和十九年
·臺灣糖業全誌（明治廿八年—大正十五年）　佐藤吉次郎　大正十五年臺灣新聞社
·臺灣糖業令　昭和十四年
·臺灣製糖（株）史（上、下）　昭和十四年　影本
·明治製糖（株）社業大要　昭和十二年
·帝國製糖（株）概況　昭和十四年
·昭和製糖（株）一覽　昭和十三年
·臺灣糖業復興史　張季熙主編　民四七、臺糖公司刊
·臺灣農業年報　（民國四〇—四八年）臺灣省農林廳
·農產貿易統計要覽　（民七五—八四）行政院農委會
·臺灣糖業統計　（明治四十年、大正十三年、昭和十九年）臺灣總督府刊

附：甘蔗漫談

甘蔗，學名Saccharum spp.，禾本科植物。一年生或多年生草本。莖直立，分蘖、叢生，圓柱形，有節，節上有芽，節間實心，外被蠟粉，有紫、紅或黃綠等色。葉互生、葉片有白色肥厚中脈。屬大型圓錐花頂生、小穗基部長銀色長毛。穎果細小，長圓或卵圓形。性喜日光、溫暖氣候。切莖繁殖，亦可採莖尖、側芽等實施人工離體培育蔗苗再行移栽。分布於熱帶與亞熱帶，亦即南北回歸線間。攝氏二十度等溫線內。有中國竹蔗（S. sinense）。印度蔗（S. barberi）與熱帶蔗（S. officinarum）等主要品種。莖可生食，主要用以製糖、副產品糖蜜可供釀酒、製作酒精及提取乳酸、蠟。蔗渣可製甘蔗板、隔音板等建材，亦可製造紙漿，葉可作牛、羊等飼料。

甘蔗，上古作「柘」，通「蔗」。甲文，金文缺「柘」、「蔗」二字；小篆作「[篆文]」、「[篆文]」。說文作「藷蔗」，另有多稱，如：薯蔗（南都賦）、干蔗（南方草木狀卷上）、接腸草（重慶堂隨筆）、竿蔗（隨息居飲食譜）、糖梗（國藥的藥理學）、甘柘、諸柘（秦漢文化史大辭典、林劍鳴等、民九一）……。依品種分，又有竹蔗、荻蔗、雪蔗、藥蔗、蠟蔗、崑崙蔗……。（中華古文明史辭典、王家范等、民八八）。

糖味甘甜，與酸、苦、辛（辣）、鹹合稱五味。中華民族先民初以麥芽熬製成飴，今人謂之麥芽糖。詩大雅緜：「周原膴膴，堇荼如飴。」戰國楚宋玉（？—？）招魂：「濡鼈炮羔，有柘漿些。」漢書禮樂志：「景星顯見，信星彪列。……百末旨酒布蘭生，泰尊柘漿析朝酲。……」（郊祀歌景星十二）三國志吳志三嗣主傳孫亮（傳）注引江表傳曰：「亮使黃門以銀椀并蓋就中藏吏取交州所獻甘蔗餳。」甘蔗餳，即今語蔗糖。南朝梁元帝（蕭繹，五〇八—五五五）謝東宮賚瓜啟：「味奪蔗漿，甘踰石蜜。」隨書赤土國傳：「以甘蔗作酒，雜以紫瓜根，酒色黃赤，味亦香美。」新唐書西域傳上摩揭它國：「摩揭它，一曰摩伽陀，本中天竺屬國。……太宗遣使取熬糖法；即詔揚州上諸蔗，拃瀋如其劑，色味愈西域遠甚。」公元八世紀中葉，製糖與蔗種自中土一併傳入日本①。十二世紀中，南宋王灼撰糖霜譜一卷七篇，詳敘唐代糖霜②之緣起、製法、性味與有關雜事。元汪大淵（一三一一—？）島夷誌略琉球：「……土潤田沃，宜稼穡。氣候漸暖，俗與彭湖差異。……。男子婦人卷髮，以花布為衫。煮海水為鹽、釀蔗漿為酒。」③

西洋信史一致認為馬其頓王亞歷山大（Alexender the Great, 356 B. C-323 B. C）率軍東征，行至布克發拉（Buccphala），循印度河（Indus River）南下預定西返，於公元前三二五年在今巴基斯坦境內發現甘蔗叢④。日人矢內原忠雄（一八九三—一九六二）專著指出：砂糖的原料—甘蔗，據說原產於恆河流域，東傳至中國、南洋與日本，西經敘利亞、埃及、地中海諸島、西班牙輾轉傳至南北美洲及爪哇。⑤

綜上引述，歸納如次：

一、就漢字「柘」、「蔗」二字字源研判，中華民族先民約於公元前四七五年前後已知有「甘蔗」此一植物，較西方白人約早一五〇年。

二、我國長江以南，如：四川、贛南、閩南、兩廣、臺灣南部等地，均在攝氏二十度等溫線範圍，其與印度河下游、恆河流域同屬甘蔗生長、繁殖之理想區域。全球甘蔗原產地應不限印度一地。

三、我先民雖約於公元前五世紀中末期已知榨取蔗汁飲用；性遲至七世紀初始自中天竺（今印度半島中部）引進蔗汁熬糖法，旋再傳日本。

四、印度河流域下游、恆河流域等固屬適宜甘蔗生長、繁殖之處，皆可能為甘蔗原產地。惟甘蔗自印度東傳中國、南洋之說，若缺具體文獻為依據，則此說應予保留；蓋中國川、贛、閩、臺乃至兩廣、海南諸地亦極有可能為不同品種之甘蔗原產地。

五、漢人大量移民臺灣之前，先住民已知甘蔗榨汁並用以造酒；亦間接證明臺灣原本產有甘蔗，未必外來。

自十七世紀中葉迄廿世紀中葉，甘蔗與稻米均屬臺灣二大經濟作物，且時有相剋。

①官川次郎撰糖業讀本頁一—三（昭和二年、臺灣糖業研究會刊行）。

②今謂冰糖。

③汪著所稱琉球乃今之臺灣本島，又今澎湖，蒙元時作彭湖、一作平湖。

④ World Book Vol.18 World Book Inc. Chicago, IL 2009

⑤帝國主義下の台灣第一篇第一章前言。（昭和四年刊本）。

捌、福澤諭吉思想簡介（演講稿）

83.
06.

前言

福澤諭吉（一八三四—一九〇一）是明治時代言論的巨人，也是明治政府的諍友①。在日本，他首先導入西方的民權思想，然而也是自由民權論者猛烈批判的主要對象。他和小幡篤次郎合著的勸學（學問のすすめ）一公開發行，馬上轟動、暢銷；卻又是當時日本儒學者所最厭惡的思想家。他和明治初年的自由民權論者所闡述的理念思想都是大正民主運動的基礎。昭和動亂時期法西斯思想獨步於日本，福澤被認為是眾惡之源。二次世界大戰結束，日本推動民主改革，他又成為時代的寵兒。三十五年前馬克斯主義一度盛行於日本，福澤又再度為時人所指摘。這麼一位日本近代史上極具爭議性的人物，實有一探其思想的必要性。

生平

福澤諭吉諱範字子圍、號諭吉，自署雪池三十一谷人，法號大觀院獨立自尊居士，成年以號行②。天保五年（公元一八三四年、清道光十四年）他出生於大坂中津藩藩邸（今堂島），父百助為中津藩（今九州大分縣）十三石基層藩士，從小就喜歡讀書，埋首書堆，頗有文才，有志追隨備後（今廣島縣）朱子學者菅茶山為師，由於家境清寒而作罷。百助對經年累月撥算盤、記帳冊的工非常厭膩，在無奈和快快不樂當中渡過了他的一生。母親名叫阿順（橋本氏）是一位深具愛心的女性。在當時的階層社會，最下等的人民統稱賤民又分穢多、非人，身為武士之妻卻樂於親近、關心、接助他們。這種悲天憫人、沒有階級歧視的態度，無形中給予福澤諭吉一種很好的身教。諭吉日後厭惡封建制度、極力主張人人生而平等，母親的影響很可能是原因之一；而間接瞭解父親有志難伸、抑鬱以終，也是影響他一生行止的重要因素。

福澤諭吉一歲半的時候，父親因腦溢血，以四十五歲英年辭世。當時，母親卅三歲，大哥三之助十一歲，大姊禮（九歲）、婉（七歲）、鐘（五歲）、寡母攜幼扶棺回到家鄉中津，由三之助承襲父職。他十四、五歲左右，家境略有改善，才追隨白石照三攻讀漢籍幼童蒙求、四書、世說新語、左傳、戰國策與老莊，並自修史記、前後漢書、晉書、五代史與元明史略。其中左傳前後讀十一次。德川時代論、孟、左是武士的必讀漢籍教養書。安政元年（公元一八五四）隨長兄三之助前往長崎拜西洋砲術家山本物次郎為師，開始學荷蘭文與砲術，並和松崎鼎甫習英文字母，這時候他十九歲。第二年，赴大坂進緒方洪庵（一八一〇—一八六三）所辦的適塾。安政三年九月三之助病亡，只好返鄉襲所遺藩士職。因緣時會得於十一月起繼續適塾的課業。二十五歲時，中津藩在江戶築地鐵砲州中屋敷開辦蘭學塾，福澤諭吉奉派往任教，二十七歲到卅四歲間除繼續教學工作外，並兼幕府譯事職，曾兩度赴美、一度赴歐，總共有兩年的光景停留美、英、法、普、俄、荷、葡等七國，增長不少的見聞。那段時間他先後出版增訂華英通語、西洋事情、西洋旅行嚮導等書。開辦應援義塾、譯作洋兵明鑑、世界圖覽，創明六雜誌、時事新報、出版勸學、文明論之概略，發表通俗國權論、五十歲以後具脫亞入歐的理念逐漸成型並先後分別發表：時事小語，必須論斥支那風、脫亞論。六十五歲，福翁自傳脫稿，明治卅四年一月，以六十八之齡病逝。終其一生，除於幕末曾任公職外，絕大多數歲月從事於教學和譯作，說他是一位執著的思想啟蒙者，自不為過。

時代背景

文藝復興、思想啟明、地理發現……使西歐累積豐沛的人文、社會、科技等知識並逐漸主導全球的經濟發展。時序步入十八世紀，英國更領先發生以機器取代人力的工業革命，隨之美、德、法……各國紛紛迎頭趕上，形成以工業為中心的經濟大成長。原料需求供不應求，工業產品供銷不容稍緩，循致利益之所歸，列強無不關注，一片交爭利的時代已經來臨。一八四〇年中英鴉片戰爭、清廷乞和，簽訂南京條約—割香港、賠軍費，開五口通商、給予最惠國待遇，對東鄰的日本無疑是一大警訊！

英、荷、法相繼在印度成立東印度公司，以遂行其帝國主義、殖民計畫的四十年後，德川家康（一五四二—一六一六）才承續織豐未竟遺業，統一日本，受封為征夷大將軍，進而確立了封建統治的幕藩體制—

一、幕府設於關東的江戶，直轄天領七百萬石，並控制大坂等主要都市、各交通要衝與礦山，並壟斷貨幣的鑄造與發行。

二、頒布武家諸法度、禁中並公家諸法度、佛寺法度以規範大名的義務參覲交代、居城營造、禁止私婚……）、全面抑制朝廷，嚴格統制寺僧。

三、京都置所司代；天皇四萬五千二百五十石。

四、建立階層分明的封建制度③

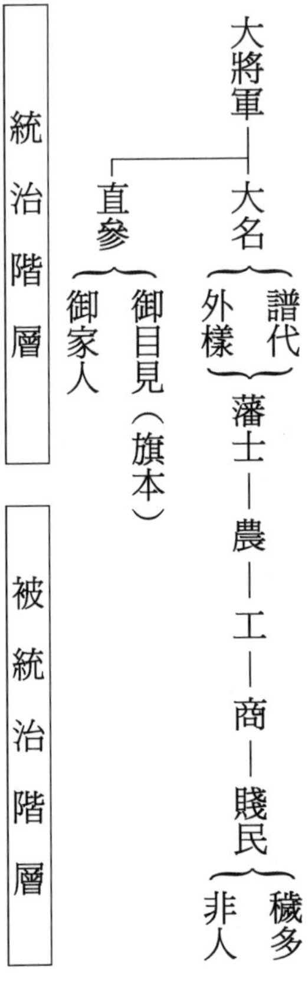

大將軍─┬─大名｛譜代、外樣｝藩士─農─工─商─賤民｛穢多、非人｝
　　　　└─直參｛御目見（旗本）、御家人｝

統治階層	被統治階層

江戶時代初期採「嚴禁傳教」，開放「貿易」政策。島原天草之亂（一六三七—一六三八）後，三代將軍家光於寬永十八年（一六四一）完成鎖國④，除中、荷外，其他各國船隻不准入境，並以長崎出島為交易地。⑤

一個國家的政治制度，常隨經濟的情勢以為轉移；以武士階級為中心的封建制度，重在保持現狀而不求變。江戶幕府所代表的封建制度，在初期⑥雖稱完善，鎖國政策的厲行使德川氏維持了二百餘年的霸權，也使荷蘭商人取代西、葡、英商的地位，壟斷對日貿易，甚至獨占了東方貿易。國際的孤立所帶來的和平，造成日本國內產業與特殊的都市文化的發展。但至十九世紀初，其本身的矛盾、相繼出現，內憂外患紛至沓來——

一、外交　一七九二、一八〇四年，俄人拉古斯曼等相繼到根室（今北海道）、長崎要求通商。一八〇八年，英船到長崎、琉球、浦賀等地要求通商。一八四四年，荷蘭國王建議開國。一八五三年美艦由培里（Mathew C. Perry）率領停泊浦賀（史稱黑船事件）。一八五四年簽訂日美神奈川條約、日英、日俄條約。一八六一年，俄艦對馬停泊事件，一八六三年，薩英戰爭。明年，四國艦隊砲擊下關。

二、政治　一八四一年（天保十二年）水野忠邦政治革新，開始洋式軍備。一八五三（嘉永六年）幕府正式開始徵詢開國意見。一八五九年（安政六年）安政大獄，明年（萬延元年）櫻田門外事件。一八六二年（文久二年），生麥事件。一八六六年（慶應二年），薩長連盟。

三、經濟　一八三六年，米價暴漲。一八四四年，頒農村救荒令；自一八〇〇至一八六六年農民大規模暴動，其有文獻紀錄者，計十九次。

四、社會　一八〇〇年至一八六三年天災、病疫也非常頻繁。

㈠大震災六次（一六〇四、出羽。一八二八、越後。一八三〇、京都、關東。一八五四、下田。一八五五、江戶）

㈡水災三次（一八〇四、象瀉湖。一八一六、東海道。一八五二、近畿。）

㈢大火災二次（一八〇六、一八二九均在江戶。）

㈣病疫　一八五八年夏，罹霍亂死亡者達三萬餘人。⑦

幼年家庭環境的體驗和適應、母親長年的良好身教，青年時期接受緒方洪庵「蘭學」的啟蒙、歐美考察開拓其對西方近代文明的認知、中西典籍的消化和吸收以及關心幕末內外情勢的變動……等交互影響、逐漸形成福澤的思想架構與內容。

福澤諭吉思想大要

一、社會思想

㈠天賦人權

1.「人的出生來自天意，非來自於人力；人與人之間應互敬互愛。」

2.「天在人之上不造人，在人之下亦不造人。」

3.「人的權利有其限度。上天授予每個人的權利，不受其他人的束縛，不論男女都自由自在，但應認知『自由的限度』—以不妨礙他人自由為其範圍。」

4.「每個人的生命都很寶貴，每個人的財產都不得被侵犯，每個人的名譽與尊嚴都不得被損傷。」

㈡獨立說

1.「自己能支配自己，沒有依賴心。能夠判斷事物的是非而採取正確處理方式的人。便可以不依賴別人的智慧而獨立。」

2.「個人的獨立，可以達成國家的獨立。」

㈢男女平等

1.「男人是人，女人也是人。……天下沒有一日可以不要男性，也沒有一日可以不要女性。」

2.「出嫁從夫、夫死從子，……毫無道理可言。」

3.「『不孝有三，無後為大』成為蓄妾的藉口，一男娶數妻有違天理。」

4.「『唯女子與小人為難養』是錯誤的妄言。」

5.「二十四孝諸多不可取，……所謂不孝，應以為人子女做不合情理的事情，使父母因此身心感到痛苦為其認定的原則。」

㈣文明論

1.「文明進步的原因，在於人類不斷研究自然與社會現象的運作本質而發掘其真理。西洋各國達到今日文明的境界，應歸功於『懷疑』兩字。」

2.「在相信的世界裡，有很多偽詐；在懷疑的世界裡，反而有許多真理。」

3.「文明的基本力量取決於人民的素質水準——人民的素質水準高，文明進步得快；人民的素質水準低，文明進步得慢……。」

4.「創造文明的主要力量，不是來自上層的政府與下層的眾民，而是來自於兩者之間的中間層。」

5.「如今，為了促進我國的文明，必須先把採植人心的舊習一掃而盡。可是，要怎麼個掃法呢？這很難靠政府下令，也很難靠個人的說教，一定有一批人站在民眾的前頭，身體立行，做民眾的模範。這批人在那裡？他們不在農民之中、不在商人的行列，也不在國學者或漢學者之中，只有洋學者才能擔當這項大任。」

6.「我們不能以外觀來衡量一國是否文明。……擁有外觀並非難事，只要用錢買就行了。可是另有一種無形的東西，…眼睛看不到、耳朵聽不到、不能買賣、不能貸借，可是它卻能夠普遍存在於國人之間，發揮很大的作用。沒有這樣的東西，學校、工業、陸軍、海軍等外觀都無法發揮真正的功能。這可說是文明的精神，……它是甚麼呢？它就是人民的獨立精神！

(1)文明可分成兩個部分，一個是文明的外觀，一個是文明的精神。所謂文明的外觀，是指食衣住行，以及法律、政令等。所謂文明的精神，則是人民的習氣或一國的人心風格。

(2)無論是文明的外觀也好，文明的精神也好，東方都遠遜於西方。

(3)引進文明的外觀比較容易，有錢就可辦到。引進文明的精神就難得多了。此外，同樣是文明的外觀，引進食衣住行較容易，引進法律政令較難。

(4)在引進的先後順序上，必先從難的著手，亦即先引進文明的精神，其次是法律政令，最後才食衣住行。為什麼必須先引進最難的文明的精神呢？因為只要大多數人民都有擁有文明的精神，文明的外觀就不請自來。相反地，如果一開頭就汲汲於追求文明的外觀，而忽略掉文明精神的話，文明化的工作一定會窒礙難行，或者出現進一步退二步的情況。」

7.「中國愚昧、無能、反動，不能擺脫自大、否定西方文明與世界潮流，無論精神或物質文明，西方均遠勝於中國。」

8.「……支那是個拙於改革的國家，一千年、二千年來，始終守著古人說的話，絲毫不知臨機應變。……」

四、「西洋文明流入中日兩國的途徑大不相同。中國是經由商人流入，日本是經由知識分子流入。

……經由中國商人流入的西洋文明，只停留在外觀的層次，……西洋文明的流入並沒有對中國產生思想上的根本變化。

日本則與此相反。在二百多年的鎖國時代，日本的知識份子（按指蘭學者）努力研究西洋學問（即蘭學），並且藉著開班授徒與著書立說，把吸收來的西洋學問傳授給其他日本人。

因此，西洋文明可說經由知識份子流入日本，這些知識份子因為文化水準較高，而吸收的都是西洋文明中最深層的部分，因此西洋文明經由他們流入後，便在日本產生思想上的根本變化。」

二、政治思想

㈠國權以民權為前提

1.「要伸張國權就必須先發達民權，因為民權發達之後，才會有獨立自尊的人民，而人民懂得獨立自尊之後，才會真正的愛國，才會為抵抗外國的侵略而拋頭顱灑熱血。」

2.「在平常時期，國權與民權雖然並重；可是在非常時期，國權卻優於民權。」

3.「國民應安分守己，政府不得施以不正當的壓迫，各盡本分、携手合作，維持日本的和平。」

4.「法律之寬嚴，完全隨人民品行之高低而定。」

5.「如果因為自己的國家富強，就以富強的力量來壓迫貧弱的國家，就好像相撲力士憑其腕力把病人的手臂折斷一樣、這種作為就侵犯了他國的權利，是不可饒恕的。」

6.「……我日本……國民的精神已經擺脫亞洲的固陋，移向西洋文明。……對待支那、朝鮮的方式，不可因鄰國之故而特別客氣。西洋人怎麼對待他們，我們就怎麼對待他們。與惡友親近者免不了會沾上惡名。我們應謝絕亞洲東方的惡友。」

三、教育思想

㈠後天決定論

1.「不學無智，無智即愚。」

2.「智愚之別，端自讀書與否決定之。」

3.「貴賤、貧富、強弱都不是天生注定，努力與否可以改變以上的『狀態』。努力求知者可以獲致富貴，無（不）學的人將淪為貧賤。」

㈡學問的種類

1.「學問分為：一、精神的學問—心性與神靈的研究、哲學……。二、物質的學問—天文學、地理學、物理學、化學、經濟學……。」

2.「萬般皆學問。只會讀漢、和、洋書籍，不是學問；明白處世之道、調查金錢的出入、瞭解時代的動向……都是學問。」

㈢為學的目的

1.「學問的目的在增廣知識和見聞，藉以養成判斷事物的能力，明白身為人所應承擔的責任。」

2.「凡人均需擁有『實學』的教養。」

3.「實學無法從中國古籍中獲得，必須借重西洋譯作，最好閱讀原文。」

㈣課程與教材

1.「學問（按指教育）不能與生活脫節，艱澀的字詞、深奧的古文、和歌、律詩、絕句……只能撫慰心靈，不是唯一的必要和絕對的重要。自古少有會賺錢的和漢學者，也未聽說有既擅長作和歌又富於經商大才的人。」

2.「教材的選擇和編輯應重視與生活有密切關係的實學。例如先教四十七個假名、信的寫法、簿記、珠算與度量衡的認識與使用，再安排地理學、物理學、歷史學、經濟學、修身學等教程……。⑧」

四、明治維新的成就

明治新政的規劃、執行與幕末及當時西洋思想的鼓吹，息息相關。自一八六八（明治元年）三月十四日所頒五條誓文（五箇條の御誓文）概可證之：

一、廣興會議，萬議決於公論。
二、上下一心，盛展經綸。
三、自官吏以至庶民，務使各遂其志、振奮人心。
四、破除舊有陋習，依循天地公道。
五、廣求知識於世界，大振皇基。⑨

以此為國政的基本方針，開展了維新的各項措施——

一、確立三權分立的政治體制，籌設各級議會、辦理官吏公選。
二、廢藩置縣　明治四年（一八七一）七月，全國改設三府七十二縣。
三、實施徵兵制　明治三年（一八七〇）頒徵兵規則規定每縣按土地一萬石出兵五人，逐漸全面實施全國皆兵制。

四、土地改革　廢除田地永久買賣禁令，頒發土地所有權狀，改訂地租明白規範稅率責成土地所有權人以現金繳稅。

五、振興產業　一八八三年以前仍以生絲輸出為大宗（50%以上）、金屬製品、船艦輸入為主（60%以上），至廿世紀初，其結構已大幅改變，據統計：一八八六年（明治十九年）日本全國生產性工廠計一〇〇〇餘家，職工約十一萬餘人，至一九〇〇年（卅三年）工廠已逾七千家，工人人數超過四〇萬人以上。

六、交通建設　明治三年（一八七〇）首先制定郵便規則，繼而在東京、大阪、京都開辦新郵事業。同年，成立官民合辦的迴漕會社。翌年，成立日本郵輪會社。在鐵道鋪設方面，至明治四十四年止，計完成東海道本線、東北本線、山陽本線、奧羽本線、中央本線計二、八八五・七公里。

七、建立金融制度　自明治元年起先後布達商法大意、設貨幣司、廢止金銀座、設造幣寮、撤廢諸道關所，發行紙幣，採金本位制、公布貨幣條例、改正國立銀行條例，積極貨幣整理、輔導設立公私立銀行。⑩

八、普及教育　明治三年（一八七〇）頒布大學規則、中小學規則、明年設文部省，五年頒布學制分全國為八大學區，每一大學區分卅二個中學區，各中學區又分二一〇個小學區，計畫各地區人口每達六〇〇人即應設小學一所。此期間，以厲行義務教育、落實四民平等、教育機會均等為目標，並以「立身為本」「治產昌業」為教育目的。明治六年（一八七三）全國已設小學一二、五八〇所（公立八、〇〇〇所、私立四、五八〇所）就學率男46％、女17％。六年後，小學已成長為二八、二〇五所。為培養師資，於明治十年首在東京、大阪及各府縣遍設師範學校。至於高等教育，明治十年（一八七七年）東京大學成立；福澤諭吉於明治元年（一八六八）所設慶應義塾標榜獨立自尊，為今慶應大學之前身。明治八年新島襄設同志社英學校（同志大學前身）、明治十四年（一八八一）岸本辰雄設明治法律學校（明治大學前身）。明年，大隈重信設東京專門學校（早稻田大學前身）、十八年，英吉利法律學校設立（中央大學前身）以上為明治前期私人興辦高等教育的概況。終明治時代各級教育已具相當規模。⑪

結語

明治維新之所以順利成功印證了：

一、日本在近代充分歐化以前，雖然大量吸收了中華文化，但是始終沒有落入中國的政治軌跡，因此其歷史包袱不足以阻礙近代化的推展。⑫

二、日本人的好學、勤勉、求新與服從等優點在有識者大力闡述危機意識和西方思想的過程當中，非常迅速地凝聚了共識。而政府與人民的充分合作、認真規劃、積極力行，終能在最短時間內營造出嶄新的氣氛和前瞻的作為。

與福澤諭吉同一時代的日本學者不勝盡舉，其等主要譯作亦頗為可觀⑬。福澤不過是其中一位。綜合分析福澤的作品，可以發現他熱衷於求新和將日本改造成完全歐化的強烈企圖心。他一生執著於著述、講學、辦學應該予以肯定，說他是明治時代改造日本的大師、西化思想的播種者也是持平之論。若就其作品內容言，作一個思想家，他似乎缺乏完整而充分的吸收，並且沒有自已成一家之言的思想體系；而其思想所造成的嚴重負面影響—使日本主動涉入朝鮮政務、展開對華侵略，進而掀起太平洋戰爭，最後走向無條件投降的不歸路，必然是他始料所未及，無怪乎被列為爭議性的歷史人物。

附註

①小泉　信二　福澤諭吉　p.23

②明治維新人物辭典　p.840

③井上光貞等　詳說日本史　pp.151-178

④井上　清　日本の歷史 pp.280-283

公元	日本紀元	記事
一六一六	元和二年	除明船外，外國船隻限停長崎、平戶二地。
一六二三	元和九年	英關閉平戶商館。
一六二四	寬永元年	禁西班牙船隻來航。
一六三三	寬永十年	禁朱印船以外船舶出國，並禁海外日人歸國（第一次鎖國令）

一六三五	寬永十二年	外船入港禁長崎一港，禁日人出國與回國（第二次鎖國令）
一六三九	寬永十六年	禁葡萄牙人居住與來航（鎖國完成）
一六四一	寬永十九年	平戶荷蘭商館遷往長崎出島。

⑤仝上 **p.284** 明船每年限卅艘，貿易額不得逾銀六千貫；荷蘭船每年限二艘，貿易額不得逾銀三千貫。

⑥慶長八年（一六〇三）至寶永六年（一七〇九）第一代將軍家康至第五代將軍綱吉止，史稱江戶時代初期，自寶永七年（一七一〇）至寬政十二年（一八〇〇）第六代將軍家宣至第十一代將軍家齊屬中期；自享和元年（一八〇一）至慶應三年（一八六七）第十一代將軍家齊至第十五代將軍慶喜為後期，又稱幕末。

⑦以上根據兒玉　幸多　日本史年表

⑧本節參考　福翁全集　及呂理州　福澤諭吉傳第三、四篇。

⑨仝注③ **p.239**

⑩林明德　日本史 **pp.239-256**

⑪

校別＼區分（校數）	明治三十三年（一九〇〇）	明治三十四—三十五年（一九〇一-一九一二）	合計
帝大	2	3	5
高等學校	8	3	11
高等師範	2 女(1)	1	3
高等工業	3	3	6
高等商業	0	4	4
高等藝業	1	2	3
外語學校	1	0	1
美術學校	1	0	1
音樂學校	1	0	1
蠶絲專門學校	0	1	1
礦業專門學校	0	1	1
醫學專門學校	0	5	5
計	19	23	42

⑫日本文化雖然處於中國文化的軌跡，由於中國不武斷地強加於人，因此日本在模仿的過程中易於取捨。在中華文化間歇而集中地輸入當中，正好與日本傳統文化的起伏協調適應，從而有助於明確日本意識的形成。Marius B Jansan : Japan & It's World : Two Centuries of Change 1979 pp5-11

⑬加藤 弘之立憲政體論（1866） 真正大意（1870）國體新論（1874） 人權新說（1882）

津田 道真 泰西國法論（1868）唯物論（1895）

中村 敬宇 自由之理（1871）

箕作 麟祥 萬國新史（1872）

服部 德 （譯）民約論（1877）

植木 枝盛 民權自由論（1879）
中江 兆民 民約譯解（1882）
馬場 辰豬 天賦人權論（1883）
天野 為之 經濟原論（1886）
藤澤 利喜太郎 生命保險論（1889）
元田 永孚 倫理學（1891）

至於科學、技術、文學、美術等譯作更不勝枚舉。

一八二五至一九〇一年間大事記（附福澤諭吉年表）

紀元			大事記			
西曆	日本	中國	福澤諭吉	日本	中國	西洋
一八二五	文政八年	道光五年		發布「擊退外國船隻令」。	回疆事變	爪哇戰爭
一八三三	天保四年			天保大饑饉（—一八三七）	四川匪亂	俄土攻守同盟
一八三四	五年	十四年	十二月十二日，諭吉出生於大坂堂島，一歲。		英船至廣東海域，清廷下令禁止停泊。	巴黎、里昂勞動者暴動。
一八三六	七年	十六年	六月，父百助病逝，隨母、兄、姊返故鄉中津（三歲，實歲一年六個月）	真田幸貫鑄成大砲七十二門		
一八四七	弘化四年	廿七年	從白石照三習漢學（十四歲）	水戶齊召築砲台		
一八四八	嘉永元年		（十五歲）	佐久間象山造西洋式野戰砲		美墨戰爭第二年。
一八五四	安政元年	咸豐四年	二月，隨兄三之助赴長崎，拜山本物次郎習西洋砲術，與松崎鼎甫學英文字母。（二十一歲）	日米和親條約（神奈川條約），日英、日露條約		

紀元			大事記			
西曆	日本	中國	福澤諭吉	日本	中國	西洋
一八五五	安政二年	咸豐五年	二月，赴大坂。三月，入緒方洪庵所辦「適塾」習蘭學。（二十二歲）	幕府設蕃書調所於江戶。		
一八五六	三年	六年	九月，兄三之助病亡，返中津襲藩士職。十一月，重返「適塾」就學。（二十三歲）	美領事哈里斯駐下田。	亞羅號事件。	
一八五七	四年	七年	升適塾塾頭。（二十四歲）		英法聯軍陷大沽。中俄瑷琿條約。	印度歸英國直轄
一八五八	五年	八年	十月，抵江戶。任中津藩藩學教職。（二十五歲）	日美通商條約換約		
一八五九	六年	九年	開始學英文。（二十六歲）		法國陷西貢。	
一八六〇	萬延元年	十年	一月，以隨傭名義乘咸臨丸赴美，五月五日返浦賀。八月出版增訂華英通語。十一月兼幕府外交方譯事。（二十七歲）	批准交換使節，新見正興赴美。	英法聯軍陷北京，天津條約、中俄北京條約。	
一八六一	文久元年	十一年	與土岐錦結婚。（二十八歲）十二月二十三日，以譯員身分隨遣歐使節團赴法國。	俄艦對馬海峽停泊事件。	設總理各國事務衙門。	美南北戰爭（—一八六五）

紀元			大事記			
西曆	日本	中國	福澤諭吉	日本	中國	西洋
一八六二	二年	同治元年	抵巴黎（二月九日）、倫敦（三月）、荷蘭（四月）、普魯士（五月）、俄、葡（五至八月），十二月十日返日（品川港）。二十九歲	八月，生麥事件。西周、榎木武揚等至荷蘭留學。	安南割交趾支那與法。	
一八六三	三年	二年	長男一太郎生（卅歲）	七月，薩英戰爭。	朝鮮李熙立、大院君攝政。	
一八六四	元治元年	三年	十月，住外國奉行翻譯方。（卅一歲）	八月，四國艦隊砲擊下關。（馬關）	太平天國亡，清廷封李熙為朝鮮國王。	
一八六六	慶應二年	五年	十二月，出版西洋事情。（卅三歲）	一月，薩長同盟。	回陷伊犁。捻分東西股。設江南機器局。孫中山先生生（—一九二五）	
一八六七	三年	同治六年	一月，隨使節團赴美交涉購買軍艦，六月二十七日返橫濱。十二月，出版西洋事情續集、西洋旅行嚮導，二十五日購新銀座藩邸（久留米藩）（卅四歲）	十二月九日，京都倒幕派政變。王政復古大號令	設同文館。法收柬埔寨為保護國	美向俄購阿拉斯加。馬克斯資本論第一卷出版。

紀元			大事記			
西曆	日本	中國	福澤諭吉	日本	中國	西洋
一八六八	明治元年	同治七年	四月，「慶應義塾」竣工。出版唐人往來（卅五歲）	一月，島羽伏見之戰。二月，大政奉還，改元明治，江戶改稱東京。	福州馬尾造船廠完成第一艘洋輪。	
一八六九	二年	八年	譯洋兵明鑑、出版世界圖覽。（卅六歲）	定都東京。戊辰戰爭	設福建機器局。	蘇伊士運河通航
一八七二	五年	十一年	與小幡篤次郎合著勸學，與森有禮同創明六社、出刊明六雜誌。（卅九歲）	壬申戶籍，富岡製絲廠開業。	平貴州苗亂。成立招商局。	
一八七三	六年	十二年	十一月，出版勸學續編、十二月刊勸學三編，循序至十七編。（四十歲）	改定律例，征韓論起。	法陷河內。	貝爾發明電報機。
一八七五	八年	光緒元年	八月，出版文明論之概略。（四十二歲）	與俄交換千島、樺太。	江華島事件。	
一八七八	十一年	四年	發表通俗權論（脫亞論之醞釀）四十五歲。	創立陸軍士官學校	左宗棠平定新疆回亂。設江南織布局。	
一八八一	十四年	七年	發表時事小言。（四十八歲）	頒國會開設詔	設天津水師學堂。	巴拿馬運河開工

紀元			大事記			
西曆	日本	中國	福澤諭吉	日本	中國	西洋
一八八二	明治十五年	光緒八年	三月，創時事新報。（四十九歲）	創立日本銀行。	朝鮮壬午政變。	三國同盟。
一八八四	十七年	十年	發表必須擯斥支那風（五十一歲）	公布改正地租條令。	中法戰爭（一八八五）。十二月四日，甲申事變。	
一八八五	十八年	十一年	發表脫亞論（五十二歲）	創日本瓦斯會社、郵船會社。	第三次緬甸戰爭。	印度國民議會派成立。
一八八八	廿一年	十四年	拒授「大博士」（五十五歲）	公布市、町、村制。	成立北洋艦隊。	
一八九八	卅一年	廿四年	完成福翁自傳，拒授男爵。（六十五歲）	日韓條約。	德租膠州灣、俄租旅大、英租威海衛、美發表門戶開放宣言。戊戌政變。	
一九〇一	卅四年	廿七年	一月二十五日，病逝。（六十八歲）	創八幡製鐵所。	下詔變法、與八國議和（辛丑和約）、改總理各國事務衙門為外務部。	

玖、乃木希典年表

乃木希典（公元一八四九—一九一二）日本山口縣（舊毛利藩轄，又稱長州藩）人。父藩士乃木十郎希次、母壽子。希典乳名無人。髫齡，從吉田松陰之叔玉木文之進就學於松下村塾，旋入藩辦明倫堂專攻日文、漢學與西洋砲術。明治元年（一八六八）投身維新政府為御親軍，曾參預西南戰爭、甲午之役，歷任砲車長，步兵聯隊長、旅團長、師團長、各級參謀長等職。明治十九年（一八八六）與川上操六連袂赴德研習戰術。明治廿九—卅年（一八九六—九七）曾任臺灣總督。日俄戰爭（一九〇四—〇五）復役，晉升大將，任第三軍司令官率部攻陷旅順要塞（二〇三高地）並參加奉天會戰。卅九年（一九〇六）特任陸軍參議官、學習院院長，明治四十五年（一九一二）七月卅日天皇病逝，渠夫妻二人於明治遺體發引同時，在自宅切腹殉死，享年六十四，卜葬東京青山。

紀元		重要記事
西曆	日本	
一八四九	嘉永二年	出生於江戶，乳名無人。（一歲）。父乃木喜十郎、毛利藩藩士（後改名十郎希次）、母壽子。
一八五三	嘉永六年	美培里率艦自浦賀登陸。（五歲）
一八五四	安政元年	日美簽署和親條約（神奈川條約），日英、日俄相繼簽約。（六歲）
一八五五	安政二年	幕府設海軍傳習所於長崎。布告幕政改革。
一八五七	安政四年	幕府講武所增設軍艦教授所。
一八五八	安政五年	父奉藩命，返故鄉長府。（十歲）
一八五九	安政六年	安政大獄。
一八六〇	萬延元年	櫻田門之變，井伊直弼受害。
一八六一	文久元年	從工藤、小島、多賀習馬術、弓箭、西洋砲術；從黑田、中村習劍術、槍術。（十三歲）
一八六二	文久二年	生麥事件。從福田習軍事、歷史。（十四歲）
一八六三	文久三年	行元服式（冠禮）改名無人源賴時。入毛利藩集童場學習。（十五歲）
一八六四	元治元年	幕府征討長州藩（八月）。赴松下村塾從玉木文之進為師。改名文造源希典。（十六歲）
一八六六	慶應二年	薩長締結連盟（一月）、將軍家茂卒（七月）。入明倫館專攻日文、漢字、劍道；參與討伐小倉藩，任砲車長。（十八歲）
一八六七	慶應三年	德川慶喜大政奉還。返明倫館學習。（十九歲）
一八六八	明治元年	明治維新。江戶改名東京。長州藩荐選入京為御親兵，旋集中東京改編為陸軍。（二〇歲）

一八六九	明治二年	定都東京。薩、長、土、肥四藩奏請奉還版籍。
一八七一	明治四年	廢藩置縣。晉升陸軍少佐。先後駐防東京、仙台、金澤、名古屋等地。（二三歲）
一八七二	明治五年	廢兵部省分設陸軍省、海軍省。
一八七三	明治六年	征韓論起。公布徵兵令。
一八七四	明治七年	日出兵臺灣，五月七日登陸琅璠。
一八七五	明治八年	江華島事件。派任九州小倉步兵第十四聯隊准聯隊長。（二七歲）
一八七六	明治九年	設海軍兵學校。熊本神風連之亂、荻之亂、秋月之亂，駐防小倉。（二八歲）
一八七七	明治十年	西南戰爭爆發（二—九月），參與戡亂，任聯隊長。田原坂激戰遺失軍旗。父卒；弟真人（玉木正誼）亡。木戶孝允（四五歲）、西鄉隆盛（五一歲）自殺。（二九歲）
一八七八	明治十一年	日創立陸軍士官學校。晉升中佐、任熊本師團參謀長，旋調東京直屬步兵第一聯隊聯隊長。九月三日與薩摩藩醫士湯地定元之七女（お七）結婚，お七改名靜子。（三〇歲）
一八七九	明治十二年	日兼併琉球改置沖繩縣。
一八八〇	明治十三年	公布刑法、治罪法。晉升大佐。長男勝典生。（三二歲）
一八八一	明治十四年	詔設國會。調升東京師團參謀長。（三三歲）
一八八三	明治十六年	設陸軍大學校。
一八八四	明治十七年	甲申事變。
一八八五	明治十八年	制定內閣制。日韓成立媾和條約。英占朝鮮巨文島。
一八八六	明治十九年	晉升少將，派任熊本師團司令官兼步兵第一旅團長。次男保典生。奉派赴歐，入德意志帝國陸軍官校研習戰術。（三八歲）
一八八八	明治廿一年	設樞密院。自歐返國，任近衛步兵第二旅團長，旋調名古屋第五旅團長。（四〇歲）

一八八九	明治廿二年	公布帝國憲法、皇室典範。設海軍大學校。
一八九〇	明治廿三年	公布民法、刑事訴訟法、民事訴訟法、商法。
一八九一	明治廿四年	濃尾大地震。
一八九二	明治廿五年	眾議員選舉，發生流血事件。
一八九四	明治廿七年	朝鮮東學黨事件。豐島沖海戰、牙山成歡之戰。八月一日清廷宣戰。任步兵第一旅團長參與旅順口攻略戰。（四六歲）
一八九五	明治廿八年	四月，中日簽署馬關條約。俄、法、德三國干涉還遼。
一八九六	明治廿九年	晉升中將，任第二師團長、封男爵。十月，接任臺灣總督。（四八歲）
一八九七	明治卅年	母壽子罹瘧疾，不治，卒於臺北，享年六九，葬三板橋公墓，舊屬三橋町（今臺北市十四號公園）。七月，卸任總督並復役。調第十一師團長，駐地四國。（四九歲）
一九〇一	明治卅四年	長男勝典，陸軍士校畢業，授少尉，服役步兵第一聯隊。（五三歲）
一九〇三	明治卅六年	次男保典，陸軍士校畢業，授少尉，服役群馬高崎第十五聯隊。（五五歲）
一九〇四	明治卅七年	二月，日俄斷交、日俄戰爭爆發。五月，任第三軍司令官登陸遼東半島鹽大澳。廿六日，勝典陣亡金州城。六月六日，晉升陸軍大將，九月，占領遼陽、十月沙河會戰。十一月卅日，保典陣亡二〇三高地，十二月，攻占二〇三高地。（五六歲）
一九〇五	明治卅八年	一月，旅順俄軍降。日俄水師營會見，三月占奉天。八月，日俄簽署樸茨茅斯條約。（五七歲）
一九〇六	明治卅九年	特任陸軍參議官兼貴族學習院院長。（五八歲）
一九一〇	明治四三年	日併韓國，設朝鮮總督府。五月，與東鄉平八郎共同扈從東伏見宮依仁親王暨王妃，赴歐參加英皇喬治五世加冕大典，並至德、法、羅馬尼亞、土耳其等國敦睦訪問，取道俄京返國。續任學習院院長。（六二歲）

一九一二	明治四五年	七月卅日，明治天皇病逝，六一歲。九月十三日夜八時十分發引；同時，乃木夫婦於自宅切腹殉死。（希典六四歲、靜子五四歲）葬東京青山。

爾靈山險豈難攀
男子功名期克艱
鐵血覆山山形改
萬人齊仰爾靈山

大將子爵大迫盟兄請正　希典寫

皇師百萬征強虜
野戰攻城屍作山
愧我何顏看父老
凱歌今日幾人還

希典

示坂本行忠君

乃本希典眞跡（影印自宿利重一撰：乃本希典、博文館昭和四年，1929）

拾、海鹽張菊生年表（稿）

張元濟（一八六七—一九五九），本名元奇、字筱齋（一作小齋）、號菊生（又作鞠生），室名涉園、自號涉園主人。光緒十八年進士。廿八年，應夏瑞芳之邀，入商務印書館，為我國近代傑出出版家。民初至四〇年代，各級學校優良教科用書、古籍影印、中外名著等梓行多出自該館。渠為整理、搶救古籍，貢獻卓著，並首創公共圖書館以嘉惠國人。民四八病逝於滬濱，享壽九十有三齡。

中國紀元	西曆	表主年齡	記事
清同治六年	一八六七	一歲	陰曆十月廿五日生於廣州。父諱森玉、母武進謝氏。幼年寄居粵東。
十二年	一八七三	七歲	入塾。
光緒六年	一八八〇	十四歲	隨母謝氏返原籍浙江海鹽。
七年	一八八一	十五歲	父森玉病逝於陵水縣衙（今屬海南省）。
八年	一八八二	十六歲	從海鹽查濟忠學。
十年	一八八四	十八歲	應縣試名列榜首，赴嘉興應府試，取秀才。
十二年	一八八六	廿歲	改從海鹽朱福詵學，前後達三年。
十五年	一八八九	廿三歲	應鄉試得售，中第十名舉人。本年，娶同邑吾乃昌之女吾氏。

光緒十八年	一八九二	廿六歲	五月，應進士試，中二甲第二十四名，授翰林院庶常館七品庶吉士。蔡元培、葉德輝、唐文治等與渠同科。本年，夫人吾氏亡故。
廿年	一八九四	廿八歲	本年散館，授六品刑部主事。
廿一年	一八九五	廿九歲	續娶許子宜（軍機大臣領兵部尚書許庚身之愛女）為繼室。本年起，與康有為、梁啟超、汪大燮、文廷式、沈曾桐、楊銳等志同道合、過從甚密。與陳昭常等人合創健社，「約為有用之學」。
廿二年	一八九六	卅歲	任總理各國事務衙門章京。與友陳昭常、張蔭堂等於京師設西學堂，授讀英文。甲午喪師後，恆與文廷式、陳熾、徐世昌、汪大燮、黃紹箕及沈曾桐昆仲等相聚陶然亭，議論朝政改革。本年，與嚴復訂交。
廿三年	一八九七	卅一歲	西學堂更名通藝學堂，制定學堂章程，稱「世學堂專講泰西諸實學。」
廿四年	一八九八	卅二歲	本年，帝召見、垂詢；渠上通除本病統籌全局以救危亡摺，具體建議朝廷應亟設館儲才。百日維新失敗，渠遭「革職永不敘用」處分。旋攜眷離京抵滬。
廿五年	一八九九	卅三歲	任南洋公學譯書院主事，積極選譯政治、法律、財政、商務等專書；支銀二、〇〇〇兩購得原富譯稿（嚴復譯）本年，兼公學總理。
廿六年	一九〇〇	卅四歲	母謝氏辭世。
廿七年	一九〇一	卅五歲	任南洋公學代總理，為期半年。創辦公學附設小學堂、特班，制訂特班章程，禮聘蔡元培為特班班主任。譯著原富纂中西編年、人名、地名，物義諸表，由南洋公學譯書院梓行。

光緒廿八年	一九〇二	卅六歲	與蔡元培、杜亞泉等人創刊外交報。應商務印書館創辦人夏瑞芳之邀，入館，相約「以扶助教育為己任」。旋即於商務印書館設編譯所，禮聘蔡元培為所長。約請夏曾佑編最新中學中國歷史教科書、杜亞泉編文學初階。本年，與汪康年、梁啟超、蔡元培相約從馬相伯習拉丁文。發表外交報敘例，揭櫫「文明排外」宗旨。答友人問學堂事書刊登於上海教育世界第二〇號。集中反映渠青壯時期思想、立場等之轉變。時，嚴復發表與外交報主人論教育書與張氏相互議論。本年起，先後主持並參與編校最新教科書多種，且陸續約請高夢旦、蔣維喬、伍光建等為編纂。
廿九年	一九〇三	卅七歲	任商務印書館編譯所所長，決定創辦東方雜誌。與嚴復簽定出版社會通詮合約。撰中國歷史教科書序、埃及近世史序。出版林紓譯伊索寓言。女樹敏出生。
卅年	一九〇四	卅八歲	開創商務印書館編譯所圖書室（民八定名涵芬樓）。蔡元培中介，購入紹興徐氏熔經鑄史齋藏書五十餘櫥。本年，與高夢旦、蔣維喬等試編最新國文教科書為商務版教科書奠定基礎、編最新修身教科書及其教授法各十冊、五彩掛圖二十幅。與長尾槙太郎等校筆算教科書，與高夢旦等合編女子小學教科書及其教授法。
卅一年	一九〇五	卅九歲	商務舉辦速成小學師範講習所，張氏與蔡元培、杜亞泉、蔣維喬等充講座。手撰對版權律、出版修例草稿意見書。
卅二年	一九〇六	四十歲	學部奏調張氏入京，先在學部，繼至外務部籌辦儲才館派充提調。在京數月，擬辦理儲才館事宜奏摺儲才館暫行章程等十餘件。歸安陸氏皕宋樓藏書謀售，索價過昂，商務無力購取致流入日本。張氏於事後，「每一追思，為之心痛。」

光緒卅三年	一九〇七	四一歲	本年，於離京後返鄉，與海鹽士紳商定辦學為宜。約請顏忠慶編新編英華大辭典。年底，經推選為預備立憲公會副會長。 當選商務印書館董事，外務部、郵傳部先後奏調先生入京任職，未就。 編定立憲國民讀本。 主持編譯日本法規大全，由商務刊行。 約請伍光建譯大仲馬俠隱記、續俠隱記，為我國白話迻譯西洋小說之濫觴。 為拒借外款，代表浙江鐵路公司赴京面謁外務部官員。 子樹年出生。
卅四年	一九〇八	四二歲	赴日後考察一個月。 聘陸爾奎、鄺富灼入館。 參與編纂辭源，歷時八年竣事。
宣統　元年	一九〇九	四三歲	當選為商務印書館董事。 約請蔡元培譯倫理學原理。 與繆荃孫研商影印古籍。 任商務印書館創辦商業補習學校校長。 為涵芬樓購入太倉顧氏謏聞齋藏書。
二年	一九一〇	四四歲	三至十二月，赴荷、英、愛爾蘭、比、德、捷、奧、匈、瑞士、義、法、美、日等國考察教育、出版、印刷業。
三年	一九一一	四五歲	與人於上海設法政雜誌社並發起創刊法政雜誌。學部奏設中央教育會，先生任副會長；赴京出席中央教育會會議被舉為中國教育會會長。 輯編海鹽張氏涉園叢刻線裝八冊出版。 七月，決定選印古籍叢書。 約定梁啟超財政原論稿、手撰環游談薈。
民國　元年	一九一二	四六歲	校訂高等小學用共和國教科書新國文、新歷史及英華會話合璧。參與編纂商

民國	西元	歲	事蹟
			務印書館新字典梓行。 本年起，為涵芬樓蒐集全國方志。至民廿，共得二、六〇〇〇餘種、二五、六〇〇餘冊。
民國二年	一九一三	四七歲	約請蔡元培編纂師範學校用書。 校訂高等小學女子新國文教科書。
三年	一九一四	四八歲	撰貧困之教育，參與編寫新編初等小學單級教科書。 商務印書館成立函授學社，任社長。
四年	一九一五	四九歲	主持制訂四部叢刊出版計畫。
五年	一九一六	五〇歲	任商務印書館經理。 主持輯印戊戌六君子遺集。 發起仿知不足齋叢書例，選印涵芬樓所藏珍秘古籍，編為叢書，題名涵芬樓秘籍。全案委由孫毓修董其事，自本年至民十春，先後印行十集，收書五十一種。
六年	一九一七	五一歲	本年確定四部叢刊書目。 中華職業教育社成立，經推為臨時幹事。
七年	一九一八	五二歲	辭商務編譯所所長職。 與傅增湘等共同發起道藏。 本年始，收購海鹽張氏舊藏書籍。 一月，主編戊戌六君子遺集梓行。計收譚嗣同寥一天閣文、養蒼蒼齋詩、遠遺堂集外文。林旭晚翠軒集。楊銳說經堂詩草。劉光第介白堂詩集。楊深秀雪虛聲堂詩鈔、楊漪春侍御奏稿。康廣仁康幼博茂才遺稿。 本年，二度進京，與蔡元培、陳獨秀、胡適等晤談編輯教科書、出版學術作諸事宜。
八年	一九一九	五三歲	與蔡元培簽訂北京大學月刊出版合同。

			為商務制作電影，擬定上北洋政府呈文。 決定東方雜誌主編易人。 本年六月起出版四部叢刊初編三二三種，至民十二、三月出齊，民十五後重版。續編七五種出版於民廿三。 三編七〇種出版於民廿四、十月至廿五年七月。四編出版因抗戰爆發而未果。 十二月起陸續古逸業書至民廿七計出刊四六種。第四七種出版於民四六年底。
民國 九年	一九二〇	五四歲	辭商務印書館經理職，改任監理。 與中美學藝社達成合作事宜，支持恢復出版學藝雜誌。決定每年資助講學社聘請歐美名人來華講學。 請沈雁冰主持小說月報。 赴京，與葉恭綽商量影印文淵閣四庫全書等。
十年	一九二一	五五歲	擬聘胡適任編譯所長，未果。胡舉薦王雲五。於董事會會議提議籌設公共圖書館（其後定名東方圖書館）。 與葛嗣浵、金兆藩發起輯印檇李文系。參與編纂之中國人名大詞典正式梓行面世。 本年赴京，晤美教育家孟祿。
十一年	一九二二	五六歲	為開辦印刷廠一事，赴粵、港實勘。
十二年	一九二三	五七歲	四部叢刊初編出齊。 於董事會會議提出股息公積辦法，獲表決通過。赴港為港廠購屋。 手撰擬製新式排字機議。 主持影印出版翁同龢手稿多種。
十三年	一九二四	五八歲	影印文淵閣四庫全書，因故未果。 獲推為東方圖書館董事。 年底，提議輯印百衲本廿四史。

民國十四年	一九二五	五九歲	赴揚州，購何氏藏書。 五卅為鄭振鐸、胡愈之等編公理日報捐款。
十五年	一九二六	六〇歲	為涵芬樓以十六萬兩白銀購得蔣氏密韻樓藏書。辭商務印書館監理，經選為董事會主席。 東方圖書館揭幕，撰東方圖書館概況、緣起。
十六年	一九二七	六一歲	一月，東吳大學授予名譽法學博士學位。 校華南宋洪邁夷堅志。（前後歷時近十年）。 本年，張氏遭綁匪劫持，六日後始脫險。
十七年	一九二八	六二歲	本年十月中旬至十二月初，於日本訪書，參觀日公私藏家多處（如觀靜嘉堂文庫等，先後借照孤本秘籍四十六種攜返上海。）
十八年	一九二九	六三歲	手撰重印四部叢刊刊成記，詳述重印中各種版本變動情況。 主持四部叢刊初編再版。（次年印竣）。
十九年	一九三〇	六四歲	三月，百衲本廿四史樣本印成，概述各史擬用版本，並手撰影印百衲本廿四史序。 主持董事會會議，提議王雲五為總經理，議決通過。
廿年	一九三一	六五歲	八月起，百衲本廿四史陸續影印出版（至民廿六、三月出齊）。籌劃四部叢刊續編。 本年，受聘為影印宋版藏經會名譽理事。
廿一年	一九三二	六六歲	商務印書館上海總廠、編譯所為日侵華軍炸燬。 東方圖書館為日浪人縱火焚毀。張氏受推為董事會處理善後事宜委員會委員長。半年後，商務復業。
廿二年	一九三三	六七歲	四月，任東方圖書館復興委員會主席；編纂涵芬樓燼餘書錄。 本年，教育部聘張氏為編訂四庫全書未刊珍本目錄委員會委員。張氏發表對於影印四庫珍本意見之談話。

民國廿三年	一九三四	六八歲	四部叢刊續編梓行。 與王雲五制訂編輯叢書集成計畫。 手撰叢書百部提要。 本年，繼室許夫人病故。
廿四年	一九三五	六九歲	籌劃四部叢刊三編，預定年內開始陸續出書。赴西安、華山、洛陽等旅游。 五月廿七日，經推舉為中國博物館協會發起人之一。 七月四日，受聘為上海市圖書館臨時董事會董事。 本年，槜李文系續輯八〇卷，並筆錄槜李文系目錄四冊均告竣事。
廿五年	一九三六	七〇歲	四部叢刊三編出齊。 偕高夢旦、李拔可同游重慶、成都。 十一月廿四日，任上海市圖書館董事會董事。 手撰中華民族的人格一書。
廿六年	一九三七	七一歲	百衲本廿四史出齊。 所編中華民族的人格，交商務梓行。撰農村破產中之畜牧問題等論文數篇。 五月，任上海文獻展覽會名譽理事。 赴南京參觀故宮博物院藏書。 夏秋間，商務印書館總管理處內遷，董事會暫留上海。 本年，編印國立北平圖書館善本叢書七〇冊梓行。影印元明善本叢書十種，亦於是年起出版。
廿七年	一九三八	七二歲	手著校史隨筆，交商務梓行。 與鄭振鐸商定由商務排印出版孤本元明雜劇。主持該全書校訂工作。
廿八年	一九三九	七三歲	寶禮堂宋本書錄（與潘宗周合編），二月一日親撰書序，交商務梓行。 本年，與葉景葵、陳陶遺聯名發起籌建合眾圖書館。並與張壽鏞、鄭振鐸等數度聯名電重慶中央，籲請撥款搶救劫火中流散古籍。

民國廿九年	一九四〇	七四歲	與鄭振鐸等積極從事古籍搶救工作。校閱稼軒詞竣事，手撰書跋，交商務梓行。為商務印書館，赴港與王雲五詳商。
卅年	一九四一	七五歲	協助葉恭綽輯印廣東叢書。本年冬，張氏住院進行前列腺切除手術。主編復校孤本元明雜劇線裝卅二冊梓行，廣東叢書第一輯，同時出版。本年，將歷年蒐藏嘉興府先賢著述、海鹽張氏先人著述及商務刊印書籍一批捐贈合眾圖書館。
卅一年	一九四二	七六歲	本年，數名日人至張氏寓所求見，渠以「兩國交兵，不便接談」拒之門外。
卅二年	一九四三	七七歲	本年，張氏開始鬻字。
卅三年	一九四四	七八歲	張氏主持商務印書館董事會議，調整並充實上海辦事處主管人員。本年，輯成成語詞典。
卅四年	一九四五	七九歲	抗戰勝利，商務印書館總管理處自重慶遷返上海。
卅五年	一九四六	八〇歲	本年召開中止已八年之商務印書館股東大會，張氏代表董事會發表九年來之報告。將海鹽虎尾濱舊宅借予海鹽中學充作校舍。
卅六年	一九四七	八一歲	手撰新治家格言。商務印董事會設善本書保管委員會，張氏兼主任。與唐文治等十名老人聯名上書上海市長吳國楨，要求釋放被捕學生。十二月，經推舉為商務印書館勝利後首屆董事會主席。
卅七年	一九四八	八二歲	當選中央研究院首屆院士。九月廿三日，赴南京出席第一次院士會議，發表蒭蕘之言專題演說。
卅八年	一九四九	八三歲	三月，節選節本康熙字典梓行。

年	西元	歲	事蹟
			冬，羅腦血栓症，左半身不遂。
民國卅九年	一九五〇	八四歲	腦血栓住院四個月始返寓療養。 本年起，著手整理涵芬樓燼餘書錄稿。
四十年	一九五一	八五歲	涵芬樓燼餘書錄線裝五冊梓行。（手撰宋本金石錄跋）。
四十一年	一九五二	八六歲	本年，作追述戊戌政變雜詠七絕十八首。
四十二年	一九五三	八七歲	任上海市文史研究館館長。
四十六年	一九五七	九一歲	七月，涉園序跋集錄（顧廷龍編）由上海古典文學出版社梓行，計收錄張氏手撰序跋，題識二〇〇篇。
四十七年	一九五八	九二歲	受聘為（中共）國務院規劃委員會古籍整理出版小組委員。
四十八年	一九五九	九三歲	八月十四日病逝於上海華東醫院，享壽九十有三齡。
七十年	一九八一		張元濟書札（一冊）、張元濟日記（二冊）梓行。
七二年	一九八三		張元濟傳增湘論書牘（一冊）梓行。
七五年	一九八六		張元濟詩文（一冊）梓行。

主要參考文獻、資料

- 清史列傳
- 張榮華著：張元濟評傳（百花洲文藝出版社、民八六）
- 張人鳳著：張元濟（山東畫報出版社、民九〇）
- 張元濟日記（滬、上海古典、民七〇）
- 張元濟傳增湘論書牘（滬、上海古典、民七二）

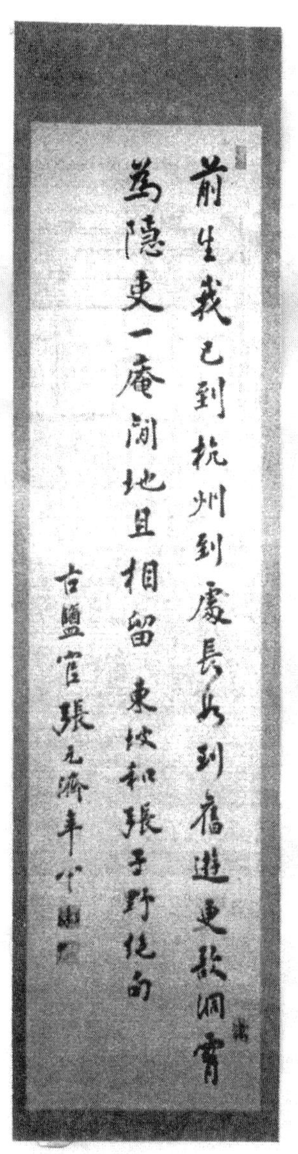

張氏手書條幅

張元濟先生遺照（時年八十三歲）

張氏重游殿試舊地—保和殿留

「家住城南烏夜村」上、玉質印，下、印模 影（民卅八）

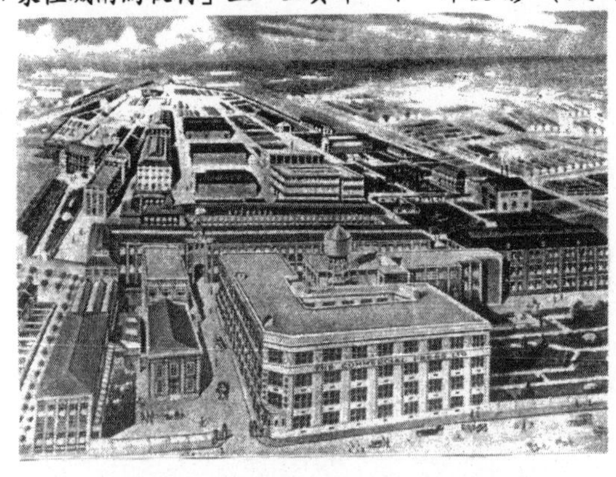

上海閘北商務印書館總廠全貌，
民廿一遭日軍炸毀

商務印書館總務處大廈（閘北寶山路）舊影

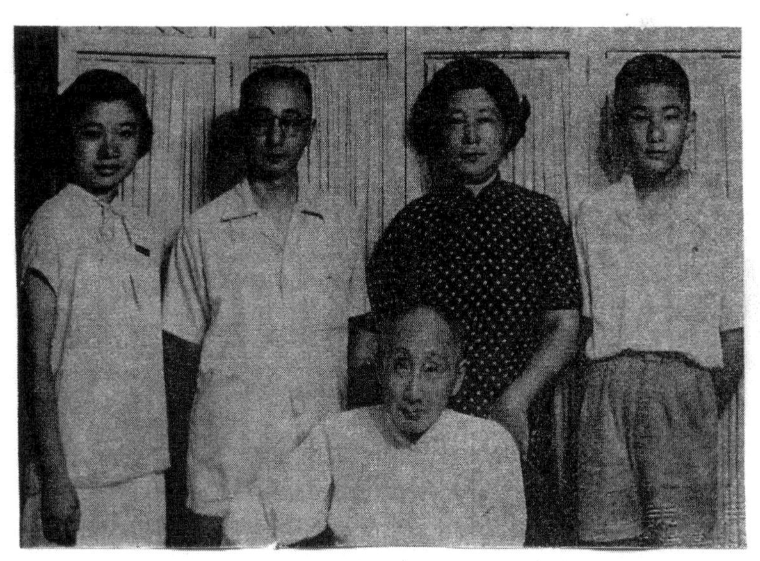

民四三，張氏與家人合影
（後排左起依序爲孫女張瓏、子張樹年、媳葛昌琳、孫張人鳳）

拾壹、張漢卿先生年譜（稿）

101.02.撰成

中國紀元	公曆（年）	譜主年齡	與譜主直（間）接攸關重要記事
清光緒廿七年	一九〇一	一歲	陰曆四月十七日生，父張作霖（二十七歲）、母趙氏（二十八歲）。名學良、字漢卿。 本年九月，張作霖由富紳張榮雲等作保，接受奉天將軍增祺收編，任新民府巡防營管帶。
廿九年	一九〇三	三歲	充跳牆和尚，期改命，乳名改稱小六子。
卅年	一九〇四	四歲	十二月廿五日（陽曆二月十日）日俄兩國正式宣戰。廿七日，清廷宣布於日俄戰爭中嚴守局外中立，劃遼河以東為戰場。張作霖遭日軍以沙俄間諜之嫌逮捕擬處死，經井戶川辰（時任新民屯民政署署長）、田中義一（時任滿州派遣軍中佐參謀）等二人說情，始倖免一死。張率所部，以征討義勇隊為名，於俄軍後方從事游擊活動。十一月廿六日（陽曆一月一日）旅順俄軍司令向日投降。
卅一年	一九〇五	五歲	本年，二弟學銘生。 張作霖自管帶晉升巡防五營統帶，防地自新民府移鄭家屯，旋率部圍剿蒙古馬賊，賊首白音喪命，活捉牙什，陶什陶遁走。張升任奉天前路巡防營統領，轄七營、兵弁三、五〇〇人。 時，張學良與母趙氏居新民縣杏核店胡同。

年號	西元	年齡	事蹟
光緒卅三年	一九〇七	七歲	啟蒙，塾師崔名耀（字駿聲）兼張父文案。
宣統　元年	一九〇九	九歲	本年，二妹懷英出生。
三年	一九一一	十一歲	四月，母趙氏病，得年卅八，亡（一八七四—一九一一）。安葬於遼西錦縣驛馬坊；趙氏臨終前托盧氏撫養學良、學銘。 八月十九（陽曆十月十日）武昌起義。黨人張榕，奉天新軍協統藍天蔚等擬宣布東北獨立，驅逐東三省總督趙爾巽，張父率所部二千餘人馬，自洮南星夜兼程，經通遼直奔奉天保駕，趙爾巽令兼管鐵嶺中路巡防營，所轄兵力逾十五營。 張隨父移居省城奉天（今瀋陽）。 本年，三弟學曾、四妹懷卿出生。
民國　元年	一九一二	十二歲	一月，張父與袁金鎧密謀殺害黨人張鎔。 六月間，派兵鎮壓藍天蔚部譁變。 九月，臨時政府令張父所部改編為中華民國陸軍第二十七師，張父為中將師長。
二年	一九一三	十三歲	本年，五妹懷曦出生。
三年	一九一四	十四歲	鄭家屯殷商于文斗，人稱八爺。早年曾對張父有破金相救之恩。二人遂結金蘭之交。張父主動向于文斗提親，「娶于家姑娘做兒媳。」于家姑娘名鳳至，字翔舟，奉天女子師範學校畢業。品貌均佳，且精於鑒賞字畫。
四年	一九一五	十五歲	端午，由張父至交吳俊陞安排下，張與于鳳至相見於奉天中街路南天益堂藥房。 本年，從東北宿儒白永貞學（一說民六，始從白師學），並與周大文、胡若愚、高勝岳、李宜春等結為兄弟。
五年	一九一六	十六歲	春，與于鳳至成婚，于長張二歲。從此，張氏恒以大姊稱于氏。（一說八月

			八日，陰曆七月初十成婚。） 六月，張父受命為盛京武將軍，督理奉天軍務兼巡按使。旋，改任為奉天督軍兼省長，獨攬奉天軍政大權。 本年起，從奉天省外交署英文科科長徐啟東學英文，主要教本「英文初階」。經周大文介紹，參加奉天基督教青年會各項活動，結識該會總幹事普萊德（Joseph platt）、教育家張伯苓、王卓然等人，開始接觸西方文化，受渠等影響甚深。 本年，四弟學思生。雨亭公三夫人戴氏病逝於奉天小東關。
民國 六年	一九一七	十七歲	寒食節，，約周大文赴生母趙氏墓前焚香祭拜，哀傷不已，黃昏始歸。 本年，長女閭瑛生，于夫人出。
八年	一九一九	十九歲	三月，以總成績第一名考入東北講武堂。教育長熙洽。修習戰術、軍制、兵器、地形、交通與築城等六大軍事專業科目。 七月十七日，以砲兵科第一名畢業，北洋政府授予砲兵上校銜，任奉天督軍署衛隊營營長。十二月下旬，北洋政府任命張為奉天陸軍第三混成旅步兵第二團團長。 本年五月四日，北京大學、北高師、中國大學等十三校院學生代表三、〇〇〇餘人為反對巴黎和會同意日本繼承德國在山東權益，齊集天安門發動示威游行。北洋政府派軍警鎮壓，逮捕學生卅二人。北京國民外交協會全體職員會議議決：如在巴黎和會無從接受我國主張，政府應即撤回專使，並定於五月七日於中央公園召開國民大會。是日，前被捕學生獲釋返校，各校學生一律復課。 本年，長子閭珣生。
九年	一九二〇	廿歲	春，推薦渠戰術教官郭松齡為旅參謀長。衛隊經張、郭全力整治，一掃昔日綠林積習，成為奉軍第一支現代化勁旅。

秋，吉、黑二省土匪猖獗，奉命率部往剿。採剿撫並重策略，所部紀律嚴明、所在之處，頌聲載道，自吉林一面坡至佳木斯，所向皆捷。此其間，張主動贈予朝鮮獨立黨軍火，以支援其抗日復國運動。

十一月，率部返奉天，晉升陸軍少將。同月，接岳父于文斗至奉天，張父擬敦聘親家翁任富裕銀行總裁，事為張氏夫人得悉暗將其父送返鄭家屯，張氏極不悅，于夫人對以：「你讓我父親來做官，我當女兒的怎麼會不高興？可是，漢卿，你可想過了嗎？若是有人說：『鄭家屯的老頭子憑什麼來管銀行？還不是靠張家的勢力！』你該做何解釋？」「如果，我父親當官了，帥府內外，議論紛紛，這豈不是給你和公公臉上抹黑嗎？就這樣，我讓父親悄悄地離開奉天，回鄭家屯去了。」至此，張氏不再惱火，且對其妻不攀裙帶關係之美德，由衷敬佩。

本年，五弟學森出生。次子閭玗生，于夫人出。

民國十年　一九二一　廿一歲

五月，巡閱使署衛隊旅改編為第三混成旅，仍任旅長。夏，薦郭松齡任奉軍第八旅旅長；與第三混成旅合署辦公，成立聯合司令部，人稱「三八旅」。

秋，與張作相應邀赴日觀秋操，本莊繁作陪，見日本海軍航空隊訓練有素、裝備精良，尤大為贊佩。本莊詢張氏觀感，渠答以：「日本能做到的，中國也能做到。日本不能做到的，中國也能做到。請君等拭目以待。」返國後，隨即提出改革軍制，整頓軍紀，嚴格訓練諸建議，張父欣然接納並採行之。

本年，三子閭琪生，于夫人出。

十一年　一九二二　廿二歲

四月廿六日，直軍突擊奉軍南苑部隊，不宣而戰。廿九日，張父坐鎮天津軍糧城，奉軍分東、西、中三路入關。張任東路第二隊司令。奉、直二軍於長辛店、固安、馬廠等處激戰。

五月三日，奉軍東路設伏兵于唐家鋪左右伏擊直軍，攻下勝芳、崔莊、直軍潰逃。此役，張氏為激勵部屬，擡棺督戰，身先士卒，由是人人奮勇殺敵終將吳佩孚所部精銳擊潰。詎翌日，西路鄒芬所部十六師部分官兵嘩變，造成

年	西元	年齡	事蹟
			西路崩潰，牽動全局，終至全線敗退，僅張氏東路運用局部勝利，後撤秩序井然，全師安返關外。六月十八日，直奉雙方於英美傳教士調停下，假秦皇島英艦簽署停戰協議，十九日第一次直奉戰爭結束。 七月十四日，張父成立東三省陸軍整理處，自兼統監，孫烈臣為總監，張作相等為副監。任張學良為參謀長，負實際工作，全面推動奉軍訓練與編制改造。 九月廿二日，國父孫中山先生與張父相約夾擊直系曹錕、吳佩孚。是日，孫函張學良略以：「……此後軍事進行，仍宜由西南發難，據險與敵相持，使彼欲進不行，欲退不可；然後尊公（按指張父）以大兵直搗北京，略定津、保，以覆其巢穴，絕其歸路，敵必可滅，……。望力持定見，他日運籌決勝，可於預期也。……茲特請汪精衛兄來謁，一切代述，……」 本年，六弟學俊出生。
民國十二年	一九二三	廿三歲	三月二日，北京學生提燈遊行，要求裁軍廢督，遭軍警毆打，遭捕者廿餘人、受傷者百餘人。張氏閱報得悉後，函慰在京學生略以：「軍警毆生，令人痛心、憤慨，郵匯現洋五十元，權充部分醫費，至盼努力向學，俾未來為國奮鬥。」 九月，奉軍成立航空處，張氏任總辦兼航校校長，分別自德、法、義購機兩百架，並遴選青年軍官赴法習航空技術，張氏亦於此時習駕駛。 本年，七弟學英、六妹懷敏相繼出生。
十三年	一九二四	廿四歲	一月八日，函廣州軍政府財政部長葉恭綽，言孫奉雙方合作聲討直系事，略以：「中山先生為當代人豪，世所共仰。家君欽服之餘，輒有景行止之嘆，權利已早擬退讓矣，寧能言此而相爭耶！合作精神，願各推誠作去，則大局幸甚！……。」 三月，任東三省空軍司令兼飛鵬隊隊長。 五月，升任陸軍第廿七師師長，兼東三省陸軍訓練副監。

民國十四年　一九二五　廿五歲

九月四日，第二次直奉戰爭爆發，任奉軍第三軍軍長，負山海關、九門口線主攻任務，大破直軍。雙方拼鬥慘烈，張氏身臨前敵，此時，開始吸食鴉片。

十一月二日，直系馮玉祥倒戈，發動北京政變，直軍大敗，第二次直奉戰爭結束。奉軍入關，奉系第三軍與第一軍改稱津榆駐軍，司令部設於天津，張氏任司令、郭松齡副之。

十二月一日，出席北京大學歡迎會，演說中表示自己決不做軍閥。謂：「軍人所以成閥，固不僅問分內事，且干預分外諸政。良意但作苦事，不爭權利，以免為大軍閥。……青年求學時代，最好不必干涉政治。」四日，張氏率部與天津各界代表至碼頭歡迎孫中山先生夫婦及隨員汪精衛、邵元沖、孫科、李烈鈞等人。

二月下旬，謁孫中山先生於北京鐵獅子胡同顧維鈞宅邸。孫勉以為國盡力，並手書「天下為公」橫額一幅贈之。三月十二日，孫病逝北京，享年六十歲（一八六六—一九二五）。

三月廿四日，張父整編東三省陸軍為十八師，張氏被任命為第四師師長。翌月，晉升陸軍中將。

五月卅日，上海學生二、〇〇〇餘人於公共租界遊行示威，抗議十五日內外棉紗廠日人慘殺顧正紅，被英巡捕拘百餘人。午後三時，學生、市民近萬人群集老閘捕房前，要求釋放被捕學生。英巡捕竟向群眾開槍，死亡十三人、重傷數十人，拘捕五十餘人，是謂五卅慘案。

六月四日，張氏致電上海學生會慰勉並電匯私款二千元以慰死傷。十三日，上海罷市、罷工、罷課人心浮動，張氏率奉軍二千人抵滬維持秩序。廿二日，部隊留駐淞滬，張氏北歸。

七月，升任奉軍第三軍團長。

八月，抵秦皇島收編渤海艦隊。

十一月，張父任命學良為第三方面軍團司令，警戒京通及直隸口北。本月廿

			二日，郭松齡簽署郭馮密約。當夜，通電要求張父下野，推少帥主持大政。是日，郭將所部編成五軍稱東北國民軍，自任總司令。廿六日，郭率主力出山海關，取秦皇島。 十二月二日，郭軍占唐山，進取錦州，張部退守新民屯。八日，張父重作部署，於遼河左岸集重兵，任張學良為前敵總指揮。 本日，日關東軍通牒：國民軍與奉軍不得在南滿鐵路兩側及其兩端廿公里內有軍事行動。十七日，郭軍占白旗堡。廿日，郭軍占新民，張學良指揮部移興隆店，兩軍對峙於遼河。廿三日，奉軍反攻，郭軍潰敗，奉軍渡遼河入新民。廿四日，郭見敗局已成，率部分官兵擬退榆關，伺機再戰。上午十一時，郭氏夫婦步行至新民縣蘇家屯遇捕。翌晨，郭氏夫婦遭處死，臨刑前留有致張學良遺書。張氏對隨郭反奉諸將領，均寬大處理之。 本年，八弟學銓生，乳名太平。
民國十五年	一九二六	廿六歲	一月，張父與吳佩孚取得諒解，盡棄前嫌，結成討伐馮玉祥國民軍之聯合陣線。 三月廿九日，張父假秦皇島召開軍事會議，調整部署，改任張學良為第三方面軍軍團長，協同友軍進擊馮部。 四月十五日，馮玉祥棄北京，所部退守南口。廿四日下午五時，奉軍逮捕京報社長邵飄萍（一八八六—）。榮按：邵公開支持郭松齡反奉，並屢屢指責張父。廿六日，邵遇害於北京天橋。 八月十五日，奉軍攻占南口。廿六日，委所部第十軍軍長于珍掌理北京衛戍。 十月八日，申令各軍嚴守軍紀六點。 十二月一日，張父受孫傳芳、吳俊陞、閻錫山等十六位將領聯名推舉，本日發表通電，于天津就任安國軍總司令職，任孫傳芳、張宗昌二人為副司令。 廿七日，張父率奉軍入京。
十六年	一九二七	廿七歲	一月一日，國民政府明令以武漢為首都。三—五日，漢潯慘案，英水兵於武

漢、九江等二地殺傷我國民眾、工人數十人。

二月八日，張父通電進兵河南，支援於汀泗橋為國民革命軍所敗之吳佩孚。電文聲明「誓收復武漢、進取湘粵。」張氏受父命動員第三、四方面軍。

三月十七日，張、韓（麟春）率奉軍入鄭州。廿二日，派葛光庭持密函南下，託何成濬轉國民革命軍總司令蔣中正試探和平。廿四日，國民革命軍克南京。寧案爆發，史稱南京事件。

四月六日，張父派京師警察總監陳興亞率軍警搜查蘇俄駐華使館，逮獲共產黨人李大釗等六十餘人，並抄出諸多蘇俄赤化中國文件。十八日，南京國民政府成立，發布建都南京宣言。寧漢分裂。廿八日，李大釗（一八八九—）路友于（一八九五—）等共產黨人廿名，遭絞殺示眾。

五月一日，張部十餘萬眾會合吳殘部沿平漢路推進，進窺武漢，國民革命軍第四集團軍自駐馬店北上迎擊。廿八日，唐生智部於京漢路猛擊奉軍，奉軍挫敗，張、韓棄鄭州，向許昌總撤。時，張氏下令不得炸毀軍火倉庫與存糧。

六月十八日，張父于北京就任海陸軍大元帥，組織中華民國軍政府。

八月十三日，蔣中正發表上海宣言，辭職下野。

本月，北洋政府宣布成立故宮博物院管理委員會以王士珍為委員長，張氏被聘為委員。

九月廿七日，奉晉戰爭爆發。卅日，張氏奉父命，致電閻錫山，提議兩軍私解，閻不予答復。

十月二日，張父決定兩路夾擊晉軍，張作相任北路，韓麟春掌南路，以張學良為副司令。十二日，南滿鐵道株式會社總裁山本條太郎與張父密談日方包辦滿蒙五鐵（敦圖線、長大線、吉五線、延海線與洮索線）建設問題，本日達成諒解。十四日，張氏率奉軍三師圍涿州（晉軍守將傅作義），兩軍激戰百餘日，至翌年二月七日始簽約停戰。本年春，張氏結識趙四小姐（本名綺霞，又名媞、字一荻）于天津大美飯店。

民國十七年　一九二八　廿八歲

一月十八日，國民政府中央政治會議決議：任命蔣中正為國民革命軍總司令，率四個集團軍傾全力北伐。

本月，張氏軍次保定手撰「兩字聽人呼不肖；半生誤我是聰明。」聯語一副，書贈楊雲史（一八七五—一九四一）。

二月十二日，張父傾奉軍精銳南下：孫傳芳、張宗昌、褚玉璞所部一、二、七軍團進向津浦路，張學良、韓麟春所部三、四軍團阻截自京漢路北上之國民革命軍。廿三日，張氏受命為京漢路討赤總指揮。

四月一日，張氏等于邯鄲設前進指揮部。七日，國民黨中央執行委員會發表北伐宣言。蔣介石下達北伐總攻擊令，並發布誓師詞。本月下旬，張宗昌所部第二軍團敗績，津浦線全軍隨之崩潰。張氏遵父命，將所部悉撤灤東集結。卅日起，各軍循序北移。

五月三日，日軍於濟南屠殺我軍民四千餘人及外交特派員蔡公時等十七人，史稱五三慘案。五日，返北京，二度面陳其父，堅決主張罷兵息爭，期免生靈塗炭、國力耗損。九日，張父北京通電，要求停戰，國內政治但期國民公決，斷不作無謂之堅持，以免為外敵所乘，陷國家於危亡之境。十三日，張父命航政司長趙鎮與滿鐵代表江藤豐三簽署敦圖、長大、延海與洮索等四路修築鐵道合「約」。十七日，張父與日駐華公使芳澤謙吉激辯，謂：「我這臭皮囊不要了，也不能做這樣叫我子子孫孫抬不起頭來的事情。」張父峻拒日本「開礦、移民、停建葫蘆港與新二十一條」等無理且強橫之要求。卅日，奉軍全軍總退卻。

六月二日，張父發表出關通電，略以：「……爰整所部退出京師，其中央政務暫交國務院攝理，……此後政治問題仍聽國民裁決。……惟望中華國祚不自我而斬，共產惡化不自我而興，……。」三日，凌晨二時十五分抵北京前門火車站，張父等一行乘泰山號專列（計七節車廂）離京出關。四日，清晨五時廿三分，張父專列于皇姑屯（南滿、京奉交叉處老道口三洞橋）為日關東軍所預置之炸藥炸毀，四至七號車廂已不成車形，張父身受重傷，全身血汙、血流如注。憲兵司令齊恩銘趕赴現場，副官王憲武隨侍張父，火速以汽車運返帥府。延醫急救，數小時後，張父自知無望，囑盧夫人：「我受傷太重，恐怕不行了，告訴小六子以國家為重，好好地幹吧！……叫小六子快回奉天。」言畢，斷氣辭世。時，上午九點卅分。午前，壽夫人（五姨太）電話張氏，告知張父遇炸，囑速返。張即將所部撤至灤州。本日，張與國府代表孔繁蔚談判，對奉軍受編一節意見相佐，談判未成。六日，微服至灤州與總參謀長楊宇霆密談。張表示願將奉天交楊，楊竟說：「我可以跟令尊，但不能跟你作事，我們之間看法、做法都不一致。」八日，召集張作相、楊宇霆、孫傳芳于漢沽開會研商奉軍與直魯聯軍今後問題。十五日，張化裝成士兵偕衛士數名潛行返奉天。翌日，奉天軍政當局開會，臧式毅於會議提名張學良為奉天省督辦，當場無異議通過。十八日，上午十時許，張返抵帥府，為老父身罹慘禍，痛哭失聲，對日本帝國主義之惡行尤憎恨萬分。廿日，以奉天督辦名義向全國各界發表通電稱：「今後當謹遵大元帥息爭通電，……以全體民意為準則，循序漸行，……庶將來政治入於正軌，全國可企同風。」廿一日，正式發布張作霖死訊，稱死亡時間：廿一日子刻。廿四日，東三省議會聯合會推舉張作相為東三省保安司令兼吉林省司令，張學良、萬福麟分任奉天、黑龍江二省司令。張作相不肯就任，旋改推舉張學良為東三省保安總司令。廿五日，日首相田中義一電奉天總領事林久治郎，飭其警告張氏，勿與南方妥協。廿六日，再電林久治郎，飭其告張：「……勿遽採迎合南方之態度，……宜維持現狀，保境安民，以觀形勢。」張氏不為所動。

七月一日，通電表示決不妨害統一。同日，派邢士廉、王樹翰、米春霖與徐祖詒為代表，赴北京面見蔣、閻等人，準備會商東三省易幟問題。三日，張氏獲東三省議會聯合會一致推舉為東三省保安司令、奉天省保安司令，東北大學校長。十一日，邢、王二人於北京謁見蔣介石，提出東北對和平統一五條件，蔣表示：只要易幟和服從三民主義，其餘均可商量。張氏旋復電表示服從國府到底，預定廿四日易幟。十四日，國府代表劉光、張同禮自奉天電呈蔣稱：「已與張學良詳談，奉方內部已完全一致，對易幟、撤兵、服從主義均可辦到，所慮者外交方面尚無把握，請立示機宜。……」十六日，張氏訪日本駐奉天總領事林久治郎，告知與中央洽商易幟經過及條件，林答以當請示本國政府後再表示意見。十八日，林久治郎求見，要求執行張父時期與日方所訂滿蒙新五路協定，張答稱：皇姑屯的炸彈已將先父專車內所有文件全毀，一切已無根據。十九日，林久治郎二度訪張，告知日方各意見並轉遞田中義一書簡；張反詰林久治郎謂：是否可將日本不願中國統一等意見，或東三省不能易幟由於日本干涉等事實，報告南京？」林氏未予作答。廿日，我駐日公使汪榮寶訪日外務省，抗議日駐奉天總領事阻撓東三省易幟，干預中國統一。廿一、廿四日二度電蔣不能按預期易幟之苦衷。廿五日，蔣派方本仁任中央駐東北代表，赴奉天與張面達一切詳情。廿六日，為日本阻撓易幟事，電呈蔣介石表明心迹。廿八日，張氏派呂榮寰抵南京，代表奉方直接與國府磋商易幟諸事宜。本日，日本政府派前駐華公使林權助為弔唁張作霖專使，自東京出發，佐藤安之助少將同行。除弔喪外，實負有阻撓東三省傾向國府之任務。卅一日，東北海軍總司令部成立，張氏兼總司令。

八月一日，我駐日公使汪榮寶二度往訪日外務省，質問日駐奉天總領事林久治郎干預東三省易幟之責任，並要求制止該總領事不當且無理之行動。五日，東三省各界隆重舉行張前大元帥喪禮。八日，林權助訪張，強勸中止易幟；否則，田中內閣將有激烈行動且或將發生重大情事。九日，張氏至日領事館拜會並與林權助、林久治郎激辯。張氏返帥府後，憤慨仍不已，並對左右謂：「日方欺我太甚，誓必易幟，即死在青天白日旗下，我亦甘心。」同時，將上情電告蔣介石並有具體建議。十日，派代表劉哲告知林權助：「東三省易幟，延期三個月。」

本月，張氏出任東北大學第三任校長，捐款一八〇萬元，進行擴建，期具柏林大學之規模。

九月八日，張宗昌、褚玉璞勾結日軍，企圖奪回直魯，張氏為避免再生內鬥，擬將兩軍和平改編予以遣散，並撥四十萬現洋，惟張、褚二人存心欺詐，款入私囊，卻未改編部隊，且合攻灤東奉軍。十四日，張下令戢翼翹、富雙英部自鞍山西擊直魯軍，俘獲甚多，餘則潰散。廿三日，灤東直魯軍全數繳械、遣散。

十月三日，國民黨公布中國國民黨訓政綱領，確定以黨治國。同時，通過國民政府組織法規定國民政府由行政、立法、司法、考試、監察五院組成之。八日，蔣電張，告以中央政治會議正式推舉張氏為國府委員，並定於雙十節行受任禮，希其同時就職。十日，蔣介石率五院院長于南京宣誓就職。全國開始訓政時期。十六日，派胡若愚至南京，代表東三省安排處理統一有關事宜。十七日，林久治郎偕滿鐵理事齋藤良衛到訪，提出修路與商租權，遭張氏峻拒之。十八日，國府主席蔣明告胡若愚：「奉方外交由中央應付，不使漢卿為難。」

十一月三日，張氏派莫德惠赴日慶賀昭和天皇加冕大典，隨行者奉天省長公署秘書蔡運辰、保安司令部秘書王家楨、東三省交涉總署秘書安祥等人。七日，奉天省政府開館續修盛京通志，張氏親任總裁。九日，哈爾濱學生數千名抗議滿鐵強硬要求修築延敦線，集結遊行示威，警察鳴槍制止，學生一四〇餘名受傷，釀成一一九慘案。十六日，與韓麟春等聯名通電詳述東北軍縮編情形：步、騎兵自四十六師旅縮編為十七旅、砲兵三旅二團整編為八個團，工兵減為二營、取消輜重，總計裁減官兵逾二十餘萬人，僅留十五萬人，每月可節省軍費二百餘萬元支出。卅日，頒布新軍制，並任命各兵種訓練監、各旅旅長。

十二月二日電國府有關共黨份子介入學生示威運動及處置辦法。十五日，張氏撥款廿萬元開奉天文溯閣四庫全書校印館，自任總裁。張氏於告全國各界、致世界各國二電文稱：「世界學者所震驚，獨一無二，最偉大、最完備之四庫全書，現已著手印行。論此書之偉大，則全部三六、二七五冊計二二〇萬頁。論此書之完，則自中國始有文字之後，至清代乾隆四十七年以前，中間包括五千餘年所有歷史、民族、社會、政治制度、宗教、天文、地理、物產、文藝、哲學、醫算、農工商礦及百家雜學等，一無所遺，內容豐富無可比擬……，今學良等為發揚東方文化，使學者便於研究起見，深認此書印行之必不可緩。」此舉為四庫全書修竣後首次完整具有計畫之校印。廿四日，電奉天省長翟文選、奉軍海軍司令監督雷雙英、遼瀋道尹佟兆元等首長，於廿九日改懸青天白日旗，東三省同時舉行，並囑事前仍應保持秘密。廿九日，宣布奉、吉、黑、熱四省易幟，奉行三民主義，全國統一。是日晨，張氏於奉天省府大禮堂主持易幟大典，國府代表方本仁監誓，張於宣誓後發表簡短演說並上電國府。卅一日，國府任命張氏為東北邊防軍司令長官、張作相、常蔭槐、湯玉麟等分別為奉、吉、黑、熱四省主席。

民國十八年　一九二九　廿九歲

一月七日，兵工廠督辦楊宇霆之父七十壽辰，張氏撰賀楊督辦封翁雙壽詩（五古）一首祝嘏。十日晨，張父顧問町野武馬，奉日政府之命，謁張，交涉五路修築事，張氏仍以須由中央作主復之。町野轉晤楊宇霆，楊答以鐵路一定要建設。並與町野決定將民十六、十月十二日于北京與張父洽商之結果，擬定一則公布辦法。是日下午，楊偕東北交通委員會委員長常蔭槐謁張。要求張氏於渠等所擬簽呈批准設東北鐵路督辦公署。張氏以渠二人態度惡劣、藐視行政倫理；同時新設公署事涉中蘇共管中東鐵路管轄權，關係外交問題，因此，表示本案須請示國府，未肯立即簽字。而楊、常仍催逼不已，張氏遂推說入夜後再作商議。夜八時，楊、常再至帥府甫於老虎廳坐定，警務處長高紀毅、副官譚海即率衛士六名入廳，宣布二人圖謀不軌各罪狀，不容分辯，即予槍決。十一日，張氏偕東北宿將張作相、萬福麟、張景專等聯名發布通電，公布楊、常二人罪狀；張氏另單獨致電國府參軍長何成濬請轉呈蔣委員長。同日，張氏有致東三省父老電詳述楊、常圖謀不軌一案發生與處理各細節。派外交秘書王家楨將槍決楊常之經過告知日駐奉天總領事林久治郎，以免誤解。對於林久治郎一再要求履行光緒卅二年間島協定、民六吉長路借款合同、民七吉會路借款合同、同意日本修築吉敦線延至會寧等案，張氏依外交部電令峻拒日方要求。十二日，任命臧式毅代理兵工廠督辦、萬福麟代理黑龍江省主席。

廿四日，行政院長譚延闓五十初度，張氏撰五律四首寄京祝賀之。

二月四日，張氏就任東北邊防軍司令長官。

三月廿二日，張氏召集奉、吉、黑、熱四省軍政長官會議研商治理東北大綱。廿九日，林久治郎再偕南滿鐵道株式會社理事齋藤良衛謁張，提出敦圖、長大二路修築要求，張氏告知：「此事應由中央作主，如日本以兵力強測路線，因此引起排日風潮，本人不能負責。」四月十二日，召集東北官銀號總辦，會商維持金融辦法。本日，並決定將東北邊防軍仍採師制，計編成步兵十師、砲、騎兵各一師，每師二旅，每旅一萬人，共廿四萬人。駐防地亦經規劃，預定接洽中央，經核復後施行。

七月一日，國府任命張氏為軍官學校校務委員。六日應國府主席蔣介石之邀，自瀋抵平晤面。十日，中央決定收回中東鐵路路權。十七日，蘇俄照會我政府，宣布絕交。本日，張氏電告中央，俄艦四艘由伯力進入黑河口向我示威。十九日，再度電告中央：俄軍於綏芬河向我砲擊，我軍未予還擊。翌日，急電中央：目前蘇聯政府調動軍隊，迫近滿洲里、綏芬河等處，確有以武力壓迫情勢，非局部事故，亦非東省獨力所能應府，應請中央預定方策，詳為指示。廿一日，國府蔣介石電復張氏略以：「中央對蘇作戰及部隊調遣事，已由參謀部負責調製全盤計畫，並派員先親送至遼。如有必要，全國軍隊可隨時增援也。」

八月十四日，中蘇交涉決裂，張氏電前線邊防軍：如蘇軍未侵入華境，無論如何，須嚴守防地，非奉命令，不得向蘇軍攻擊；倘蘇甘冒戎首，對我稱兵，則中國為非戰公約簽字國，遇必要時，取自衛手段，遵照非戰公約，以重國際信用。十五日，蔣電令張氏，對蘇一面忍耐交涉，一面準備軍事自衛。

九月十日，蘇軍犯滿洲里、札賚諾爾、蔣電張氏督率前方將士奮勇抗敵。

十月四日，頒布國民義勇軍組織條例。五日，中共中央通過關於反對黨內機會主義與托洛斯基主義反對派的決議。十日，西北軍將領宋哲元等廿七人通電反蔣，列舉蔣六大罪狀，隨即分兵三路，進攻河南。閻錫山、馮玉祥電復宋哲元等，稱「應從長計議，以求政治趨入正軌」。佯裝不同意反蔣。汪精衛、陳公博等發表為討蔣告民眾書。十二日，蔣于南京召開軍事會議，部署討馮戰爭。東北邊防軍與蘇軍激戰于三江口，東北邊防軍敗退富錦。十四日，蔣發表告全國將士書，號召討伐西北軍，任何應欽、唐生智為第一、二路軍總司令。十五日，國府公布國軍剿匪暫行條例。廿三日，蔣馮雙方於鄭州、郾城、許昌一帶激戰。廿六日，閻錫山主張時局應以政治方式解決，勸馮玉祥制止西北軍反蔣。廿七日，蔣馮雙方於中原地區全線激戰。廿八日，國府特任閻錫山為陸海空軍副總司令。十一月五日，閻通電就職。

十一月六日，唐生智、劉興、何成濬、楊傑等部攻西北軍，失利。十日，蔣發動第二次總攻擊，仍無進展。十五日，中共中央政治局會議通過關于開除陳獨秀黨籍並批准江蘇省委開除彭述之等四人決議案，通報全黨。本日，蔣下令第三次總攻擊。十七日，國民黨改組派二屆中執監會委張發奎為護黨救國軍第三路總司令、李宗仁為第八路總司令。張李聯銜通電討蔣。本日，蘇軍向我滿洲里、札賚諾爾、海拉爾與穆棱等地猛攻，東北邊防軍不勝。廿三日，蘇軍陷海拉爾。紅四軍重占長汀。本月，蔣授意陳果夫兄弟組中央俱樂部，即此後所稱 CC 系。

十二月三日，唐生智等五十三名將領聯名發表擁汪聯張（發奎）電，唐並提

民國十九年　一九三〇　卅歲

出六項政治主張，易所部為護黨救國軍第四路軍。廿日，國府下令通緝許崇智、鄒魯、居正、謝持等人。閻、張（學良）、陳調元、劉鎮美等通電擁蔣反唐，鏟除改組派。廿二日，國府與蘇聯政府雙方代表于伯力簽訂中蘇伯力會議議定書（伯力協定），確定中東路由兩國共管、中蘇二方撤兵息爭。卅一日，東北政務委員會派莫德惠為中東路督辦，中東路新任局長、副局長同時到任。

本年，張氏三子閭琪殤（一九二一—一九二九）。

一月七日，國府行政院電復張氏准予任命莫德惠為中東路督辦。十八日，東北第四方面軍團長韓麟春辭世，張氏撰聯悼挽之。

二月十日，閻電蔣要求蔣禮讓為國，並表示願與蔣共同下野。十三日，閻電蔣責其不能止亂，而一味戡亂，勸其審時度勢，進退悉當以黨國福利為依歸。十四日，國府決議通令禁售清史稿。廿五日，閻馮於五臺建安村言和。翌日，同返太原，磋商聯手反蔣。

三月一日，張氏東電勸蔣、閻息爭。二日，閻電張，表示贊成和平。十一日，西北軍由鹿鍾麟領銜，發表擁閻反蔣通電。閻馮反蔣聯盟形成。十五日，馮、閻、桂三方鹿鍾麟等五十七將領，通電推閻為中華民國陸軍海空軍總司令。十九日，國府公布訓政時期民眾訓練方案。廿日，汪精衛電促閻、馮、李、張剋日就任陸海空軍正副總司令。

五月一日，國府頒布討伐閻馮電令。十一日，中原大戰正式爆發。十五日，歸德激戰、廿三日，津浦路北段交戰。

六月廿一日，國府發表張氏為陸海空軍副總司令，並隨派上海市長張群攜特任狀與印信赴瀋。

七月二日，推辭就任副總司令職。

九月十八日，張氏再籲弭兵息爭，本日巧電通告全國，十九日，東北軍入關于學忠領第一軍、王樹常領第二軍。廿三日，張氏電飭入關東北軍須嚴守軍

民國廿年	一九三一	卅一歲

紀。廿六日，于部進駐北平，王部抵天津。

十月九日，張氏在瀋就任陸海空軍副總司令職。

十一月八日，張氏率隨員等入關抵天津。十二日，國民黨於南京召開三屆四中全會。十二月十六日，國府以十萬兵力對中共中央蘇區進行第一次圍剿。

十九日，國府召開國軍編遣會議。

本年，幼子閭琳生，趙夫人出。

一月一日，國府公布國民會議代表選舉法、政治犯大赦條例。中央對洪湖蘇區第一期圍剿（以第四十八師為主力）。本日，汪精衛在港宣布解散國民黨改組派。十六日，國府軍委會發布整理華北軍事善後令：整編為七個軍，第一軍（于學忠）、第二軍（王樹常）、第三軍（宋哲元）、第四軍（商震）、第五軍（徐永昌）、第六軍（楊愛源）、第七軍（傅作義）。翌日，張氏召集將領講話，強調：速即回防、加緊縮編、上下合作、息爭止戰。廿日，蔣限令剿赤各軍應於兩個月內殲滅湘、贛紅軍。本日，國府公布國民會議代表選舉法施行法。二月廿八日，國府委員、立法院長胡漢民被囚湯山，粵籍黨政要員紛紛南下，另組政府與中央對立。四月十五日，在瀋召開軍政會議。本日，張氏派興安區屯墾督辦鄒作華赴歐美考察屯墾事業。十七日，張氏離瀋赴平，東北政務委員會主席、邊防軍司令長官等二職交由張作相、臧式毅二委員與參謀長榮臻代行。十九日，陸海空軍副總司令部正式成立，假北平財政部舊址辦公。五月廿二日，於大公報發表「和平統一為切要之圖」專文，呼籲和平統一。廿八日，傷寒病發，入協和醫院診治。本日，寧粵分裂：廣州國民政府成立，唐紹儀、汪精衛、古應芬、陳濟棠、李宗仁、鄧澤如、許崇智、林森、蕭佛成、王寵惠、陳友仁、李烈鈞等為國府委員，雙方均進行軍事動員，預備開戰。

六月十九日，東北兵工廠研製汽車成功，命名民生號，為我國第一輛自製汽車。廿日，病中接蔣南京急電，命速調部分東北軍入關，以對叛將石友三進行討伐。廿七日，日陸軍上尉中村震太郎與助手、譯員暗行勘察地形並蒐集情報，於洮南蘇鄂公府民安鎮身亡，史稱中村事件。七月二日，長春市郊，二百餘名朝鮮籍非法移民，擅據我農田與當地農戶衝突，日出動警察百餘人，對群眾開槍，造成慘劇，史稱萬寶山事件。六日，張電告東北政務委員會略以：「此時與日開戰，我方必敗，敗則日將要求割地賠款，東北萬劫不復，宜力避衝突，以公理相周旋。」十日，張電呈中央稱：「滿蒙問題最後不用武力實難保全，日對外膨脹政策已定，我方亦應深具警覺。」十三日，監察院長于右任電張，強調當前國事以平定內亂為先，至盼東北同志體會此意切戒輕舉。翌日，張復電呈中央：「日擬推展其大陸政策，有向滿蒙入侵之意，事屬昭然，固不論其對象為中國抑為蘇俄，事關滿蒙之存亡，吾人便應早有打算。」十八日，石友三在順德就任廣州政府第五集團軍總司令。十九日，石發表反蔣討張電，並於拂曉率部北犯，東北軍白鳳翔旅於兩小時前撤出順德。張聞訊後，扶病召集東北將領緊急商議，隨即任命于學忠為第一集團軍司令、王樹常為第二集團軍司令，出師討伐石部叛軍。卅一日，石部潰敗，石友三逃往山東依附韓復榘。

八月十六日，蔣指示張：「……無論日本軍隊此後在東北如何尋釁，我方應力避衝突。吾兄萬勿逞一時之憤，置國家民族於不顧。」（銑電），同日，張及時將該電轉知東北各軍政長官一體遵守。廿五日，瀋陽公安局密令所屬：「日本正極力挑釁，應各容忍自重，力避發槍，如遇日方發槍，應即退入分局，以避衝突。」

九月六日，張電榮臻與東北政務委員會：「現在，日方外交漸趨吃緊，應付一切，亟宜力求穩慎；對於日人無論其如何尋事，我方務當萬分容忍，不可與之反抗，致釀事端。」十八日，夜十時許；日關東軍先自行炸毀南滿鐵路柳條溝部分路段，意圖栽贓係我方所為，旋即向我北大營及瀋陽城展開猛烈進攻。東北邊防軍參謀長以電話請示，張明示：應尊重國聯和平宗旨，避免衝突。榮臻於是轉告駐防北大營陸軍獨立第七旅旅長王以哲，令不抵抗，即使勒令繳械，佔我營房，悉可聽其自便。稍後迫擊砲廠、火藥廠均遭襲擊，王以哲、朱光沐等又以電話報告，張仍指示「不抵抗」。於是，榮臻、王以哲、朱光沐與臧式毅等會商，決定不管日軍行動如何擴大，攻勢如何猛烈，我方均應力持鎮靜，不作抵抗。堅持至翌晨五時，忍痛撤出營房。十九日，晨八時，日軍入瀋陽城，安東、營口、長春、鞍山、撫順、遼陽、鳳城、蓋平、海城、開原、昌圖、四平街、公主嶺等地於本日先後淪陷。本日，張電呈南京國府並通電全國，詳述日軍占領瀋陽情形，且稱已嚴令瀋陽近郊各部力求鎮靜，不得抵抗。廿日，中共中央發表中國共產黨為日本帝國主義強暴占領東三省事件宣言，強烈譴責日寇侵略暴行。廿一日，馮玉祥發表通電，提出抗日救國十三項政治主張。廣州國府通電全國促蔣下野，另組統一國民政府，一致抗日。本日，日占吉林省城、吉長、吉敦二路，吉省代主席兼吉林邊防軍司令熙洽叛降。中國代表施肇基本日正式向國聯遞交聲明書，要求國聯速採有效措施，以阻事態擴大。廿二日，日軍陷洮南，鎮守使張海鵬降敵。廿三日，南京國府發表告全國國民書強調已訴諸國聯，國聯亦已有決議。本日，張氏通電宣布：東北邊防軍長官公署、遼寧省政府移錦州。廿四日，日關東軍劫走瀋陽文溯閣四庫全書。廿六日，偽吉林省長官公署成立，熙洽任長官。廿七日，偽東省特別區治安維持會于哈爾濱成立，張景惠任會長。卅日，國聯理事會議決：限令日本于十月十四日前，自中國東北撤軍，並以中國須保護日僑為撤兵條件。

十月八日，張電令步兵第三旅旅長馬占山為黑龍江省軍隊總指揮。翌日，再令其兼代黑省主席。廿二日，南京國府外交部長兼駐國聯代表施肇基向國聯提出撤退日軍，由中立國代表監視等四項要求。廿六日，南京國府發表宣言，促日遵國聯決議如期撤兵，日政府以部隊留駐純為保僑為由，聲明拒撤。廿九日，張自平赴寧，與蔣面晤，研商東北事宜。本日，土肥原潛抵津，密謀挾廢帝溥儀赴瀋。

十一月四日，日軍掠黑龍江，馬占山率部抵抗。六日，張自平發通電，謂「日軍于東北之暴行日益擴大，已飭各部於不得已時採正當防衛行動。」十九日，馬占山部撤出齊齊哈爾，守克山。廿日，馬君五作哀瀋陽二首，發表於上海時事新報，對張氏極盡嘲諷。詩云：「趙四風流朱五狂，翩翩蝴蝶正當行；溫柔鄉是英雄塚，那管東師入瀋陽。告急軍事夜半來，開鑼管絃又相催；瀋陽已陷休回顧，更抱佳人舞幾回。」翌日，影星胡蝶於上海申報登啟事闢謠，聲明未曾與張晤面，亦無九一八之夜共舞等事。明星影片公司導演張石川、演員龔稼農等五人亦聯名於申報刊登啟事，為胡蝶未與張見過面作證。廿三日，張氏發表宣言，詳述日侵華事實，堅持日本應先撤兵，再議滿洲其他問題；並譴責國聯未能適時制裁日本侵華諸軍事行動。廿四日，馬占山於海倫組織臨時省政府，張令哈爾濱中國銀行撥款五十萬元，供馬整軍建軍等用。廿七日，日軍進逼錦州。英、美、法三國提議劃錦州為中立區，中國軍隊撤入山海關。廿九日，張氏將設中立區之議電呈國府，表示「個人對此亦頗贊成。」十二月八日，外長顧維鈞電張「日方提議，要求自錦州至榆關為中立區，經行政院拒絕，並主張雙方軍應各守現駐地，不得移動。吾兄所提抽調駐錦部隊一部分入關一節，請萬勿實行。」十一日，令王化一辦理東北大學中學部，對東北流亡學生，應一面收容救濟、一面教育。未幾，東大中學部改名東北中學，任王化一為首任校長。十五日，蔣請辭國府主席、行政院長及陸海空軍總司令等本兼各職。國民黨中常會臨時會議決議：林森代理國府主席、陳銘樞代理行政院長。本日，張氏電呈國府請辭陸海空軍副總司令職，國府准如所請，並改任張為北平綏靖公署主任。十九日，日軍最後通牒，錦州形勢告急，張氏決心堅守。廿三日，日軍攻田莊臺，錦州之戰爆發。廿五日，戰況慘烈，張急電國府速援糧餉，槍枝、彈藥。廿六日，國府電復張稱所請支援餉彈，已飭財政、軍政各部迅即籌發。廿八日，錦州告急，再電呈國府請速支援。卅日，錦州激戰，日陸空全線猛撲，我守軍奮勇抵抗、犧牲慘重。

民國廿一年　一九三二　卅二歲

一月一日，國民黨四屆一中全會通過國府改組案，主席林森及五院院長，各部會首長於南京宣誓就職。廣州國民黨中央黨部、國府取消。二日，錦州失守。本日，國民黨中政會議決請蔣介石返京共商大計。六日，張氏為錦州陷敵，上電中央自請處分。十六日，汪精衛、蔣介石於杭州會晤。翌日，汪、蔣、孫（科）分別電促胡漢民離港北上議事。廿一日，國聯遠東調查團正式組成，由英、美、法、德、義五國代表組成之，英人李頓（**Lytton, Victor A. G. R. 1876-1947**）任團長。廿三日，蔣、汪、孫于南京召開緊急會議，討論對日方案。汪、蔣主張先安內後攘外，並抨擊外長陳友仁對日絕交方針。翌日，陳友仁請辭外長職，離京赴滬。本日，日人自焚駐華公使重光葵在滬公館，反誣華人所為。廿八日，日軍進攻上海，製造一二八上海事件，強占閘北。我駐滬十九路軍於蔣光鼐、蔡廷鍇率領下，奮起抗敵，揭開淞滬抗戰之序幕。本日，汪、蔣、馮聯名電張，促抵京共商國是。廿九日，國府外交部發表宣言聲明中國駐滬軍係為自衛而抗日，籲各國對日干涉。日政府為掩飾其侵略野心，竟反誣駐滬我軍對其日軍開槍挑釁。本日，國民黨中政會任命蔣介石、閻錫山、馮玉祥、張學良為軍事委員。卅日，北平政務委員會成立，張氏以常務委員名義，負主持之責。

二月一日，蔣在徐州召開軍事會議，研商對日軍事防禦。本日，日本內閣議決派久留米第廿四混成旅團與金澤第九師團開赴上海。二日，日艦炮擊吳淞，海軍部長陳紹寬奉蔣之命，令所部不得還擊。五日，日軍占哈爾濱。自九一八事變至此，東北遼、吉、黑三省已全部淪陷。十八日，上海日軍向我軍發出最後通牒，要求我駐軍于廿日上午七時前，自租界線撤退廿公里。廿日，十九路軍將領通電表示，誓以鐵血答復日本通牒。日第九師團與久留米混成旅團會攻江灣，連攻二日不克。廿二日，侵滬日軍與張治中所部第五軍在廟行激戰，一度為日軍突破防線、占領廟行鎮。惟次日，我軍反攻，收復之。廿三日，十九路軍求援，為蔣所拒。本日，日內閣議決遣第十一、十四師團及炮兵部隊增援上海，與在滬日軍合組上海派遣軍，由前陸相白川義則任總司令官。

二月廿五日，偽東北行政委員會宣布：確定于東三省建立「滿洲國」，元首稱「執政」，以紅藍黑白滿地黃為「國旗」，年號「大同」，定都長春改稱「新京」。

二月廿八日，英、美駐華公使調停，中、日雙方代表於英康特號旗艦上會洽停戰事宜。次日，因日方不具誠意而破裂。

三月一日，日軍偷襲瀏河登陸，我守軍被迫退守第二道防線。本日，偽滿洲國成立。又，本日至六日，國民黨四屆二中全會於洛陽舉行，由汪精衛主持，議決設國府軍事委員會並決定以西安為陪都，會議通過軍事委員會暫行組織條例，會畢發表宣言及告將士書。二日，十九路軍通電表示：決本彈盡卒盡之旨，不與暴日共戴一天。三日，上海我守軍撤往太倉至白鶴港線，放棄吳淞。中日雙方在英美法義等國調停下，宣布在滬停戰。國聯在日內瓦召開特別大會，討論中日上海衝突問題。翌日，蔣令十九路軍離滬。國聯特別大會決議，勸中日雙方在中立國代表參加下舉行停戰談判。六日，國民黨中政會推蔣介石任國府軍事委員會委員長，並議決籌組西京籌備委員會。九日，偽滿洲國在長春宣布成立，溥儀就任偽執政。十二日，日內閣通過滿蒙處理方針要綱、滿蒙新國家成立後對外關係處理要綱。十四日，國聯調查團自日抵華，於上海，我代表顧維約加入。十五日，國聯調查團於滬招待記者，團長李頓公開此行任務。十八日，蔣介石通電就任國府軍事委會委員長兼參謀本部參謀總長。十九日，中日上海停戰談判預備會議假滬英領事署舉行。郭泰祺等三人代表中方，植田謙吉等四人代表日方，英、美、法駐華公使、義駐華代辦列席調停。

四月十日，李頓調查團在北平訪張氏、榮臻等人並詳詢九一八事變經過。十五日，中華維埃共和國中央政府發布對日戰爭宣言。本日，馬占山於黑河宣布成立黑龍江省政府，繼續抗日，十八日，馬占山、蘇炳文、丁超率吉黑義勇軍分三路攻日軍。廿八日，上海停戰協議達成，中日雙方確定停戰協定草案條文。國聯特別委員會通過上海停戰修正決議案。卅日，國聯大會通過特別委員會所提中日停戰案。

五月五日，國府與日本簽署淞滬停戰協定。翌日，侵滬日軍開始撤離。廿一日，蔣兼鄂豫皖剿共總司令，赴漢口策劃對蘇區第四次圍剿。廿六日，日上海派遣軍總司令官白川義則（一八六八—一九三二）於虹口公園遇炸，傷重不治。廿八日，蔣、汪聯名通電稱：救國必先剿共。廿九日，上海民眾反對停戰協定，並登報發動募捐，俾協助東北義勇軍抗日。

六月五日，中共臨時中央發出「致各蘇區軍事訓令」，布置第四次反圍剿各任務。」本日，李頓調查團自東北抵北平繼續調查。八日，中共中央發表「關於八一反帝戰爭日之決議」，要求各蘇區於八一前，爭取將蘇區連成一片並奪取若干中心城市。九日，蔣委員長自漢口抵廬山，宣布以攘外必先安內為國策。十二日，偽滿發表關稅自主宣言；本日至十六日，紅四方面軍潢光戰役，殲滅政府軍八個團、傷亡近萬人，繳槍七〇〇〇餘支。政府軍對鄂豫皖第三次圍剿遭粉碎。另，十三日，湘鄂蘇區紅三軍於監利新溝咀全殲川軍范紹增師，俘川軍千餘人，繳槍二千餘支。十五日，蔣委員長於廬山召集豫鄂皖湘贛五省清剿會議，討論對蘇區第四次圍剿部署事宜，議決採政治與軍事並用之策略，提出三分軍事、七分政治之主張，調兵六十三萬，先攻湘鄂西、鄂豫皖二蘇區，進而合圍中央蘇區，並決定年撥剿赤軍費三、五〇〇萬元。十十七日，國府行政院及外交部就日本承認偽滿事，分別發表反對宣言。十八日，日軍攻朝陽寺，熱河形勢緊張。廿八日，蔣委員長抵漢口，鄂豫皖剿共總司令部於本日成立。李頓調查團離北平赴日。

七月四日，國聯調查團團長李頓於大阪發表「調查工作將注意列強利益問題」之聲明。五日，日軍與偽滿軍發動總攻擊，馬占山部慶城突圍。八日，紅四方面軍主力全殲政府軍第卅一師第九三旅於麻城附近。十四日，鄂豫皖剿赤軍向湘鄂西蘇區發動第四次圍剿。廿日，李頓調查團再抵北平，著手起草報告書。本日，蔣委員長電令張學良派兵赴熱河，以應付時局。廿一日，國府電令熱河省政府主席湯玉麟守土盡責。廿六日，紅四方面軍重創政府軍第卅師兩個旅、全殲一個團於黃陂以東。廿七—廿九日，馬占山部八百人渡過海倫河，於安固鎮周圍遭日軍田中大隊伏擊，主力遇圍，官兵多數犧牲。

八月三日，蔣委員長於漢口宣稱：限六個月內肅清鄂、湘、贛、豫、皖五省境內紅軍。六日，汪精衛電辭行政院長職，並電促張學良辭職以謝國人。十五日，紅四方面軍主力重創政府軍一個師於黃安縣七里坪。本日，國民黨中常會決議：准張學良辭北平綏靖公署主任職。十七日，國民黨中常會議決：暫撤北平綏靖公署改設軍事委員會分會，由蔣兼理。廿日，蔣委員長委張學良代理北平軍分會委員長。廿三日，國府外交部訓令駐日公使蔣作賓對日本政府抗議日軍侵略熱河。廿九日，遼寧抗日義勇軍夜襲瀋陽，焚燬日機廿七架。

九月一日，東北義勇軍襲擊瀋陽、撫順、長春。政府軍於本日集中兵力攻略鄂豫皖蘇區中心—新集。三日，國聯調查團報告書於北平簽字。提出國際共管東北，設立自治政府之主張。五日，李頓率調查團離平返歐。十日，國府集六個師之兵力對湘鄂贛蘇區進行第四次圍剿。十九日，中國出席國聯大會代表顏惠慶函請國聯制裁日本。

十月二日，國聯調查團報告書於日內瓦、南京、東京同時公布，主張國際共管中國東北，設自治政府。六日，國聯我代表團發表宣言，對李頓調查團報告書內容表示遺憾。廿九日，張氏接見東北義勇軍總指揮唐聚伍代表，指示撥發彈藥接濟馮占海部。

十一月十日，張氏飛漢口面謁蔣委員長，並研商華北軍政事宜。十八日，返北平。卅日，張氏與東北抗日救國會有關人員會商馮占海部整編問題，決定由救國會與後援會共同參與指導義勇軍抗日。

十二月七日，蔣委員長電張氏，略以：「義勇軍蘇炳文部轉進俄境後，日軍煽動熱河詭謀復熾，恐禍變在邇，希加強防備。」廿五日，蔣再電張謂：「倭寇北犯侵熱，其期不遠，望照預定計畫，火速布置，勿稍猶豫。今日之事，唯有決戰可以挽救人心，……。」廿八日，蔣三度電張「請決定整體抗日計畫，分配任務，並望表示決心以為表則。」旋，張氏邀華北各將領會商抗日計畫，決定將部隊集中固守灤河以東地區，以防日軍自灤東出冷口、喜峰口攻凌源、平泉之背，迂迴取熱河。擬將原駐山海關何柱國部開赴熱河，商震所部防守灤河一帶，龐炳勳居商部之右，于學忠部居龐部之右，並以宋哲元之一部居商左、一部為預備隊。

民國廿二年	一九三三	卅三歲

一月一日，日軍開始進犯山海關，張氏飭所部奮勇抗敵。二日，張電呈蔣有關山海關戰情。三日，蔣電張，指示「我軍入熱河計畫，萬不可稍有變更。……」張氏復電我軍入熱計畫，並未稍有變更，……現入熱部隊已催急進。」本日，午後三時，山海關失陷。四日，電呈軍委會報告山海關失守。五日，電呈蔣請籌撥糧秣經費。八日，山海關事件記者會，張氏表明：「我對日諸和平運動，今已無效。我們為民族的生存，只有拿我們的血肉，我們的性命來維持和平，來保障中國，再無別法了。……假使日人願望和平，和平便可立得，我們決不改變維持和平之初衷。」十七日，熱河情勢告急。廿二日，張氏赴京面謁蔣。廿四日，蔣、張會商熱河防務後，張氏即返北平。

二月三日，蔣電張氏，催促速定戰鬥序列，並令張作相迅赴熱河。十一日，行政院代理院長宋子文率軍政部長何應欽等一行抵北平與張氏面商熱河軍事防務。十二日，宋代理院長於北平對新聞界表示：將以全國之力防守熱河。本日，發布華北軍戰鬥序列：第一集團軍總司令張學良轄軍團四，第二集團軍總司令張作相，轄軍團二及挺進軍一，直轄部隊（由中央及山西增援各軍組成），轄軍團一、預備軍團二與騎兵軍一。另有海、空軍，分由原東北海、空軍編成。總兵力卅一萬餘人，總司令由張學良兼代。廿五日，日對我熱河發動陸空全線攻擊，朝陽、凌南一帶發生激戰。

三月四日，第五軍團總指揮湯玉麟棄守承德。七日，張氏電呈中央，請求引咎辭職。八日，中央決議：准張氏辭職。本日，張氏命故宮博物院挑選珍貴古物一二、〇〇〇箱運往南京。十一日，張氏發表辭職通電。翌日，與顧問端納等乘自備福特飛機赴滬，住福煦路一八一號臨時寓所。十三日，上午起，彌勒博士（Dr. H. W. Miller）為張氏戒毒。施戒前，渠伏案書一條幅：「『陋』習好改志為鑒；頑症難治心作醫。」）以明決心。

四月四日，蔣委員長離京赴贛，布署第五次圍剿計畫。十一日，張氏偕夫人于鳳至、趙四小姐、兒女閭琪、閭珣、閭瑛，外交秘書沈祖同夫婦，搭義大利郵輪康脫羅素伯爵號出國，義大利駐華公使齊亞諾夫婦亦隨行。

五月四日抵羅馬。十一日，會見墨索里尼，續赴德國拜會希特勒、再轉丹麥、哥本哈根（七月），十一月抵倫敦。十一月十八日，李濟琛、陳友仁、徐謙等自港抵閩，與十九路軍將領陳銘樞、蔣光鼐、蔡廷鍇等在鼓山集議，決定公開反蔣。廿日，陳銘樞等發動福建事變。廿二日，中華共和國人民革命政府於福州成立，發布政綱八條。（史稱閩變）。

十二月十八日，蔣委員長電召張氏返國。

民國廿三年	一九三四	卅四歲

一月一日，國民政府軍對福建十九路軍發起總攻擊。八日，張氏闔府返抵上海（下午四時）。翌日，於莫里哀路寓所對舊屬王化一等談訪歐觀感時，極力讚揚墨索里尼獨裁統治，並表示擁護蔣委員長。渠謂：「中國必須真正統一，擁護一位強有力者為領袖，如德、義二國一般。⋯⋯環顧當前人物，於政治、軍事上真能領導全局者，唯蔣先生⋯⋯」廿七日，奉召赴杭，面謁蔣委員長。

二月七日，張氏受任為豫鄂皖三省勦匪副總司令，蔣兼總司令，總司令部設於武昌。

三月一日，張氏就任豫鄂皖三省勦匪副總司令職。原東北軍第五七軍（何柱國）、第六七軍（王以哲）、第五一軍（于學忠）與一〇五師（劉多荃）等部，先後南調參與勦匪。

四月十八日，奉蔣令，以中央軍校校委名義，主持洛陽分校校務。

五月十二日，張氏發起籌組四維學會，於本日假漢口銀行公會舉行成立大會，標榜「擁護唯一領袖，團結一致救國。」劉健群、戴笠等十五人獲選為理事。推舉蔣介石為名譽會長，張氏為會長、王卓然為理事長、劉健群為副理事長。廿五日，鄂豫皖三省勦共會議假武昌舉行。

七月一日，新生活運動促進總會成立於南昌，蔣委員長任總會長，何應欽、陳果夫、張群等卅三人受聘為指導員。

九月十四日，第十五屆國聯大會於日內瓦開議，我代表郭泰祺發表演說，指出中國東四省仍遭日本占據，國聯未盡責任。十二月二日，張氏抵京準備出席國民黨四屆五中全會。本日，張氏向中央社記者談及「鄂豫皖三省寒星殘匪不足千人，月內可望全部肅清。勦匪軍事已告結束，匪區善後建設，確為當務之急。」

民國廿四年　一九三五　卅五歲

二月五日，張氏赴廬山晉見蔣委員長，蔣飭其應於三個月內肅清鄂豫皖三省邊境共軍。廿五日，蔣、張於漢口接見東北將領于學忠、王樹常、萬福麟等，討論河北省部隊移駐問題。

三月一日，鄂豫皖三省勦匪總司令部撤銷，改設軍事委員會委員長武昌行營，張氏任行營主任，本日就職。任命錢大鈞為行營參謀長、楊永泰為秘書長、陳誠為陸軍整理處處長、賀衷寒為政訓處處長。

四月二日，晉升陸軍一級上將。十四日，自武漢飛貴陽，晉見蔣委員長，請示機宜。十五日，自貴陽返武昌。

五月廿七日，代理軍委會北平分會委員長何應欽電呈蔣委員長稱：「日方公言河北為張漢卿外府，近對孝侯（于學忠）及張市長（自忠）均表不滿，大有非去不可之勢，……河北省府問題，不能有一妥善辦法，則隱憂終無已時。」張氏電呈蔣，痛陳「中國封疆大吏，不應以外人意見為轉移，如此例一開，國將不國。此事所關孝侯事小，而對於國家主權事大。」

六月三日，張氏自武昌飛往成都晉見蔣，商定東北軍第五一軍，向豫、陝移動。六日，國府令河北省政府主席于學忠免職，改任川陝甘邊區剿匪總司令。

九月十三日，張氏抵西安視察駐防部隊，布署圍剿陝甘寧邊區共軍。

十一月一日，東北軍一一〇師自延安回防甘泉，行至勞山，遭共軍徐海東、劉志丹部襲擊，全師潰敗，師長何立中、參謀長范馭洲陣亡，共軍圍甘泉。二日，西北剿匪總司令部成立，蔣兼總司令，張氏為副總司令，代行總司令職，全權指揮西北剿共軍事。廿二日，東北軍一〇七師六一九團於榆林橋遭共軍襲擊，重創四個營，團長高福源被俘。廿九日，張氏自西安飛南京，出席國民黨四屆六中全會開議式畢，全體中央委員於南京丁家橋中央黨部前留影，時，晨光通訊社記者孫鳳鳴突舉槍襲擊行政院長汪精衛，汪身中三槍，國民黨華北辦事處主任張繼抱住凶嫌，滾倒在地、張漢卿衝前，將凶嫌手槍踢開，予以制伏。

本月廿一日，東北軍為解甘泉之圍，原駐紮隴東合水之第五七軍全軍東進，其先頭部隊—一〇九師進抵葫蘆河南岸直羅鎮時，遇共軍伏擊，血戰二日，重創，師長牛元峰舉槍自戕。翌日，張氏當選國民黨五全大會中央執監委員。

十二月一日，汪精衛電辭國府行政院院長及外長等二職。本日，張氏出席國民黨五屆一中全會。會後赴滬，晤東北舊友杜重遠、李杜，並拜會孫夫人（宋慶齡）後，始飛返西安。杜重遠指出：中共八一宣言主張停止內戰，一致抗日。目前，共軍已至陝北，可以聯合起來。楊虎城有抗日理念，可以合作。盛世才乃東北人，在新疆與蘇聯關係良好，亦可聯合。為此自形成西北大聯

民國廿五年 | 一九三六 | 卅六歲

合，……。張聆聽畢，頷首贊同。旋，李杜接受張氏請託聯擊共方人員詳談聯合、合作等事宜。九日，北平學生示威遊行，提出六項要求：（一）反對自治運動。（二）公布中日交涉內容。（三）不得任意捕人。（四）保障領土主權。（五）停止一切內戰。（六）保障言論、集會、出版等自由。遊行隊伍高喊「打倒漢奸」、「收復東北失地」等口號，並決議十日起罷課。（史稱一二九學生遊行事件）。十二日，張氏電在平東北大學全體學生略以：「務望忍辱負重，慎勿捲入旋渦，致學校受其影響。蓋唯貞固足以幹事，救國不忘讀書，諸生其勉之。」十七—廿五日，中共中央於瓦窯堡召開政治局擴大會議，通過「關於軍事戰略問題的決議」及「關于目前政治形勢與黨的任務決議」確定抗日民族統一戰線各策略、方針。

一月一日，盛世才與蘇聯簽訂援新協定。本月上旬，中共中央指示李克農釋放戰俘高福源，並請其為紅軍與東北軍開展和平談判事宜進行聯繫。十六日，高福源返瓦窯堡向李克農回復，要求紅軍指派代表與張氏談判。十九日，中共中央遣李克農赴洛川與張氏面晤。廿一日，日外相廣田弘毅於國會演說，再次提出對華三原則：（一）中國應取締一切排日運動；（二）建立中、日、滿經濟合作；（三）中、日共同防共。國府外交部予以駁斥。廿五日，毛澤東、周恩來、朱德、彭德懷等聯名發表「紅軍為願意同東北軍聯合抗日致東北軍全體將士書」表示願與東北軍聯合抗日。本月，牧師董健吾受宋氏姊弟之托，自滬至陝北瓦窯堡遞交宋慶齡、宋子文具名密函，轉達南京政府要與中共談判抗日之意向。

二月十九日，中共電張氏、王以哲，決再派李克農、戴鏡元、錢之光等人於廿五日至洛川商談停戰、合作諸具體事宜。廿日，中共中央發表東征宣言，毛澤東率劉志丹、彭德懷、徐海東、林彪等部自陝北渡河，入晉。廿五日，克濃一行二度至洛川，王以哲密電張氏，張電復王略以：「有事赴京，不克即返，希妥為接待貴客，並充代表先談具體問題。」廿六日，日本少壯軍人發動二二六事變。廿八日，王以哲與李克農達成協議：第六七軍與共軍互不侵犯，雙方恢復公路交通與經貿。另，東北軍贈共軍若干彈藥、服裝與通訊器材，為彼此合作奠基。

三月三日，張氏自京飛返西安。翌日，飛洛川，偕王以哲、趙鎮藩與李克農等晤談，確定二二八協議，並將停戰與通商擴大至陝、甘兩軍之間實行。張氏並要求中共最好能於毛、周等負責人推一位再作一次會談，地點膚施、時間由共方決定。李克農應允轉達。是日，張氏即令王以哲撥給共軍步槍二、五〇〇支、子彈六〇、〇〇〇發及子彈帶等。十日，張氏接獲李杜電，隨即派高參趙毅赴上海接劉鼎。本日，共軍主動解除甘泉之圍。廿日，趙毅、劉鼎飛抵西安。廿三日，蔣委員長電張，飭迅速完成延長、延安一帶黃河之封鎖，以防共軍回竄陝北。張接電後，未遵行。

四月二日，張氏飛抵洛川視察。六日，中共毛、彭電張氏，告知將派周恩來、李克農等至延安商談之時間與共方預定會商之問題。九日，張氏偕王以哲、劉鼎、孫銘九飛抵延安，當晚於清涼山下橋兒溝天主堂，雙方商談停戰、合作諸事宜。翌日清晨四時，會談結束。張氏貽以申報社精印地圖一冊、銀元二〇、〇〇〇元、法幣二〇〇、〇〇〇元以表支持共軍抗日。十一日，周恩來電中共中央，就雙方延安會談八項報告。十四日，毛、彭電張氏：「從本日起，敝方與貴方一切具體接洽與商談關係統由周恩來負責，以專責成，而便聯絡。」廿二日，周親筆函，由劉鼎攜交張氏。本日，張氏自西安飛抵上海。廿四日，自上海飛返西安。本月，中共中央正式派劉鼎為駐東北軍代表。中共北方局決定於東北軍內成立工作委員會：書記劉瀾波、宣傳委員宋黎、組織委員苗浡然、後又增項迺光、敫明遠、賈濤、解方與袁曉軒為委員，共負統戰、吸收黨員及發展組織等任務。

五月一日，蔣委員長電令張氏負責達成規復延長、延川之任務。五日，十七路軍總指揮楊虎城至洛川與張氏密談，二人達成不打內戰、聯共抗日之密約。

本日，中共中央發出「停戰議和、一致抗日」通電。七日，毛、周、彭電劉鼎轉張氏，提出「再度會談極為必要，以討論東北軍與共軍今後行動方針問題及東北軍準備抗日諸具體步驟。」十一日，蔣委員長電張，令以現有陝甘寧政府軍兵力，擬定整體清剿計畫。十二日，張氏與周恩來三度延安會談，達長三項具體協議。

六月一日（粵）陳濟棠（桂）李宗仁、白崇禧聯合反抗中央，通電聲稱率部北上抗日，出兵進向湖南。十五日，張氏設王曲軍官訓練團於西安西南。團長蔣介石、副團長張學良（代理團長）、楊虎城、教育長王以哲、黃顯聲、董英斌（先後兼任），分期調訓東北軍與十七路軍連長至團長級各軍官。十八日，張氏出資創辦西京民報命趙雨時主持，以宣導東北軍復土還鄉、團結抗日等思想。廿日，中共中央制定「關于東北軍工作的指導原則」廿二日，張氏率楊虎城、朱紹良、邵力子、于學忠等西北將領電陳濟棠、李宗仁、白崇禧略以：「……公等不欲救亡則已，果欲救亡，唯有熟審敬之諸先生之所言，如期出席二中全會，或派負責大員至京，共商大計，則國是出自眾議，全局籌自中樞，在公等可示無他，在國家可期勝算，……。」本日，張氏飛抵南京。十日，出席國民黨五屆二中全會。十三日，國民黨五屆二中全會第二次會議通過設國防會議，張氏、李宗仁、白崇禧、陳濟棠、楊虎城、徐永昌等為當然成員。十四日，全會閉幕，張氏赴上海訪李杜等，研商與中共組成聯合陣線問題。廿日，張氏及所部東北軍官兵與紅軍秘密聯繫等情，為國府駐西安情治單位發覺，上呈南京，蔣委員長電張氏詳復。張氏對此頗為不悅，本日書箋西北剿總參謀長晏道剛云：「弟自入關以來，對委員長極端忠誠，……這些特務人員對我嚴密監視，挑撥離間，令人氣憤。……兄主動去電替我解釋，愛我之情，不盡感激。」

八月五日，國民黨中央組織部軍隊黨務處處長賀衷寒上電蔣委員長稱：「長安軍官訓練團（按即王曲軍官訓練團）自王以哲軍長主辦以來，以聯俄容共相號召，……職察此事不為無因，應懇予以糾正。」七日，中共駐共產國際代表潘漢年於七月下旬抵西安，在與張氏商談後，本日電中共中央說明張氏關於行動步驟六項構想。九日，洛甫、周恩來、博古與毛澤東函張氏諸建議並表示準備派潘漢年、葉劍英與朱理治至西安同劉鼎協助張氏工作。廿九日，國民黨陝西省黨部特工，本日午後至西北飯店逮捕西北剿總秘書宋黎、馬紹周、關時潤，押送途中，宋為十七路軍巡邏隊截下，馬、關二人被拘留於陝西省黨部。張氏得訊，大怒。於當日晚間派員至十七路軍軍部接回宋。同時，令衛隊營營長孫銘九與侍衛長譚海率武裝士兵多人，包圍陝西省黨部，拘禁所有黨工，將馬、關二人搶救回隊，且搜出諸多檔案文件及電臺通訊密碼。此外，並詰問陝西省主席邵力子限其負責查明，於黎明前釋回遭拘捕各員。卅日，張電蔣稱：「事出倉卒，未能事先呈鈞座，不無急躁之失，請予處分。」蔣批復：「殊失莽撞；惟既知錯誤，後當注意。所請予以處分一節，應免置議。……」本日，西北剿總政訓處長曾擴情飛穗謁蔣，提出張楊勾結共軍報告，建議另遣主力入陝，重訂剿共計畫。蔣批示：「胡說！交張副司令閱。」

九月，上旬，東北抗日同志會成立。主席張氏、書記應德田、行動部長孫銘九、理論宣傳部長苗劍秋、軍事部長何鏡華。該會乃東北軍秘密聯共抗日之行動中心。十八日，旅陝東北同鄉於西安革命公園舉行九一八五周年紀念大會，參加者萬餘人，會中發表上副司令請願書。張氏於接受同胞請願書後，表示：抗敵復土之最大決心，強調一定帶領東北軍痛擊日寇，雪恥復仇。本日，東北軍學兵隊開學典禮。毛澤東於本（十八）日函宋慶齡，敦請其以國民黨中委身分力勸中樞要員吳稚暉、孔祥熙、宋子文等促蔣停止內戰、聯共抗日。

十月十日，西安各界遊行示威，籲請停止內戰，一致抗日。十五日，毛澤東發表聲明促國府停止內戰，出師抗日。十六日，上海各界救國聯合會等八團體宣傳，共同形成實力派抗戰之後盾。廿六日，毛澤東、朱德等四十六名紅軍將領函蔣委員長與西北各將領，呼籲立刻停止進攻紅軍，一致抗日。翌日，蔣委員長於王曲軍官訓練團訓話，指出：「我們最近的敵人是共產黨，為害也最急，日本離我們很遠，為害尚緩，如果遠近不分，緩急不辨，不積極剿共而輕言抗日，便是是非不明、前後倒置，便不是革命，……是要予以制裁的。」廿八日，張氏與委員長談軍政問題，當面提出容共主張，蔣聞之震駭，力斥其非。廿九日，張氏認為第六次圍剿情形甚嚴重，向葉劍英表示渠不打內戰。思之再三，只有一個辦法，就是苦迭打，把蔣抓起來。葉謂此關係國家命運，宜慎重。本日，蔣委員長自西安飛洛陽。行前，對記者發表談話，仍堅持剿共方針。卅日，閻錫山、徐永昌抵西安晤張。張表示：「對共黨應以政治辦法解決，以謀共同抗日。否則，必為日、共所苦，而社會人民更不相諒。」又說：「蔣先生決取力剿，前途殊不樂觀。」夜，張、閻、徐同車赴洛陽，為蔣祝壽。卅一日，蔣委員長五秩華誕，避壽洛陽；各方大員仍雲集祝壽，禮畢。張、閻聯袂晉謁，提出停止剿共、一致對外之建言。蔣一再強調攘外必先安內，共軍已成強弩之末，短期內不難消滅並永絕後患。張、閻反復申述停剿抗日之主張，蔣厲聲質問：「你們只答復我一句話，是我該服從你們呢？還是你們該服從我？」張、閻表示當然服從委員長命令，隨即離開。本日，國民黨中央組織部部長陳立夫亦自南京趕至洛陽祝壽，壽會結束，陳於蔣前竭力抨擊張氏下令包圍西安省黨部、捉拿黨工、藐視中央，目無法紀，對此軍閥餘孽如隱忍不辦，則只有通令解散各級黨部之一法；否則，黨工人人自危，誰敢再為黨效命。上引言語極盡挑撥能事，蔣深為動容。

本日，蔣委員長於洛陽發布對紅軍總攻擊令。

十一月一日，蔣委員長主持中央軍校洛陽分校紀念週，張氏隨侍。蔣於會中指出：「勾結日本者是漢奸，勾結共產黨者也是漢奸。」張氏聞之，極為沮喪。當日返西安。四日，偕西北剿總參謀長晏道剛飛蘇州，與駐甘綏靖公署主任朱紹良、甘省省主席于學忠研商剿共軍事，同時與共方秘通聲氣。張氏告知共方一時無法向蔣請求實行停戰，乃彼此商妥局部停戰，容其負責向蔣陳情。共軍送張氏有關雙方停戰計畫，表示願在抗日前提下共同合作，亦願接受指揮。八日，中共中央軍妥擬一作戰新計畫，準備撤離陝甘寧根據地。計畫確定後，中共即向張氏通報。廿三日，上海救國會七君子沈鈞儒、王造時、李公樸、沙千里、章乃器、鄒韜奮與史良被捕。廿五日，晏道剛電呈蔣委員長請勿督責張氏過嚴。廿七日，張氏向蔣上請纓抗敵書，委員長以此時尚非與日決戰之時機，未允所請。廿九日，葉劍英電告中共中央，稱張氏告知：（一）蔣向張表示：匪不剿清，決不抗日。（二）建議共方暫緩執行新長征計畫。因國內政局一、二個月內將有變動。

十二月二日，張氏赴洛陽面謁蔣委員長，請求釋放救國會七君子，蔣峻拒，又力陳出兵綏遠抗日，亦未獲允。本日，張氏赴洛前，劉鼎電告中共中央關於國府部隊圍剿行動新部署，提請中共立即準備作戰。四日，蔣委員長自洛陽搭乘隴海路專車西行，張氏、錢大鈞等隨行，夜抵西安，設行轅於臨潼華清池。七日，蔣委員長於行轅召宴張氏、楊虎城、朱紹良、陳誠、于學忠等。席間，對剿共各節，多所指示。當夜，張氏就改變剿共向蔣諫陳，蔣怒斥張，云：「即使你用槍把我打死，我的剿匪政策也不能改變。」八日，張、楊會商，認為蔣剿共政策既無法扭轉，為抗日救國，只有扣蔣，唯行動日期未作決定。九日，蔣內定以蔣鼎文為前敵總司令、衛立煌為晉陝綏寧邊區總指揮、陳誠以軍政部次長指揮綏東中央軍各部隊，準備對共軍全面進攻，預定於一個月內完成清剿。本日，西安各級學校師生萬餘人，舉行一二九運動周年紀念會（榮按：民國廿四年十二月九日北平學生示威遊行事件，詳該年十二月條。）要求停止內戰，一致抗日，並遊行示威。先至綏靖公署與陝西省政府請願，後又列隊擬往蔣委員長臨潼行轅，與軍警衝突。張氏驅車至灞橋與師生對話、勸解，表示：「你們的救國心願，我不忍辜負，在一週內，準有滿足你們心願的事實答復各位，請你們暫行回去，我不欺騙你們。」當夜，張氏至臨潼，將師生請願情形報告蔣委員長，再度建請停止勦共，蔣又力斥其謬，爭至深夜，張氏憤然離去。旋，張氏召王以哲、劉多荃，表示決心扣蔣。十日，蔣委員長召集蔣鼎文、衛立煌、陳誠、朱紹良等將領開會，確定對中共第六次圍勦計畫。張、楊本日再度洽商，決定扣蔣行動由東北軍負責，解除西安城內中央軍、警、憲、特武及逮捕中央大員等行動，由十七路軍負責，行動時間定為十二日，雙方立即準備。十一日，午後三時，張、楊召集重要將領開會，會議一致決議：「為貫徹抗日救國主張，對蔣先生不惜使用兵諫手段，以促其覺醒。」晚間，張氏先赴臨潼參加蔣委員長夜宴，然後趕回西安新城大樓，與楊虎城共同宴請中央大員，廿二時宴畢，返金家巷公館對東北軍將領宣布扣蔣計畫。深夜，張氏將行動計畫告知劉鼎，劉即向中共中央發電。十二日，晨五時，張氏密電：（一）駐洛炮兵旅旅長黃永安，令渠即刻占領洛陽機場，等待後命。（榮按：惟黃接電後，改持電報報知洛陽分校主任兼警備司令祝紹周並未執行張氏密令）。（二）駐保定東北軍第五十三軍軍長萬福麟，令其率部占領鄭州，扼住隴海鐵路以阻止中央軍西進。（榮按：惟萬接電後按兵不動。）晨六時，東北軍第一〇五師第二旅旅長唐君堯率騎兵第六師團長劉桂五、衛隊營營長孫銘九及士官兵千餘人進取臨潼，行轅守衛憲警還擊，互有傷亡。蔣委員長聞變，越牆遁後山。八時許，唐部官兵於山腰劫獲蔣委員長，隨即由孫銘九護送下山登車，孫、唐二人夾坐于蔣左右。九時，抵西安新城大樓綏靖公署。第十七路軍按預完計畫包圍西安、臨潼二地西京招待所、陝省政府國民黨陝西省黨部、報社、電臺等扣押文武職官員計有陳調元、朱紹良、萬耀煌等廿五名，其中，侍衛長蔣孝先、秘書蕭乃華、憲兵團長楊震亞三人遇害、黨中委邵元沖重傷送陝西省立醫院急救（延至十四日辭世）。九時許，張、楊通電全國，提出救國八項主張：「東北淪亡，時逾五載，國權凌夷，疆土日蹙，淞滬協定，屈辱於前，塘沽協定，繼之於後，凡屬國人，無不痛心！……蔣委員長受群小包圍，棄絕民眾，誤國咎深，學良等涕泣進諫，屢遭重斥。……不忍坐視，因對介公作最後之諍諫，保其安全，促其反省。西北軍民一致主張如下：（一）改組南京政府，容納各黨各派共同負責救國；（二）停止一切內戰；（三）立即釋放上海被捕愛國領袖；（四）釋放全國所有政治犯；（五）開放民眾愛國運動；（六）保障人民集會集社一切之政治自由；（七）切實遵守總理遺囑；（八）立即召開救國會議。……大義當前，不容反顧，只求於救亡主張貫徹，有濟于國家，為功為罪，一聽國人之處置。」史稱西安事變（或雙十二事變或張楊兵諫……）。

本日午前九時卅分，張氏前往新城大樓探視蔣委員長，表示：此事件乃應國人要求，絕無個人利害考量，完全為了國家，希望委員長能改正錯誤、團結各方、堅決抗日。蔣委員長聽後，說：「你既是為了國家，就應先送我到洛陽。」張答以：「今日豈容搪塞了事？你若仍然執拗不悟，只好讓群眾來公裁了！」本日，張分別去電毛、周請周速至西安，共商大計。又與楊虎城聯名通電蔣夫人、孔副院長、馮玉祥、李烈鈞、閻錫山、宋哲元……等十一人說明兵諫各主張並爭取支持。

國府獲悉西安有變，於十二日午夜召開中央常務委員會與政治委員會臨時聯席會議，議決：「（一）褫奪張學良本兼各職，交軍事委員會嚴辦，所部軍隊歸軍事委員會直接指揮。（二）張學良背叛黨國，送中央監察委員會議處。」同一時間，中共中央電共產國際，報告事變擬採四項緊急處置意見。

十三日，午後張氏召集西北剿總總司令部全體職員講話，詳細說明發動兵諫之原委。本日，行政院代理院長孔祥熙通電全國各省（市），申明中央立場，又單獨電閻錫山、于學忠二人盼渠等共挽危局。張氏亦於本日電孔、宋請維持上海金融秩序；與楊虎城聯名再電馮玉祥。陳立夫請潘漢年電史達林，盼史達林電毛、周二人，設法協助蔣委員長脫險，以挽世局。本日，張、楊下令釋放西安所有政治犯三百餘人（含被俘共軍人員）。諭令指出：政治犯並非禍國殃民之罪犯，乃係有積極救國主張者。

十四日，端納（W. H. Donald）偕勵志社總幹事黃仁霖飛抵西安探視蔣委員長，並面交宋美齡親筆私函。下午五時，張再偕端納謁蔣，重申移居之議，蔣卒應允，遂移高桂滋公館。隨後，端納電南京，謂蔣一切平安。何應欽等電請汪精衛回國，主持中樞大計。汪即電復陳璧君，並轉國民黨中央，稱「即力疾起程。」日駐華總領事須磨會見國府外交部亞洲司司長高宗武，要求中國政府「不得對西安事變作任何損害日本利益之解決。」夜八時，張氏於西安廣播電台廣播重申兵諫之原因是為立起抗敵，強調：「……這次舉動，完全是為民請命，決非造成內亂。……只要合乎抗日救亡的主張，個人生命，在所不計……我們為保有國家民族一線生機打算，不能不誓死周旋，絕不屈服於暴力之下。」十五日，國府駐蘇大使蔣廷黻訪蘇外長李維諾夫，向其面敘西安事變情況，肯定蘇聯對國府之友好態度，否認事變與汪精衛有關，要求蘇聯贊同中國統一，不同情內訌，並稱張楊兵諫是一極大之不幸。端納自西安飛抵洛陽。電話宋美齡，略以：「蔣於西安未受苛刻待遇，甚平安，且已遷入較舒適之居所。張氏盼夫人偕孔祥熙至西安；惟蔣堅囑夫人切勿入陝。」十六日，國府對張楊事件作成決議：推何應欽為討逆軍總司令，東路集團軍總司令劉峙、西路集團軍總司令顧祝同；中央軍即日進逼潼關、空軍相應轟炸隴海鐵路渭南、華縣路段。本日，周恩來率羅瑞卿等一行十八人抵西安，晤張、楊，商軍事及與國府談判等事項。十七日，張氏再偕蔣百里晉見蔣委員長，請函中央，令軍事當局於三日內停止進攻，並請派蔣鼎文攜函飛京。蔣委員長允之，其親函何應欽謂：「聞昨日空軍轟炸渭南，望即令停止。以近情觀察，中於本星期六日（十九日）前，可以回京，故星期六以前，萬不可衝突，並即停止轟炸為要。」蔣鼎文攜函，即時離陝飛京。日外相有田聲言：「南京政府絕不能與張楊妥協。否則，日本政府將不能坐視。」十八日，張學良、楊虎城、周恩來三人晤談，確定「三位一體」（東北軍、十七路軍、共軍）共同解決此次事變之方針，即日組成聯合辦公廳，由吳家象、南漢宸與周恩來共同主持，假新城大樓辦公。本日，中央軍前敵總指揮第四十六軍所屬教導總隊（總隊長桂永清）逼進華縣、赤水等地。張、楊決定：若中央軍再向前進逼，即挾持蔣撤，並於行前，將所扣留中央官員一律槍殺之。蔣鼎文抵南京，攜回蔣致何親筆函，令即停炸渭南。鼎文並力勸政府中人：「勿任南京、西安間之裂痕日見加深，謾罵之無線電廣播與惡意之報紙論述，皆以中止為宜。」張氏本日電何應欽表示：「委座南歸，尚待商榷。在此期間，最好避免軍事行動，弟部初未前進，而貴部已西入潼關肆行轟炸，果誰動干戈耶？誰起內戰耶？兄部如盡撤潼關以東，弟部自不停止移動。否則，彼此軍人，誰有不明此中關鍵也哉？」

十九日，孔祥熙、宋美齡、何應欽、宋子文、孫科、居正、王寵惠於孔公館會商，決定由宋子文以私人身分赴西安營救蔣委員長，並決議國府空軍於廿二日以前暫停轟炸；但此期間，張楊部隊不得向南移動，如仍向西安渭南前進，空軍即向行動部隊轟炸。本日，日外相有田約見國府駐日大使許世英，表示強烈反對中國政府在抗日容共條件下與張楊妥協。

廿日，宋子文飛抵西安謁蔣，面交夫人親筆私函，內云：「如子文三日內不回京，則必來與君共生死。」委員長告知宋：「此時非迅速進兵，不能救國家脫離危險。」並親示進兵方略，令其歸告中央。夫人原擬與兄子文同機飛西安，中央要員力阻，始未成行。而中央軍停止進攻期限已屆。因此，張氏電夫人，請其力勸中央軍切勿進逼，若不能阻止進逼，則請其不可來陝。本日晨，東北軍與中央軍於華縣東交火。

廿一日，宋子文、端納自西安飛返南京。端納告知宋美齡：張氏確曾計畫，擬於中央軍開始進攻後，挾委員長乘機離陝。宋堅定表示：明晨飛西安。翌日，宋美齡偕兄子文、端納等自南京飛抵西安。

廿二日，汪精衛自義大利熱那亞啟程返國。廿三日，張、楊、周與宋子文談判。張、楊、周三人提出（一）停戰，中央軍撤至潼關外；（二）改組南京政府，排逐親日派；（三）釋放政治犯；（四）停止剿共，聯合紅軍抗日，共黨可公開活動……；（五）召開各黨各派各界各軍救國會議；（六）與同情抗日國家合作。以上六條件要蔣接受並保證實行。宋個人同意，並表示轉達蔣。同時，宋提議（一）先組織過渡政府，三個月後再改造成抗日政府；（二）蔣下令撤兵，蔣即回京，俟返京後再釋放七君子，張、楊、周堅持中央軍先撤離、七君子先釋放。有關張、楊、周提議于過渡政府時期成立西北聯軍受張領導，進行抗日準備並加強訓練，南京應負責濟補充一節，宋應允一併轉達委員長。

廿四日，宋子文繼續與張、楊、周等協商，大體獲致協議。本日，周恩來面謁蔣，委員長表示：同意停止剿共、聯共抗日等六項條件，並謂返京後願與周談判。

廿五日，午後，楊虎城同意釋蔣。下午三時許，張、楊聯袂至高桂滋公館面謁蔣氏伉儷。夫人主張速行、毋再滯疑，遂立即驅車赴機場，張氏隨行。委員長云：「爾行，則東北軍將無人統率，且此時至中央亦不便。」張氏面復：「職屬有赴京之義務，蓋已向各將領表示，願擔負此次事件之全部責任。」張欲「藉護送入京之舉，證明此次事件，無危害委員長之惡意及爭奪個人權位之野心。」至於部隊，張氏謂：「一切囑託虎城代理。」並隨手以紅鉛筆書一手令交楊：「弟離陝之際，萬一發生事故，切請諸兄聽從虎臣（按楊虎城字虎臣）、孝侯（按于學忠字孝侯）指揮。此致

何（柱國）、王（以哲）、繆（澂流）、董（英斌）各軍師長　張學良廿五日。

以楊虎臣代理余（之）職。即日。」當夜，蔣委員長等一行人宿洛陽。

廿六日，離洛陽飛京前，蔣委員長對張氏云：「可否電西安，將陳誠、衛立煌、陳調元、朱紹良四人先行離陝？」張氏立即電楊虎城，令將滯留西安中央要員全數送出。下午，飛抵南京，甯恩承等在機場迎接張氏，下蹋北極閣

宋子文公館。張隨即呈文向蔣委員長請罪：「……靦顏隨節來京，是以至誠願領受鈞座之責罰，處以應得之罪，振綱紀、警將來。凡有利於吾國者，學良萬死不辭。」蔣委員長接張氏請罪之後，立即轉呈國民黨中執會、國府，並請對張氏寬大，以勵自新。

廿七日，西安將領遵照張氏指令，釋放遭扣留中央要員並隨員，悉數離陝飛京。

廿八日，宋子文召閻寶航至邸，請渠攜張氏親筆函至西安交楊虎城，希將扣留飛機歸還國府，並告知西北各將領云：張氏近日內，將返西安。

廿九日，國民黨中央政治會議決議軍事委員會組成高等軍事法庭會審張氏，並任命李烈鈞為審判長、朱培德、鹿鍾麟為副審判長。本日，國府宣布討逆軍總司令部應予裁撤。

卅一日，高等軍事法庭開庭會審，宋子文陪同張氏應訊。本日庭訊後，高等軍事法庭及時宣判：「本案被告張學良，率部劫持統帥，強迫承認其改組政府等主張有該被告之通電可證。至戕害官員，拘禁將領，均係公然事實。雖屬其部眾之行動，但該被告實為主使發動，已極明顯，自應負其罪責。惟被告經奉委員長訓責後，尚知悔悟，隨同旋京請罪，核其情狀，不無可恕，依刑法第五十九條與陸海空軍刑法第六十七條第一款前段，減處有期徒刑十年，並依刑法第三十七條第二項，褫奪公權五年。」旋，張氏經安排暫寓南京中山門外孔祥熙宅邸。蔣委員長亦即時備文呈請國府予以特赦。宋子文電楊虎城：「今日漢卿兄恪遵國府明令，經過軍法會審審判手續，並即由委座具呈請求國府特赦。此項手續五日內可辦竣。現移居庸之兄寓內，弟敢保證，漢兄絕無任何危險，並請轉達諸同志千萬勿生誤會，靜待漢兄於下月五日回陝。」

民國廿六年　一九三七　卅七歲

一月一日，張氏發表告東北軍將士書，提示「東北官兵發起雙十二事件之動機與目的，認清最高領袖其愛國家、愛民族、愛真理之崇高偉大之精神、人格，加強訓練、待命殺敵，務求在最近的將來，收復東北失土。」

二日，軍委會蔣委員長請假返奉化溪口鎮。三日，行政院副院長孔祥熙自上海電呈國民政府，條陳張氏於西安事變後，仍始終表示擁護蔣委員長，絕無危害之意，且於短期間內護送回京、上書請罪，是其愛國之心未泯、守法之念猶存，故請俯納委員長十二月卅一日所請，對張氏准予赦宥。以示寬大。四日，國府主席林森明令特赦張學良、免除徒刑、並交付軍事委員會嚴加管束。閻寶航返京，旋轉往上海會晤宋子文，閻謂宋云：「爾等保證，今已落空，西安將領堅持非釋張回陝不可，爾有何法？」宋無詞以對。王化一、王卓然、吳瀚濤、關吉玉、閻寶航等五人於南京中央飯店會商營救張氏，主張（一）中央無論如何不能對西安用兵；（二）須釋張學良，始能徹底解決西安問題。並即決定由王化一、吳瀚濤與戴笠聯繫，閻寶航、王卓然與宋子文聯繫，商請莫德惠、劉哲找何應欽聯繫，分頭進行之。五日，中央發布西安事變善後人事任免令與陝甘軍事整理辦法：（一）楊虎城、于學忠撤職留任。（二）特派顧祝同為軍委會委員長西安行營主任。（三）裁撤西北剿總、駐甘綏靖公署。（四）特派王樹常為甘肅綏靖主任。（五）任命孫蔚先為陝西省政府主席。（六）中央軍、西北軍駐地重作區分，東北軍恢復去年十一月一日以前之駐防地。本日迄中旬，二王、吳、關、閻、莫、劉等人分別依會商決定分頭為營救張氏而奔走；其間，張氏應委員長請協助處理陝甘軍事善後，即時去函楊虎城等西北將領並提出陝甘軍事善後處理意見書。十日，西安行營主任顧祝同進駐潼關。

十二日，中央軍與東北軍於渭水北岸爆發軍事衝突。

十三日，軍統局派劉乙光等四人陪張氏乘專機，自南京飛杭州，再往溪口，當夜宿武嶺學校。

十五日，張氏移居雪竇山中國旅行社招待所，專責組織稱「張學良先生招待所」，主任劉乙光。于鳳玉、趙四小姐奉准輪流陪伴。

十八日，李志剛、鮑文樾、米春霖抵溪口，蔣委員長召見，李等上呈西北將領決議書，委員長斷然拒絕。有關張氏返陝一節，蔣云：「這不是我個人問題，而是國家的問題，是紀律的問題。張漢卿來認錯，他自己不願意回去，你們也不要強迫他回去。」十九日，楊虎城所部與中央軍在赤水交火。

廿三日，蔣委員長召見李志剛，李表達西北將領請釋張氏之意願，蔣再度拒絕並對整編精簡西北軍事，指示李轉告楊虎城應直接與顧祝同談判。

廿六日，西北軍派李志剛、前西北剿總軍警督察處長謝珂赴潼關，與顧祝同談判。廿七日，蔣委員長電西安行營主任顧祝同飭轉告東北軍將領：「關於漢卿出處問題，一俟移防完畢後，中可保證必為負責請求，使漢卿出而效力國家，至於復權更不成問題。但此時萬勿提出事實上不可能之問題，以延誤大局也。」本日，蔣委員長召前陝西省政府主席邵力子至奉化，陪張氏讀書。

某日，張氏謂邵：「我這次冒生命危險，親自護送委員長回京，原想扮演一齣從來沒有演出過的好戲，如果委員長也能以大政治家的風度，放我回西安，這豈不成為千古美談。真可惜，一齣極好的戲竟演壞了。」

二月二日，西安爆發二二流血事變，主戰少壯軍人孫銘九、應德田、何鏡華、杜維綱、劉佩葦等率所部官兵，分二組狙殺主和各高級將領，六十七軍軍長王以哲在家遇害，何柱國、于學忠避走楊虎城住處、免於難。前剿總參謀處長徐方、交通處長蔣斌、王以哲副官長宋學禮於暴亂中被殺身亡。

十七日，東北舊屬王卓然、田雨時、何柱國至溪口探視張氏，宿一夜。臨別前，張氏交付私函三件，請渠等轉交于學忠、萬福麟及東北旅平津人士。本日，國府明令恢復張氏公權。

廿二日，王樹常、莫德惠、蔣鼎文至溪口訪張。廿六日，張氏赴寧波天龍寺遊，順遊新昌大佛寺。

廿九日，楊虎城、于學忠飛抵南京，由宋子文、吳鐵城陪同至杭州面謁委員長。談話中，蔣數落張氏：「張漢卿常對我說，有他老子，他跟著他老子走，沒有他老子了，他跟著我走。勸我搞法西斯組織，他說服從領袖。現在他竟如此，你看這是一個什麼樣的人？」「他打不過共產黨，就向共產黨投降。若是打不過日本時，還不是必定向日本投降嗎？」「他的部隊正在火線上犧牲，他和王以哲竟秘密到陝北與敵人議和了，怎樣對得起長官？怎樣對得起部下？」卅日，于學忠抵溪口晉見張氏。

四月廿二日，蔣委員長為其同父異母兄蔣介卿舉行葬禮，張氏往蔣家祠堂悼祭。

六月廿九日，楊虎城奉軍事委員會派為歐美軍事考察專員，自上海搭輪出國。

七月七日，蘆溝橋事變。中旬，弟學思奉准至溪口探望，盤桓四日。臨別，張氏勉弟「回東北軍去、抗戰到底。」

八月十三日，日軍進犯上海。張氏函陳蔣委員長懇求同意參加抗戰。未幾，獲夫人代筆復函：「不予同意」並囑「好好讀書」。九月廿一日，幽居處遭回祿之災，張氏暫移居雪竇寺。

十月中旬，奉命移居安徽黃山，原段祺瑞別墅「居士林」。三日後，遷江西萍鄉暫住贛西飯店，後改居絳園。此時，由于鳳至陪侍左右，趙四滯留上海。

（榮按：十一月十二日，上海失陷，趙轉往香港。）

十一月廿日，國府正式發布遷都重慶。財政、外交二部及衛生署遷駐武漢。

十二月一日，國府正式於重慶辦公。二日，楊虎城返國，自香港經長沙抵南昌，遭幽禁。六日，日軍兵分四路犯我首都南京。七日，國民黨中央黨部遷抵重慶。九日，日軍總攻南京。十一日，鎮江失陷。翌日，日軍進踞中華門、雨花臺失守，我軍轉進。十三日，首都南京失守，日軍進行大屠殺。

民國廿七年　一九三八　卅八歲

一月十四日，國府外交部亞洲司科長董道寧奉司長高宗武之命秘密與日特務西義顯商談議和條件。十六日，日近衛內閣聲明：「帝國政府今後不以國民政府為對手，……」廿日，國府撤回駐日大使許世英，中日外交關係瀕臨中止。本月，張氏奉命將移居湖南郴州。

二月，抵郴州，暫住蘇仙廟（位蘇仙嶺上，離郴州城四華里許。）

三月廿三日，台兒莊戰役開始，孫連仲部池峰城師奮勇抗敵。（四月六日我軍全線反攻殲日寇瀨谷支隊，日軍傷亡六、〇〇〇人，我贏得台兒莊大捷。）

三月廿九—四月一日國民黨臨全大會于武昌召開，大會決定取消委員制，確立總裁制。制定抗戰建國綱領。

四月，移居湘西沅陵，住鳳凰寺送子巖，（縣城外鳳凰山上）。張氏賦贈夫人七絕：「卿名鳳至不一般，鳳至落到鳳凰山。深山古剎多梵語，別有天地非人間。」又，自我遣懷絕句：「萬里碧空孤影遠，故人行程路漫漫。少年漸漸鬢髮老，唯有春風今又還。」本月十二日，國府公布國民參政會組織條例。

五月十八日，徐州四周相繼失守。翌日，徐州失陷，會戰結束。

六月八日，我駐日使領館全體人員奉召回國。十二日，武漢會戰開始。十六日，國府公布第一屆國民參政員名單。廿一日，國民黨中常會選任汪精衛為國民參政會議長、張伯苓為副議長。

七月六日—十五日，第一屆國民參政會假武漢舉行。廿三日，日本正式向國府提出四項停戰條件。

八月六日，日外相松岡發表談話，公開鼓吹建立日本、中國、偽滿、法屬印度支那與荷屬東印度在內之大東亞共榮圈。

九月，湖南省主席張治中至鳳凰山探視。張氏向其表達參加抗戰之意願，張治中同意轉呈信函，渠返長沙後派員將張學良私函轉呈委員長，惟未獲回復。

本月卅日，前北洋政府國務總理唐紹儀於上海遇刺身亡。

十一月十五日，戴笠與副官王魯翹登送子巖探視張氏。宿二日，除問候外，並談及抗戰前途等問題。張氏指出政府抗戰政策正確；抗日戰爭將長期且辛苦，恃我堅持苦撐，懷必勝之信念，終有結束之日。未幾，日軍進犯湖南、情勢告急，遂自沅陵經辰谿、芷江、黃屏、貴陽轉修文縣龍岡山陽明洞（一作王陽明紀念祠堂）幽禁之。洞門懸有未署名老舊楹聯一對：「三載栖遲，洞古山深含至樂；一朝覺悟，文經武緯是全才。」意境頗與張氏境遇偶合。此期間，張氏開始潛心研究明史。

十二月廿九日，汪精衛於河內發表艷電，響應近衛聲明，公開叛國降敵。

民國廿八年	一九三九	卅九歲

一月三日，汪精衛在港發表致國民黨中央常務委員會和國防最高會議公開信，再次鼓吹與日本直接講和。廿日，國民黨中常會決議由蔣介石兼國民參政會議長。本日，日本大本營公布，侵華戰爭以來，計損失戰機一、〇一〇架。

二月一日，高宗武抵河內，與汪精衛密商成立「中央政府」事宜。十二─廿一日，國民參政會一屆三次大會假重慶召開。廿八日，影佐禎昭與高宗武會談，決定支持汪精衛成立「中央政府。」

三月廿一日，汪精衛河內遇刺未中，曾仲鳴遭誤擊身亡。

四月五日，張氏函舊屬前東北軍將領劉多荃獎勉渠等為東北群眾爭一口氣，與有榮焉，並痛斥鮑文樾附汪逆，令人髮指。

五月四日，日機連日轟炸重慶，市區大火，市民死傷四、四〇〇餘人。卅一日，汪精衛、周佛海等自上海飛東京，商建「中央」政權。

六月八日，國府明令通緝汪精衛。

七月四日，英、美發起「中國周」擴大援華。九日，汪精衛發表談話，公開聲明進行和平救國運動、中日提攜共同反共。八月廿八日，汪精衛於上海主持「國民黨六全大會」，會議通過和平、建國、反共等三大政治綱領。

九月九日，國民參政會一屆四次大會開議。十三日，軍政部長何應欽稱：日軍占領我十二省內五二一個縣（市）。十九日，蔣介石兼四川省政府主席。本日，汪精衛自滬抵寧，與王克敏、梁鴻志共商建立南京「中央政府」。次日，達成協議。

十月二日，我軍痛擊進犯長沙之敵，日軍開始撤退。六日，長沙大捷，殲敵四〇、〇〇〇餘人，張氏聞訊，撰鷓鴣天詞一闋：「欣聞長沙傳捷報，敵騎難越舊山河，關軍能繼先哲志，碧血黃沙把敵卻：民歡慶、我亦樂，乘勝直搗長白山，松花江畔奏凱樂。」

十二月十二日，溪口豐鎬房遭日機炸燬，毛太君（蔣經國生母）慘死牆垣。

卅日，日、汪簽署日支新關係調整要綱。

民國廿九年　一九四〇　四〇歲

一月廿一日，高宗武、陶希聖於香港大公報公布「日支新關係調整要綱及其附件」。翌日，高、陶聯名電汪，勸其懸崖勒馬。廿四日，蔣委員長為日汪密約發表告全國軍民書，聲明抗日決心。

二月，趙四自港輾轉抵貴州修文，與于鳳至陪侍張氏共度幽居歲月。未幾，于經醫師檢查發現罹患乳腺癌，張氏上報蔣委員長請其同意于赴美就醫。多次交涉，宋美齡且出面婉陳，卒獲蔣批准。張、趙與鳳至此一別竟成永訣。

三月卅日，汪精衛「南京政府」成立，汪任行政院長兼代國府主席。

四月一—十日。國民參政會一屆五次會議假重慶召開，發表討汪通電。十日，國民參政會決議將五五憲草提交國民大會審議。

五月十六日，國府第卅三集團軍於湖北宜城南瓜店與日軍激戰，總司令張自忠陣亡。廿二日，德、義、日三國同盟成立。

六月廿日，法國接受日本要求，封閉滇越鐵路、中止中越運輸。

九月六日，國府明令重慶為陪都。七日，日軍第二次圍攻長沙。廿六日，美總統下令，自十月十六日起對日禁運一切廢鐵。翌日，德、義、日簽署三國同盟協定。

十月卅日，日、汪訂立中日邦交調整基本協定。

十一月廿九日，汪精衛正式就任南京國民政府主席；本日，日本正式承認汪政權。

十二月一日，美向國府提供一億美元信貸。

民國卅年　一九四一　四一歲

一月十八日，中共中央指示其黨員於各抗日據點內，透過報刊、群眾大會等，提出要求釋放張、楊及全部政治犯之口號。

三月一—十日，國民參政會二屆一次會議假重慶召開。共產黨籍參政員拒絕出席。十一日，美國國會通過租借法案。十九日，中國民主政團同盟於重慶成立，黃炎培任主席。廿四日至四月二日，國民黨五屆八中全會於重慶召開。

四月五日，中、美會商軍火租借事宜。廿四日，守衛上海四行倉庫孤軍團長謝晉元遇刺身亡，翌日，蔣委員長通令全國悼念謝將軍被害。

五月三日，日本提議日、美簽訂中立條約。六日，美總統宣布，租借法案推及中國。本月三日、九—十日，日機以五十四至八十架，三度空襲重慶。另，本月張氏罹急性闌尾炎，為是否送貴陽醫院診治，劉乙光分別向蔣、戴急電請示，竟久未得示復。劉乃就近商得軍統局息烽訓練班主任徐為彬之同意，將張氏逕送貴陽中央醫院，由大夫楊靜波操刀割治。後因潰爛轉成腹膜炎，又進行第二次手術，至七月中旬初，始平復。

六月五日，日機夜襲重慶，較場口隧道發生窒息慘案，計死傷逾三〇、〇〇〇人。七日，蔣委員長為窒息慘案，下令嚴懲主管防空人員；本日，日機再襲重慶。

七月一日，德、義承認南京汪政權，國府宣布與德、義斷絕邦誼。十四日，國府發表中、英二國關於廢除不平等條約之換文。廿五日，中、美、英聲明，譴責日軍侵犯越南主權；英、美於本日，同時封存日本在英、美資金二億美元，實行經濟制裁。本月，張氏出院，旋，移居黔靈山麒麟洞俾就近複診、調養。貴州省政府主席吳鼎昌特于花溪舉辦詩會為張氏祝福。與會者有王夢淹、謝六逸、鄒國斌等學者、教授，貴陽中央日報社社長王亞明、貴州日報社社長嚴慎子、大剛報社長毛健吾等人應邀同祝。是日，王夢淹作五古一首贈張氏：「北國彤雲稠，遼陽月橫秋。壯心悲擊劍，肝膽射星斗。矢志殲強寇，有意定神州，所謀不愜意，西北風雲吼，宇內皆震動，舉國素願酬。烽煙漫秣陵，東海戰雲稠。將軍終下野，輾轉任飄流，花溪水如酒，仙客縱情游。」張甚感動，吟七律一首答贈之：「犯上已是禍當頭，作亂原非願所求；

心存廣宇壯山河，意挽中流助君舟。春秋褒貶分內事，明史鞭策固所由；龍場願學王陽明，權將貴州當荊州。」

八月一日，蔣委員長下令，將陳納德所率美國援華空軍，正式組成中國空中武裝部隊（稱飛虎隊）。本日，美總統羅斯福下令禁止原油輸出日本，並封存國內生絲存貨。七日，日機對重慶疲勞轟炸，晝夜未停，市民傷亡與財產損失皆極嚴重。卅日，日機轟炸重慶南郊黃山蔣委員長官邸。

十月廿二日，中、美信用借款委員會於倫敦成立。

十一月十七日，國民參政會二屆二次大會假重慶召開。廿四日，中、美、英、澳、荷五國外長會議於華盛頓舉行，研商聯合對日事宜。本月，戴笠銜命至麒麟閣探望張氏。張詢及楊虎城近況時，戴竟誆說正在國外考察觀光，張不覺有異，竟感甚為欣慰。

十二月八日，日軍偷襲珍珠港，轟炸關島、新加坡等地英美基地。美、英對日宣戰，太平洋戰爭爆發。九日，國府正式對日、德、義宣戰。十二日，日軍占九龍半島。廿二日，美、英議定聯合國宣言草案，二十六國加盟。廿四日，日軍發動第三次長沙之役；本日，日軍占領香港，英港督投降。卅一日，美總統致電蔣委員長建議成立同盟國中國戰區最高統帥部負指揮當前與將來於中國戰區內（包括中南半島等）之盟軍。

民國卅一年 一九四二 四二歲

一月十五日，湘北日軍潰退，第三次長沙會戰結束。

二月七日，英政府表示歡迎中國遠征軍入緬作戰，十五日，新加坡淪陷，英守軍投降。本月，張氏奉指示遷居開陽縣劉育鄉（距貴陽八三公里、緊臨息烽）。張氏於該幽居處飼雞七十餘隻，並闢菜圃一片，每日讀書、養雞、種菜。後，雞罹瘟疫，一夜間，全部死亡。

三月十五日，衛立煌任赴緬甸遠征軍總司令。旋，率所部入緬。廿五日，中國遠征軍與日軍在緬激戰。同日，部分遠征軍入泰境。

四月中旬，四〇萬華工趕築中印公路。十九日，我遠征軍新編卅三師師長孫立人率第一一三團殲日軍第三三師團於仁安羌，救出英軍及其司令亞歷山大七千餘人。

五月六日，日軍強渡怒江與我遠征軍激戰。廿六日，我遠征軍第二〇〇師師長戴安瀾於緬北孟密特北殉國。廿九日，美設援華空軍部。

七月四日，飛虎隊改組為美第十四航空隊第廿三驅逐機隊，陳納德任美駐華空軍司令。廿二日，太平洋作戰會議商定援華程序。廿七日，國府公布第三屆國民參政員名單。

九月十七日，美發表關於九一八十一周年聲明。

十月廿二日，國民參政會三屆一次會議開議。

十一月十二日，國民黨五屆中全會於重慶召開。十八日，國府軍委會公布，抗戰五年來，日軍在華傷亡人數約二五一萬三千餘人。

十二月十日，中印公路改由美軍負責修築。

民國卅二年	一九四三	四三歲

一月一日，川康公路通車。

三月十三日，英外相艾登在美京強調中、美、英、蘇合作之重要性。

八月一日，國府主席林森（一八六八—）病逝重慶。十四—廿四日，羅斯福、邱吉爾在加拿大魁北克舉行首腦會議，我外長宋子文與會。會議商定加強對日作戰。

九月六—十三日，國民黨五屆十一中全會假重慶召開。十三日，選舉蔣介石為國府主席兼行政院院長。

九月十八—廿七日，國民參政會三屆二次會議於重慶召開。廿一日，國府明令第三屆參政員任期延長一年。

十月卅日，中、美、英、蘇四國於俄京簽訂四國關於普遍安全宣言，決定成立國際安全機構。

十一月十四日，我遠征軍攻于邦，緬北會戰開始。本月，我遠征軍反攻胡康河谷，打通滇緬公路。廿二日，羅斯福、邱吉爾、蔣介石於埃及開羅舉行三

			國會議。會商聯合對日作戰、擊敗日本後，如何處置日本等問題。廿八—十二月一日，英、美、蘇三國領袖—邱吉爾、羅斯福、史大林於伊朗德黑蘭舉行會議，商定對德聯合作戰計畫，決定開闢歐陸第二戰場與戰後和平諸問題。 十二月一日，國府發表中美英三國開羅宣言。宣言中決定戰後東北、臺、澎等歸還中國。
卅三年	一九四四	四四歲	本年春，張氏移陽朗壩附近山窩（距息烽縣城十五華里處）。 五月廿日，國民黨五屆十二中全會於重慶召開。廿六日，日軍集中卅六萬兵力分三路犯湖南，長沙、衡陽之役開始。 六月六日，盟軍於諾曼第登陸、開闢歐陸第二戰場。十八日，日軍攻陷長沙，往南侵犯。廿九日，衡陽會戰，日軍使用毒氣。 八月十二日，國府派顧維鈞、魏道明、商震出席中、美、英三國國際和平機構會議代表。 九月四日，中共中央要求改組國民政府成立聯合政府。五日，國民參政會三屆三次會議於重慶召開。 十月九日，中、美、英、蘇同時公布聯合國組織草案。十四日，蔣委員長號召十萬知識青年從軍。廿二日，國府軍委會發布知識青年從軍徵集辦法，決定編十萬知識青年遠征軍。 十一月十日，汪精衛（一八八三—）病死日本名古屋。廿八日，日軍一部沿黔桂鐵路北犯，進入貴州。 十二月二日，日軍陷貴州獨山，企圖逼進四川，打開重慶大門，國府為之震驚。本月，張氏轉至黔北桐梓縣城郊天門洞。
民國卅四年	一九四五	四五歲	一月一日，蔣委員長表示「一俟反攻基礎確定，即還政于民」，召開國民大會。 二月四—十一日，羅斯福、邱吉爾、史大林於克里米亞雅爾達開會。 三月五日，中、美、英、蘇具柬，訂於四月廿五日於舊金山舉行聯合國大會。

四月十二日，美總統羅斯福（**Roosevelt, Franklin D 1882—**）辭世，副總統杜魯門繼任。廿五—六月廿六日，聯合國大會於美舊金山召開，與會計五十國。中華民國派代理行政院長宋子文為首席代表、顧維鈞等九人為代表、施肇基為高等顧問，出席會議。

五月五日—廿一日，國民黨第六次全國代表大會於重慶召開。廿八—卅一日，國民黨召開六屆一中全會。卅一日，國民黨六屆一中全會選舉宋子文、翁文灝為行政院正副院長。

八月二日，美、英、中波茨坦宣言。十四日，國府與蘇聯於莫斯科簽訂中蘇友好同盟條約。十五日，日昭和天皇發表終戰詔書，正式宣布無條件投降。

十月十日，國共雙方代表簽署雙十協定。

民國卅五年	一九四六	四六歲

一月十日，政治協商會議於重慶開議，周恩來提請釋放張、楊之要求。周鯨文等亦發動釋張呼籲，惟均未得售。

二月，東北耆宿莫德惠獲准至桐梓縣探視，居留二週。廿五日，軍事三人小組就關於軍隊整編及統編中共部隊為國軍之基本方案（通稱整軍方案）達成協議，其中約定國、共軍隊比例為五：一。

三月廿日—四月三日，國民參政會四屆二次會議於重慶召開。共產黨籍參政員杯葛與會。

四月廿二日，國府公布國民大會各省代表名單。

五月十日，軍事三人小組就中原國共軍事衝突問題於漢口達成協議。廿五日，國共雙方代表於南京政治商談，未獲具體結論。卅日，國防會議通過決議，撤銷軍事委員會，於行政院設國防部，並通過白崇禧為首任部長、陳誠為首任參謀總長。

六月九日，原軍統局改組為國防部保密局，鄭介民為局長。

七月廿二日，宋慶齡發表對時局之主張，要求制止內戰，立即成立聯合政府。

八月廿九日，蔣主席同意馬歇爾與司徒雷登成立五人小組之建議，國共雙方各派二人、美方一人，以商談政府改組問題。

九月九日，桐梓縣長趙季恒至天門洞探訪張氏，告以國共和談破裂，內戰又起，共軍勢力逐漸增強，彌堪憂心。張氏復以：「我們不談國事。」堅邀趙縣長麻雀之戰。十四日，張氏派人送趙縣長兩卷書畫等禮物。

十月，移送張氏至重慶，暫居歌樂山中美合作所松林坡戴公祠。

十一月二日，專機押送張氏與趙四小姐至臺北，當夜宿草山（今稱陽明山）。三日，自臺北乘火車南下，於新竹市換乘汽車至竹東井上溫泉招特所繼續幽居。

十二月十二日，中共中央於延安舉行西安事變十周年紀念大會，周恩來於演講中強調：「在紀念雙十二十周年的今天，我們要求立即釋放張、楊兩將軍，他們是大有功於抗戰事業的……」

民國卅六年　一九四七　四七歲

一月一日，國府公布中華民國憲法（十四章、一七五條），同日，公布憲法實施之準備程序，定本年十二月廿五日行憲。本日，國府同時發布大赦令，莫德惠、萬福麟、周鯨文等東北士紳向政府請願，略以：「張學良管束已屆十年，請准恢復其自由。」惟徒勞無功，大赦令內未列張氏。本月，張氏函謝胞姊冠英貽以禮物，並請其姊留點錢給子女使用。廿九日，美駐華使館發言人康納斯發表聲明，宣布美國代表退出軍事三人小組與軍事調處執行部。

二月廿七日，臺北發生緝私血案。翌日群眾游行、示威，且迅速擴及各縣（市）。史稱二二八事變或二二八事件。

五月十六日，莫德惠至井上溫泉探訪張氏，停留近一周。張氏對莫老云：「世間最有權威的人是學術最為淵博的人，沒有學術，不足以治人。或者說，世間唯一可以治人者，惟學術而已。」廿日，莫老將告辭，張氏親筆函託交大姊張冠英，請代購大字本明史一部。另，抄錄渠近代作五絕一首貽莫：「十載無多病，故人亦未疎。餘生烽火後，惟一願讀書。」

七月十四日，內政部人口局公布：全國人口共四六一、〇〇六、二八五人，

民國卅七年　一九四八　四八歲

其中男性二四一、四八五、五五五人、女性二一九、五二〇、七三〇人。

十月，保密局設計委員會主任張嚴佛至井上溫泉，停留一個月。此期間，張氏與之談及生活種種與讀書心得。並一再請轉達當局應恢復其自由。臨別，張氏以五絕一首贈之：「山居幽處境，舊雨引心寒。輾轉眠不得，枕上淚難乾。」卅日，西北行轅主任張治中亦抵井上探視。張氏再度表示恢復自由之意願，託渠轉陳蔣氏伉儷。握別時，貽張治中七絕一首：「總府遠來義氣深，山居何敢動佳賓。不堪酒賤酬知己，惟有清茗對此心。」張治中返京後，隨即將其要求，面陳蔣氏伉儷。未幾，劉乙光調離井上，關於恢復自由之要求，仍未獲考慮。而張治中井上之行，蔣氏極為不滿，為此特下手諭：「爾後非經本人批准，任何人皆不許見張學良。」

十一月十二日，東北各省先後失守。

二月十日，國府明令，國民大會代表定於三月十九日起報到。廿四日，宜川戰役，國軍傷亡三萬餘人。三月廿八日，國民參政會結束，計召集四屆各三次會議。廿九—五月一日，於南京召開第一屆國民大會，選舉總統、副總統。

四月十八日，第一屆國民大會通過憲法臨時條款，十九日、廿九日，蔣介石、李宗仁先後當選中華民國第一任總統、副總統。

五月十六日，孫科、陳立夫當選立法院院長、副院長。十八日，行政院總辭。十九日，撤各行轅、改稱綏靖公署，東北行轅改組為剿匪總司令部。廿日，第一任總統、副總統於南京宣誓就職。

六月二日，確定翁文灝為首任行憲後行政院院長。本月，中共發動晉中攻勢，殲國軍十萬餘人。

七月六日，豫東戰役結束，國軍被殲九萬餘人。

九月廿四日，濟南失守，國軍被殲十萬人。

十月十四日，錦州失守，國軍受創七萬人，東北與華北交通中絕。

十一月六日，國共於徐蚌地區決戰，徐蚌會戰爆發，國軍失利。

卅八年　一九四九　四九歲

十二月，共軍為阻平津區國軍撤離，發動平津戰役。

本年，張氏奉命移居高雄西子灣。

自去年十一月六日至本年一月十日，徐蚌會戰結束，國軍遭共軍殲滅達五十五餘萬人。廿一日，蔣總統於南京黃埔路官邸邀集黨政要員，宣布引退。蔣步出會場時，于右老建言：「為了與中共和談方便計，請總統於離京前，下一手令釋放張、楊。」蔣氏正色答以：「你找德鄰（李宗仁字德鄰）去。」廿四日，李代總統令取消全國戒嚴，釋放所有政治犯，包括張、楊在內。廿六日，李代總統派程思遠自南京飛抵臺北，與臺灣省政府主席陳誠面商釋張之事；陳主席以不知張氏何在及省府向不過問此事為搪塞，程無功返京。本月十四、卅一，天津、北平先後失守。

二月五日，中央遷穗，行政院于廣州辦公。

四月廿三日，共軍渡江，南京失守。

八月五日，美國務院發表對華關係白皮書。

九月七日，中央由穗遷渝。十七日，楊虎城（一八九三—）闔家于息烽幽居所遇害。

十月一日，中共于北京建政。三日，美國務院聲明：繼續承認中華民國為中國唯一合法政府。

本年年底，北大教授蕭承恩自東京郵寄「孤島野火—中日戰爭秘錄」一書原稿予張氏。張氏二讀後，將主要心得函復蕭教授並將原稿一併璧還。本年，張氏又搬回井上溫泉繼續幽禁。

十二月七日，中央政府遷臺。

民國卅九年　一九五〇　五〇歲

一月五日，美總統杜魯門正式聲明不介入中國內政，但將繼續經援中華民國。

三月一日，蔣總統在臺北復行視事。三日，我政府宣布退出關貿總協（GATT）。四日，臺獨運動人士廖文毅潛抵日本。

五月六日，蔣總統演講指出：「一年準備，二年反攻，三年掃蕩，五年成

年代	西元	年齡	事蹟
			功。」 六月八日，浙江省主席（前臺灣行政長官）陳儀以勾結中共罪名，在臺北執行槍決。廿八日，美第七艦隊開始巡弋臺灣海峽。 七月一日，美拒絕我政府派兵赴朝鮮半島。 十一月廿日，臺大校長傅斯年腦溢血病逝，得年五十五歲。 本年，張氏仍幽居井上溫泉。
四十年	一九五一	五一歲	一月，行政院設計委員會成立，為反攻大陸藍圖總策畫機構。本月，開始實施耕者有其田，預定隔年四月完成。 五月廿五日，立法院通過三七五減租條例。六月，開始公地放領。 十月卅日，蔣總統撰「時代考驗青年，青年創造時代」專文期勉青年。 十二月一日，中共展開三反運動。 本年，張氏仍幽居井上溫泉。
四十一年	一九五二	五二歲	一月十一日，監察院通過彈劾李宗仁違法失職案。十六日，根據舊金山和約原則，日本決定與中華民國締約。 二月一日，聯合國大會通過中華民國控蘇案。 四月廿二日，李友邦以叛亂罪遭槍決。廿八日，中日和約於臺北簽署。 八月五日，中日和約開始生效。 十一月廿六日，總統明令公布實施耕者有其田。 本年，張氏仍幽居井上溫泉。
民國四十二年	一九五三	五三歲	二月廿四日，立法院通過廢止中蘇友好同盟條約。 六月十三日，中日貿易協定於東京正式簽字。 十一月八日，美副總統尼克森來訪。廿七日，韓大統領李承晚來訪。 本年，張氏仍幽居井上溫泉。
四十三年	一九五四	五四歲	一月九日，臺灣省政府公布：全臺放領地六萬餘甲，受惠佃農十二萬餘人。

年	西元	歲	事蹟
			廿三日，韓戰反共義士一四、六一九人抵臺。 三月十一日，國民大會通過繼續適用動員戡亂時期臨時條款。十七日，前臺灣省政府主席吳國楨遭撤免行政院政務委員職務。 四月廿日，副總統陳誠辭兼行政院長職務，俞鴻鈞受命繼任。 五月，蔣總統於士林官邸召見張氏，此為二人溪口別後第十七年，蔣、張再度見面。時，蔣總統正在撰寫蘇俄在中國，囑張氏將西安事變經緯及與共黨關係撰述為文。張氏二度移居高雄西子灣。 六月三日，行政院院會通過，任命嚴家淦為臺灣省政府主席。 八月廿日，孫立人遭拘禁，鳳山第四軍官訓練班同學會等被捕學員達六百餘人。 九月三日、十六日，中共分別砲擊金門、一江山。 十二月三日，中美共同防禦條約於華盛頓簽字。 本年，張氏大姊冠英（一八九六—）辭世。
四十四年	一九五五	五五歲	一月廿日，中共陸海軍進犯一江山，守軍七二〇人陣亡，一江山失守。廿四日，美總統艾森豪咨請國會，授權緊急出兵協防臺、澎，廿六日獲國會通過。 二月九日，大陳住民一四、〇〇〇餘人撤抵基隆。 四月四日，美第十六航空隊自琉球移駐臺灣。 十月廿日，孫立人案調查報告完成。 十一月廿六日，臺海風雲緊張，國防部長俞大維專機飛美。 本年，張氏仍幽居西子灣；經前駐日大使董顯光與東海大學校長曾約農等之引領，皈依基督教，從此專心研讀聖經。張氏云：「我自從信奉了基督後，才有了更多的自知自懺。」
民國四十五年	一九五六	五六歲	七月七日，美副總統尼克森以總統特使身分到訪。廿一日，臺海上空大型空戰，於馬祖北方五度交鋒，我空軍擊落共機四架。九月八日，林獻堂病逝東京，享年七十六歲。

			十一月十六日，中共中央於北京召開紀念西安事變二十周年座談會，周恩來在座談會中強調：「張氏為豪爽的英雄人物，遭幽禁後，仍始終如一，令人懷念與尊敬；將來能援救出來最好，無論如何，他是千古不朽的人物，他已名垂千古了。」 十二月一日，蔣總統手撰蘇俄在中國成書。 本年，張氏仍幽禁於高雄西子灣。
四十六年	一九五七	五七歲	三月廿日，空軍自製首架直昇機試飛成功，本日夜間，美軍顧問團上士雷諾槍擊我革命實踐研究院打字員劉自然，劉氏當場身亡。美軍法庭於五月廿日起審判，廿三日宣判雷諾無罪。翌日，雷諾且離臺回美。五月廿四日，劉案引發民眾暴動，美駐華使館、美新處等遭我民眾毀損；臺北衛戍司令部即時頒布臺北市及陽明山地區戒嚴。 六月廿六日，五二四事件肇事分子由軍事法庭宣判，廿八人遭處刑。 八月七日，周至柔接任臺灣省政府主席，嚴前主席轉任行政院政務委員。 十二月廿三日，監察院通過彈劾行政院長俞鴻鈞違法失職案。 本年，張氏仍幽居高雄西子灣。
四十七年	一九五八	五八歲	二月四日，公務員懲戒委員會就俞院長違法失職案作成申誡處分，呈奉總統批示照准後執行。 六月卅日，行政院院長俞鴻鈞請辭，總統提名副總統陳誠兼掌行政院，獲立法院同意。 八月六日，國防部宣布臺海情況緊張，金馬、臺、澎進入緊急備戰狀態。廿三日，中共無預警性發動大規模炮戰。廿八日，美第七艦隊奉命戒備臺灣海峽。 九月二日，料羅灣海戰，我海軍擊沈中共船艦十一艘。 十月五日，中共國防部宣布金門戰線停火七天。十二日，又宣布繼續停火二週。本日，金門居民六、〇〇〇餘人疏運來臺。廿日，中共食言，恢復炮擊。

			廿五日，中共宣布雙日停火「單打不雙打」。廿六日，中共炮擊金門，自毀雙日停火之說。 十一月三日，中共猛烈炮擊金門，本日炮擊量即達三萬餘發。 本年，張氏仍幽禁高雄西子灣。
民國四十八年	一九五九	五九歲	一月一日，金、廈間激烈炮戰。本日，中共發射七、〇〇〇餘發炮彈。七日，中共炮擊金門達三三、〇〇〇餘發炮彈，國軍炮兵還擊制壓之。 二月一日，國家長期發展科學委員會成立，胡適、梅貽琦任正、副主任委員。 八月七日，八七水災，中南部十三縣（市）災情慘重。美安全署同意撥款一、〇〇〇萬急賑災民，臺省府急撥六〇〇〇餘萬。十五日，恆春地區六級強震，死傷五七人，倒屋達千餘棟，本日，美勝利女神飛彈及其全部裝備正式移交我國使用。 十一月一日，榮民總醫院於臺北石牌揭幕。本年三月，蔣總統提解除軍委會對張氏之管束。總統府秘書長張羣轉達該解除「管束」之意。旋，移張氏於北投幽雅路台航招待所，仍有看守人員嚴密監視。
四十九年	一九六〇	六〇歲	三月十一日，總統明令公布修正動員勘亂時期臨時條款。 四月廿六日，中部橫貫公路竣工，首次全線通車。 六月十七日，中共抗議美總統艾森豪抵臺訪問，兩次向金門炮擊八八、〇〇〇餘發炮彈。十八日，艾森豪到訪。翌日，中美元首發表聯合公報；本日，中共三度炮擊金門。 九月四日，自由中國雜誌社發行人雷震因涉嫌叛亂，遭警總逮捕，同案被捕者尚有傅正、馬之驌與劉子英等三人。廿六日，臺灣警備總司令部以涉嫌叛亂、顛覆政府，將雷震等人提起公訴。 十月八日，軍事審判以雷震知匪不報，判處十年徒刑。 本年，張氏仍寓北投幽雅路台航招待所。

民國	西元	年齡	事項
民國　五十年	一九六一	六一歲	二月廿四日，陳立夫去美十年，返國。 五月十四日，美副總統詹森來訪，表示堅守中美約定。 七月廿九日，副總統陳誠赴美訪問。 八月，張氏自建新居（北投復興三路七十號）落成。卅日，長女閭英偕婿陶鵬飛至北投探望（榮按：迭經懇求，始獲層峯勉強同意張氏父女見面。）。臨別前，張氏將親筆私函交代愛女面交其母。陶鵬飛係我旅美學人，受邀返台參加陽明山會談。 九月四日，周鯨文至張宅探望。 十月一日，香港時代批評半月刊，登載訪張談話。 十二月十二日，北京舉行西安事變廿五周年紀念會，與會者或賦詩感念或相對哭泣。周恩來對眾人說：「二十五年了，張先生至今還被囚禁臺灣，怎麼不使人想起就落淚呢？」 張氏與趙四小姐自本年八月起至赴美前始終定居於北投自宅。
五十一年	一九六二	六二歲	二月一日，李敖在文星雜誌發表給談中西文化的人看看病，引發中西文化論戰。廿四日，中央研究院院長胡適（一八九一—）病逝臺北。 四月廿六日，陸軍試射勝利女神力士型飛彈。 五月十九日，前清華大學校長梅貽琦（一八八九—）病逝。 十月十日，臺灣電視公司開播。 十一月廿二日，黃杰接任臺灣省政府主席。 本年，美國白雪溜冰團抵臺公演，張氏偕趙四小姐先後觀賞兩場，皆由蔣經國陪同前往。
民國五十二年	一九六三	六三歲	一月廿四日，中華民國對外貿易協會主任委員尹仲容（一九〇三—）病逝。 五月十五日，總統明令公布十二月廿五日為行憲紀念日。 七月廿九日，美國移讓 **M41-AI** 戰車予我國軍使用。 十月七日，中共訪日代表團團員周鴻慶投奔蘇駐日使館；惟被交付日方處理。

五十三年　一九六四　六四歲

十一月十五日，蔣總統告美記者稱：「今年為反攻決定年。」

十二月廿八日，我攻府對日政府將周鴻慶遜送返大陸事，提出強硬抗議。

一月廿一日，裝甲兵副司令趙志華少將於新竹湖口基地，意圖率所部赴總統府兵諫，未果。

二月廿六日，美軍顧問團交付我空軍 F-104G 戰鬥機一組。

三月，張氏接獲髮妻于鳳至親筆函暨同意離婚書件。

四月十日，美贈我新型鷹式地對空飛彈。

七月一日，臺北希望雜誌創刊號出刊由張氏署名，「西安事變懺悔錄」摘要。未幾，該雜誌遭查禁。四日，張氏與趙四小姐在美籍人士吉米·艾爾德（Jimmy Elder）寓所行婚禮，牧師陳維屏證婚，蔣夫人、張羣、張大千、王新衡、黃仁霖、何世禮、馮庸等十餘人到場觀禮。廿一日，臺北各報始刊出張、趙婚禮消息，其中聯合報載：「卅載冷暖歲月，當代冰霜愛情，少帥趙四，正式結婚，紅粉知己，白首締盟。夜雨秋燈，梨花海棠相伴老；小樓東風，往事不堪回首了！」短短五十字，道盡渠二人風風雨雨的經歷與心情。

十月十六日，中共自行研製之首枚原子彈試爆成功，成為繼美、蘇、英、法後，第五個擁有核武之政權。

十一月九日，日佐藤榮作內閣成立。

民國五十四年　一九六五　六五歲

三月五日，副總統陳誠（一八九七—）病逝臺北，享年六十九歲。

四月二日，軍事法庭以叛亂罪判決彭明敏、魏廷朝有期徒刑八年，謝聰敏有期徒刑十年。

五月十四日，廖文毅自東京歸臺並聲明放棄臺獨運動。六月六日，總統令特赦廖氏。

七月一日，美對臺經援停止。

九月十九日，國防部長蔣經國赴美訪問。

十一月廿日，國民大會全國聯誼會敦請總統連任。

民國紀年	西元	年齡	事蹟
			十二月九日，美 F-5A 戰鬥機移交我國使用。 本年，平均國民所得，每人一五〇美元。
五十五年	一九六六	六六歲	三月九日，國民大會臨時會通過增訂動員戡亂時期臨時條款，授權總統設置動員戡亂機構，決定大政方針。 八月八日，總統發布國民大會創制複決兩權行使辦法。本日，中共八屆十一中全會通過關於無產階級文化大革命的決定，為期十年遍及大陸全境之「文革浩劫」正式展開。 十二月廿九日，國民黨九屆二中全會決議設置動員戡亂機構並改選中央委員。 本年，雨亭公第五夫人（壽夫人）病逝於臺北。
五十六年	一九六七	六七歲	一月三日，總統特任高玉樹為首任臺北市市長（按：本年七月一日臺北市由省轄市改制為院轄市）。 二月一日，總統明令公布設置動員戡亂時期國家安全會議，特派黃少谷為秘書長。 五月廿九日，反共救國軍登陸山東，支援敵後遊擊隊，與中共駐軍激戰。 九月七日，日本首相佐藤榮作到訪。十九日，世界反共聯盟於臺北成立。 十二月二日，全臺首座聚乙烯工廠—臺灣聚合公司高雄廠落成。
民國五十七年	一九六八	六八歲	一月廿九日，中華文化復興月刊創刊。 四月十九日，臺灣大學考古學系教授林朝棨，於臺東長濱鄉八仙洞發現史前遺蹟。 七月十日，總統主持國安會議，通過國家建設計畫綱領與動員戡亂時期綜合指導綱領。 九月九日，全臺及金馬實施九年國民教育，國民中學聯合開學典禮於本日上午舉行。
五十八年	一九六九	六九歲	三月廿一日，總統發布動員戡亂時期自由地區中央公職人員增補選辦法。

五十九年	一九七〇	七〇歲	四月七日，國民黨十全大會通過積極策進光復大陸案與策進全面平均地權及貫徹耕者有其田綱領。 七月廿日，美太空船阿波羅十一號載有阿姆斯壯等三名太空人，順利完成人類首次登陸月球表面之重要任務。 十一月十一日，嘉南大圳灌溉渠道內面工程竣工。 十二月一日，三軍大學成立。 一月十日，美國務院宣布，將以一個中隊十八架 F-104 星式噴射戰鬥機軍援我國。卅一日，美國防部宣布，贈我 F-100 軍力式戰鬥機卅四架。 四月廿五日，行政院副院長蔣經國在美訪問，遭臺獨聯盟黃文雄、鄭自才狙擊行刺，未果。 八月廿七日，明德水庫竣工。 九月四日，自由中國雜誌發行人雷震出獄。 十一月八日，臺灣首座核電廠開工興建。 本年，張氏之四弟學思病逝大陸。
六十年	一九七一	七一歲	二月廿三日，謝聰敏、魏廷朝、李敖，以叛亂罪分判十五、十二、十年有期徒刑定讞。 四月十日，二、五〇〇名華人於華盛頓特區舉行保護釣魚台示威遊行。十四日，臺大學生至日本駐華使館抗議，政大學生於校園內遊行、座談。翌日，三百餘名大專生至美駐華使館抗議釣魚台問題。 六月十五日，蔣總統於第卅次國安會議發表「我們的國家的立場和國民的精神」文告，激勵國人「莊敬自強，處變不驚」。十七日，臺大近千名學生示威遊行，為釣魚台主權，向美、日使館遞送抗議書。 八月二日，美政府宣布對中國代表問題新方案，主張兩個中國並存於聯合國。 十月廿五日，聯合國大會通過以中華人民共和國取代中華民國案。翌日，我政府宣布退出聯合國，蔣總統發表告全國同胞書。

十二月十五日，原中國銀行改組並成立民營中國國際商業銀行。

年代	西元	年齡	紀事
民國六十一年	一九七二	七二歲	一月十日，雷震發表救亡圖存獻議，建議宣布中華臺灣民主國。 二月廿二日，臺灣獨立聯盟日本本部執行委員辜寬敏脫離組織回臺。 三月廿一日，蔣介石當選連任第五任總統、嚴家淦為副總統。 四月二日，臺灣獨立聯盟日本本部中央委員邱永漢脫離組織回臺。四日，筆名孤影發表「一個小市民的心聲」，反對陳鼓應等人主張開放學生運動，引證大陸時期抗戰前後及法、日、美學運經驗，認為學運最將後演成暴動並不足取。強調現狀得來不易，應予珍惜。該文分六天連載，其後，且發行單冊近廿萬本之多。 六月八日，行政院長蔣經國提出十項革新指示。 八月十五日，第一屆海外學人國家建設座談會於臺北召開。 九月廿九日，外交部宣布與日本斷交。 十月卅一日，南部橫貫公路全線通車。
六十二年	一九七三	七三歲	一月廿七日，美、南北越三方於巴黎簽署越南和平協議及議定書。 二月十三日，美國務院證實：F-5E 戰鬥機將在臺設廠組裝。 四月十七日，美總統尼克森於白宮答詢水門事件。廿八日，臺灣獨立聯盟成員黃永純返國，宣布脫離組織。 五月卅一日，國際經濟合作發展委員會改組為經濟設計委員會，張繼正出任主任委員，郭婉容、孫震任副主任委員。 七月十七日，前行政院人事行政局局長王正誼被控興建雙溪社區索取回扣，遭判處無期徒刑。 十月十七日，波斯灣六國宣布原油價格提高三一%，石油戰爭至此引爆。卅一日，曾文水庫竣工。 十二月廿日，空軍自製直昇機首期製造作業完成，撥配陸、空軍有關單位執行任務。

自民國五十四年至六十二年止總計九年，有關張氏生活點滴筆者手頭缺乏可信資料，茲從缺，附誌之。

民國六十三年　一九七四　七四歲

十月十四日，經濟部長孫運璿宣布採行七項措施以因應國際經濟情況。

五月，行政院通過人事、經費、意見、獎懲四大公開綱領。本月，雨亭公二夫人盧氏（學良、學銘兄弟之養母）病逝。

八月五日，美總統尼克森承認其掩飾水門事件之醜聞。八日，宣布辭職，由副總統福特就任第卅八任總統。

十月四日，青年科學公司冒貸案，負責人蔡少明投案。

十一月廿六日，日首相田中角榮因洛克希德案辭職。

十二月廿四日，行政院長蔣經國於國民黨十屆五中全會上，將張氏西安事變懺悔錄摘要部分內容鉛印成冊，發給與會者閱讀。

六十四年　一九七五　七五歲

一月一日，臺視、中視、華視三臺自本日起聯播抗戰歷史教育片—仁者無敵。

四月五日，蔣介石總統因突發性心臟病辭世，享年八十九歲（一八八七—一九七五）。張氏赴靈前悼祭，輓以：「關懷之殷，形同骨肉；政見之爭，宛如仇讎。」十六日，蔣公靈櫬奉厝大溪慈湖行館。

六月七日，青年科學公司非法貸款案審理終結，蔡少明判處十八年徒刑、霧峰地政所主任曹明欣判處死刑。

九月廿八日，行政院長蔣經國召集財經首長研商國際石油暴漲之對策。

十一月廿日，臺閩地區增額立法委員選舉投票。

十二月廿五日，行政院長蔣經國宣布六年經濟建設總體目標。

本年，雨亭公姬人馬月清（岳清）病逝臺北。

民國六十五年　一九七六　七六歲

一月八日，周恩來（一八九八—）病逝北京。廿五日，國畫大師張大千偕眷返國定居。本月，屏東縣試種三期稻作成功，締創世界紀錄。

六月一日，中國造船公司大造船塢竣工。

民國	西元	年齡	事蹟
			九月九日，毛澤東辭世（一八九三—一九七六），四人幫準備奪權。 十月十八日，旅美學人丁肇中發現新型基本粒子，獲諾貝爾物理學獎。 約於本年秋冬之交，三張一王（張學良、張大千、張羣、王新衡）共組轉轉會，每月聚會一次，輪流做東，會餐、品茗、閒聊。 本年，雨亭公四夫人許氏（一八八八—）病逝于京。
六十六年	一九七七	七七歲	一月廿八日，郵包炸傷臺灣省政府主席謝東閔案，軍事法庭宣判：王幸男處無期徒刑。 四月十九日，教育部長蔣彥士為蘇澳沈船事件請辭，由李元簇接任。 六月二日，中國造船公司承建之臺灣第一艘超級油輪柏瑪奮進號舉行下水典禮。 七月一日，中船、中鋼二公司改制國營。本日，美國防部決定繼續售我鷹式防空飛彈。十八日，中鋼公司煉鋼廠開爐運轉，本日生產粗鋼四千噸。 十月十四日，臺中石岡水壩竣工。 十一月十六日，核一廠正式發電。十九日，縣長選舉，中壢二一三投票所主任監察員涉嫌舞弊，引發中壢事件，群眾燒燬警車及分局大樓。廿四日，行政院經濟設計委員會改組為經濟建設委員會，俞國華任主任委員，王章清、郭婉容、孫震任副主任委員。
民國六十七年	一九七八	七八歲	三月廿一日，蔣經國當選第六任總統、謝東閔當選第六任副總統。 五月廿六日，立法院同意孫運璿出任行政院長。 八月十六日，天主教中國樞機主教于斌病逝羅馬（一九〇一，一作一九〇〇—一九七八）。 十月卅一日，中山高速公路全線通車。 十二月十五日，美總統卡特宣布，美國將於一九七九年一月一日與中華人民共和國建立完全之外交關係，並終止中美共同防禦條約。 民國六十六、六十七等二年，攸關張氏生活活動等書面文獻資料缺少，特誌之。

六十八年　一九七九　七九歲

一月一日，中華民國與美國斷交；本日，美國與北京政權建交。

三月一日，行政院新聞局開放雜誌登記，八十年代，努力、鼓聲、春雷等由康寧祥等人紛紛提出申請。七日，自由中國雜誌創辦人雷震病逝（一八九七—一九七九）。

四月十日，美總統卡特簽署臺灣關係法。

五月四日，雲門舞集「廖添丁」於臺北國父紀念館首演。十七日，郭小莊雅音小集亦假該館首演「白蛇與許仙」。廿日，翁倩玉贏得日本全國歌唱賽金絲雀獎。

十二日，中共中央軍委副主席葉劍英重遊西安七賢莊賦七絕懷舊：「西安捉蔣翻危局，內戰吟成抗日詩；樓屋依然人半逝，小窗風雪立多時。」

七月一日，高雄市改制為院轄市，任命王玉雲為首任市長。

八月十四日，王雲五病逝臺北。（一八八八—一九七九）

九月十日，連體嬰張忠仁、張忠義兄弟於臺大醫院進行分割手術成功。

十月五日，總統蔣經國邀張氏夫婦至大直官邸參加中秋茶會，其餘受邀者尚有張羣、何應欽、張大千夫婦、黃少谷夫婦、馬紀壯夫婦與張寶樹夫婦等人。

十日，張氏應邀參加國慶閱兵禮。

十一月廿七日，臺北市龍山寺建寺二四〇周年。

十二月十日，美麗島雜誌社於高雄市集會遊行，引發警民衝突。卅一日，中美共同防禦條約，自本日起失效。

民國六十九年　一九八〇　八〇歲

二月一日，北迴鐵路竣工通車。廿八日，高雄事件被告林義雄住家血案。

四月四日，臺北市中山南路中正紀念堂正式落成。十八日，軍法庭就高雄事件判決，除施明德判處無期徒刑外，其他七人分別判處十二至十四年有期徒刑。

七月十九日，莫斯科第廿二屆奧運會開幕典禮，中共、美、日、西德紛紛表示拒絕出席。

民國	西元	年齡	事蹟
			十月廿日，總統府副秘書長張祖詒、國防部副參謀總長馬安瀾等陪同張氏夫婦搭乘專機飛抵金門訪問，並眺望對岸廈門。 十二月廿九日，中華民國少棒之父、全國棒協理事長謝國城病逝。 本年，趙四經診治罹肺腫瘤，手術切除右肺葉。
七十年	一九八一	八一歲	一月廿五日，中共十惡大審結束，江青、張春橋等十名主犯從輕發落。 三月二日，首座國人設計建造之先導性地熱研究發電廠完成試車。 四月廿八日，立法院三讀通過立院組織法修正案，規定立法院正副院長任期三年。 五月廿九日，國父遺孀宋慶齡女士病逝上海，享年九十歲（一八九三—一九八一）。 六月十七日，張氏罹重感冒、高燒達卅八度，經緊急送往石牌榮總治療，由施文芳醫師主治，卅日病癒出院。住院期間，張氏曾接受聯合報記者于衡等專訪。張氏表示對報界人士一向甚為敬重。於九一八事變時，渠詳讀大公報張季鸞所撰社論，有血有淚，部分文句至今仍記憶猶新。對政府何時能回大陸一節，張氏云：「上帝會指引吾人。世間許多事，吾人無從預知，惟上帝瞭若指掌。」渠談及研究歷史之動機乃鑑於百年來，中國始終為列強欺凌，亟想自明清史找答案，故先研究明史，計畫再探討清史，但成為基督徒後，改專心于聖經，遂放棄研究歷史。渠又言及一度計畫撰寫回憶錄，將本身親自處理與親見、親聞者一一詳記之，亦因研讀聖經後，放棄撰作計畫。 八月廿六日，鄧小平提出一國兩制之構想。 九月卅日，中共人大常委會委員長葉劍英提出和平統一九項建議。 十一月十四日，臺灣省、市議員、縣市長選舉投票，國民黨獲七八%席次；陳定南當選宜蘭縣首位黨外縣長。
民國七十一年	一九八二	八二歲	一月廿一日，七十歲以上老人及殘障者，即日起可持證免費搭乘公車。 四月十四日，臺灣土地銀行古亭分行遭歹徒持槍搶劫五百餘萬元。卅日，英

			國與阿根廷爆發福克蘭群島戰爭，歷時約二月餘結束。 五月七日，土銀古亭分行搶案偵破，搶嫌李師科被捕。 七月廿四日，廖承志函蔣經國，呼籲國共和談。卅一日，中華民國政府對日本文部省竄改第二次世界大戰侵華史實提出備忘錄。 八月十七日，蔣宋美齡發表致中共人大副委員長廖承志公開信。 九月一日，臺灣首座國家公園—墾丁國家公園成立。十八日，九一八事變五十一周年紀念，中華民國各界一致抗議日本竄改侵華史實。 十月廿一日，三民主義統一中國大同盟成立。本年，缺張氏個人生活及活動等資料。
七十二年	一九八三	八三歲	一月廿五日，中共宣布，江青、張春橋改判無期徒刑。本月，中華民國外匯存底突破百億美元，創下新紀錄。 二月九日，美國務院宣布，售予中華民國 **F-104G** 戰機一批。 七月十五日，臺灣省政府主席李登輝於記者會上說明八萬農業大軍計畫。 十月卅一日，耗資七億、施工三年之關渡大橋通車啟用。 本年，張氏二弟學銘、七弟學英先後辭世。轉轉會成員，好友張大千（一八九九—）四月十二日病逝臺北寄寓，享年八十四歲。
民國七十三年	一九八四	八四歲	三月廿一日，總統蔣經國當選連任。翌日，李登輝當選第七任副總統。 六月九日，邱創煥就任臺灣省政府主席。 十月十五日，劉宜良（筆名江南）在美遭暗殺，美警方疑為政治謀殺。 十二月十九日，監委周哲宇、洪俊德提案要求檢討台電核四廠興建之必要性。
七十四年	一九八五	八五歲	一月十日，經濟部發布統計資料指出：去年我對外貿易總額躍居全球第十五名。十六日，情報局局長汪希苓因涉嫌江南案遭停職處分，第三處副處長陳虎門送軍法機關偵辦。 三月廿六日，國防部將涉嫌江南案之汪希苓、胡儀敏與陳虎門提起公訴。

			四月九日，江南案審理終結，被告陳啟禮、吳敦判處無期徒刑。十九日，江南案軍法審判宣判：汪希苓處無期徒刑。 五月廿八日，林語堂紀念圖書館揭幕。榮按：九一八事變後，林語堂曾撰文諷張云：「你為我們丟失了祖國的大片領土；當然，你也為我們保護了許多國寶。」 七月六日，臺北地下鐵路主體工程新臺北站動工。 九月十五日，臺灣首座抽蓄水力發電工程明湖電廠竣工啟用。十六日，陽明山國家公園管理處正式成立。 十一月十四日，外交耆宿顧維鈞（一八八八—）病逝美國，享壽九十八歲。 十二月十七日，臺灣地區用電普及率高達九九・七%。
七十五年	一九八六	八六歲	三月十三日，張氏伉儷陪同張岳公赴龍潭小人國（桃園縣）觀光。 四月十八日，蔣經國總統心律不整，接受手術裝置人工心律調節器。 五月三日，華航機長王錫爵駕華航貨機逕飛廣州白雲機場，要求中共庇護。 十七日，兩岸官方首度面對面會談，協調華航貨機飛穗事件。 九月廿七日，美喬治城大學舉辦西安事變五十周年學術研討會，由美國會圖書館主任王冀主持，邀請美國研究中國歷史之學者參與研討。 十月三日，美伊利諾大學舉辦紀念西安事變五十周年國際學術討論會。由旅美史學家吳天威主持。與會者分別來自法、美、加及海峽兩岸學者卅餘名，會期三天，計發表西安事變攸關之論文達十四篇。次日，紐約美洲華僑日報發表社論指出：「……希望臺灣當局能在西安事變五十周年之際，還給張學良一個自由之身。」十二日，瀋陽、北京、西安分別召開紀念西安事變五十周年大會。廿五日，第一輛國人自行設計製造之轎車—飛羚一〇一正式上市。
民國七十六年	一九八七	八七歲	一月七日，行政院審議通過動員戡亂時期國家安全法草案。廿七日，美國宣布承認蒙古人民共和國，我外交部重申外蒙為中華民國固有領土之立場。 二月十七日，我外匯存底突破五百億美元，名列全球第二。

四月五日，今年度關稅大幅超收，將締造七百億元佳績。

六月廿三日，立法院三讀通過國安法。

七月十四日，總統蔣經國宣布：臺灣地區自十五日起解除戒嚴。動員戡亂時期國家安全法自本日起實施。

八月廿五日，國民黨決全面調整大陸政策，採政府層次與民間區分原則。

十月十五日，行政院通過赴大陸探親辦法。廿一日，何應欽（一八八九—一九八七，一作一八九〇）病逝臺北。

十一月二日，紅十字會受理赴大陸探親登記，逾萬餘人申請領表。

本年一月六日，張氏好友、轉轉會成員王新衡（一九〇八—）病逝臺北。

七十七年　一九八八　八八歲

一月一日，政府解除報禁。十三日，總統蔣經國（一九〇九—）病逝大直官邸。副總統李登輝宣誓就任總統。十六日，張氏赴榮總石牌總院懷遠堂悼祭。卅日，蔣故總統靈櫬奉厝大溪頭寮行館。

三月四日，旅美東北大學校友會電邀張氏赴華府參加四月十六日在美舉行之東北大學建校六十五周年暨張氏兼任校長六十周年紀念大會。廿五日，張氏對外發表公開信表示：「本人與內子日常生活行動一向自由，並無受到何任的限制，……年事已高、視聽衰退，且往者已逝，故不願接見賓客或接受訪問。各團體邀請參加集會或作演講，遵醫囑概予謝辭」。廿七日，應李總統伉儷邀請，渠夫婦往總統寓所晤談。

十二月十日，百餘名中美學人、士紳在華府舉辦張學良將軍全面自由研討會。成立爭取張學良將軍全面自由委員會，籲請我政府當局正視張氏之自由問題。東北大學旅美校友會張捷遷呼籲國際輿論支持為張氏爭取自由。研討會與爭取張學良將軍全面自由委員會共同函李總統，要求立刻恢復張氏全面自由。廿四日，張氏夫應李總統之邀，至官邸作耶誕家庭禮拜。

民國七十八年　一九八九　八九歲

一月七日，日皇裕仁（一九〇〇—）病逝，皇太子明仁繼位，改元平成。

三月十八日，東北大學旅美校友會函張氏，稱預備來臺為其祝壽。本日，張氏函復該會會長，略以：「此間親友，已醞釀為我作壽，我已嚴詞拒絕。……良對諸位懇求，千萬千萬不要萬里奔波，虛此一行。……天假以年，後會有期。」五月廿四日，張氏再度函該會會長對來臺祝壽表示「完全謝絕」。

六月四日，北京天安門事件。

十月十日，李總統國慶祝詞，強調絕不寬縱分裂國土之主張，並昭告「只有臺灣經驗，才能解決中國問題」。

七十九年 一九九〇 九〇歲

一月卅日，張氏元配于鳳至（一八九七—）病逝美國舊金山。（一作三月廿日—待考）。

三月廿一—廿二日，李登輝、李元簇分別當選第八任總統、副總統。

四月二日，東北遼寧同鄉會理事長、國大代表馮國卿聯合六十名國大代表上書李總統建請敦聘張氏為資政「以資號召，用杜悠悠之口」；惟未蒙採納。十八日，滯留大陸舊屬盧廣績等七人聯名函邀張氏返鄉探親、掃墓、移葬先人，該信託中國時報轉交。

五月卅日，中共前總理周恩來遺孀鄧穎超電賀張氏九十壽誕，至盼再度聚首。

六月一日，在臺友人、舊屬八十人聯名，敬邀各界為張氏祝嘏，地點假臺北圓山大飯店崑崙廳舉行。李總統贈壽屏一幅、蔣夫人宋美齡贈花籃、總統府資政張羣撰九十壽序分貽賓客。壽筵中，張氏向眾賀客致謝，強調其個人虛度九十，對國家、社會、人民毫無建樹，且為罪人中之罪魁，自忖萬分慚愧，何德由諸親友做壽，又何能稱壽。……假如上帝有甚麼意旨，我為國家為人民還能效力的，我必盡我的力量，我所能做得到的，我還是照著我年輕時一樣的情懷去做。只是，我已經老了」。六日，大陸地區張學良學術研究基金會等八團體，聯合假瀋陽市遼寧大廈辦理張氏九十壽辰慶祝會，在大陸張氏家屬、親友、東北大學校友……等約千餘人與會。其中，盧廣績等多人於慶祝會中致詞。十七日，張氏接受 NHK 訪問，公開暢談往事。

八月四日，再度接受 NHK 專訪。除談及渠個人初志外，針對國父、張雨帥，

民國	西元	歲	記事
			反內戰求統一、易幟、九一八、剿共、兵諫及對戰前、戰後日本的看法，均作了扼要的說明，最後，他特別提醒日本要心存忠恕，他說：「日本不要再和過去一樣，用武力侵略別人，當然現在也不會了，也不要以經濟侵略別人，要幫助別人，幫助別人就是幫助自己，……論語上說，夫子之道忠恕而已。日本有『忠』，但沒有『恕』。日本不光對別人，就是對日本人自己也沒有『恕』。人應該原諒別人，體諒別人。……合作並不是犧牲，……。」 十月一日，張岳公與張漢卿共度中秋。 十二月十二日，中共主席楊尚昆、總書記江澤民，於北京人民大會堂舉行西安事變五十四周年座談會。楊、江一致推崇張、楊。十四日，總統府資政張羣（一八八九—）病逝石牌榮總，享壽一〇三歲。卅一日，張氏書立軸一幅自勉：「不怕死，不愛錢。丈夫決不受人憐，頂天地男兒漢，磊落光明度餘年。」
民國八十年	一九九一	九一歲	三月十日，偕夫人赴美，美國時間三月十日下午二時許飛抵舊金山，寓長女閭瑛居所。十四日飛抵洛杉磯，寓閭琳居所。 五月廿七日，唐德剛、袁家騮、吳健雄為張氏九一壽辰祝嘏。廿九日，東北在美同鄉會為張氏九一壽辰設宴。卅日—六月一日，張氏夫婦先後出席曼哈頓萬壽宮、中國園餐館祝壽宴。 六月廿五日（美國時間）張氏夫婦搭機返臺。 十二月十五日，在臺北接受香港無線電視臺訪問。張表示：「我要在適當時候回東北老家去看看。主要是看看我的親友，這事與政治無關，我本人早已退出政治。」又說他主張統一，「我非常反對中國分裂。」
民國八十一年	一九九二	九二歲	六月一日，在臺親友為張氏於富都大飯店設宴，歡慶九二壽辰。 七月十一日，周恩來遺孀鄧穎超病逝（一九〇四—），張氏通知姪女張閭蘅就近代表赴喪宅悼祭，並請代辦花圈。 九月十日，張氏接受大陸記者訪問，表示贊同國家統一，當前應著重消除彼

			此敵意，如此，方能朝樂觀方向發展。
八十二年	一九九三	九三歲	三月，中共決定恢復東北大學，並擬聘張氏為東北大學名譽校長與名譽董事長。中共委請東北大學旅美校友會會長張捷遷抵臺致送聘書，並期待張氏親自參加復校典禮。 四月十三日，張氏於自宅接見張捷遷會長，收下聘書，惟表示暫時不返鄉。 八月廿七日，張氏入榮總石牌總院檢查。廿九日查出腦膜下出血，旋進行緊急手術，自腦部抽出 180CC 血水，住院至九月十八日始出院。 十二月十五日，張氏伉儷二度赴美。
八十三年	一九九四	九四歲	四月十日，蘇富比臺北春季拍賣會，賣出張氏所收藏書畫二○七件，全部售價計新台幣一億三千兩百餘萬元。
八十四年	一九九五	九五歲	四月，張氏公開對外發布已與趙四定居夏威夷。 本年九月八日，張氏五弟學森辭世。
八十五年	一九九六	九六歲	六月三日，於夏威夷希爾頓大飯店歡度九六壽辰，到場祝嘏者約二百餘人。張氏表示：希望有一天在身體狀況許可情況下能以老兵身分返鄉探視親友。 十月廿一日，美哥倫比亞毅荻書齋（張學良紀念圖書館）揭幕，庋藏張氏自民國廿五年（一九三六）以來個人所保存之文物資料與近年所完成之口述歷史。張氏要求校方於六年後始能公開。 十二月十二日，中華民國史料研究中心舉行西安事變六十周年學術研討會，於臺北政治大學公企中心辦理。
民國八十六年	一九九七	九七歲	九月五日，李登輝過境夏威夷，親訪張氏，晤談近一小時。
八十七年	一九九八	九八歲	張氏夫婦仍寓夏威夷。
八十八年	一九九九	九九歲	五月下旬，趙四不慎跌倒，肩胛骨摔傷，經診治後調養年餘，病情始見起色。
八十九年	二○○○	一○○歲	六月十一日夜，趙四於自宅跌跤，入 Stru Nic & Hospital 急診。廿二日，醫師

九〇年	二〇〇一	一〇一歲	宣告不治，安葬於歐胡島神廟谷（Valley of the Temple）頂風墓園（Wind world Mort）（一九二一—）。 九月十日，行政院長張俊雄訪美歸程過境夏威夷，順道探視張氏，稍作晤談。十五日（美國時間十四日下午二時五十分）病逝於夏威夷 **Stru Nic & Hospital**。廿三日上午十時公祭，我政府派外交部長田弘茂出席，到場悼唁親友、政要逾五百人。下午，安葬於神殿谷墓園與趙四合穴。丁中江於張氏辭世後，撰張學良傳奇一生，憑弔之。全文以聯語一幅總結：「乾坤一擲竟劫帥；紅顏知己伴終生。」總統褒揚令全文：「東北耆宿張學良，早預戎行，勇略年昭，英雋秀發，蜚聲於時。民國十七年臨危授命，主政東北，懷民族大義，秉愛國忠節，勇拒日人威逼利誘，毅然宣布易幟，擁護中央，促成統一，奠定訓政時期根基。旋於中原大戰期間，通電支持國民政府，調停各方，止息戰禍，厥功至偉。綜其生平，愛國情殷，慷慨貞固；淡泊恬靜，壽登期頤。遽聞殂謝，悼惜良深，應予明令褒揚，以示政府篤念耆賢之至意。」

主要徵引、參考資料舉隅

一、史料、文獻

中華民國史事紀要（民前十二年—民七七年）　中華民國史料研究中心編、七五年後改由國史館出刊

中華民國重要史料初編　秦孝儀主編　民七〇、民七四國民黨黨史委員會出版

西安事變史料　秦孝儀主編　民七二、國民黨黨史委員會出版

西安事變史料　朱文原編　民八二—民八三國史館刊

西安事變檔案史料選編　中國第二歷史檔案館等合編　民七六、京、北京檔案出版社

文史資料選輯（一—一一八輯）　政協文史資料研究會編、中國文史出版社

瀋陽文史資料（一—十五輯）　政協瀋陽市委會文史資料研究會編

遼寧文史資料（一—十八輯）　政協遼寧省委會文史資料研究會編

民國大事類表（上、下冊）民十八、一月—民廿六、十一月　人文月刊社編　民六七、台、文海

開國五十年大事記　周滌塵等編　台、民五一、雲躍

革命文獻（第五—四十三輯）　羅家倫主編　（民四十三—五七）國民黨史委員會

中華民國史事日誌（民元—卅年）　周康燮編　民六七、台、大東

中華民國開國六十年史事輯要　吳鎮漢編　民六二、台、立坤

中華民國史事日誌（全四冊）　郭廷以編　民七三、中研院近史所刊

民國大事日誌（全三冊）　劉紹唐主編　民七八、傳記文學社

北洋人物史料三種近代中國史料叢書第六七輯　沈雲龍主編　民六一、台、文海

中日關係史料—東北問題（一、二、三、四）民六—民十六、李毓蘇主編　民七八—八一陸續刊行　中央研究院近代史研究所

滿鐵と盧溝橋事件（全三卷）　遼寧省檔案組編輯　小林英夫解讀　民八六、東京柏書房

二、個人年譜（表）

國父年譜　羅家倫主編　民五八　國民黨黨史委員會刊
總統蔣公大事長編初稿　秦孝儀編　民六七國民黨黨史委員會刊
三水梁燕孫先生年譜　岑學呂撰　民五一、台、文星
毛澤東年譜（一八九三—一九四九）　中共中央文獻研究室編、民八三、人民出版社書刊
胡適之先生年譜長編初稿　胡頌平編　民七三、台、聯經
黃膺白先生年譜長編　沈雲龍編　民六五、台、聯經
周恩來年譜（一八九八—一九四九）　中共中央文獻研究室編　民七八、人民出版社等合刊
孔祥熙先生年譜　郭榮生編　民七〇、山西文獻自刊
胡宗南上將年譜　胡宗南上將年譜編纂委員會編印　民六一、
雙城莫德惠自訂年譜　莫德惠著　民五七、台、商務

三、傳記、回憶錄、日記

民國人物小傳一—二輯（全廿冊）劉紹唐主編　民八〇、民八八、傳記文學社
民國百人傳（全四冊）　吳相湘著　民七一（二版）　台、傳記文學社
國史館現藏民國人物傳記史料彙編（一—卅六輯）　民七七起陸續由國史館刊行
國史擬傳（一—十輯）　民七七起由國史館陸續刊行
八十自述　何成濬撰　民六一、台、文海

黃膺白先生家傳　沈亦雲著　民六一、台、文海
日本昭和天皇回憶錄　日、寺崎英成筆記　陳鵬仁譯　民八〇、台、新生報出版
李烈鈞自傳　李烈鈞著　民六二、台、文海
李宗仁回憶錄　李宗仁口述　唐德剛撰作　民七五、百粵
我的回憶　張國燾著　民六三、港、明報出版社
周恩來傳　許介昱著　民六六、港、明報出版社
高崇民傳　丘琴等合編　民八〇、人民日報出版社
宋慶齡傳　Iseael Epstein 原著　沈蘇儒譯　民八三、台、日臻
宋美齡傳　李桓編譯（附錄給廖承志的公開信　給鄧穎超的公開信）　民七四台、天元
馮玉祥傳（全二冊）　簡又元著　民七一、台、傳記文化學社
顧維鈞　沈潛著　民九〇、台、立緒
蔣總統傳　董顯光著　民四一、中華文化出版事業委員會
蔣公介石序傳　黎東方著　民六五、台、聯經
蔣介石傳　德施羅曼・費德林史坦原著　辛德謀編譯　民七四　台、黎明
龔德柏回憶錄　龔德柏撰
五十回憶　黃紹竑撰
蔡廷鍇自傳　蔡廷鍇撰

以上三書列入中國現代自傳叢書第一輯　民七八、龍文

張岳軍傳略與年譜　編纂委員會　民八〇、日研社

西安半月記　蔣中正撰　民六四、正中（台一版）

西安事變回憶錄　蔣宋美齡撰

以上二書為合訂本

陳布雷回憶錄　陳布雷遺作　民五六、台、傳記文學社

徐永昌日記　徐永昌撰　中研院近代史研究所刊印

裕仁天皇　**Herbert P. Bix** 原著　林添貴譯　民九一、台、時報文化

雜憶隨感漫錄—張學良自傳體遺著　張學良原撰　張文宇校注　民九一、台、歷史智庫

張學良秘史附張著西安事變懺悔錄　司馬桑敦著　民七七、台、金蘭

四十年家園　佚名　民七八、台、新觀點

口述歷史之外—張學良是怎樣一個人　張之宇著　民九一、台、歷史智庫

張學良三次口述歷史　竇應泰撰　民九一、京、華文

張學良大傳（上、下）　張永濱著　民九〇、京、團結

張學良全傳　王海晨等合著　民九〇、穗　廣東人民

張學良　李翠著　民九〇、台、立緒

張學良探微（晚年記事）　張之宇著　民九三、寧、江蘇人民

張學良的紅顏知己—趙四小姐　竇應泰著　民九一、京、團結
中國近現代人物名號大辭典　陳玉堂編著　民九四、浙、浙江古籍
日本近現代人名辭典　日、臼井勝美等合編　民九〇、吉川弘文館
東京裁判—第二次大戰後の法と正義の追求　日、戶谷由麻著　民九七、東京みすず房

四、專書、文集

九一八事變史述　梁敬錞　民五三、台、世界
晚清民國史　陳振江等主編　民九一、台、五南
中華人民共和國　楊先才主編　民九一、台、五南
西安事變簡史　俞興茂編　民七五、京、中國文史
張學良與中國　日、松本一男原著　林敏生譯　民七九、台、林白
張學良與西安事變　日、水野明原著　鄭樑生譯　民八七、台、編譯館
張學良、共產黨、西安事變　蘇墱基著　民八八、台、遠流
張學良與日本　NHK 採訪製作　臼井勝美原著　陳鵬仁譯　民八三、台、聯經
西安事變新探　楊奎松著　民八四、台、東大圖
張學良進關秘錄　劉心皇輯注　王鐵漢校訂　民七九、台、傳記文學社
季鸞文存　張熾章編　民五一、台、文星
細說北洋　陳錫璋著　民七一、台、傳記文學社

宋哲元將軍遺集（全二冊）　民七四、台、傳記文學社
皖南事變　皖南事變編委員會主編　民七九、京、黨史社
張老帥與張少帥　司馬桑敦著　民七三、台、傳記文學
夢迴西安關外情　潘寧東　民九〇、台、聯經
張學良與東北軍　杜連慶等著　民八〇、遼、遼寧人民
張學良家事　楊樹標等合著　民九三、贛、江西人民
張學良研究　李敖編著　民七七　台、李敖出版社
張學良研究續集　李敖編著　民七七　台、李敖出版社
張學良文集（全二冊）　畢萬聞主編　民八一、京、新華

五、政府公報、報章雜誌、年鑑、**DVD**

政府公報（民國九年—十六年三月）註：中華民國北京政府公報。
國民政府公報（民國十七年—廿六年）註：在寧。
申報（民國十七—廿五年）
中央日報（民國廿五、廿六、卅五、卅六等年份）
臺灣新生報（民國卅五、卅六等年份）
徵信新聞（原名）、中國時報（改名）（民國四十五年、四十六、七十九、八〇、九一等年份）

聯合報（民國四十五、四十六、七十九、八〇、九一等年份）
自立晚報（民七九）
國聞周報（民國十五—廿五年）
東方雜誌（民國十五—廿五年）
傳記文學（創刊卷—第六五卷）
東北年鑑（民二〇、東北文化社出刊）
世紀行過—張學良傳 1901-2001 張學良親述 王念慈、郭冠英、周玉寇等專訪製作
民九〇發行

拾貳、先室年表

民國卅六年　丁亥（一九四七）

八月卅一日（陰曆七月十六日壬午）卯時生；一歲。

父如淡公、母王太夫人（閨諱仁）時皆已逾不惑之齡。月盈之翌晨誕育，故命名秀月。

先配上有兄長三名，伯東岳（時年廿二）、仲東波（時年廿）、叔東飛（時年十六）。

民國卅七年　戊子（一九四八）

二歲。

民國卅八年　己丑（一九四九）

三歲。

民國卅九年　庚寅（一九五〇）

四歲。本年，內政部發布臺灣省縣（市）長、鄉鎮市區長選舉規程，如淡公常選首屆桃園鎮鎮長。

民國四〇年　辛卯（一九五一）

五歲。本年，桃園縣政府決定籌設縣立桃園中學，虎頭山新校區第一期新建工程責成桃園鎮公所督理營建諸事宜。

民國四一年　壬辰（一九五二）

六歲。

民國四二年　癸巳（一九五三）

七歲。九月，入學桃園鎮東門國民學校一年級。父如淡公鎮長任滿卸職，賦閒在家，研究電化孵雞，自製孵蛋器。

民國四三年　甲午（一九五四）

八歲。如淡公罹淋巴腺癌，接受電療。

民國四四年　乙未（一九五五）

九歲。五月十七日（陰曆閏三月廿六日戊寅）如淡公病逝。

民國四五年　丙申（一九五六）

十歲。秋，國民學校四年級。

民國四六年　丁酉（一九五七）

十一歲。

民國四七年　戊戌（一九五八）

十二歲。秋，國民學校六年級。

民國四八年　己亥（一九五九）

十三歲。夏，畢業於東門國民學校，旋應初級中學入學測驗，考取臺灣省立桃園中學初中部。

民國四九年　庚子（一九六〇）

十四歲。秋，初中二年級。

民國五〇年　辛丑（一九六一）

十五歲。秋，初中三年級。

民國五一年　壬寅（一九六二）

十六歲。夏，桃中（初中部）畢業，獲免試直升高中；六月「應五專入學測驗」考取臺灣省立臺北工專礦冶工程科，兄長反對，遂決定就讀母校高中部。

民國五二年　癸卯（一九六三）

十七歲。秋，升高二。

民國五三年　甲辰（一九六四）

十八歲。秋，升高三。

民國五四年　乙巳（一九六五）

十九歲。夏，桃中畢業；應五四學年度大專聯考，獲錄取實踐家專，放棄入學。秋，入東門國民學校任代課教師，並準備重考。

民國五五年　丙午（一九六六）

廿歲。夏，應五五學年度大專聯考，獲錄取逢甲工商學院國際貿易學系。十一月，赴臺中就學。

民國五六年　丁未（一九六七）

廿一歲。秋，升大二。

民國五七年　戊申（一九六八）

廿二歲。本年六月，政府明令自八月一日起，臺澎金馬全面實施九年國民教育，原國民學校改名國民小學，廢除初級中學並普設國民中學，強迫入學、免徵學費。

民國五八年　己酉（一九六九）

廿三歲。秋，升大四。

民國五九年　庚戌（一九七〇）

廿四歲。夏，自逢甲工商學院畢業。七至八月接受臺灣省國民中學教師職前訓練（臺灣省立臺北師範專科學校訓練班）。九月，應聘桃園縣立青溪國民中學專任教員兼導師，任教數學。

民國六〇年　辛亥（一九七一）

廿五歲。秋，繼續任教青溪國民中學。

民國六一年　壬子（一九七二）

廿六歲。三月廿九日（陰曆二月十五日己未）文定。秋，仍任教青溪國民中學。

民國六二年　癸丑（一九七三）

廿七歲。二月八日（陰曆正月初六日乙亥）結婚。九至十二日，赴溪頭蜜月。本年，四月有孕。

民國六三年　甲寅（一九七四）

廿八歲。一月，剖腹產一男嬰，未及一週，不幸夭折。

民國六四年　乙卯（一九七五）

廿九歲。二月十七日（陰曆正月初七甲午）於臺北市中興醫院剖腹產長女怡瑱。

民國六五年　丙辰（一九七六）

卅歲。三月，自龜山山頂村徙居桃園市桃三街。秋，轉任壽山國民中學，仍任教數學，並兼導師。

民國六六年　丁巳（一九七七）

卅一歲。二月，自桃園市桃三街遷居龜山鄉中興街（原稱後街）仍租屋而居。

民國六七年　戊午（一九七八）

卅二歲。七月，自購桃園市吉安街新宅並遷入。

民國六八年　己未（一九七九）

卅三歲。仍任教壽山國民中學。

民國六九年　庚申（一九八〇）

卅四歲。長女怡瑱入學幼稚園。秋，獲頒領綬四維獎章。

民國七〇年　辛酉（一九八一）

卅五歲。秋，長女怡瑱入學桃園市西門國民小學一年級。

民國七一年　壬戌（一九八二）

卅六歲。

民國七二年　癸亥（一九八三）

卅七歲。春，購永和市豫溪街新宅，暑假遷入。秋，怡瑱轉學永和市網溪國民小學就讀三年級。

民國七三年　甲子（一九八四）

卅八歲。五月八日（陰曆四月初八壬寅）於耕莘醫院永和分院生長男怡諏。

民國七四年　乙丑（一九八五）

卅九歲。仍任教桃園縣立壽山國民中學。

民國七五年　丙寅（一九八六）

四〇歲。

民國七六年　丁卯（一九八七）

四一歲。四月，獲補頒襟綬三等服務獎章。六月，長女怡瑱國民小學畢業；八月，分發永和市福和國民中學。

民國七七年　戊辰（一九八八）

四二歲。夏，長男怡諏就讀永育幼稚園。

民國七八年　己巳（一九八九）

四三歲。秋，轉任臺北市立忠孝國民中學，仍教數學；訂購永利路新宅。

民國七九年　庚午（一九九〇）

四四歲。春，遷居永利路一一六號二樓。夏，長女怡瑱國中畢業，考取臺北市立中山女子高級中學。秋，長男怡諏入學網溪國民小學一年級。

本年四月五日（陰曆三月初十庚子）二兄東波辭世，享年六十三歲（一九二八－一九九〇）。

民國八〇年　辛未（一九九一）

四五歲。陳文美夫婦邀，本年四月三－八日一家四口赴普吉島六日遊。六月廿三日（陰曆五月十二日甲子）亥時，家嚴柏和公辭世，享年六十八歲。八月，獲頒二等服務獎章。

民國八一年　壬申（一九九二）

四六歲。外大母王太夫人辭世（二月廿四日，陰曆正月廿一庚午戌時）享壽八十九歲。

民國八二年　癸酉（一九九三）

四七歲。夏，長女怡瑱高中畢業，應八十二學年度大學聯考，錄取陽明大學護理學系。

民國八三年　甲戌（一九九四）

四八歲。七月，乳癌第一次摘除手術，並開始接受化療、放射線治療。

民國八四年　乙亥（一九九五）

四九歲。七月廿二日（陰曆六月廿五甲寅）子時，長兄東岳病逝臺大附屬醫院，享壽六十九歲（一九二七－一九九五）。

民國八五年　丙子（一九九六）

五〇歲。夏，長男怡諏國小畢業。秋，入學永和國民中學，旋轉學臺北市立忠孝國民中學。

民國八六年　丁丑（一九九七）

五一歲。六月，長女怡瑱畢業於國立陽明大學護理學系；夏，應考選部八六年度高考護理師檢覈考試及格，十一月衛生署核發護理師證書。本年八月起，怡瑱於臺北榮民總醫院實習。十月卅一日，舉家遷居中和景秀社區。

民國八七年　戊寅（一九九八）

五二歲。積極自學游泳。本年七月起，怡瑱正式任職榮總。

民國八八年　己卯（一九九九）

五三歲。六月，長男怡諏畢業於臺北市立忠孝國民中學；七月，應八十八學年度臺北市公私立高級中學聯考，錄取成功高中。

民國八九年　庚辰（二〇〇〇）

五四歲。四月，價購景秀天廈A-1三樓。

民國九〇年　庚辰（二〇〇一）

五五歲。六月，第二次腫瘤摘除手術。仍接受化療與追蹤。本年十二月十九日，奉臺北市政府北市教人字第九〇二九二五九九〇〇號函核定准自九十一年二月一日退休。

民國九一年　壬午（二〇〇二）

五六歲。六月，長男怡諏畢業於成功高中；七月，應九一學年度大學聯考，錄取花蓮師範學院社教系。

民國九二年　癸未（二〇〇三）

五七歲。九月，乳癌腫瘤第三次摘除手術。仍於榮總就醫診治。

民國九三年　甲申（二〇〇四）

五八歲。二月廿九日（陰曆二月初十戊寅）二嫂陳嬌病逝，享壽七十五歲。

民國九四年　庚辰（二〇〇五）

五九歲。

民國九五年　丙戌（二〇〇六）

六〇歲。夏，病情顯著惡化，仍準時就診。六月，長男怡諏畢業於國立花蓮教育大學，舉家順遊花東。

民國九六年　丙戌（二〇〇七）

六一歲。病情未見好轉，確定癌細胞已擴撒至骨骼、淋巴等系統，年初起，二度呼叫救護車急診，三月起，斷續於臺北榮總住院，五月二日入大德病房進行安寧緩和療護，廿二日凌晨一時五十二分辭世。遺體隨即移往生室，午後移靈臺北市立殯儀館小殮。廿三日未初，假該館積德廳大殮。未正，荼毘。骨灰罈暫寄通化街玉佛山。六月十日午前，假一殯懷德廳設奠家（公）祭。午正，啟靈。未初，晉塔。

本年四月廿五日，三哥東飛病逝林口長庚醫院。享壽七十六歲（一九三二—二〇〇七）。